Das Duell in Bayern

Rechtshistorische Reihe

Band 250

Peter Lang
Frankfurt am Main · Berlin · Bern · Bruxelles · New York · Oxford · Wien

Wolfgang Walter

Das Duell in Bayern

Ein Beitrag zur bayerischen Strafrechtsgeschichte

Peter Lang
Europäischer Verlag der Wissenschaften

Die Deutsche Bibliothek - CIP-Einheitsaufnahme

Walter, Wolfgang:

Das Duell in Bayern : ein Beitrag zur bayerischen Strafrechtsgeschichte / Wolfgang Walter. - Frankfurt am Main ; Berlin ; Bern ; Bruxelles ; New York ; Oxford ; Wien : Lang, 2002
(Rechtshistorische Reihe ; Bd. 250)
Zugl.: Regensburg, Univ., Diss., 2001
ISBN 3-631-38291-X

Die vorliegende Arbeit wurde von
Prof. Dr. Hans-Jürgen Becker
zur Aufnahme in die Reihe empfohlen.

D355
ISSN 0344-290X
ISBN 3-631-38291-X

www.peterlang.de

Meiner Mutter

Vorwort

Die vorliegende Arbeit wurde im Wintersemester 2000/01 von der juristischen Fakultät der Universität Regensburg als Dissertation angenommen.

Meinem Doktorvater, Herrn Prof. Dr. Hans-Jürgen Becker, möchte ich meinen herzlichen Dank aussprechen. Seinem Vorschlag verdanke ich das wirklich spannende Thema. Er stand mir bei auftauchenden Fragen stets mit fachkundigem Rat zur Seite und ließ mir bei der Gestaltung der Arbeit große Freiheit.

Regensburg, im Juli 2001 Wolfgang Walter

GLIEDERUNG

QUELLEN- UND LITERATURVERZEICHNIS

I. Ungedruckte Quellen (Archivalien)

Bayerisches Hauptstaatsarchiv München

a) Allgemeines Staatsarchiv
Staatsrat: Nr. 2450; 2451
Innenministerium (MInn): Nr. 43877; 72423

b) Kriegsarchiv
Kriegsministerium (MKr): A XIII 3, Faszikel 2-4; MKr Nr. 11223

II. Gedruckte Quellen

Allerhöchste Verordnung: Vorschriften für die militärischen Ehrengerichte vom 15. Februar 1870, in: Verordnungsblatt des königlich bayerischen Kriegsministeriums, Jahrgang 1870, S. 43 ff.

Allgemeines Landrecht für die preußischen Staaten von 1794, hrsg. von Hans Hattenhauer, 3. Aufl. Neuwied 1996

Anmerkungen zum Strafgesezbuche für das Königreich Baiern. Nach den Protokollen des königlichen geheimen Raths. Erster Band, München 1813 (zitiert: Anmerkungen)

Buschmann, Arno (Hrsg.), Textbuch zur Strafrechtsgeschichte der Neuzeit. Die klassischen Gesetze, München 1998 (zitiert: Buschmann, Textbuch)

Codex Juris Bavarici Criminalis, München 1751

Doppelmayr, Friedrich Wilhelm (Hrsg.), Sammlung der Erläuterungen und Rescripte über das Strafgesetzbuch für das Königreich Bayern, 3. Aufl. Nördlingen 1836

Dienst-Vorschriften für die königlich baierischen Truppen aller Waffen-Gattungen, München 1823

Entwurf des Strafgesetzbuches, München 1822

Entwurf des Strafgesetzbuches, in: Verhandlungen der zweyten Kammer der Ständeversammlung des Königreichs Bayern vom Jahre 1831, 13. Beylagenband, Beylage LXXIII, München 1831

Entwurf eines allgemeinen Gesetzbuchs für die Preußischen Staaten, Erster Theil, Dritte Abtheilung, Berlin und Leipzig 1786

Fleck, Eduard, Die Verordnungen über die Ehrengerichte im Preußischen Heere und über die Bestrafung der Offiziere wegen Zweikampfes, 3. Auflage, Berlin 1865

Gerstlacher, Carl F., Handbuch der teutschen Reichsgeseze nach dem möglichst ächten Text, in sistematischer Ordnung, Eilften Theils zweite Abtheilung, Stuttgart 1794

Huber, Ernst Rudolf, Dokumente zur Deutschen Verfassungsgeschichte, Band 2: Deutsche Verfassungsdokumente 1851 - 1900, 3. Aufl. Stuttgart 1986 (zitiert: Huber, Dokumente)

Kleinschrod, Gallus Alois, Entwurf eines peinlichen Gesetzbuches für die kurpfalzbaierischen Staaten, München 1802 (zitiert: Kleinschrod: Entwurf)

Kreittmayr, Wiguläus Xaver Aloys Freiherr von, Anmerckungen über den Codicem Juris Bavarici Criminalis, worinn Derselbe sowohl mit den gemeinen, als ehmaligen-statuarischen Criminal-Rechten genau collationirt ... wird, Von einem Unbekannten Autore Verfertiget, München 1752 (zitiert: Kreittmayr, Anmerkungen)

Landrecht der Fuerstenthumben Obern und Nidern Bayrn, München 1616

Lünig, Johann Christian, Corpus Juris Militaris des Heil. Röm. Reichs, Worinn das Kriegs-Recht sowol der Röm. Kayserl. Majestät, als auch desselben Reichs und dessen Creisse insgemein, ingleichen aller Churfürsten und derer mächtigsten Fürsten und Stände in Teutschland insonderheit, enthalten ist, Leipzig 1723

Militärstrafgesetzbuch für das Königreich Bayern, Amtliche Ausgabe, München 1869

Motive zu dem Entwurfe des Gesetzbuches über Verbrechen und Vergehen, in: Verhandlungen der Kammer der Abgeordneten des bayerischen Landtages im Jahre 1853/54, Beilagen-Band I, Beilage XIV, S. 151 ff. (zitiert: Motive 1853)

Motive zu dem Gesetz-Entwurf, die Ehren-Gerichte betreffend, in: Verhandlungen der zweyten Kammer der Ständeversammlung des Königreichs Bayern im Jahre 1827/28, III. Beylagenband, Beylage XVI, München 1828 (zitiert: Motive zum Ehrengerichtsentwurf)

Motive zum revidirten Entwurfe des Straf-Gesetzbuches, in: Verhandlungen der zweyten Kammer der Ständeversammlung des Königreichs Bayern im Jahre 1827/28, IV. Beylagenband, Beylage XVII, München 1828; erhältlich auch als Nachdruck, neu herausgegeben von Werner Schmid, Frankfurt am Main 1988 (zitiert: Motive 1827)

Motive zum Entwurfe des Strafgesetzbuches, in: Verhandlungen der zweyten Kammer der Ständeversammlung des Königreichs Bayern vom Jahre 1831, 13. Beylagenband, Beylage LXXIV, München 1831 (zitiert: Motive 1831)

Pachner von Eggenstorff, Johann Joseph (Hrsg.), Vollständige Sammlung Aller Von Anfang des noch fürwährenden Teutschen Reichs-Tags de Anno 1663. biß anhero abgefaßten Reichs-Schlüsse, Worinnen, Nebst der bey Eröffnung dieses Reichs-Tags beschehenen Kayserlichen Proposition, alle nachhero von Zeit zu Zeit dahin ergangene Kayserl. Commissions- und andere Decreta: Der Höchst- Hoch- und Löblichen Reichs-Stände gemeinsamlich abgefaßte Bedencken, Gutachten und Schlüsse: ... dem Publico genuine mitgetheilt werden, Erster und Zweyter Theil, beide Regenspurg 1740

Permaneder, Michael, Annales Almae Literarum Universitatis Ingolstadii olim conditae inde autem primo huius seculi initio Landishutum postaeque Landishutum Monachium translocatae, post plur. rev. Mederer beat. mem. continuavit et appendicem diplomaticam adiecit Mich. Permaneder, Pars V, ab ao. 1772, que Mederer desiit, usque ad annum 1826 incl., Monachii 1859

Revidirter Entwurf des Straf-Gesetzbuches, in: Verhandlungen der zweyten Kammer der Ständeversammlung des Königreichs Bayern im Jahre 1827/28, II. Beylagenband, Beylage IX, München 1827; erhältlich als Nachdruck, neu herausgegeben von Werner Schmid, Frankfurt am Main1988

Sammlung der Kurpfalz-Baierischen allgemeinen und besonderen Landes-Verordnungen von Justiz-, Finanz-, Landschafts-, Maut-, Accis-, Kommerzien-, Manufaktur- oder Fabriquen-Sachen, Erster Band, herausgegeben von Georg Karl Meyr, München 1784 (zitiert: Meyr)

Senckenberg, Heinrich C. von, und Schmauß, Johann J. (Hrsg.) Neue und vollständigere Sammlung der Reichs-Abschiede, Welche von den Zeiten Kayser Conrads des II. bis jetzo auf den Teutschen Reichs-Tägen abgefasset worden, sammt den wichtigsten Reichs-Schlüssen, so auf dem noch fürwährenden Reichs-Tage zur Richtigkeit gekommen sind. In Vier Theilen, Neudruck der Ausgabe 1747, Osnabrück 1967

Spies, Ferdinand von (Hrsg.), Sammlung aller Ergänzungen und Erläuterungen zum Strafgesetz-Buche, Bamberg 1835

Strafgesetzbuch für das Königreich Bayern, Amtliche Ausgabe, München 1813

Strafgesetzbuch für das Königreich Bayern, Amtliche Ausgabe, München 1861

Verhandlungen der Kammer der Abgeordneten des bayerischen Landtages in den Jahren 1859/61, Stenographische Berichte, II. Band, München ohne Jahreszahl

Verhandlungen der zweyten Kammer der Ständeversammlung des Königreichs Bayern im Jahre 1827/28, I. und III. Beylagenband, München 1828

Verordnung über die Ehrengerichte der Officiere im Bayerischen Heere vom 31. August 1874, in: Verordnungsblatt des königlich bayerischen Kriegsministeriums, Jahrgang 1874, S. 253 ff.

Weber, Karl, Neue Gesetz- und Verordnungen-Sammlung für das Königreich Bayern mit Einschluß der Reichsgesetzgebung. Enthaltend die auf dem Gebiete der Verfassung und Verwaltung geltenden oder die Interessen des Staatsbürgers betreffenden Gesetze, Verordnungen und sonstigen Bestimmungen, Zweiter Band 1819 bis 1834, Nördlingen 1882

Wenzel, Alfons (Hrsg.), Bayerische Verfassungsurkunden. Dokumente zur bayerischen Verfassungsgeschichte, München 1990

Wirth, Johann Georg August, Entwurf eines Strafgesetzbuches. Ein Beytrag zur Erörterung der Frage: „ob der Entwurf des Strafgesetzbuches für Baiern vom Jahre 1822 dem zur Zeit möglichen Grade von Vollständigkeit und Gerechtigkeit entspreche?“, Bayreuth 1825

III. Literaturverzeichnis

Arnold, Karl, Erfahrungen aus dem bayerischen Strafgesetzbuche vom Jahre 1813 und Betrachtungen hierüber, in: Archiv des Criminalrechts, Neue Folge, Jahrgang 1843, Halle 1843, S. 96 ff.

Aschenbrenner, Martin, Ueber das Verbrechen und die Strafe des Zweykampfes, Würzburg und Bamberg 1804

Badenfeld, Eduard Freiherr von (Eduard Silesius), Der Unsinn und die Unzucht des Duells. Ein Sermon für aristotelische und plebejische Narren, Sünder und Bramarbasse, die sich hauen, stechen und schießen, und Regierungen, die solchem wahnsinnig-verbrecherischen Treiben durch die Finger sehen, oder es wohl gar, mit sich selbst im Widerspruch, gesetzlich sanctioniren, Stuttgart 1861

Barbasetti, Luigi, Ehren-Codex. Übersetzt und den österreichisch-ungarischen Gebräuchen angepaßt von Gustav Ristow, Wien 1898

Beck, Wilhelm, Artikel „Artikelsbriefe", in: Handwörterbuch des Militärrechts, hrsg. von Heinrich Dietz, Rastatt 1912, S. 58 f.

Becker, Hans-Jürgen, Die bayerische Rheinpfalz und das rheinische Recht, in: Philipp Jakob Siebenpfeiffer und seine Zeit im Blickfeld der Rechtsgeschichte, hrsg. von Elmar Wadle, Sigmaringen 1991, S. 19 ff. (zitiert: Becker, Rheinpfalz)

ders., Artikel „Kommentier- und Auslegungsverbot", in: Handwörterbuch zur deutschen Rechtsgeschichte, II. Band, hrsg. von Adalbert Erler und Ekkehart Kaufmann unter philologischer Mitarbeit von Ruth Schmidt-Wiegand, Berlin 1978, Sp. 963 ff. (zitiert: Becker, Kommentierungsverbot)

ders., Artikel „Rheinisches Recht", in: Handwörterbuch zur deutschen Rechtsgeschichte, IV. Band, hrsg. von Adalbert Erler und Ekkehart Kaufmann unter philologischer Mitarbeit von Ruth Schmidt-Wiegand, Berlin 1990, Sp. 1021 ff. (zitiert: Becker, Rheinisches Recht)

Below, Georg von, Das Ausheischen, in: Zeitschrift für die gesamte Strafrechtswissenschaft, 16. Band, Berlin 1896, S. 720 ff. (zitiert: Below, Ausheischen)

ders., Das Duell und der germanische Ehrbegriff, Kassel 1896 (zitiert: Below: Duell)

Berner, Albert Friedrich, Die Strafgesetzgebung in Deutschland vom Jahre 1751 bis zur Gegenwart, Leipzig 1867 (zitiert: Berner: Strafgesetzgebung)

ders., Lehrbuch des deutschen Strafrechtes, 18. Aufl. Leipzig 1898 (zitiert: Berner, Lehrbuch)

Bezzel, Oskar, Geschichte des Königlich Bayerischen Heeres unter König Max I. Joseph von 1806 (1804) bis 1825 (= Geschichte des Bayerischen Heeres, hrsg. vom Bayerischen Kriegsarchiv, 6. Band, 1. Teil), München 1933

Binding, Karl, Lehrbuch des Gemeinen Deutschen Strafrechts, Besonderer Teil, Erster Band, 2. Aufl. Leipzig 1902

Bodenheimer, Siegfried, Die geschichtliche Genesis der strafrechtlichen Bedrohung der Vorbereitungshandlungen zum Zweikampf im Strafgesetzbuch für das deutsche Reich, Würzburg 1891

Boguslawski, Albert v., Die Ehre und das Duell, 2. Aufl. Berlin 1897

Boockmann, A., Artikel „Fehde, Fehdewesen", in: Lexikon des Mittelalters, Band IV, München 1989

Bopp, Artikel „Duell", in: Weiske, Julius, Rechtslexikon für Juristen aller teutschen Staaten enthaltend die gesamte Rechtswissenschaft, 3. Band, Zweite Ausgabe Leipzig 1844

Borchers, Ralf, „Die standesgemäße Erledigung des Konflikts". Der Tod des preußischen Polizeichefs Friedrich von Hinckeldey, in: Uwe Schulz, Das Duell. Der tödliche Kampf um die Ehre, Frankfurt am Main und Leipzig 1996, S. 251 ff.

Braunmühl, Anton von, Ueber den Zweykampf im allgemeinen, und über die deßfallsige Strafgesetzgebung in Bayern, mit besonderer Beziehung auf die Studierenden und auf die Militär-Ehren-Gerichte / abgehandelt nach praktischen Ansichten, Landshut 1826

Brincken, Anna-Dorothee von den, Historische Chronologie des Abendlandes. Kalenderreform und Jahrtausendrechnungen. Eine Einführung, Stuttgart 2000

Brückner, W., Artikel „Bildnisstrafe", in: Handwörterbuch zur deutschen Rechtsgeschichte, I. Band, hrsg. von Adalbert Erler und Ekkehart Kaufmann, Berlin 1971

Buddeus, J. K. L., Artikel „Duell“, in: Allgemeine Encyklopädie der Wissenschaften und Künste in alphabetischer Folge, hrsg. von J. S. Ersch und J. G. Gruber, Erste Section, 31. Theil, Leipzig 1838, S. 153 ff.

Bühler zu Brandenburg, Edmund Karl von, Ueber das Duell und seine wissenschaftliche Stellung im Systeme des Strafrechtes, nebst Vorschlägen zu seiner legislativen Behandlung, Ulm und Leipzig 1836

Buschmann, Arno, Artikel „Reichsgesetzgebung“, in: Handwörterbuch zur deutschen Rechtsgeschichte, IV. Band, hrsg. von Adalbert Erler und Ekkehart Kaufmann unter philologischer Mitarbeit von Ruth Schmidt-Wiegand, Berlin 1990, Sp. 581 ff. (zitiert: Buschmann, Reichsgesetzgebung)

Chateauvillard, Graf de, Duell-Codex. Aus dem Französischen übersetzt von C. v. L., Lahr 1864

Conrad, Hermann, Deutsche Rechtsgeschichte, Band I; Frühzeit und Mittelalter, 2. Aufl. Karlsruhe 1962; Band II: Neuzeit bis 1806, Karlsruhe 1966

Cordes, Maria, Die derogatorische Kraft des Reichsrechts gegenüber dem Landesrecht, Borna-Leipzig 1931

Corterier, Peter, Der Reichstag. Seine Kompetenzen und sein Verfahren in der zweiten Hälfte des 18. Jahrhunderts, Bonn 1972

Cucumus, Conrad, Über das Duell und dessen Stellung in dem Strafsysteme. Eine Abhandlung aus dem Standpunkte des Vernunftrechts, als Beytrag für Gesetzgebung, Würzburg 1821

Deiglmayr, Theodor, Die Einführung des Reichsstrafgesetzbuches in Bayern, ihre Geschichte und ihre Bedeutung für die allgemeinen Lehren, Forchheim 1933

Demeter, Karl, Das Deutsche Offizierkorps in Gesellschaft und Staat 1650 - 1945, 4. Aufl. Frankfurt am Main 1965

Die Conventionellen Gebräuche beim Zweikampf unter besonderer Berücksichtigung des Offiziersstandes. Nebst Anhang: Verordnung über die Ehrengerichte der Offiziere im Preußischen Heere vom 2. Mai 1874.- Auszug aus einem Schreiben des verewigten Generals der Infanterie, Herzogs Karl zu Mecklenburg, Hoheit.- Strafrechtliche Bestimmungen über den Zweikampf. Von einem älteren aktiven Offizier, Vierte umgearbeitete und vermehrte Auflage, Berlin 1890

Dieners, Peter, Das Duell und die Sonderrolle des Militärs. Zur preußisch-deutschen Entwicklung von Militär- und Zivilgewalt im 19. Jahrhundert, Berlin 1992

Diestelkamp, Bernhard, Einige Beobachtungen zur Geschichte des Gesetzes in vorkonstitutioneller Zeit, in: Zeitschrift für historische Forschung, 10. Band, Berlin 1983

Dilcher, Hermann, Artikel „Reskript, Reskriptprozeß", in: Handwörterbuch zur deutschen Rechtsgeschichte, IV. Band, hrsg. von Adalbert Erler und Ekkehart Kaufmann unter philologischer Mitarbeit von Ruth Schmidt-Wiegand, Berlin 1990, Sp. 933 ff.

Doeberl, Michael, Entwicklungsgeschichte Bayerns, Dritter Band: Vom Regierungsantritt König Ludwigs I. bis zum Tode König Ludwigs II. Mit einem Ausblick auf die innere Entwicklung Bayerns unter dem Prinzregenten Luitpold, hrsg. von Max Spindler, München 1931

Dollmann, Carl Friedrich von, und Risch, Carl, Kommentar zum Strafgesetzbuch für das Königreich Bayern vom 10. November 1861 (= Die Gesetzgebung des Königreichs Bayern seit Maximilian II. mit Erläuterungen, hrsg. von Carl Friedrich von Dollmann, Dritter Theil: Strafrecht und Strafprozeß, Vierter Band), Erste Abtheilung (zitiert: Dollmann, 1. Abt.) und Zweite Abtheilung (zitiert: Dollmann, 2. Abt.), beide Erlangen 1868

DuVerger Saint-Thomas, Charles, Nouveau Code du Duel: Histoire, Législation, Droit Contemporain, Paris 1879

Ebel, Wilhelm, Geschichte der Gesetzgebung in Deutschland, 2. Aufl. Göttingen 1958

Elias, Norbert, Studien über die Deutschen. Machtkämpfe und Habitusentwicklungen im 19. und 20. Jahrhundert, hrsg. von Michael Schröter, 2. Aufl. Frankfurt am Main 1994

Erler, Adalbert, Artikel „Patent", in: Handwörterbuch zur deutschen Rechtsgeschichte, III. Band, hrsg. von Adalbert Erler und Ekkehart Kaufmann unter philologischer Mitarbeit von Ruth Schmidt-Wiegand, Berlin 1984, Sp. 1532 f.

Feuerbach, Paul Johann Anselm, Anselm Ritter von Feuerbachs Biographischer Nachlaß, veröffentlicht von seinem Sohne Ludwig Feuerbach, 2 Bände, 2. Ausgabe Leipzig 1853 (zitiert: Feuerbach, Biographischer Nachlaß) *ders.*: Kritik des Kleinschrodischen Entwurfs zu einem peinlichen Gesetzbuche für die Chur-Pfalz-Bayerischen Staaten, Gießen 1804 (zitiert: Feuerbach, Kritik)

ders., Lehrbuch des gemeinen in Deutschland geltenden Peinlichen Rechts, Gießen 1801 (zitiert: Feuerbach: Lehrbuch)

ders., Lehrbuch des gemeinen in Deutschland gültigen Peinlichen Rechts, 14. sehr vermehrte und völlig umgearbeitete Originalausgabe, hrsg. von Carl Joseph Anton Mittermaier, Giessen 1847 (zitiert: Feuerbach-Mittermaier)

Filip, Ota, „...oder war es Mord?". Alexander Puschkin stirbt im Duell, in: Uwe Schulz, Das Duell. Der tödliche Kampf um die Ehre, Frankfurt am Main und Leipzig 1996, S. 203 ff.

Fischl, Otto, Der Einfluß der Aufklärungsphilosophie auf die Entwicklung des Strafrechts in Doktrin, Politik und Gesetzgebung und Vergleichung der damaligen Bewegung mit den heutigen Reformversuchen, Breslau 1913

Frauenholz, Eugen von, Das Heerwesen in der Zeit des Absolutismus (= Entwicklungsgeschichte des deutschen Heerwesens, Vierter Band, hrsg. von Eugen von Frauenholz), München 1940

Frenzel, Elisabeth, Motive der Weltliteratur, 4. Aufl. Stuttgart 1992

Freud, Michael, Antimonomaxia Oder Gewissensfragen / Was von Duellen / Außforderungen / Kugel-Wechseln / Balgen / Rauffen / Schlagen / und dergleichen / nach Gottes heiligem Wort zu halten. Mit vielen mercklichen Exempeln der Duellen / auch nützlichen Anmerckungen und Discoursen auß der Heil. Schrifft / den Patribus, und andern bewährten Autoribus erläutert. Nebenst angefügten warhafftigen Copien / unterschiedlicher / Kayserlicher / Königlicher / Chur- und Fürstlicher / etc. Edicten verbottener Duellen. Die Ander Edition, So nicht allein mit Fleiß revidirt und corrigiret: sondern auch an vielen Orten gemehret und verbessert. Sampt angehengten Registern / auch schrifftmässigem Bedencken, Von Gesundheit - Trincken / und Spielen umb Geld - Gewinnst, Franckfurt am Mayn 1682

Frevert, Ute, Ehrenmänner. Das Duell in der bürgerlichen Gesellschaft, Taschenbuchausgabe, München 1995

Freyberg, Max Freiherr von, Pragmatische Geschichte der bayerischen Gesetzgebung und Staatsverwaltung seit den Zeiten Maximilian I., Zweiter Band, Leipzig 1836

Friedrich der Große, Die Werke, Band 8, Berlin 1913

Fritsch, Ahasver, Ohnvorgreiffliches Bedencken / Wie denen Duellen und Balgereyen / derer Studenten auf Academien / mit mehrerem Nachdruck zu steuren seyn möchte?, Regenspurg 1686

Funcke, Otto, Der geadelte Mord oder das Duell, in: ders., Die Welt des Glaubens und die Alltagswelt (= Gesammelte Schriften von Otto Funcke, Achter Band), Bremen 1885

Fürbringer, Christoph, Metamorphosen der Ehre. Duell und Ehrenrettung im Jahrhundert des Bürgers, in: Richard van Dülmen (Hrsg.), Armut, Liebe, Ehre. Studien zur historischen Kulturforschung, Frankfurt am Main 1988, S. 186 ff.

Gierens, Michael, Ehre, Duell und Mensur. Darstellung und Begründung der christlich-ethischen Anschauungen über Ehre und Ehrenschutz, Duell und Mensur auf Grund einer Synthese historischer, biblischer, juristischer, kanonistischer und philosophischer Erkenntnisse, Paderborn 1928

Glasenapp, Gregor von, Die Berechtigung des Duells, in: Baltische Monatsschrift, Jahrgang 40, Riga 1898, S. 468 - 485

Globig, Hans Ernst von, und *Huster*, Johann Georg, Abhandlung von der Criminal-Gesetzgebung. Eine von der ökonomischen Gesellschaft in Bern gekrönte Preisschrift, Unveränderter Neudruck der Ausgabe Zürich 1783, Frankfurt am Main 1969 (zitiert: Globig/Huster)

Gneist, Rudolph, Der Zweikampf und die germanische Ehre. Ein Vortrag im Berliner wissenschaftlichen Verein am 4. März 1848, Berlin 1848

Gönner, Nikolaus Thaddäus von, Einige Motive zum Baierischen Entwurf des Strafgesetzbuchs mit kurzer Prüfung der ausführlichen Prüfung, welche der Hr. Etatsrath und Deputirter des königlich dänischen Canzleicollegii, Dr. Oersted, zu Kopenhagen im Jahr 1823 herausgegeben hat, München 1825 (zitiert: Gönner, Motive)

ders., und Schmidtlein, Philipp von, Jahrbücher der Gesetzgebung und Rechtspflege im Königreiche Baiern, 1. Band, Erlangen 1818; 2. Band, Erlangen 1819 (zitiert: Gönner, Jahrbücher)

Grimmelshausen, Hans Jakob Christoph von, Der abenteuerliche Simplicius Simplicissimus, hrsg. von Emil Ermatinger, Frankfurt am Main 1968

Grolman, Karl, Grundsätze der Criminalrechtswissenschaft nebst einer systematischen Darstellung des Geistes der deutschen Criminalgesetze, Neudruck der Ausgabe 1798, Glashütten im Taunus 1970

Günther, Louis, Die Idee der Wiedervergeltung in der Geschichte und Philosophie des Strafrechts, Band 3: Die Strafgesetzgebung Deutschlands seit der Mitte des XVIII. Jahrhunderts bis zur Gegenwart mit vergleichender Berücksichtigung der Gesetzgebung der übrigen europäischen und einiger außereuropäischer Staaten, Erlangen 1895

Guttandin, Friedhelm, Das Duell, in: Journal für Geschichte, Heft 5, Braunschweig 1981, S. 32 ff. (zitiert: Guttandin, Duell)

ders., Das paradoxe Schicksal der Ehre. Zum Wandel der adeligen Ehre und zur Bedeutung von Duell und Ehre für den monarchischen Zentralstaat, Berlin 1993 (zitiert: Guttandin, Ehre)

Haefelin, Walter, Der Zweikampf im schweizerischen Strafrecht, Zürich 1946

Heffter, August Wilhelm, Lehrbuch des gemeinen deutschen Criminalrechts mit Rücksicht auf die nicht exklusiven Landesrechte, 2. Aufl. Halle 1840

Heilmann, Johann, Feldmarschall Fürst Wrede, Leipzig 1881

Henke, Eduard, Handbuch des Criminalrechts und der Criminalpolitik, Dritter Theil, Berlin und Stettin 1830

Heydenreuter, Reinhard, Kreittmayr und die Strafrechtsreform unter Kurfürst Max III. Joseph, in: Wiguläus Xaver Aloys Freiherr von Kreittmayr (1705 - 1720). Ein Leben für Recht, Staat und Politik, Festschrift zum 200. Todestag, hrsg. von Richard Bauer und Hans Schlosser, München 1991

Hocheder, Carl, Das Strafgesetzbuch für das Königreich Bayern, Erster Band. Allgemeiner Theil, München 1862

Hoke, R., Artikel „Reichsabschiede", in: Handwörterbuch zur deutschen Rechtsgeschichte, IV. Band, hrsg. von Adalbert Erler und Ekkehart Kaufmann unter philologischer Mitarbeit von Ruth Schmidt-Wiegand, Berlin 1990, Sp. 519 ff.

Holzhauer, H., Artikel „Gönner, Nikolaus Thaddäus von", in: Handbuch zur deutschen Rechtsgeschichte, I. Band, hrsg. von Adalbert Erler und Ekkehard Kaufmann, Berlin 1971, Sp. 1752 ff.

Huber, Ernst Rudolf, Deutsche Verfassungsgeschichte seit 1779, Band I: Reform und Restauration 1789 bis 1830; 2. Auflage Stuttgart 1957; Band III: Bismarck und das Reich, 3. Aufl. Stuttgart 1978 (zitiert: Huber, Verfassungsgeschichte, Band)

Huch, Ricarda, 1848. Die Revolution des 19. Jahrhunderts in Deutschland, Köln 1948

Immel, Gerhard, Typologie der Gesetzgebung des Privatrechts und Prozeßrechts, in: Handbuch der Quellen und Literatur der neueren europäischen Privatrechtsgeschichte, Zweiter Band: Neuere Zeit (1500 - 1800), Das Zeitalter des gemeinen Rechts, Zweiter Teilband: Gesetzgebung und Rechtsprechung, hrsg. von Helmut Coing, München 1976

Jähns, Max, Geschichte der Kriegswissenschaften vornehmlich in Deutschland, Band I: Altertum, Mittelalter, 15. und 16. Jahrhundert, Reproduktion der Ausgabe München und Leipzig 1889 - 1891, Hildesheim 1966

Jarcke, Carl Ernst, Handbuch des gemeinen deutschen Strafrechts, mit Rücksicht auf die Bestimmungen der preußischen, österreichischen, baierischen und französischen Strafgesetzgebung, Zweiter Band, Berlin 1828

Jost, Ekkehard, Staatsschutzgesetzgebung im Zeitalter des Absolutismus, dargestellt am Beispiel Brandenburg-Preußens in der Zeit von 1640 bis 1786, Berlin 1998

Kaufmann, E., Artikel „Fehde“, in: Handwörterbuch zur deutschen Rechtsgeschichte, I. Band, hrsg. von Adalbert Erler und Ekkehart Kaufmann, Berlin 1971, Sp. 1083 ff.

Kiernan, Victor G., The Duel in European History. Honour and the Reign of Aristocracy, Oxford 1988

Kimminich, Otto, Deutsche Verfassungsgeschichte, 2. Aufl. Baden-Baden 1987

Kipper, Eberhard, Johann Paul Anselm Feuerbach. Sein Leben als Denker, Gesetzgeber und Richter, Köln - Berlin - Bonn - München 1968

Klein, Ernst Ferdinand, Grundsätze des gemeinen deutschen und preussischen peinlichen Rechts, Halle 1796 (zitiert: Klein, Grundsätze)

ders., Ueber Verbrechen gegen den Staat, besonders den Zweykampf, in Beziehung auf Martin Aschenbrenners Schrift über das Verbrechen und die Strafe des Zweykampfes. Würzburg und Bamberg, bey Joseph Anton Göbhardt 1804, in: Archiv des Criminalrechts, Band VI, Halle 1805, S. 134 ff. (zitiert: Klein: Zweykampf)

Kleinschrod, Gallus Alois, Abhandlungen aus dem peinlichen Rechte und dem peinlichen Processe, Dritten Theils erste Abtheilung, Erlangen 1805 (zitiert: Kleinschrod, Abhandlungen)

Klemm, Max, Was sagt Bismarck dazu? Ein Wegweiser durch Bismarcks Geistes- und Gedankenwelt, Zweiter Band, Berlin 1924

Knapp, Hermann, Bayerns frühere Duellgesetze, in: Das Bayerland. Illustrierte Wochenschrift für bayerische Geschichte und Landeskunde, 2. Jahrgang, München 1891, S. 519 - 522 sowie S. 543 - 544

Kohlrausch, Zweikampf (Abschn. 15 des II. Teiles des RStrGB), in: ders., Vergleichende Darstellung des Deutschen und Ausländischen Strafrechts. Vorarbeiten zur Deutschen Strafrechtsreform. Besonderer Teil, III. Band, hrsg. von Karl Birkmeyer u.a., Berlin 1906, S. 125 ff.

Kohut, Adolph, Das Buch berühmter Duelle, Berlin 1888

Krey, Volker, Keine Strafe ohne Gesetz. Einführung in die Dogmengeschichte des Satzes „nullum crimen, nulla poena sine lege", Berlin - New York 1983

Levi, Ernst, Zur Lehre vom Zweikampfverbrechen, Leipzig 1889

Lieberich, Heinz, Die Anfänge der Polizeigesetzgebung des Herzogtums Baiern, in: Festschrift für Max Spindler zum 75. Geburtstag, hrsg. von Dieter Albrecht, Andreas Kraus und Kurt Reindel, München 1969

Lindemann, Gerhard, Die Promulgation und Publikation der Reichsgesetze, Greifswald 1918

Lipowsy, Felix, Geschichte des baierischen Kriminalrechtes, München 1803

Loen, Johann Michael von, Des Herrn von Loen gesammlete Kleine Schriften (1749 - 1752). Besorgt und herausgegeben von J. C. Schneidern, Nachdruck Frankfurt am Main 1972, Bände 1 und 3

Lüderssen, K., Artikel „Feuerbach, Paul Johann Anselm von", in: Handbuch zur deutschen Rechtsgeschichte, I. Band, hrsg. von Adalbert Erler und Ekkehard Kaufmann, Berlin 1971, Sp. 1118 ff.

Lukas, Josef, Über die Gesetzes-Publikation in Österreich und dem Deutschen Reiche. Eine historisch-dogmatische Studie, Graz 1903

Marezoll, Das gemeine deutsche Strafrecht als Grundlage der neueren deutschen Strafgesetzgebungen, Leipzig 1841

Martin, Christoph, Lehrbuch des Teutschen gemeinen Criminal-Rechts, mit besonderer Rücksicht auf das im Jahre 1813 publicirte Strafgesetzbuch für das Königreich Baiern, 2. Aufl. Heidelberg 1829

Mayer, Samuel, Geschichte der Strafrechte. Vergleichende Darstellung der strafrechtlichen Gesetze und Bestimmungen aller Kulturvölker, von Moses, Solon etc. bis zur Gegenwart, als Commentar zum deutschen Strafgesetzbuche für Juristen, Staatsmänner, Sprach- und Geschichtsforscher, Trier 1876

McAleer, Kevin, Dueling. The Cult of Honor in Fin-de-Siècle Germany, Princeton University Press 1994

Mittermaier, Carl Joseph Anton, Beiträge zur Lehre vom Duell, nach dem gemeinen deutschen Strafrechte und nach den neueren Gesetzgebungen, in: Neues Archiv des Criminalrechts, Neue Folge, Jahrgang 1834, Halle 1834, S. 339 ff. (zitiert: Mittermaier, Beiträge)

ders., Bemerkungen über Duellgesetze und den Zusammenhang derselben mit den Gesetzen über Ehrenverletzungen, in: Neues Archiv des Criminalrechts, 3. Band, Halle 1819/20, S. 436 ff. (zitiert: Mittermaier, Bemerkungen)

ders., Der Entwurf des Strafgesetzbuchs für das Königreich Baiern von 1831 in Vergleichung mit dem Würtembergischen Entwurfe von 1832, in: Neues Archiv des Criminalrechts, 14. Band, Halle 1834, S. 273 ff. (zitiert: Mittermaier, Entwurf 1831)

ders., Der gegenwärtige Zustand der Gesetzgebung und der Rechtsanwendung in Bezug auf den Zweikampf, mit Nachweisung der Erfahrungen der einzelnen Länder, in: Archiv des Criminalrechts, Neue Folge, Jahrgang 1845, Halle 1845, S. 329 ff. (zitiert: Mittermaier, Gegenwärtiger Zustand)

ders., Der neue Entwurf des Strafgesetzbuchs für das Königreich Baiern, in: Neues Archiv des Criminalrechts, 6. Band, Halle 1824, S. 173 ff.; S. 351 ff. (zitiert: Mittermaier, Neuer Entwurf)

ders., Der neueste Beschluß der französischen Nationalversammlung und die Ansichten über das Recht der französischen Gerichte, nach den Gesetzen über den Zweikampf zu bestrafen, in: Archiv des Criminalrechts, Neue Folge, Jahrgang 1849, Halle 1849, S. 547 ff. (zitiert: Mittermaier, Neuester Beschluß) *ders.*, Der revidirte Entwurf des Strafgesetzbuchs für das Königreich Baiern, in: Neues Archiv des Criminalrechts, 10. Band, Halle 1829, S. 144 ff.; S. 267 ff. (zitiert: Mittermaier, Revidierter Entwurf)

ders., Ueber den gegenwärtigen Zustand der Strafgesetzgebung, die Gebrechen derselben und die Gesichspunkte ihrer Verbesserung, in: Archiv des Criminalrechts, Neue Folge, Jahrgang 1847, Halle 1847, S. 586 ff. (zitiert: Mittermaier, Strafgesetzgebung)

ders., Ueber den Zweikampf, mit besonderer Prüfung des neuesten Entwurfs eines Duell-Edicts für das Königreich Hannover, in: Neues Archiv des Criminalrechts, 8. Band, Halle 1826, S. 445 ff. (zitiert: Mittermaier: Zweikampf)

ders., Ueber die Einführung des Baierischen Strafgesetzbuches in Weimar mit Betrachtungen über den Werth dieses Gesetzbuches, in: Neues Archiv des Criminalrechts, 2. Band, Halle 1818, S. 54 ff. (zitiert: Mittermaier, Einführung)

Mohnhaupt, Heinz, Gesetzgebung des Reichs und Recht im Reich vom 16. bis 18. Jahrhundert, in: Gesetz und Gesetzgebung im Europa der Frühen Neuzeit, hrsg. von Barbara Dölemeyer und Diethelm Klippel, Berlin 1998

Molitor, (ohne Vorname), Ueber die Strafbarkeit des Duells nach der französischen Gesetzgebung, in: Archiv des Criminalrechts, Neue Folge, Jahrgang 1845, Halle 1845, S. 546 ff.

Montaigne, Michel de, Essais. Erste moderne Gesamtübersetzung von Hans Stilett, Frankfurt am Main 1998

Moser, Johann Jacob, Von Teutschen Reichs-Tägen. Zweyter Theil, Neudruck der Ausgabe 1774, Osnabrück 1967 (= Johann Jacob Moser, Neues teutsches Staatsrecht, Neudruck der Ausgabe 1766 - 1782, Band 6,2)

Möser, Justus, Sämtliche Werke, historisch-kritische Ausgabe in 14 Bänden, hrsg. von der Akademie der Wissenschaften zu Göttingen 1941 ff., Band 7 (1954): Patriotische Phantasien IV

Mussinan, Joseph von, Bayerns Gesetzgebung, München 1835

Neef, F., Artikel „ Poena arbitraria", in: Handwörterbuch zur deutschen Rechtsgeschichte, III, Band, hrsg. von Adalbert Erler und Ekkehart Kaufmann unter philologischer Mitarbeit von Ruth Schmidt-Wiegand, Berlin 1984, Sp. 1781 ff.

Neumann, Gerhard, Ehrenhandel und Abendmahl. Bismarck und das politische Duell, in: Uwe Schulz (Hrsg.), Das Duell. Der tödliche Kampf um die Ehre, Frankfurt am Main und Leipzig 1996, S. 267 ff.

Oersted, Anders S., Ausführliche Prüfung des neuen Entwurfs zu einem Strafgesetzbuch für das Königreich Bayern, erschienen in München 1822, Kopenhagen 1823

Olshausen, Justus, Kommentar zum Strafgesetzbuch für das Deutsche Reich, 1. Band, 1. Aufl. Berlin 1880; 2. Band, 1. Aufl. Berlin 1883

Oppenhoff, Friedrich C., Das Strafgesetzbuch für das Deutsche Reich, 3. Verbesserte und bereicherte Ausgabe, Berlin 1873

Peitzsch, Wolfram, Kriminalpolitik in Bayern unter der Geltung des Codex Juris Criminalis Bavarici von 1751, München 1968

Pezzl, Johann, Reise durch den Baierischen Kreis, Faksimileausgabe der 2. erweiterten Auflage von 1784, München 1973

Posener, Paul, Das Deutsche Reichsrecht im Verhältnisse zum Landesrechte, Breslau 1900

Prokowsky, Dieter, Die Geschichte der Duellbekämpfung, Bonn 1965

Radbruch, Gustav, Paul Johann Anselm Feuerbach. Ein Juristenleben, Nachdruck der Ausgabe Wien 1934, in: Gustav Radbruch, Gesamtausgabe, hrsg. von Arthur Kaufmann, Band 6: Feuerbach, bearbeitet von Gerhard Haney, Heidelberg 1997

Rannacher, Helmut, Der Ehrenschutz in der Geschichte des deutschen Strafrechts von der Carolina bis zum Reichsstrafgesetzbuch von 1871 (mit Berücksichtigung der Ehrenstrafen und des Zweikampfes), Breslau-Neukirch 1938

Reigersberg, Heinrich Alois von, Präliminarvortrag des Herrn Reichsraths Grafen von Reigersberg über den den Ständen des Königreichs Bayern vorgelegten revidirten Entwurf eines Straf-Gesetzbuches, München 1828

Repertorium der Policeyordnungen der frühen Neuzeit, hrsg. von Karl Härter und Michael Stolleis, Band 3.1: Wittelsbachische Territorien (Kurpfalz, Bayern, Pfalz-Neuburg, Pfalz-Sulzbach, Jülich-Berg, Pfalz-Zweibrücken), hrsg. von Lothar Schilling und Gerhard Schuck, Frankfurt am Main 1999

Rosenberger, Fritz Eduard, Das Sexualstrafrecht in Bayern von 1813 bis 1871, Marburg 1973

Roßhirt, Konrad Franz, Geschichte und System des deutschen Strafrechts, Zweiter Theil, Stuttgart 1839 (zitiert: Roßhirt, Geschichte)

ders., Lehrbuch des Criminalrechts nach den Quellen des gemeinen deutschen Rechts und mit besonderer Rücksicht auf die Darstellung des römischen Criminalrechts, Heidelberg 1821 (zitiert Roßhirt, Lehrbuch)

ders., Ueber den Zweikampf, in: Neues Archiv des Criminalrechts, 3. Band, Halle 1819/20, S. 453 ff. (zitiert: Roßhirt, Zweikampf)

Rumpf, Johann Daniel Friedrich, Ueber Duelle und Ehrengerichte im Militair; nebst Strafart der Injurien, zwischen Militair- und Civilpersonen und den ersteren unter sich, nach Preußischem Rechte, Berlin 1830

Rumschöttel, Herrmann, Das bayerische Offizierkorps 1866 - 1914, Berlin 1973

Rüping, Hinrich, Grundriß der Strafrechtsgeschichte, 3. Aufl. München 1998

Samhaber, Konrad, Der Duell in seiner heutigen Erscheinung, betrachtet nach philosophisch-rechtlichen Ansichten, Würzburg 1822 (zitiert: Samhaber, Duell)

ders., Kritische Beleuchtung der bayerischen Gesetze über das Duell, nach dem Mandate vom Jahre 1779, dem Strafgesetzbuche vom Jahre 1813, und dem neuesten Entwurfe eines Strafgesetzbuches, mit besonderem Rückblicke auf das von der Staatsregierung beabsichtigte Institut der Ehrengerichte, ein Beitrag zur Strafgesetzgebung, Nürnberg 1829 (zitiert: Samhaber, Kritische Beleuchtung)

Savigny, Friedrich Carl von, Stimmen für und wider neue Gesetzbücher, in: Zeitschrift für geschichtliche Rechtswissenschaft, 3. Band, Berlin 1817

Scherer, Karl, Zum Verhältnis Pfalz - Bayern in den Jahren 1816 - 1848, in: Die Pfalz und Bayern 1816 - 1956, hrsg. von Hans Fenske, Speyer 1998, S. 9 ff.

Schild, W., Artikel „Zweikampf“, in: Lexikon des Mittelalters, Band IX, München 1998, Sp. 723 f.

Schlosser, Hans, Der Gesetzgeber Kreittmayr und die Aufklärung in Kurbayern, in: Wiguläus Xaver Aloys Freiherr von Kreittmayr (1705 - 1720). Ein Leben für Recht, Staat und Politik, Festschrift zum 200. Todestag, hrsg. von Richard Bauer und Hans Schlosser, München 1991, S. 3 -35

Schmidt, Eberhard, Einführung in die Geschichte der deutschen Strafrechtspflege, 3. Aufl. Göttingen 1965

Schneider, Erika, Gallus Aloys Kleinschrod. Sein Leben und Wirken, insbesondere der Entwurf zu einem peinlichen Gesetzbuche für die kurpfalzbaierischen Staaten, Hamburg 1976 (zitiert: E. Schneider)

Schneider, Robert A., Swordplay and Statemaking. Aspects of the Campaign against the Duel in Early Modern France, in: Charles Bright and Susan Harding (Hrsg.), Statemaking and Social Movements. Essays in History and Theory, Ann Arbor 1984, S. 265 ff. (zitiert: R. Scheider)

Schreiber, Hans-Ludwig, Gesetz und Richter. Zur geschichtlichen Entwicklung des Satzes nullum crimen, nulla poena sine lege, Frankfurt am Main 1976

Schubert, Gernot, Feuerbachs Entwurf zu einem Strafgesetzbuch für das Königreich Bayern aus dem Jahre 1824, Berlin 1978 (zitiert: G. Schubert)

Schubert, Werner, Das französische Recht in Deutschland zu Beginn der Restaurationszeit (1814 - 1820), in: Zeitschrift der Savigny-Stiftung für Rechtsgeschichte, Germanistische Abteilung, Band 94 (1977), S. 129 ff. (zitiert: W. Schubert)

Schweisthal, Patrick, Das bayerische Strafgesetzbuch von 1861. Die letzte bayerische Strafgesetzgebung im Schatten Preußens?, München 1992

Sedatis, L., Artikel „Summarischer Prozeß“, in: Handwörterbuch zur deutschen Rechtsgeschichte, V. Band, hrsg. von Adalbert Erler und Ekkehart Kaufmann unter philologischer Mitarbeit von Ruth Schmidt-Wiegand, Berlin 1998, Sp. 79 f.

Sellert, W, Artikel „Judicium parium“, in: Handwörterbuch zur deutschen Rechtsgeschichte, II. Band, hrsg. von Adalbert Erler und Ekkehart Kaufmann unter philologischer Mitarbeit von Ruth Schmidt-Wiegand, Berlin 1978, Sp. 465 ff.

Seydel, Max, Bayerisches Staatsrecht, Erster Band, München 1884

Siebenpfeiffer, Philipp Jakob, Handbuch der Verfassung, Gerichtsordnung und gesamten Verwaltung Rheinbayerns, Dritter Band, Neustadt im bayerischen Rheinkreise 1831

Slawig, Johannes, Der Kampf gegen das Duellwesen im 19. und 20. Jahrhundert in Deutschland unter besonderer Berücksichtigung Preußens, Münster 1986

Soden, Julius, Geist der peinlichen Gesetzgebung, Erster Band, Frankfurt 1792

Spindler, Max (Hrsg.), Handbuch der bayerischen Geschichte, 2. Band: Das Alte Bayern. Der Territorialstaat vom Ausgang des 12. Jahrhunderts bis zum Ausgang des 18. Jahrhunderts, begr. von Max Spindler, hrsg. von Andreas Kraus, 2. Aufl. München 1988 (zitiert: Spindler, Band II); 4. Band: Das Neue Bayern (1800 - 1970), 1. Teilband, hrsg. von Max Spindler, verbesserter Nachdruck München 1979 (zitiert: Spindler, Band IV/1)

Staudinger, Karl, Geschichte des kurbayerischen Heeres insbesondere unter Kurfürst Ferdinand Maria 1651 - 1679 (= Geschichte des Bayerischen Heeres, hrsg. vom K. B. Kriegsarchiv, Erster Band), München 1901 (zitiert: Staudinger, 1. Band)

ders., Geschichte des kurbayerischen Heeres unter Kurfürst Karl Albrecht - Kaiser Karl VII. - und Kurfürst Max III. Joseph 1726 - 1777, Erster Halbband (= Geschichte des Bayerischen Heeres, hrsg. vom K. B. Kriegsarchiv, Dritter Band), München 1908 (zitiert: Staudinger, 3. Band)

Steltzer, Christian J., Lehrbuch des teutschen Criminalrechts, Halle 1793

Stenglein, Melchior, Commentar über das Strafgesetzbuch für das Königreich Bayern und das Gesetz über die Einführung des Strafgesetzbuches und des Polizei-Strafgesetzbuches, Zweiter Theil: Des Strafgesetzbuches besondere Bestimmungen über die einzelnen strafbaren Handlungen, München 1862, Nachdruck Frankfurt am Main 1989

Stinzing, Johann August Roderich von, und *Landsberg*, Ernst, Geschichte der Deutschen Rechtswissenschaft, Dritte Abtheilung, Erster Halbband, Text, München und Leipzig 1898; Zweiter Halbband, Text, München und Berlin 1910 (zitiert: Stinzing - Landsberg)

Stobbe, Otto, Geschichte der deutschen Rechtsquellen, Band (Abt.) 2, Neudruck der Ausgabe Braunschweig 1864, Aalen 1965

Strätz, H.-W., Artikel „Waffenrecht“, in: in: Handwörterbuch zur deutschen Rechtsgeschichte, V. Band, hrsg. von Adalbert Erler und Ekkehart Kaufmann unter philologischer Mitarbeit von Ruth Schmidt-Wiegand, Berlin 1998, Sp. 1078 ff.

Stroebel, Klaus-Rüdiger, Bayerische Kriminalpolitik von Kreittmayr bis Feuerbach unter besonderer Berücksichtigung von Tirol, Vorarlberg, Salzburg, Inn- und Hausruckviertel in der Zeit von 1806 bis 1816, Marburg 1969

Temme, Jodocus Donatus Hubertus, Lehrbuch des Preußischen Strafrechts, Berlin 1853

Thilo, Ulrich, Die militärrechtliche Sonderstellung Bayerns unter der Weimarer Verfassung, Berlin 1933

Vogt, Ludgera, Zur Logik der Ehre in der Gegenwartsgesellschaft. Differenzierung, Macht, Integration, Frankfurt am Main, 1997

dies., und Zingerle, Arnold (Herausgeber), Ehre. Archaische Momente in der Moderne, Frankfurt am Main 1994 (zitiert: Vogt/Zingerle)

Volk, Klaus, Napoleon und das deutsche Strafrecht, in: Juristische Schulung 31 (1991), S. 281 ff.

Vollgraff, Carl, Versuch einer Erklärung, warum bisher die Ehren-Duelle nicht haben unterdrückt werden können, durch Untersuchung der Frage: was eigentlich germanische Ehre sey?, in: Neues Archiv des Criminalrechts, 10. Band, Halle 1829, S. 181 ff.

Von den in Deutschland gewöhnlichen Gebräuchen bei Duellen und über die Mittel die Duelle abzustellen, anonym, Leipzig 1804

Vorberg, A., Die Verhandlungen der I. und II. Kammer der Landstände in Bayern im Jahre 1827/28 über Ehrengerichte und Duelle, in: Mitteilungen der Deutschen Anti-Duell-Liga, Nr. 19, Halberstadt 1907

Wächter, Carl Georg von, Ueber Deutsche particuläre Strafgesetzgebung überhaupt, und den neuesten Baierischen Entwurf insbesondere, in: Neues Archiv des Criminalrechts, Band 14, Halle 1833, S. 305 ff.

Weiler, Heinrich, Zur rheinland-pfälzischen Justizgeschichte. Anmerkungen über die Entstehung des Landgerichts Landau nebst einem Hinweis auf das Appellations- und Kassationsverfahren, Frankenthal 1984

Weis, Ludwig, Das Strafgesetzbuch für das Königreich Bayern sammt dem Gesetze vom 10. November 1861 zur Einführung des Strafgesetzbuchs und des Polizeistrafgesetzbuchs, Erster Band, Nördlingen 1863, Nachdruck 1989, hrsg. von Werner Schubert, Jürgen Regge, Werner Schmid und Rainer Schröder, Frankfurt am Main 1989

Wesel, Uwe, Geschichte des Rechts. Von den Frühformen bis zum Vertrag von Maastricht, München 1997

Willoweit, Dietmar, Gesetzespublikation und verwaltungsinterne Gesetzgebung in Preußen vor der Kodifikation, in: Beiträge zur Rechtsgeschichte. Gedächtnisschrift für Herrmann Conrad, hrsg. von Gerd Kleinheyer und Paul Mikat, Paderborn 1979 (zitiert: Willoweit, Gesetzespublikation)

ders., Deutsche Verfassungsgeschichte. Vom Frankenreich bis zur Teilung Deutschlands, München 1990 (zitiert: Willoweit, Verfassungsgeschichte)

Wolf, A., Artikel „Publikation von Gesetzen", in: Handwörterbuch zur deutschen Rechtsgeschichte, IV. Band, hrsg. von Adalbert Erler und Ekkehart Kaufmann unter philologischer Mitarbeit von Ruth Schmidt-Wiegand, Berlin 1990, Sp. 85 ff. (zitiert: A. Wolf)

Wolf, Erik, Große Rechtsdenker der deutschen Geistesgeschichte, 4. Aufl. Tübingen 1963 (zitiert: E. Wolf)

Wolter, Udo, Der Immerwährende Reichstag zu Regensburg, in: JuS 1984, S. 837 ff.

Würtenberger, Thomas, Das System der Rechtsgüterordnung im der deutschen Strafgesetzgebung seit 1532, Breslau-Neukirch 1933

Zeitschrift für Gesetzgebung und Rechtspflege des Königreichs Bayern. Mit Allerhöchster Genehmigung unter Aufsicht und Mitwirkung des königlichen Justizministeriums herausgegeben, Erster Band, Erlangen 1854

Zeitschrift für Gerichtspraxis und Rechtswissenschaft in Bayern, hrsg. von Melchior Stenglein, Zweiter Band, Jahrgang 1863, München 1863

Zimmermann, Friedrich, Der gerichtliche und außergerichtliche Zweikampf und die heutigen militärischen Ehrengerichte, in: Der Gerichtssaal, 24. Jahrgang, Erlangen 1872, S. 407 ff. (zitiert: Zimmermann, Ehrengerichte)

ders., Der Zweikampf in der Geschichte der westeuropäischen Völker, in: Historisches Taschenbuch, 9. Jahrgang, Leipzig 1879, S. 261 ff. (zitiert: Zimmermann, Zweikampf)

Zöpfl, Heinrich, Grundsätze des gemeinen deutschen Staatsrechts, mit besonderer Rücksicht auf das allgemeine Staatsrecht und auf die neuesten Zeitverhältnisse, Erster Theil, 5. Aufl. Leipzig und Heidelberg 1863

Das Duell in Bayern

Ein Beitrag zur bayerischen Strafrechtsgeschichte

1 Einleitung

„Europa, der kultivirteste Theil unserer Erde, laboriret an einer unheilbaren moralischen Krankheit schon seit vielen Jahrhunderten, an dem Phantom der gekränkten Ehre, und es kennt sehr oft kein anderes Heilmittel, dieselbe wiederherzustellen, als das Duell“. So beginnt eine am Anfang des 19. Jahrhunderts verfaßte Abhandlung über das Phänomen des Ehrenduells[1]. Ursprünglich der Sphäre des Adels entstammend, hatte sich diese Art der Konfliktaustragung in allen europäischen Ländern buchstäblich eingebürgert. Auch heute noch, zwei Jahrhunderte später, erhitzt jenes so wolkig umschriebene „Phantom der gekränkten Ehre“ zwar nach wie vor im privaten wie im öffentlichen Bereich die Gemüter. Denn Ehre kann in der einen oder anderen Form als eine Grundkonstante menschlicher Existenz gelten[2]. Verschwunden ist aber die früher in weiten Teilen der gesellschaftlichen Oberschichten obsessiv ausgelebte Vorstellung, es gebe zur Wiederherstellung verletzter Ehre nur das eine und einzige „Heilmittel“: nämlich das unter unbedingtem Einsatz des eigenen - und fremden - Lebens mit dem Beleidiger ausgetragene Duell.

Die vorliegende Arbeit stellt unter rechtshistorischer Perspektive die Reaktionen des bayerischen Staates auf das massenhafte Vorkommen dieses nicht selten tödlichen Waffengangs dar. Der betrachtete Zeitraum reicht vom beginnenden 17. bis zum späten 19. Jahrhundert. Vorgestellt werden dabei in

[1] Es handelt sich um die 1804 in Leipzig anonym veröffentlichte Schrift „Von den in Deutschland gewöhnlichen Gebräuchen bei Duellen und über die Mittel die Duelle abzustellen“, S. 1.

[2] Rumschöttel, S. 147, spricht im Zusammenhang seiner eingehenden Darstellung der militärischen Standesehre von Ehre als „anthropologischem Strukturelement“. Vogt/Zingerle, S. 9, bemerken gleich zu Beginn der Einleitung ihres Sammelbandes über Ehre, daß Ehre „eine Chiffre für Universalien des gesellschaftlichen Lebens ist“. - Neuerdings wendet sich Vogt, S. 11 ff. sowie S. 369 ff., nochmals dezidiert und sehr ausführlich gegen die in den Siebzigerjahren verschiedentlich geäußerte Ansicht, die Kategorie der Ehre sei als Anachronismus in der Gegenwartsgesellschaft obsolet geworden.

erster Linie die zahlreichen Strafvorschriften, mit denen man gegen das Duell vorzugehen versuchte. Anfangs geschah das durch den Erlaß spezieller Duellgesetze, später durch Duelltatbestände, die den allgemeinen Strafgesetzbüchern eingerückt wurden. Soweit es die besonders für die frühe Zeit äußerst spärliche Quellenlage erlaubt, wird bei der Darstellung dieser Vorschriften auch auf ihren allenfalls halbherzig zu nennenden Vollzug eingegangen. Im zweiten Teil der Arbeit werden die in Bayern sehr intensiven Bemühungen um die Schaffung von Ehrengerichten geschildert. Diese Schiedsinstanzen sollten im Fall von Ehrenbeleidigungen zwischen den Parteien vermitteln, um einen gütlichen Ausgleich zu erreichen. Damit sollte ein präventives Vorgehen gegen Duelle ermöglicht werden.

Das Ende der hier untersuchten Zeitspanne wird durch den Verlust der bayerischen Souveränität im Jahr 1871 vorgegeben. Duelle waren zwar noch bis zum Ende des Ersten Weltkriegs in Bayern wie in weiten Teilen Europas regelrecht an der Tagesordnung und kamen auch danach nicht sofort völlig außer Übung[3]. Nach der deutschen Reichsgründung wies jedoch die in Bayern gültige Rechtslage bezüglich des Duells schon bald keine Besonderheiten mehr gegenüber derjenigen im übrigen Deutschen Reich auf. Um den Rahmen der Aufgabenstellung nicht zu sprengen, bleibt die Betrachtung dieses Zeitraums ausgespart.

Zum komplexen Begriff der Ehre werden im Folgenden keine grundsätzlichen Ausführungen gemacht. Die je nach geschichtlicher Epoche, kulturellem Zusammenhang und gesellschaftlichem Status der beteiligten Personen wechselnden Vorstellungen von Wesen und Inhalt der Ehre müssen Gegenstand soziologischer und historischer Publikationen bleiben[4]. Nur soweit es für das Verständnis dieser Arbeit angebracht erscheint, werden auch die der Duellkultur zugrundeliegenden speziellen Ehrbegriffe dargestellt.

Auch die jahrhundertelange Diskussion um Wert oder Unwert des Duells kann hier nicht nachgezeichnet werden. Insoweit mögen einige Hinweise genügen. Die Verteidiger des Duells gingen von der fixen Vorstellung aus, daß die „zarte“ Ehre der höheren Stände im Fall ihrer Verletzung durch den Spruch

---

[3] Ausführlich dazu allgemein Frevert, S. 287 ff., sowie speziell für die Duelle unter bayerischen Offizieren Rumschöttel, S. 165 ff.

[4] Vgl. dazu vor allem die schon erwähnten Werke von Vogt/Zingerle und Vogt. Spezielle Ausführungen zum Zusammenhang zwischen Ehre und Duell bieten die Arbeiten von Rumschöttel, Frevert sowie Guttandin, Ehre, jeweils mit weiteren Nachweisen.

eines ordentlichen Richters gar nicht oder bestenfalls nur ganz unzureichend wiederhergestellt werden könne. Deswegen sei der Beleidigte zur Selbsthilfe im Weg des Duells berechtigt und, jedenfalls soweit er Offizier war, gegenüber seinen Standesgenossen, mit denen ihn eine gemeinsame Standesehre verband, dazu auch verpflichtet. Dem Duell kam bei dieser Betrachtungsweise die Bedeutung eines unfehlbaren „Auskunftsmittels" persönlicher Ehre zu. In diesem Zusammenhang wurde auch oft behauptet, das Duell wirke zivilisierend auf die Gesellschaft, da es die ansonsten eskalierenden Auseinandersetzungen um die Ehre in immerhin geordnete Bahnen lenke[5].

Duellgegner fanden an dieser Argumentation viele Angriffsflächen. Ihre oft mit Vehemenz vorgetragenen Stellungnahmen gegen das Duellwesen reichten von sachlicher Kritik bis zu dröhnendem Sarkasmus. Je nach dem eigenen Standpunkt brachten sie vor, daß das Duell im Widerspruch zur Religion, zur Moral, zur Vernunft und zu den Gesetzen stehe und ein ungerechtfertigtes Standesprivileg der Oberschicht sei[6]. Man nannte es eine „Hirngeburt des Donquixotismus", ein „Expectorationsmittel der Puerilität verworfener Wichte von Raufbolden"[7], einen „geadelten Mord"[8] und vieles mehr.

---

[5] Allgemein zu den Argumenten der Duellbefürworter Frevert, S. 64 ff. - Charakteristisch äußert sich Barbasetti in der Einleitung seines „Ehren-Codex": „Das Duell ist ein ... Auskunftsmittel - ein hässliches, wenn man will - das man aber, vorläufig wenigstens, nicht entbehren kann..." (S. XIV). „...wenn man weiters anerkennt, dass das Gesetz oder die gesellschaftlich geregelte Genugthuung den Wunsch nach persönlicher Rache zu besänftigen nicht im Stande ist, so ergibt sich die Folgerung von selbst, dass das Duell ... einer nützlichen socialen Einrichtung entspricht. Es hat den Zweck, diese Form der eigenmächtigen Vergeltung, die angenommen werden muss, zu regeln, sie einem geeigneten Verfahren zu unterwerfen und sie möglichst menschlich und annehmbar zu machen" (ebenda, S. XX f.).

[6] Ausführlich zu den Argumenten der Duellkritiker Frevert, S. 44 ff.

[7] Badenfeld, S. 19, 31. Die Bezeichnung des Duells als „Donquixoterie" findet sich auch bei Below, Duell, S. 30 ff., 39.

[8] Diesen sprichwörtlich gewordenen Ausdruck prägte Funcke, S. 167 ff., der aus christlicher Sicht ein Verdammungsurteil über das Duell ausspricht: „Es giebt also eine Form des Mordes in unserem „christlichen" Staat, die ist geadelt; sie ist geadelt durch die „Sitte" und Gesinnung gewisser Stände; sie wird nicht geradezu geadelt durch das Gesetz, sie wird sogar bestraft, aber sie wird nicht mit dem Ernst bestraft, den man billig erwarten sollte. Die Männer des Gesetzes verzichten von vornherein auf die Möglichkeit, das Duell auszurotten".

Gerade die offensichtliche, von seinen Fürsprechern gar nicht in Abrede zu stellende Irrationalität des Duells[9] in Kombination mit seiner immer gegebenen Tödlichkeit lud zu unzähligen Verarbeitungen in der Weltliteratur ein, die nicht selten durch das Mittel grotesker Überzeichnung die ganze Fragwürdigkeit der Duellkultur bloßlegten[10]. Zu den gelungensten und bekanntesten unter den literarischen Aufbereitungen des Duellmotivs zählen zweifellos Theodor Fontanes Roman „Effi Briest", Arthur Schnitzlers Erzählung „Leutnant Gustl" sowie eine Reihe von Werken Alexander Puschkins, der immer wieder das Duell ins Zentrum seines literarischen Schaffens stellte - bevor er selbst mit nur 37 Jahren sein Leben in einem Duell verlor[11].

Die der Arbeit vorangestellte Einleitung schildert zunächst den gewöhnlichen Ablauf - gewissermaßen die Dramaturgie - eines Duells. Dadurch werden die äußerst rigiden Verhaltensanforderungen sichtbar, die der dem Duellwesen zugrundeliegende Ehrenkodex unnachgiebig vorschrieb. Sodann wird ein knapper historischer Rückblick auf die Entstehung des Duells im 16. Jahrhundert geworfen. Schließlich werden verschiedene Kampfformen des Mittelalters vorgestellt, zu denen das neuzeitliche Duell signifikante Parallelen aufweist.

1.1 Der reguläre Ablauf eines Duells

Während langer Zeit hatte es keine systematische Aufzeichnung der „Regeln" des Duells gegeben. Sie hatten sich, primär in Adels- und Offizierskreisen, im Verlauf des 16. und 17. Jahrhunderts herausgebildet und waren fortan mündlich als Standessitte tradiert worden, deren Kenntnis und Einhaltung bei allen Standesangehörigen als selbstverständlich vorausgesetzt werden konnte. Das änderte sich jedoch, als Ende des 18. Jahrhunderts das Bürgertum als Zeichen seines wirtschaftlichen und gesellschaftlichen Aufstiegs daran ging, sich den adeligen Ehrenkodex und mit ihm die Sitte des Duells anzueignen.

---

[9] Vgl. Barbasetti, S. XV: „Aber man darf den Zweikampf nicht als eine Rechtseinrichtung betrachten, die sich aus einem logischen Gedankengange oder aus einem festen Rechtsgrundsatze ergebe".

[10] Ausführlich zur Behandlung des Duells in der Weltliteratur Frenzel, Stichwort Duell, S. 113 ff.

[11] Näher zu Puschkins Duell Filip, S. 203 ff., der dazu anmerkt (S. 208), daß schon bald nach dem tödlichen Ausgang die Vermutung laut wurde, es habe sich dabei um einen kaschierten Selbstmord Puschkins gehandelt.

Damit drohte eine Aufweichung der Duellregeln durch Standesfremde. Es ist daher kein Zufall, daß ab dieser Zeit gedruckte Handlungsanweisungen für die formgerechte Austragung eines Duells erschienen. Ihre Verfasser waren darum bemüht, das Duell als eine (tod-)ernste und gerade deswegen an genau bestimmte und sehr strenge Regeln gebundene Angelegenheit darzustellen, die man nicht leichtfertig und nach eigenem Belieben festsetzen konnte.

Der irische „Code duello" von 1777 gilt als die erste derartige Zusammenfassung von Duellregeln[12]. Ab den Dreißigerjahren des 19. Jahrhunderts folgten dann verschiedene französische Veröffentlichungen, die auch in Deutschland auf reges Interesse stießen[13]. Deutschsprachige Autoren publizierten Duellanleitungen, Ehrenratgeber und ähnliches erst gegen Ende des Jahrhunderts, dann aber in recht ansehnlicher Zahl[14]. In all diesen Werken wurden die wesentlichen Verhaltensanforderungen beschrieben, nach denen sich Duellanten, Sekundanten, Kartellträger, Ärzte und sonstige Beteiligte eines Duells zu richten hatten. Auch wenn diese Regeln im Lauf der Zeit immer weiter formalisiert wurden, blieb doch ihr Grundmuster stets gleich. Der im folgenden skizzierte idealtypische Verlauf eines Duells entspricht in etwa den Ehrvorstellungen des ausgehenden 19. Jahrhunderts, so wie sie von den einschlägigen Leitfäden jener Zeit propagiert wurden[15]. Er ist, mit geringeren Abstrichen, ebenso aber auch für die zwei davorliegenden Jahrhunderte repräsentativ.

Parteien eines Duells konnten nur „satisfaktionsfähige" Personen sein. Der schillernde Begriff der Satisfaktionsfähigkeit umfaßte die Angehörigen der jeweiligen gesellschaftlichen Elite, die sich gegenseitig als solche anerkannten und sich gegenüber der großen Masse der Gesellschaft abzusetzen trachteten. Gemeinsam erlebten sie sich als die „gute Gesellschaft" und sahen sich im Besitz einer besonderen, höheren Ehre. Fühlten sie sich von einem Standesgenossen beleidigt, praktizierten sie zum Schutz und zur Wiederherstellung dieser exklusiven Ehre ein besonderes Ritual: das Duell. Satisfaktionsfähigkeit be-

---

[12] Dieners, S. 71 f., Fußn. 60; Kiernan, S. 145, bemerkt: „... in 1777 an Irish code was drafted which came to be known as the Twenty-six commandments".

[13] McAleer, S. 46; Dieners, S. 71. Die erste dieser Veröffentlichungen war der 1836 veröffentlichte „Essai sur le duel" des Marquis de Chateauvillard.

[14] Dieners, S. 72 ff.; McAleer, S. 46; Fürbringer, S. 216.

[15] Vgl. zum folgenden vor allem Barbasetti, „Ehren-Codex", Wien 1898, sowie die „von einem älteren aktiven Offizier" verfaßten „Conventionellen Gebräuche beim Zweikampf", 4. Aufl., Berlin 1890.

deutete somit die „Bereitschaft und ... Fähigkeit, im Falle einer Beleidigung mit der Waffe in der Hand Genugtuung zu geben oder zu fordern“, und kann letztlich als ein unmißverständliches „Zeichen der Zugehörigkeit zum Establishment“ verstanden werden[16].

Welche gesellschaftlichen Gruppen als satisfaktions- und damit duellfähig galten, läßt sich nicht zeitübergreifend pauschal sagen. Im 17. und frühen 18. Jahrhundert war dieses Attribut beinahe ausschließlich Adeligen und Offizieren vorbehalten, wobei letztere zu jener Zeit in ihrer großen Mehrheit ohnedies adelig waren[17]. Hier wirkte noch das dem Mittelalter entstammende Prinzip der Ebenbürtigkeit nach, das die soziale Gleichheit der Kampfparteien verlangte[18]. Seit dem ausgehenden 18. Jahrhundert rückte allmählich auch das selbstbewußt gewordene gehobene Bürgertum in die Klasse der Satisfaktionsfähigen auf[19]. Diese Entwicklung läßt sich deutlich auch anhand der Studenten beobachten, unter denen das Duell traditionell stark verwurzelt war. Die ursprüngliche Beschränkung der Sitte des Duells auf adelige Studenten wurde von den übrigen als Zurücksetzung und Ausgrenzung empfunden. Schon sehr frühzeitig machten sich daher auch weite Kreise der nichtadeligen Studenten den im Duell kulminierenden Ehrenkodex zu eigen und dokumentierten so ihre Satisfaktionsfähigkeit[20].

Als im Lauf des 19. Jahrhunderts immer weitere Kreise des Bürgertums den begehrten Status der Satisfaktionsfähigkeit erfolgreich für sich reklamierten, verschwammen deren Grenzen zunehmend. Bald war es nicht mehr möglich, positiv zu sagen, wer als satisfaktionsfähig gelten konnte. Ein Duellratgeber aus dem Jahr 1890 erklärt beispielsweise, daß es sich „selbstredend ... bei der Feststellung der Satisfaktionsfähigkeit überhaupt nur um Angehörige der gebildeten Klassen der Gesellschaft handeln“ könne, ohne aber diesen diffusen

---

[16] Zum vorigen eingehend Elias, S. 65 ff., insbesondere S. 69 und S. 74.

[17] Näher zum Adelsanteil im Offizierkorps Demeter, S. 1 ff. und S. 35 ff.; ihm folgend, Rumschöttel, S. 61 f.: Diesbezüglich gab es markante Unterschiede zwischen Bayern und Preußen. In Bayern bildeten die bürgerlichen Offiziere schon seit dem Dreißigjährigen Krieg die Mehrheit, während in Preußen noch zu Beginn des 19. Jahrhunderts über 90 Prozent aller Offiziere adeliger Herkunft waren.

[18] Frevert, S. 27 f., 34, bemerkt, daß deswegen etwa Duelle zwischen zwei Königen denkbar waren, nicht aber Duelle zwischen einem König und einem Rangniedrigeren.

[19] Frevert, S. 219 ff.; Elias, S. 75 f.; Guttandin, Ehre, S. 311 f.

[20] Ausführlich dazu Frevert, S. 163 ff.

Begriff näher erläutern zu können[21]. Bauern und Arbeiter, überhaupt die große Masse der Bevölkerung sollten dagegen stets aus dem Kreis der Satisfaktionsfähigen ausgeschlossen bleiben. Für die in einen Ehrenhandel involvierten Personen wurde es im Vorfeld eines Duells nun immer schwieriger, herauszufinden, ob der potentielle Gegner auch satisfaktionsfähig war[22]. Nötigenfalls mußten vor dem Aussprechen einer Duellforderung diesbezüglich erst umfangreiche Erkundigungen angestellt werden. Denn der herrschende Ehrenkodex ließ kein Duell mit einem Satisfaktionsunfähigen zu. Umgekehrt hatte auch die irrtümliche Verweigerung eines Duells gegenüber einem tatsächlich satisfaktionsfähigen Herausforderer, wie überhaupt jede Verletzung der Duellregeln, den Verlust der eigenen Satisfaktionsfähigkeit zur Folge[23].

Das Szenario des Duells begann stets mit einer Beleidigung. Deren Schwere war entscheidend für die Reaktionsmöglichkeiten des Beleidigten. Leichtere Beleidigungen mußten nicht notwendig ein Duell nach sich ziehen, sondern konnten auch durch eine gütliche Einigung mit dem Beleidiger wieder aus der Welt geschafft werden. Bei tätlichen Beleidigungen war das dagegen von vornherein ausgeschlossen. Hier mußte in jedem Fall eine Forderung zum Duell erfolgen. Unterblieb sie, hätte der Beleidigte als nicht mehr satisfaktionsfähig gegolten. Je gravierender die Beleidigung war, desto weiter gingen die Rechte des Beleidigten hinsichtlich der Bestimmung der Kampfmodalitäten, etwa bei der Wahl der Waffen, der Anzahl der zu wechselnden Schüsse usw.

Die Herausforderung mußte innerhalb von 24 Stunden nach Erhalt der Beleidigung ergehen. Der Beleidigte überbrachte sie dem Beleidiger nicht persönlich, sondern bestimmte dafür zwei Vertreter, die sogenannten Kartellträger. Der Beleidiger durfte mit den Kartellträgern auf keinen Fall Verhandlungen über eine friedliche Beilegung der Angelegenheit anknüpfen, sondern war unbedingt verpflichtet, die Duellforderung anzunehmen. Anderenfalls wäre er künftig als feig und satisfaktionsunfähig betrachtet worden. Er hatte nun seinerseits 24 Stunden Zeit, zwei eigene Vertreter zu benennen. Die nun insgesamt vier Vertreter hatten gemeinsam die Pflicht, die Parteien zu einer gütlichen Einigung zu bewegen. Drangen sie damit nicht durch, war es ihre Aufgabe, die

[21] Vgl. Die Conventionellen Gebräuche beim Zweikampf, S. 10, Fußnote: „Wo hier die Grenze zu ziehen ist, muß in jedem einzelnen Falle der Beurtheilung der Betheiligten überlassen bleiben...“.
[22] Fürbringer, S. 217.
[23] Vgl. Die Conventionellen Gebräuche beim Zweikampf, S. 10 f.

Einzelheiten der Austragung des Kampfes festzulegen. Die gebräuchlichen Waffen waren Säbel, Degen oder Pistolen.

Die Ausführung des Duells hatte binnen 48 Stunden nach Überbringung der Forderung zu erfolgen. Wegen der praktisch überall bestehenden Strafvorschriften gegen das Duell waren Austragungsort und -zeit möglichst so zu wählen, daß ein Erscheinen der Polizei nicht zu erwarten war. Das war der ganz prosaische Grund dafür, daß Duelle so häufig frühmorgens in freier Natur stattfanden. Verspätete sich eine Partei auch nur um 15 Minuten oder mehr, galt das bereits als Verweigerung des Duells.

Das notwendige Personal am Ort des Kampfes setzte sich idealerweise aus mindestens acht Personen zusammen. Neben den beiden Duellanten waren ein Kampfleiter, zwei Ärzte sowie auf jeder Seite wenigstens zwei Sekundanten erforderlich, wobei die Funktion des Kampfleiters aber nicht selten von einem der Sekundanten ausgeübt wurde. Bei letzteren handelte es sich meistens um dieselben Personen, die bei der vorhergegangenen Vereinbarung des Duells schon als Kartellträger aufgetreten waren. Sie dienten jetzt zum einen als Zeugen des Kampfes. Vor allem aber hatten sie penibel die Durchführung des Duells zu überwachen. Sie mußten sofort einschreiten und den Kampf notfalls mit Waffengewalt abbrechen, wenn eine Partei gegen die Regeln verstieß.

Bei der Austragung des Duells war auf größtmögliche Chancengleichheit zu achten. Keine Partei sollte etwa gegen die aufgehende Sonne zu kämpfen haben. Die Waffen mußten genau gleich sein. Die Duellanten durften nur ein ungestärktes Hemd tragen, damit die Verletzungsgefahr für beide gleich groß war. Es war ihnen streng verboten, unter der Kleidung irgendwelche Schutzmittel gegen Verletzungen zu tragen. Letzteres konnte von den Sekundanten auch kontrolliert werden. Aus diesem Grund erklärte es ein Duellratgeber für „empfehlenswerth, ... den Oberkörper ganz zu entkleiden“[24].

Vor dem Beginn des Kampfes erinnerte der Kampfleiter die Duellanten nochmals an die einzuhaltenden Regeln. Dann nahmen die Parteien je nach der Art des Duells Aufstellung. Seitlich von ihnen bezogen die Sekundanten Position. Auf das Kommando des Kampfleiters begann das Duell. Die Kämpfer waren unbedingt verpflichtet, von ihren Waffen Gebrauch zu machen. Eine offen-

[24] Barbasetti, S. 80, der in diesem Zusammenhang noch weiter ins Detail geht: „Ueberdies soll vorher vereinbart werden, ob die Beinkleider mit Hosenträgern oder mit Gürtel zu tragen sind.“

sichtliche Schonung des Gegners, etwa durch absichtliches Danebenschießen, hätte als ehrlos gegolten und sofort den Verlust der Satisfaktionsfähigkeit nach sich gezogen.

Die Dauer des Kampfes richtete sich ganz nach den jeweiligen vorherigen Abmachungen. War etwa ein Pistolenduell mit ein- oder mehrmaligem Kugelwechsel verabredet, so war der Kampf spätestens nach der entsprechenden Anzahl von Schußwechseln beendet, auch wenn keine Partei getötet oder verletzt war. Anders war es natürlich, wenn das Duell, gleich mit welchen Waffen, vereinbarungsgemäß solange fortgesetzt werden sollte, bis eine Partei kampfunfähig geworden war. In diesem Fall wäre selbst ein einvernehmlicher früherer Abbruch des Kampfes nicht zulässig gewesen. Es ginge zu weit, hier all die verschiedenen gängigen Austragungsmodalitäten darzustellen.

In jedem Fall hatten die Sekundanten bei Verletzung einer Partei sofort den Kampf zu unterbrechen. Es war dann Sache der Ärzte, zu entscheiden, ob der Verletzte physisch noch in der Lage war, den Kampf fortzusetzen oder nicht. Lautete ihre Diagnose auf Kampfunfähigkeit, war das Duell in jedem Fall beendet. Andernfalls mußte solange weitergekämpft werden, wie es der vorherigen Vereinbarung entsprach. Über das gesamte Geschehen von der Beleidigung bis zur Beendigung des Duells war ein förmliches Protokoll aufzunehmen.

Anhand der vorangegangenen Schilderung kann man unschwer erkennen, wie starr und unnachgiebig die Verhaltensanforderungen dieses Ehrenkodex waren. Die sich über das Band der Satisfaktionsfähigkeit definierenden Eliten verpflichteten ihre Angehörigen auf die minutiöse Erfüllung dieser Regeln. Wenn die Beteiligten sich nicht in der ihnen abverlangten „ritterlichen“ Weise verhielten, galten sie als satisfaktionsunfähig und damit als unwürdig, der „guten“ Gesellschaft weiterhin anzugehören. Ihnen haftete fortan der Makel der Ehrlosigkeit an. Das bedeutete, daß jeder gesellschaftliche Kontakt mit ihnen zu vermeiden war. Von ihren früheren Standesgenossen, die sich selbst als Ehrenmänner oder Gentlemen bezeichneten, wurden sie nun wie Aussätzige behandelt. Waren sie Offiziere, wurden sie überdies regelmäßig aus dem Dienst entlassen, da eine Duellverweigerung als Verletzung der militärischen Standesehre aufgefaßt wurde. Bei Offizieren kam so zu dem das Duell fordernden gesellschaftlichen Erwartungsdruck noch ein direkter staatlicher Duellzwang hinzu[25].

Umgekehrt behielten die Angehörigen der Oberschicht die uneingeschränkte Achtung ihrer Standesgenossen, wenn sie sich dem Duellkodex konform verhielten und ihre Ehrenangelegenheiten, ganz gleich mit welchen Folgen, per Duell erledigten. Daher barg es keinerlei Polemik, wenn ein Duellgegner bemerkte: „Wer im Duell einen Andern erschossen hat, ist nachher durchaus gesellschaftsfähig. Es ist keine Rede davon, daß er entehrt ist“[26]. Unter diesen Vorzeichen kann es kaum verwundern, wenn weite Teile der Oberschicht sich diesem Druck beugten und die Abhaltung eines Duells als einzig mögliche Reaktionsmöglichkeit auf eine Beleidigung ansahen.

Theodor Fontane arbeitete das in seiner 1894/95 erschienenen „Effi Briest“ sehr klar heraus. Darin begründet Innstetten, karrieresüchtiger preußischer Beamter, die Notwendigkeit seines Duells wegen einer über sechs Jahre zurückliegenden Affäre seiner Frau folgendermaßen: „Aber im Zusammenleben mit den Menschen hat sich ein Etwas ausgebildet, das nun mal da ist und nach dessen Paragraphen wir uns gewöhnt haben, alles zu beurteilen, die andern und uns selbst. Und dagegen zu verstoßen geht nicht; die Gesellschaft verachtet uns, und zuletzt tun wir es selbst und können es nicht aushalten und jagen uns die Kugel durch den Kopf. ...jenes, wenn Sie wollen, uns tyrannisierende Gesellschafts-Etwas, das fragt nicht nach Charme und nicht nach Liebe und nicht nach Verjährung. Ich habe keine Wahl. Ich muß“. Auch Innstettens Gesprächspartner und späterer Sekundant Wüllersdorf beugt sich resignierend dieser Sichtweise: „Unser Ehrenkultus ist ein Götzendienst, aber wir müssen uns ihm unterwerfen, solange der Götze gilt.“[27]

1.2 Kurze Bemerkung zur Terminologie

Etymologisch geht das deutsche Wort Duell, ebenso wie zahlreiche mit ihm verwandte Äquivalente in den westeuropäischen Sprachen[28], auf lateinisch „duellum“, Zweikampf, zurück und ist mit „bellum“, Krieg, vermutlich auch mit

---

[25] Näher zum Vorstehenden Fürbringer, S. 206 ff.; Demeter, S. 138 ff.; Rumschöttel, S. 167 ff.; Dieners, S. 16 f., 69 ff., 209 ff.
[26] Funcke, S. 170 f.
[27] Fontane, 27. Kapitel, S. 236 f.
[28] Vgl. zum Beispiel italienisch duello, spanisch duelo, französisch und englisch duel.

„duo“, zwei, verwandt[29]. Als in Deutschland der Terminus Duell in den Texten des 16. und des frühen 17. Jahrhunderts allmählich gebräuchlich wurde, besaß er noch nicht seine spätere enge Bedeutung im Sinn eines formbetonten Zweikampfes zur Wiederherstellung verletzter Ehre. Vielmehr wurden damals Ausdrücke wie „Duelle“, „Raufhändel“, „Balgereien“ oder „Poltern“ nebeneinander gebraucht, ohne daß zwischen diesen Termini begrifflich eindeutige Trennlinien verlaufen wären[30]. Mit „Duell“ konnten in jener Zeit also auch ganz gewöhnliche Schlägereien gemeint sein. Erst als sich nach und nach spezifische Regeln für die Austragung eines Ehrenzweikampfes herausgebildet hatten, erhielt das Wort Duell seine bis heute geläufige Bedeutung.

Charakteristisch für die Frühzeit des Duellwesens im deutschsprachigen Raum ist, daß weitgehend französisches Vokabular verwendet wurde. Das erklärt sich daraus, daß Frankreich im 17. und 18. Jahrhundert tonangebend war in Fragen der höfischen Etikette, zu denen man das damals beinahe ausschließlich von Adeligen praktizierte Duell zu zählen hat[31]. Für diese ritualisierte Streitkultur der adeligen Oberschicht wurde daher auch in den deutschen Ländern der hochtrabende Begriff des „point d'honneur“, des Ehrenpunkts, gebräuchlich. Diese Ausrichtung auf die gehobenen Umgangsformen des französischen Adels brachte es zudem mit sich, daß im deutschsprachigen Bereich während langer Zeit Duell als männliches Hauptwort verstanden wurde, von französisch „le duel“ abgeleitet[32]. Im 19. Jahrhundert bevorzugte man dann, dem Zug der Zeit entsprechend, anstelle von „Duell“ häufig den deutschen Begriff „Zweikampf“, ohne daß sich dadurch eine Bedeutungsverschiebung ergeben

[29] Gierens, S. 168; Guttandin, Ehre, S. 217 f.; McAleer, S. 12.

[30] Guttandin, Ehre, S. 229 ff.; Frevert, S. 29. Beispielsweise lautet der Beginn des Titels der umfangreichen Schrift Michael Freuds aus dem Jahr 1686: „Antimonomaxia Oder Gewissensfragen / Was von Duellen / Außforderungen / Kugel-Wechseln / Balgen / Rauffen / Schlagen / und dergleichen / nach Gottes heiligem Wort zu halten...“. Ganz ähnliche Ausdrücke finden sich im Titel des unten zu besprechenden Reichsgutachtens vom 30. Juli 1668, das davon handelt, wie „dem höchst-schädlichen Duelliren, Balgen und Kugel-Wechseln zu begegnen“ sei.

[31] Frevert, S. 37.

[32] Dieser Sprachgebrauch läßt sich bis ins 19. Jahrhndert hinein beobachten, vgl. Frevert, S. 37, Fußn. 41 (abgedruckt auf S. 342). - So betitelt etwa Samhaber, Duell, seine 1822 erschienene Abhandlung: „Der Duell in seiner heutigen Erscheinung, betrachtet nach philosophisch-rechtlichen Ansichten“.

hätte. Diese Änderung des Sprachgebrauchs läßt sich exemplarisch anhand der bayerischen Gesetzgebung verfolgen[33].

1.3 Zur Entstehung des neuzeitlichen Ehrenduells

Historisch läßt sich nicht eindeutig sagen, in welchem Zeitpunkt und wo genau in Europa das Ehrenduell im oben beschriebenen Sinn entstanden ist. Man nimmt heutzutage an, daß sich während des 16. Jahrhunderts, eventuell auch schon etwas früher, durch das Zusammenwirken verschiedener Faktoren in der höfisch-adeligen Welt Italiens, Frankreichs und Spaniens eine neue Streitkultur herauszubilden begann, die innerhalb kurzer Zeit in allen europäischen Ländern heimisch wurde. Diese neue Form der Auseinandersetzung erhielt später die Bezeichnung Duell[34].

Eine erste notwendige Voraussetzung für seine Entstehung lag auf waffentechnischem Gebiet. Erst die in Italien im 16. Jahrhundert erfolgte Entwicklung des leichten und beweglichen Rapiers machte die Ehrenzweikämpfe überhaupt möglich[35]. Mit den aus dem Mittelalter stammenden, schwerfälligen Schwertern, die oftmals mit beiden Händen geschwungen werden mußten, wäre die Austragung eines dem höfischen Empfinden entsprechenden, in gleicher Weise „schneidigen" wie „flotten" Zweikampfes gar nicht denkbar gewesen. Der Degen wurde alsbald das zur Schau getragene, unverkennbare Attribut der adeligen Oberschicht. Er diente seinen Trägern in der Öffentlichkeit als Statussymbol und als Abgrenzungsmerkmal gegenüber anderen sozialen Gruppen und dokumentierte ihren unbedingten Anspruch, zur gesellschaftlichen Elite zu zählen[36]. Dabei beschränkte sich die Verwendbarkeit des Degens von vornher-

---

[33] Sämtliche bayerischen Duellmandate des 18. Jahrhunderts verboten neben dem Raufen, Schlagen, Balgen etc. das „Duelliren". Der Codex Juris Bavarici Criminalis von 1751 sprach von „Duellen" (1. Teil, 3. Kapitel, § 9). Dagegen enthielt schon der 1802 von Kleinschrod verfaßte Gesetzentwurf ein Kapitel, das „vom Zweykampfe" handelte. Im bayerischen Strafgesetzbuchentwurf von 1822 tauchte in Art. 181 der Begriff des Duells zwar wieder auf, war aber ausdrücklich als bloßes Synonym für Zweikampf gekennzeichnet. Ebenso sprachen die Entwürfe von 1853 (Art. 168 ff.) und 1860 (Art. 163 ff.) sowie das endgültige bayerische Strafgesetzbuch von 1861 (Art. 162 ff.) in den jeweils einschlägigen Abschnittsüberschriften von „Zweikampf (Duell)".

[34] Guttandin, Ehre, S. 229 ff.; Frevert, S. 27; ähnlich für die ältere Literatur Levi, S. 4 ff.; Gierens, S. 193 ff.

[35] R. Schneider, S. 268 f.; Frevert, S. 30.

[36] Frevert, S. 31.

ein ausschließlich auf die zeremoniellen Waffengänge des Adels. Als Kriegswaffe war er dagegen bereits im 16. Jahrhundert völlig nutzlos[37].

Das Vorrecht, Waffen zu tragen, stand seit früher Zeit nur einem eng begrenzten Personenkreis zu. Es zeichnete seine Inhaber innerhalb der Gesellschaft aus und erhöhte ihre Ehre[38]. Mit diesen überkommenen Vorstellungen hing es zusammen, daß der Adel im 16. Jahrhundert den Zentralherren des Staates das Recht abtrotzte, den Degen tragen zu dürfen. Da junge Adelige ab dieser Zeit mit zunehmender Häufigkeit ein Universitätsstudium aufnahmen, wurde das Degentragen frühzeitig auch unter Studenten eine regelrechte Modeerscheinung. Die Universitäten verschlossen sich diesem Trend nicht. Schon bald hatten viele von ihnen ihren eigenen Fechtmeister und stellten einen Fechtboden zur Verfügung. Dort übten Studenten spielerisch die Verhaltensformen ein, die sie auch im Ernstfall des Duells beherzigen würden[39].

Hand in Hand mit dem Aufkommen des leichten Degens bildeten sich unter den Angehörigen der Oberschicht neue Formen der Auseinandersetzung aus. Es setzte sich die Vorstellung durch, daß es vornehm sei und gewissermaßen zum guten Ton gehöre, jeden noch so unscheinbaren Angriff auf die eigene Ehre sofort mit der blanken Waffe in der Hand zurückzuweisen. Wer nicht in dieser forschen Weise reagierte, zeigte damit in den Augen seiner Standesgenossen, daß ihm seine Ehre nicht viel galt und daß man ihn nicht weiter als seinesgleichen zu betrachten hatte. Allmählich wurde gleichsam die allzeitige Bereitschaft zum Duell zur Voraussetzung, der sozialen Spitzengruppe anzugehören. Wer dagegen nicht willens war, seine Ehre über sein Leben zu stellen und mit dem Beleidiger ein Duell auszufechten, nahm mit dieser Verweigerungshaltung mehr oder weniger seinen sozialen Tod in Kauf[40]. Somit läßt sich das Duell als „ein Erkennungszeichen der höherstehenden Gruppe, ein Symbol der Unterscheidung, ... ein Mittel der Distanzierung" begreifen[41].

Wegen dieser „Orientierung der Menschen auf die Ehre"[42] lastete ein enormer Erwartungsdruck auf den Angehörigen der Oberschicht. Schon wegen

---

[37] R. Schneider, S. 272.
[38] Strätz, Sp. 1078 ff.
[39] Frevert, S. 165 f.
[40] Zum vorigen vgl. Frevert, S. 34 ff.; Gierens, S. 193 ff.; Guttandin, Duell, S. 37 f.; R. Schneider, S. 276.
[41] Elias, S. 100.
[42] Guttandin, Ehre, S. 215.

der kleinsten Beleidigung, die nicht umgehend durch eine Duellforderung beantwortet wurde, mußten sie befürchten, ins gesellschaftliche Abseits verstoßen zu werden. Das Unterlassen einer Forderung nach Erhalt einer Beleidigung wurde als unwiderleglicher Beweis von Feigheit verstanden und galt geradezu als Einladung für weitere Übergriffe und Provokationen[43]. Von daher kam es, daß Duellforderungen auch wegen der geringfügigsten und läppischsten Anlässe ausgesprochen wurden[44]. Als Ergebnis dieser Entwicklung machte sich eine „krankhafte Veräußerlichung und Überreiztheit des Ehrgefühls" breit[45].

Binnen kurzer Zeit fand das Duell weite Verbreitung unter den Adeligen und wurde zu einer regelrechten Massenerscheinung. Überall in Europa wurde diese von ihren Anhängern als „standesgemäß" und „ritterlich" bezeichnete Form der Ehrenwahrung gebräuchlich. Zahlenmäßig nahmen die Duelle besonders im Frankreich des 16. und beginnenden 17. Jahrhunderts solche Ausmaße an, daß der Staat schon im Interesse seiner eigenen Funktionstüchtigkeit reagieren mußte. Auch wenn die genaue Anzahl der durch Duelle ums Leben gekommen französischen Adeligen nie wird ermittelt werden können, läßt sich mit Sicherheit sagen, daß sie spektakulär hoch war. Allein während der Regierungszeit Heinrichs IV. (1589 - 1610) haben nach zeitgenössischen und durch die moderne Forschung nicht widerlegbaren Angaben Tausende ihr Leben im Duell verloren[46].

Auch für spätere Jahrhunderte lassen sich zur Anzahl der vorgefallenen Duelle keine exakten Aussagen machen. Die meisten Duelle kamen nie zur Kenntnis der Behörden. Häufig hatten die Beteiligten einander vor dem Kampf ehrenwörtlich unbedingtes Stillschweigen vereinbart, um sich vor strafrechtli-

---

[43] Guttandin, Ehre, S. 204.

[44] Einige Kostproben für die Offiziersduelle im Bayern des 19. Jahrhunderts liefert Rumschöttel, S. 166: Duellanlässe waren beispielsweise, daß ein Offizier dem anderen beim Essen den Nachtisch wegzog oder daß sich ein Offizier über das nächtliche Bellen des Hundes eines anderen ereiferte.

[45] Gierens, S. 193.

[46] Frevert, S. 32, nennt unter Berufung auf F. Billacois, Le duel dans la société francaise des XVIe-XVIIe siècles. Essai de psychosociologie historique, Paris 1986, S. 115, 117, die Zahl von 7.000 bis 10.000 Duellopfern. In dieser Größenordnung liegt auch Gierens, S. 196, der darauf verweist, daß Heinrich IV. zwischen 1589 und 1608 etwa 7.000 Gnadenbriefe für Duellvergehen ausstellte. Guttandin, Duell, S. 35 f., gibt für die Regierungszeit Heinrichs des IV. die Zahl von 4.000 Duelltoten an. Weiter ausführlich zu Frankreich, allerdings ohne Zahlenangaben, Below, Duell, S. 40 ff.

cher Verfolgung zu schützen. Kam es bei der Austragung des Duells zu Verletzungen, so stellte man sie bei behördlichen Vernehmungen nach Möglichkeit als Unfälle dar, etwa als einen Sturz vom Pferd oder als Selbstauslösung der Waffe. Da schließlich die zuständigen Verfolgungsbehörden im allgemeinen nur überaus nachlässig gegen Duellanten einschritten, kam es nur in einem äußerst kleinen Bruchteil aller Fälle zu Verurteilungen. Daher gibt die Anzahl der wegen Zweikampfdelikten ergangenen Strafurteile für die Bestimmung der tatsächlichen Duellhäufigkeit kaum etwas her[47].

Das Entstehen des Ehrenduells hing nicht zuletzt mit einer tiefsitzenden sozialen Verunsicherung zusammen, die den Adel zu Beginn der Neuzeit erfaßte. Die Machthaber in den seit dem 16. Jahrhundert entstehenden absolutistischen Staaten unternahmen es mit wachsendem Erfolg, innerhalb ihres Einflußbereichs jede eigenmächtige Ausübung von Gewalt zu unterbinden und zu ihren Gunsten ein Gewaltmonopol durchzusetzen. Diese binnenstaatliche Pazifizierung traf besonders den Adel, der herkömmlicherweise gewohnt war, seine Streitigkeiten in eigener Regie mit den Mitteln der Fehde zu erledigen. Das zur gleichen Zeit aufkommende Duell kann somit auch als Demonstration althergebrachter adeliger Selbstherrlichkeit, als „eine Geste des Widerstandes und Trotzes gegen die immer mächtigeren Zentralherren“ begriffen werden[48].

Zugleich wird im Duell der permanente Konkurrenzkampf sichtbar, den sich die Angehörigen des Adels gegenseitig lieferten, um ihr Prestige und ihren gesellschaftlichen Status gegen Infragestellungen und Angriffe durch andere zu behaupten[49]. Es wird kein Zufall sein, daß die Duellzahlen in Frankreich und England genau in dem Zeitpunkt rapide anstiegen, als zur Befriedigung des Finanzbedarfs der Krone zahlreiche Adelstitel neu geschaffen und an zahlungswillige Aspiranten verkauft wurden, so daß sich die Anzahl der Adeligen in kurzer Zeit in inflationärer Weise erhöhte[50]. Der Einzelne mußte ständig die Gefahr vor Augen haben, einen Statusverlust zu erleiden. Auch das trug zu dem gereizten Klima bei, in dem der Adel lebte und das zu der Flut von Duellforderungen beitrug.

---

[47] Frevert, S. 89 ff.; Rumschöttel, S. 165.
[48] Elias, S. 70. Ähnlich Guttandin, Ehre, S. 236; Frevert, S. 39 f.
[49] Guttandin, Ehre, S. 274.
[50] R. Schneider, S. 270 f.

1.4 Mögliche mittelalterliche Wurzeln des Duells

Eine bisher nicht näher untersuchte Frage ist es, inwieweit verschiedene mittelalterliche Formen der bewaffneten Auseinandersetzung zwischen zwei Personen bzw. zwischen Gruppen von Personen die Entstehung des neuzeitlichen Ehrenduells begünstigt haben. Es ist schwer zu sagen, in welchem Maß die gerichtlichen Zweikämpfe, die städtischen Kampfgerichte, die Fehde oder die Ritterturniere des Mittelalters den Boden für das spätere Duell bereitet haben. Zwar lassen sich punktuell viele Gemeinsamkeiten zwischen diesen Kampfarten und dem Duell feststellen, doch ist das Duell keinesfalls als deren bloße Fortsetzung zu begreifen[51].

Die gerichtlichen Zweikämpfe des Mittelalters wurden zwar wie das Duell unter Einhaltung strenger formaler Regeln zwischen zwei Personen ausgefochten. Doch war ihr Zweck ein ganz anderer als der des Duells. Sie dienten nicht der Bereinigung eines Ehrenkonflikts zwischen den beiden Kämpfern und waren nicht rechtswidrig. Vielmehr wurden sie innerhalb laufender Gerichtsprozesse angeordnet, wenn Beweisschwierigkeiten auftraten. Wenn bei einander widersprechenden Aussagen die Schuldfrage nicht zu klären war, sollte sie durch den Ausgang des Zweikampfes zwischen Kläger und Beklagtem entschieden werden. Der gerichtliche Zweikampf war also lediglich Teil eines gesetzmäßigen Verfahrens. Aufgrund seines Ausgangs entschied dann das Gericht erst den eigentlichen Rechtsstreit. Im Gegensatz zum Duell der Frühzeit mußten die beiden Kämpfer hier nicht notwendigerweise dem Adel angehören, sondern konnten auch Stadtbürger sein. Ein gerichtlicher Zweikampf war in der Regel nur bei schweren Verbrechen zulässig, insbesondere denjenigen, die mit der Todesstrafe bedroht waren.

Im weiteren Sinn ist der gerichtliche Zweikampf ein Gottesurteil. Hinter seiner Anordnung stand die archaische Vorstellung, daß die Gottheit immer auf der Seite des Rechts stehe und in den Kampf eingreifen werde, um dem Recht zum Durchbruch zu verhelfen. Die allmähliche Verbesserung des gerichtlichen Beweisverfahrens sowie der schwindende Glaube an die Aussagekraft von Gottesurteilen ließen kirchliche und staatliche Kritik am gerichtlichen Zwei-

[51] Näher zum folgenden Levi, S. 3 ff.; Below, Duell, S. 5 ff.; Frevert, S. 23 ff.

kampf laut werden, die schließlich dazu führte, daß er im Spätmittelalter außer Übung kam[52].

Vom gerichtlichen Zweikampf als Beweismittel innerhalb eines Prozesses sind die im Spätmittelalter in verschiedenen deutschen Städten eingerichteten speziellen Kampfgerichte zu unterscheiden. Hier wurden Zweikämpfe mit Genehmigung des Landesherren bzw. des Stadtmagistrats vor großem Publikum ausgetragen. Einige dieser Kampfplätze, Schwäbisch Hall etwa oder Nürnberg, brachten es zu hoher Berühmtheit. Ein solcher Zweikampf kam in Gang, wenn zwei - nicht unbedingt adelige - Parteien ihre Streitigkeit nicht von einem ordentlichen Gericht entscheiden lassen wollten, sondern statt dessen auf ihren Antrag hin die hoheitliche Erlaubnis erhielten, ihren Zwist durch einen Waffengang vor dem Kampfgericht öffentlich auszutragen. Nicht selten ging es dabei um die Erledigung von Ehrenstreitigkeiten. Der Kampf fand auf einem eigens dafür hergerichteten städtischen Platz statt. Sogenannte „Grieswärter" hatten auf die Einhaltung der Kampfregeln, vor allem auf die Herstellung gleicher Kampfbedingungen für beide Parteien zu achten. Das Kampfgericht fungierte lediglich als organisatorische und ordnende Instanz, griff aber nicht in den Kampf ein. Der Ausgang des Zweikampfes entschied hier nicht nur über eine Beweisfrage, sondern über die Streitsache selbst. Letztlich sind hier die Gemeinsamkeiten mit dem Duell größer als beim gerichtlichen Zweikampf[53].

Eine andere Funktion besaß die Fehde. Ihr Ziel war neben der Rache wegen verübten Totschlags vor allem die eigenmächtige Rechtsdurchsetzung. Sie stammt aus einer Zeit, in der es keine staatliche Zentralgewalt gab, die in der Lage gewesen wäre, einem Rechtssuchenden zu seinem Recht zu verhelfen. Insoweit wies sie Parallelen zum Duell auf, da sich auch dessen Anhänger darauf beriefen, wegen des angeblich naturgemäß ungenügenden staatlichen Ehrenschutzes zur Selbsthilfe schreiten zu müssen. Anders als das Duell war aber die Fehde nicht auf bestimmte exklusive Stände beschränkt, sondern wurde

[52] Zum vorigen Schmidt, S. 39, 76 f.; Zimmermann, Zweikampf, S. 263 ff.; Below, Duell, S. 7 ff.; Gierens, S. 174 ff.; Schild, Sp. 723 f. Undeutlich in diesem Zusammenhang Frevert, S. 24 f., die nicht auf den Unterschied zwischen dem gerichtlichen Zweikampf als einem Beweismittel und dem Zweikampf vor den städtischen Kampfgerichten eingeht.

[53] Zum vorigen Levi, S. 6 ff.; Zimmermann, Zweikampf, S. 283 ff.; Gierens, S. 187; Schild, Sp. 724. - Fehr, S. 16 ff., will in den Kampfgerichten eine „Übergangsstufe" vom gerichtlichen Zweikampf zum Duell erblicken. Diese Ansicht ist nicht haltbar und hängt mit seinem dem Zeitgeist entspringenden Bemühen zusammen, eine kontinuierliche germanische Tradition des Zweikampfes zu behaupten.

auch von Nichtadeligen praktiziert. Ihr Anlaß war eher selten eine Ehrenkränkung. Dagegen wurde sie häufig zur Durchsetzung rein materieller Ansprüche unternommen, was wiederum dem Zweck und Charakter des Duells diametral entgegengesetzt war.

Die Fehde war nur in geringem Maß formalisiert und in vielen Fällen nichts weiter als ein zügelloser Krieg, wogegen das Duell ein nach penibel einzuhaltenden Formen durchgeführter Zweikampf war. Zur Fehde schritten nicht nur einzelne Personen, sondern auch ganze Gemeinwesen, etwa Städte. Während bei einem bereits in Gang befindlichen Duell der Beleidiger durch Ehrenerklärung, Widerruf etc. die Kampfhandlungen nicht mehr beenden konnte, weil der herrschende Ehrenkodex das als feig und unehrenhaft brandmarkte, konnte der Befehdete jederzeit durch die einseitige Anerkennung des Anspruchs, dessentwegen ihm die Fehde erklärt worden war, deren Fortgang stoppen. Unterlag eine fehdeführende Partei der anderen, so hatte sie deren Bedingungen zu erfüllen, wogegen beim Duell die überlegene Partei nichts von der anderen verlangen konnte.

Erst nach jahrhundertelangen Bemühungen gelang es Staat und Kirche, die Fehde einzuschränken. Ein wesentlicher Schritt zu ihrer Überwindung waren 1495 die Verkündung des Ewigen Landfriedens und die Schaffung des Reichskammergerichts. Seitdem bestand ein ständiges oberstes Reichsgericht, das zur Austragung von Rechtsstreitigkeiten angerufen werden konnte. Damit war ein wesentlicher Mangel beseitigt, der bislang für die Fortexistenz der Fehde gesorgt hatte. Gänzlich verschwand sie aber erst, als die Zentralherren der Staaten mächtig genug waren, ihr Gewaltmonopol durchzusetzen[54].

Was die mittelalterlichen Ritterturniere betrifft, so wurden sie wie das Duell unter den Angehörigen einer exklusiven Oberschicht, dem Ritteradel, ausgetragen und waren gleichfalls eine äußerst augenfällige Form der Selbstdarstellung ihrer Teilnehmer. Sie dienten aber dem Zugewinn von Ehre, nicht der Wiederherstellung angegriffener Ehre. Trotz der nie ganz auszuschließenden Lebensgefahr für die Mitwirkenden waren sie prinzipiell freundschaftliche Auseinandersetzungen, die nicht auf eine physische Verletzung des Gegners abzielten. An einem einzigen Turnier konnten Hunderte von Personen teilneh-

---

[54] Zum vorigen Schmidt, S. 21 ff., 47 ff.; Conrad, Band I, S. 435 ff.; Below, Duell, S. 15 ff.; Kaufmann, Sp. 1083 ff.; Boockmann, Sp. 331 ff.

men. Oft standen sich bei den einzelnen Turniergängen nicht, wie im Duell, nur zwei Kämpfer gegenüber, sondern größere Kampfparteien[55].

Schließlich ist neben den bisher geschilderten Kampfformen der gehobenen Bevölkerungsschichten auch eine vorwiegend in bäuerlichen Kreisen gebräuchliche, gleichfalls dem Mittelalter entstammende Form der gewaltsamen Auseinandersetzung zwischen zwei Personen anzusprechen. Bis ins ausgehende 16. Jahrhundert und wohl noch darüber hinaus gab es die Tradition des sogenannten Ausheischens. Dabei ging jemand zum Haus eines andern und forderte diesen mit beschimpfenden Worten dazu auf, herauszukommen und sich mit ihm zu schlagen. In das Haus einzutreten wagte er nicht, weil er damit einen Hausfriedensbruch begangen hätte. Daher versuchte er, den anderen mit derben Worten sozusagen „aus dem Häuschen zu bringen". Die Beleidigung bezweckte hier also, einen Kampf anzuzetteln. Sie war das Mittel der Herausforderung, und der Kampf war ihr Ziel. Anders lag es dagegen beim Duell. Dort war der Kampf lediglich das Mittel, um den wegen einer erhaltenen Beleidigung entstandenen Ehrenmakel abzuwaschen. Beide Formen der Auseinandersetzung hatten also ganz unterschiedliche Zielsetzungen[56].

Die gerichtlichen Zweikämpfe, die städtischen Kampfgerichte, die Fehde sowie die Turniere des Rittertums gehörten zur Zeit der Entstehung des Duells im wesentlichen bereits der Vergangenheit an. Dagegen existierten das adelige Duell und das Ausheischen eine Zeitlang nebeneinander her. Wie sich bei den gleich darzustellenden Rechtstexten des späten 16. und frühen 17. Jahrhunderts zeigen wird, läßt sich mitunter nicht leicht entscheiden, ob sie sich gegen das Ausheischen, gegen das Duell oder gegen beides richteten.

[55] Below, Duell, S. 20 f.; Frevert, S. 26 f.

[56] Zum vorigen Below, Ausheischen, S. 720 ff.; ihm folgend Gierens, S. 188. - Bei weitem zu viele Gemeinsamkeiten zwischen dem Ausheischen und dem Duell sieht Fehr, S. 25 f., wenn er schreibt: „Das Bauernduell wurde eingeleitet durch das sog. Ausheischen. ... Das Ausheischen entspricht etwa unserm heutigen Kontrahieren."

Erster Hauptteil: Strafrechtliches Vorgehen gegen das Duell

2 Entwicklung bis Ende des 18. Jahrhunderts

Auf dem Gebiet des Heiligen Römischen Reiches Deutscher Nation wurden gesetzliche Maßnahmen gegen das Duell vereinzelt im ausgehenden 16. und in großer Zahl ab dem 17. Jahrhundert ergriffen. Sowohl das Reich als auch die meisten deutschen Territorialstaaten erließen zur Bekämpfung des Duells ungeheuerlich harte Strafvorschriften. Dabei orientierte man sich am Vorbild der zu dieser Zeit schon vergleichsweise ausgeprägten französischen Duellgesetzgebung[57]. Zumindest für die katholischen Territorien spielte es zweifellos auch eine große Rolle, daß die Kirche 1563 im Konzil von Trient das Duell als ein Werk des Teufels verbannt hatte[58].

Um das Ergebnis vorwegzunehmen: All diese teilweise sehr umfangreichen und oft wiederholten legislatorischen Bemühungen konnten letztlich keinen greifbaren Erfolg zeitigen. Ohne zu übertreiben läßt sich sagen, daß die Duellgesetze weitgehend nichts als Papiertiger waren. Für die Ebene des Reichs bestehen handfeste Zweifel schon bezüglich der Frage, ob das Gesetzgebungsverfahren überhaupt fehlerfrei zum Abschluß gekommen ist. Und selbst wenn vereinzelt auch das formgültige Zustandekommen eines Reichsgesetzes gegen das Duell angenommen wurde, steht doch außer Zweifel, daß dieses niemals zu praktischer Anwendung kam. Und was die Duellgesetzgebung der seit dem 16. Jahrhundert zunehmend erstarkenden Territorien betrifft, so ist festzustellen, daß nach der beinahe überall geschehenen Normsetzung kaum jemals zum Vollzug dieser Vorschriften geschritten wurde[59].

---

[57] Vgl. ausführlich Bodenheimer S. 10 ff., der dem Einfluß des französischen Rechts bis ins Detail nachspürt und zahlreiche wörtliche Übereinstimmungen deutscher mit französischen Duellvorschriften nachweist; s. auch Frauenholz, S. 26. - Demgegenüber nimmt Levi, S. 32 f., ohne nähere Begründung an, der fränzösische Einfluß sei „sehr wohl möglich", könne aber kaum „tiefgehend" gewesen sein.

[58] Die Bestimmungen des Tridentiner Konzils bezeichnen das Duell als „detestabilis duellorum usus fabricante diabolo introductus" und drohten Duellanten die Strafe der Exkommunikation an, vgl. Sessio XXV. Caput XIX, abgedruckt auch bei Gierens, S. 313. Zur Haltung der Kirche gegenüber dem Duell ausführlich Gierens, S. 295 ff.; Slawig, S. 92 ff.

[59] Frevert, S. 80 ff.; F. Zimmermann, Zweikampf, S. 291; Marezoll, S. 212.

Dieser ernüchternde Befund wurde von einem unbefangenen Beobachter schon zu recht früher Zeit vor allem darauf zurückgeführt, daß „die großen Herren schwach genug waren, sich von ihrem Adel so regieren zu lassen, daß sie dieses Uebel nicht ernstlich unterdrücken, ja gar nicht einmal den festen Mann, der sich nicht schlug, unter ihre Höflinge aufnehmen wollten“[60]. Das traf den Nagel recht genau auf den Kopf. Denn wenn es trotz vorhandener Duellgesetze zu keiner Verfolgung der zu jener Zeit fast ausnahmslos adeligen Duellanten kam, war das nicht zuletzt in den ureigenen Interessen der Monarchen begründet. Diese hatten im absolutistischen Staat des 17. und 18. Jahrhunderts höchstes Interesse daran, sich mit einer „Strategie von Peitsche und Zuckerbrot“ die Sympathien des Adels als des ersten Standes im Staat zu erhalten[61].

Auch die nachfolgend dargestellte Duellgesetzgebung des Reiches und Bayerns folgte dieser halbherzigen Vorgehensweise. Staatlicherseits war man sich der weiten Verbreitung des Duells schmerzlich bewußt und stimmte ein mitunter bewegendes Lamento darüber an. Im Reichsgutachten von 1668 etwa gelobte der Gesetzgeber, „zu nachdrücklicher Abstellung solchen unchristlichen Beginnens, und, leider! allzuviel eingerissenen Uebels, eine durchgehende ernstliche Verordnung“ zu erlassen. Im einleitenden Teil des bayerischen Duellmandats von 1720 wird beklagt, daß „fast mit Heraußforderungen / Duelliern / Balgen / und Schlagen eine Profession gemacht werde“. Aber mit der Schaffung strenger Strafvorschriften gegen Duelle glaubte man auch schon, das Seine getan zu haben. Denn ernstgemeinte Anstrengungen zu deren Vollzug wurden so gut wie nie unternommen.

2.1 Reichsgesetzgebung gegen das Duell

2.1.1 Frühe Strafvorschriften seitens des Kaisers

2.1.1.1 Die Reiterbestallung von 1570

Seit dem ausgehenden Mittelalter verlagerte sich der Schwerpunkt der Gesetzgebung immer mehr vom Reich weg in die sich emanzipierenden Territorialstaaten[62]. Das läßt sich anhand des Vorgehens gegen Duelle gut beobachten.

---

[60] So die Abhandlung „Von den in Deutschland gewöhnlichen Gebräuchen bei Duellen und über die Mittel die Duelle abzustellen“, S. 126.
[61] Frevert, S. 80.
[62] Conrad, Band II, S. 356; Ebel, S. 57.

Das Reich schuf zwar schon sehr frühzeitig inhaltlich überaus bemerkenswerte Strafvorschriften gegen das Duell, unternahm aber ab dem Ende des 17. Jahrhunderts auf diesem Gebiet nichts mehr.

Eine erste knappe, lediglich auf die Angehörigen des Reichsheeres begrenzte Regelung erging bereits im Rahmen der Reiterbestallung Kaiser Maximilians II. von 1570[63]. Darin taucht allerdings der Begriff des Duells noch nicht auf. Vielmehr wird entsprechend der damaligen Terminologie bestimmt, daß „ein jeder bei Leibes-Strafe sich gegen dem andern muthwilligen Balgens enthalten, und sich aller Freundschafft, Friedens und Einigkeit befleißigen" solle (Art. CLXX). Bei Androhung von Strafe an Ehre, Leib und Leben solle jeder „alten Haß oder Neid ... ruhen lassen, und nicht rächen mit Worten und Wercken, es sey dann mit Recht" (Art. CLXXII). Weiter solle bei Strafe keiner den andern „mit einer Büchse oder mördlichen Gewehr überrücken, angreiffen, schiessen, noch einer den andern zu Roß heraus fodern" (Art. LXVII)[64].

Diese rudimentären Vorschriften können nur sehr vage mit Duellhandlungen im eigentlichen Sinn in Verbindung gebracht werden. Der unscharfe Begriff des „Balgens" läßt sich nicht ausschließlich und eindeutig auf Auseinandersetzungen in Duellen beziehen, sondern umfaßt jede Art von Schlägereien, gleichgültig, ob sie zur Bereinigung eines Ehrendisputs dienten oder nicht[65]. Daher können die Vorschriften der Reiterbestallung nicht als Beginn einer spezifischen Duellgesetzgebung des Reiches gelten.

2.1.1.2 Das Duelledikt von Kaiser Matthias von 1617

1617 kam unter Kaiser Matthias ein bei weitem ausgereifteres „Edict wider das Balgen" zustande[66]. Allerdings handelte es sich dabei nicht um einen Akt der Reichsgesetzgebung, sondern um eine auf den Bereich der österreichischen Erblande des Kaisers beschränkte Maßnahme[67]. Immerhin wird aus einer

---

[63] Unter dem Titel „Kaysers Maximiliani II. und des Heil. Röm. Reichs Reuter Bestallung, ... de anno 1570" abgedruckt bei Lünig, S. 58 ff. unter Nr. VI. - Die wesentlichen Bestimmungen dieser auf dem Reichstag zu Speyer im Jahr 1570 beschlossenen Verordnung sind inhaltlich zusammengefaßt bei Jähns, S. 760 ff.

[64] Vgl. Lünig, S. 72 sowie 64.

[65] Frevert, S. 29. - Levi, S. 27, Fußn. 2, wird der Sache keinesfalls gerecht, wenn er schreibt, Balgen sei der „term. techn. für sich duellieren".

[66] Abgedruckt bei Freud, S. 387 ff., sowie bei Below, Ausheischen, S. 727, Fußnote 14.

[67] F. Zimmermann, Zweikampf, S. 289; Demeter, S. 121. - Das Edikt wendet sich all denjenigen als Adressaten zu, „die sich an und umb Unser Hof-Lager / auch Unsern Erb-

kurzen Betrachtung dieses Edikts deutlich, daß sich die kaiserliche Regierung schon zu einem bemerkenswert frühen Zeitpunkt gründlich mit der Gesetzgebung gegen das Duell befaßte.

Das Edikt verbot in einem Federzug bei Leib- und Lebensstrafe nicht nur „alle und jede Duella / Kämpff / und vorsetzlich angestellte Balgereyen", sondern auch schon die zeitlich vorangehende Herausforderung zum Duell, das Erscheinen des Geforderten auf dem Kampfplatz sowie die Handlungen der Sekundanten und sonst am Duell Beteiligten. Um diesem Katalog verbotener Handlungen auch den nötigen Nachdruck zu verleihen, wird noch eigens die martialische Drohung hinterhergeschickt, „daß der Uebertreter dieses Unsers Verbots / vom Leben zum Tode / durch das Schwerd hingerichtet werden solle". Anschließend wird, um den hauptsächlichen Anlaß für Duelle aus der Welt zu schaffen, eine möglichst effektive gerichtliche Ahndung von Injurien verlangt. Dazu wird bestimmt, daß alle Behörden, die mit Injuriensachen befaßt waren, „alsbalden / ohn einigen Verzug / mit Zuziehung schiedlicher Leute / die Mißverstände alsbald vergleichen und hinlegen; oder darüber summarissimo processu erkennen, damit den Injurien und Beleydigungen gebührende Satisfaction auffs schleunigste widerfahre".

Damit war auf sehr knappem Raum das typische Programm der staatlichen Duellbekämpfung des 17. und 18. Jahrhunderts aufgestellt, das mehr oder weniger allen einschlägigen Gesetzgebungsmaßnahmen zugrunde lag. Auch das nun eingehender darzustellende Reichsgutachten zur Bekämpfung des Duells griff auf dieses Standardrepertoire zurück.

2.1.2 Das Reichsgutachten von 1668

Der Dreißigjährige Krieg hatte zu einer immensen Brutalisierung der Gesellschaft geführt. Dadurch war auch die Zahl der Duelle markant angestiegen und später nicht wieder abgesunken[68]. Der seit 1663 permanent in Regensburg versammelte Reichstag sah sich daher veranlaßt, durch den Erlaß spezieller Strafvorschriften dagegen vorzugehen. Unter dem Datum des 30. Juli 1668 brachte er ein mehrseitiges Reichsgutachten zuwege, dessen Zweck es war, „im Heiligen Römischen Reich dem höchst-schädlichen Duelliren, Balgen und Ku-

---

Königreichen und Landen anjetzo befinden / oder inskünftig befinden möchten", vgl. Freud, S. 387.

[68] Levi, S. 29; Berner, Lehrbuch, S. 499; F. Zimmermann, Zweikampf, S. 289; Frauenholz, S. 26.

gel-wechseln zu begegnen, mithin auch dergleichen Excessus auf Universitäten und Academien abzustellen“[69]. Dieser für das Reich einmalige Vorstoß hatte, ähnlich wie schon das angesprochene österreichische Duelledikt, eine doppelte Stoßrichtung: Den Auftakt bilden Bestimmungen über die möglichst zügige und nachhaltige Erledigung von Injurien, anschließend folgen die zentralen Strafbestimmungen gegen Duellhandlungen.

2.1.2.1 Der Inhalt des Reichsgutachtens von 1668

Das Reichsgutachten holt inhaltlich sehr weit aus, beginnend mit der Ahndung von Injurien. Für den Fall, daß „einer entweder mit Worten, oder mit der That beschmähet, oder beschimpfet worden“ war, bestimmte es, daß den Konfliktparteien zur Beilegung der Angelegenheit „kein ordentlicher Proceß verstattet“ werden sollte, da sich dieser in der Regel lang hinzog. Statt dessen sollte, in einer Mischung aus Straf- und Zivilprozeß, „ganz summariè ... verfahren werden“. Der Beleidigte sollte so in einem beschleunigten Verfahren binnen kurzer Zeit juristischen Beistand erhalten[70].

Dem Beleidiger drohten im Fall eines Schuldspruchs „ohne Respect der Person“ sehr hohe Strafen. Er hatte mit Geld- oder Gefängnisstrafe, auch mit Landesverweisung, bzw. „nach Gestalt des Delicti, und Qualität des Injuriati, wohl gar mit Leib- und Lebensstrafe“ zu rechnen. Außerdem sollte er „zu gebührender Satisfaction, vermittelst einer Ehren-Erklärung und öffentlichen Abbitte oder Widerruffs“ verurteilt werden. Auf diese Weise sollte die Ehre des Beleidigten für die Öffentlichkeit ersichtlich von jedem Makel befreit werden.

Nachdrücklich postuliert der Gesetzestext, daß „die angethane Injurien keinem an Ehr, oder erworbenen ehrlichen Namen ichtwas von Rechts wegen schaden“ würden. Das allerdings waren kühne Träume. Denn der einem Beleidigten anhaftende Ehrenmakel ließ sich nach den herrschenden Ehrvorstellun-

---

[69] So die Überschrift des Reichsgutachtens vom 30. Juli 1668, abgedruckt bei: Pachner von Eggenstorff, Erster Theil, Nr. CLXXXI, S. 302. - Die doppelte Datumsangabe am Beginn des Gutachtens (dort heißt es: „Dictatum Ratisbonae, 30./20. Julii 1668“) rührt daher, daß die katholischen Reichsstände die von Papst Gregor XIII. im Jahr 1582 verkündete, nach ihm benannte gregorianische Kalenderreform längst durchgeführt und auf den heute noch gebräuchlichen Kalender umgeschaltet hatten, wogegen im Gebiet der meisten protstantischen Reichsstände bis 1700 noch der alte julianische Kalender galt. Zu den Einzelheiten vgl. Brincken, S. 29 ff.

[70] Vgl. zum summarischen Prozeß Sedatis, Sp. 79 f., sowie Schmidt, S. 206 f., der seine Äußerungen allerdings nur auf Brandenburg-Preußen bezieht.

gen nicht einfach durch einen Federstrich des Gesetzgebers zum Verschwinden bringen. Die gesellschaftlichen Erwartungen waren nach geschehener Beleidigung vielmehr geradezu fixiert auf eine Duellforderung seitens des Beleidigten.

Um das Tätigwerden der Verfolgungsbehörden sicherzustellen, sollten „die Obrigkeiten", sobald sie Kenntnis von einer möglichen Injurie erlangt hatten, von Amts wegen das Verfahren betreiben und eine „gütliche Vergleichung, oder billig- und rechtmäßige schleunige Entscheidung" herbeiführen. Ein Einschreiten der Justizbehörden sollte sogar dann möglich sein, wenn Beleidigter und Beleidiger sich bereits außergerichtlich gütlich verglichen hatten, da eine solche Einigung „der Obrigkeit ... an der von dem Injurianten verwürckten Straffe unabbrüchig" sei. Ob mit dieser letzten Bestimmung viel gewonnen war, erscheint allerdings mehr als zweifelhaft. Denn ein Beleidiger wird sich kaum zu einer gütlichen Beilegung veranlaßt sehen, wenn ihm danach immer noch Strafe droht.

Nun kommt das Reichsgutachten auf sein eigentliches Thema zu sprechen. Es wird mit dem programmatischen Satz eingeleitet, daß „alle und jede Duella und fürsetzlich angestellte Balgereyen zu Roß und zu Fuß im gantzen Römischen Reich ohne Unterschied der Personen, was Stands, Würden und Condition, oder Profession die auch seyn mögen, ... abgeschafft und verbotten werden sollen". Zu diesem Zweck werden im Folgenden nicht nur die tatsächlich ausgeführten und die versuchten Duelle, sondern flächendeckend auch sämtliche Vorbereitungs- und Gehilfenhandlungen unter strengste Strafen gestellt. Seinem Wortlaut nach wendet sich das Reichsgutachten, ebenso wie es schon das Duelledikt von 1617 getan hatte, an einen unbeschränkten Adressatenkreis und behandelt das Duell nicht als ein Standesdelikt.

Zunächst sind einige Bestimmungen der Verhinderung von Duellen gewidmet. Danach sollten alle „Obrigkeiten und Beamten, ... in deren Gerichten einiger Kampff angestellt wird, sobald sie davon Nachricht empfangen, den Balgern, und ihren Secunden" bei Leib- und Lebensstrafe die Fortführung des Kampfes verbieten und sie verhaften. Anschließend wird in einem eigenen Absatz „denen Wirthen und Haus-Vättern, in deren Häusern bey etwan vorgehenden Mahl- und Hochzeiten, oder anderen Zusammenkünfften sich einige harte Wortwechslungen und Zanckereyen erregen, bey schwerer und unausbleiblicher Straffe" die Pflicht auferlegt, „nicht allein, die Interessirte zu Fried zu bringen,

... sondern auch, auf Verspühren, daß es zum würcklichen Duell kommen dörffte, solches der Obrigkeit in Zeiten an(zu)zeigen".

Es folgen die Kernbestimmungen des Reichsgutachtens. Sie sehen für die eigentlichen Duellhandlungen drakonische Strafen vor. Schon wenn der Beleidigte eine Forderung zum Duell ausgesprochen hatte, sollte er „bloß des Ausforderns halber" - also unabhängig davon, ob die Forderung angenommen wurde und ob es dann tatsächlich zum Kampf kam - „ipso facto seiner Ehren entsetzet, und, nach befindenden Dingen, mit Lands-Verweisung, ja wohl, nach Gelegenheit der Umstände, mit Leib- und Lebens-Straffe unnachläßig belegt" werden. Mit diesen Strafen hatte er aber „noch vielmehr" zu rechnen, „wann er den Kampff und Duell mit seinem Gegen-Part, wiewohl ohne Entleibung ausübet".

Den gleichen Sanktionen wie die Herausforderer unterlagen die „Provocati, wann sie erscheinen", weiter die Sekundanten und die Kartellträger, sodann sämtliche Hilfspersonen, die durch die Überlassung von Pferden oder Waffen, oder in sonstiger Weise „mit Rath und That sich des Wercks theilhafftig gemacht" hatten, und schließlich diejenigen, die einen Geforderten, der auf die Forderung nicht reagiert hatte, „wegen seines Nicht-Erscheinens schelten, und solches schimpfflich vorwerffen". Personen, die „die Duellanten in ihrem Proposito mehrers stärcken und animiren, als abwehren", oder die von einer Herausforderung Kenntnis erlangt und dies der Obrigkeit nicht unverzüglich angezeigt hatten, oder nicht alle Möglichkeiten ausgeschöpft hatten, ein Duell zu verhindern, sollten „gleichfalls der Gebühr nach unnachläßig gestrafft werden".

Im Fall eines tödlich verlaufenen Duells sah das Gutachten für den Überlebenden die „ohne Mittel"[71] zu vollstreckende „ordentliche Straffe des Todschlags" vor, und zwar unabhängig davon, ob er Beleidigter oder Beleidiger war sowie „ohne Respect der Person, des Stands und der Freundschafft". Gleich gewöhnlichen Totschlägern drohte ihm damit die Todesstrafe. Um nun das abschreckende Szenario komplett zu machen, wurde weiter bestimmt, daß auch die im Duell Getöteten ehrlos ins Jenseits eingehen und ihnen „keine Begräbnüß in Kirchen, oder Freythöfen zugelassen werden" sollte.

Aufschlußreich hinsichtlich der damaligen Kampfgewohnheiten ist, daß die Strafe der Sekundanten gegenüber derjenigen der Hauptkämpfer sogar noch

---

[71] Gemeint ist: ohne die Möglichkeit der Einlegung eines Rechtsmittels.

geschärft werden sollte. Der Gesetzestext begründet das damit, daß „sie sich gleichfalls mit einander schlagen“. Tatsächlich besaßen Sekundanten zu jener Zeit noch nicht ausschließlich ihre spätere Funktion der Beaufsichtigung des „regelgerechten“ Verhaltens der beiden Parteien. Nicht selten fungierten sie in der Frühzeit des Duells als eine Art „Secunda-Partei“[72] und griffen aktiv ins Kampfgeschehen ein. Häufig kämpften daher neben den beiden Hauptparteien zusätzlich auf jeder Seite noch mehrere Sekundanten gegeneinander. Montaigne spricht in seinen Essais davon, daß diese Waffengänge häufig in wahre „Gefechte und Schlachten“ ausarteten[73]. Auch im 1669 veröffentlichten „Simplicius Simplicissimus“ von Grimmelshausen wird auf diesen Umstand angespielt, wenn vor dem Beginn eines Duells die Kameraden beider Duellanten eigens ermahnt werden, dem jeweils unterstützten Kämpfer „weder vor, in, noch nach dem Kampf ... zu helfen noch dessen Tod oder Beschädigung zu rächen“[74].

Da es offensichtlich immer wieder vorkam, daß die Parteien sich eigens für die Austragung eines Duells in einen anderen deutschen Territorialstaat begaben oder sich nach vollbrachter Tat dorthin absetzten, ordnete das Reichsgutachten an, daß die Obrigkeiten des Ergreifungsorts die Täter auf Antrag ihres Herkunftstaates hin „unweigerlich zu liefern, und abfolgen zu lassen“ hätten. Und gegen flüchtige Duellanten, die sich außerhalb der Grenzen des Römischen Reichs aufhielten, sollte gleichwohl ein Verfahren sowie anschließend ihre „Execution in effigie“ stattfinden. Damit war gemeint, daß die Vollstreckung der Strafen statt an den Tätern an ihren gemalten oder plastischen Abbildern zu

72 Daher ihre Bezeichnung, vgl. Roßhirt, Geschichte, S. 175.

73 Montaigne, Zweites Buch, 27. Kapitel, S. 344, neuübersetzt von Hans Stilett: „Eine andre Form der Feigheit hat bei unsern Zweikämpfen zu dem Brauch geführt, uns nicht nur einen zweiten Mann als Sekundanten mitzunehmen, sondern sogar einen dritten und vierten; ehedem handelte es sich um Duelle, heute sind Gefechte und Schlachten hieraus geworden“. - Vgl. dazu auch Frevert, S. 30 f.

74 Grimmelshausen, 3. Buch, 9. Kapitel, S. 220. Das hier geschilderte Duell entsprach noch nicht den enger gefaßten Kampfregeln des 19. Jahrhunderts, die auf die äußere Gleichheit der Bedingungen für beide Duellanten großen Wert legten. Vielmehr wird vereinbart, daß Simplicissimus das Duell mit seiner Muskete zu Fuß, sein Gegner aber zu Pferd und mit einer Pistole ausfechten soll. Simplicius, um eine List nicht verlegen, tut so, als ob seine Muskete versagen würde, und schießt seinen daher unbesorgt heransprengenden Gegner vom Pferd, „daß Knall und Fall eins war“. Anschließend wird er verhaftet, fürchtet wegen der ihm nun drohenden Todesstrafe eine Zeitlang wirklich um sein Leben, kommt aber schon bald wieder frei, als er seinem General-Feldzeugmeister eine nützliche Kriegslist empfiehlt.

erfolgen hatte. Anstelle des flüchtigen Delinquenten war dann sein Bildnis an den Schandpfahl bzw. Galgen zu heften[75].

Schließlich wendet sich das Reichsgutachten den damals überhandnehmenden Studentenduellen[76] zu. Es beklagt, daß „die Studenten sich bald um einer jeden liederlichen Ursach wegen mit einander schlagen und balgen, also und dergestalt, daß mancher entweder in der besten blühenden Jugend unzeitig um das Leben kommt, oder mit der Eltern höchsten Betrübnüß an Gliedern so weit zuschanden gemacht, und übel zugericht wird, daß er seine Tage ein elender Mensch ... sein muß“. Doch trotz dieser betrüblichen Zustände muß das Reichsgutachten hier auf eine eigene Regelung verzichten. Denn ausschließliche Inhaber der Disziplinargewalt auf den Universitäten waren die jeweiligen Landesherren. Daher sieht der Normtext lediglich vor, daß „die Chur-Fürsten und Stände, welche über gemeldte Universitäten und Academien zu gebieten haben“, in einer später noch zu schaffenden Reichsordnung zum Einschreiten gegen Studentenduelle angehalten werden sollten. Zu einer solchen reichsweiten Regelung ist es aber nicht gekommenen.

2.1.2.2 Bewertung des Reichsgutachtens

Versucht man eine Analyse des Reichsgutachtens, so kann man seinen Verfassern attestieren, daß ihnen, gemessen an dem vergleichsweise frühen Entstehungszeitpunkt, eine ehrgeizige, umfassende und in sich stimmige Regelung gelungen ist, die die damaligen Gesetzgebungsmaßnahmen der Territorien an Sorgfalt weit übertraf. Auf dem knappen Raum von nur drei doppelspaltigen, allerdings engbeschriebenen und großformatigen Druckseiten stellt dieser Gesetzestext nicht nur die eigentlichen Duellhandlungen unter Strafe. Er setzt

[75] Näher dazu Brückner, Sp. 424 ff.: Die sogenannte Bildnisstrafe fällt unter die Ehrenstrafen. Ihr Zweck bestand darin, wenigstens das Ansehen des Täters in einem öffentlichen Spektakel auszulöschen, wenn dieser selbst nicht greifbar war. Sie ist ein Produkt der Neuzeit, Antike und Mittelalter kannten sie nicht. Im 17. und 18. Jahrhundert bemühte man sich dabei um eine immer realistischere Nachahmung des Hinrichtungsgeschehens. Von Dänemark wird berichtet, daß man sogar lebensgroße Wachspuppen verwendete, die mit Tiergedärm und Blut gefüllt waren.

[76] Im Jahr 1686 erschien speziell zu diesem Thema eine Schrift von Ahasver Fritsch mit dem Titel: „Ohnvorgreiffliches Bedencken / Wie denen Duellen und Balgereyen / derer Studenten auf Academien / mit mehrerem Nachdruck zu steuren seyn möchte?“ Darin wird, nicht zu Unrecht, die unter Studenten grassierende Mode des Degentragens als Hauptursache der häufigen Studentenduelle angeprangert.

vielmehr schon im Vorfeld bei den Injurien als den Anlässen von Duellen an und strebt deren möglichst zügige und effektive Erledigung an. Diese flankierenden Vorschriften haben das - kaum erreichbare - Ziel, durch die Verbesserung des gerichtlichen Ehrenschutzes gegen die verbreitete Zwangsvorstellung vorzugehen, daß das Duell das einzig mögliche Mittel zur Wiederherstellung verletzter Ehre sei[77].

Gleichwohl kann man das Gutachten nicht als in jeder Hinsicht geglückt bezeichnen. So sind die sehr hohen Strafdrohungen schon für die bloße Herausforderung regelrecht kontraproduktiv. Denn ein Delinquent, dem bereits aufgrund des Ausforderns im Maximum die Todesstrafe droht, wird sich kaum noch von der anschließenden Ausführung des Duells abhalten lassen, wenn er hofft, damit wenigstens Genugtuung zu erhalten und seine Reputation wiederzuerlangen. Aus dem gleichen Grund sind auch die äußerst harten Strafdrohungen für Injurien zumindest zweischneidig. Wenn ein Beleidiger wegen der Injurie im Extremfall schon mit der Todesstrafe zu rechnen hat, wird er wenig Neigung spüren, seine Beleidigung zurückzunehmen, und sich, wenn er vom Beleidigten gefordert wird, auch nicht durch die harten Strafen von der Austragung des Duells abhalten lassen.

Auffallend ist, daß das Reichsgutachten zwar die Herausforderung einer drastischen Bestrafung unterwirft, hinsichtlich der Annahme der Forderung aber schweigt. Der Geforderte sollte erst dann bestraft werden, „wann er erscheint", also wenn auf dem verabredeten Kampfplatz eintrifft. Die Annahme als solche erwähnt der Gesetzestext dagegen gar nicht. Es ist allerdings nicht zu vermuten, daß das so entschlossen sanktionierende Reichsgutachten hier eine unbeabsichtigte Regelungslücke enthält. Höchstwahrscheinlich hat man damals erst das Erscheinen des Geforderten als ausreichendes Indiz dafür angesehen, daß er die Forderung wirklich annehmen wollte. Ein Vergleich mit den unten darzustellenden bayerischen Duellmandaten zeigt, daß die Regelungen von 1674 und 1701 ebenfalls nur die Herausforderung bestrafen[78]. Erst seit dem Mandat von 1720 ist die Strafbarkeit der Annahme neben derjenigen der Herausforderung ausdrücklich bestimmt. Vermutlich hing es mit der zunehmenden Formalisie-

---

[77] Prokowsky, S. 74; Henke, S, 606 f.

[78] Dagegen bestimmte etwa schon das brandenburgische Duellmandat von 1688 in seinem Art. VI. ausdrücklich, der Ausgeforderte solle „sich nicht gelüsten lassen das Duell anzunehmen, viel weniger auf dem Platze zu erscheinen", vgl. Bodenheimer, S. 43.

rung des Duells zusammen, daß nun auch die Annahme der Forderung als ein eigenständiger Deliktstatbestand aufgefaßt wurde.

Ins Auge sticht weiter der Umstand, daß die damals nicht selten mitkämpfenden Sekundanten noch schärfer als die Duellanten bestraft werden sollten. Offensichtlich sah man ihren Beitrag zum Duellgeschehen als das noch gravierendere Delikt an, weil sie sich nicht wie die Duellanten in einer persönlichen Konfliktlage befanden. Der Gesetzestext bezeichnet ihr Handeln als „unmenschlich, ärgerlich und ... ein teufflisches Inventum", da sie, „ohne daß sie einander das wenigste Leyd zugefügt, dannoch gleichfalls unter sich in Kampff tretten, und einander aufzureiben sich bemühen". Eine solch ausdrückliche Strafschärfung für Sekundanten scheint in der Duellgesetzgebung ein singulärer Ausnahmefall gewesen zu sein[79]. Aus dem bayerischen Duellmandat von 1674 geht zwar ebenfalls deutlich hervor, daß man die Tätigkeit von Sekundanten als besonders strafbar empfand, doch kann dem Gesetzestext keine explizite Strafschärfung gegenüber den Duellanten entnommen werden[80]. In den meisten frühen Rechtstexten wurden Sekundanten dagegen ebenso streng wie die Duellanten bestraft[81].

Was schließlich die zwischen Opulenz, gewagten Latinismen und juristischen Fachausdrücken changierende Sprache des Reichsgutachtens betrifft, so erschwert sie nicht nur heutigen Lesern das Textverständnis. In der Mitte des 18. Jahrhunderts bemerkte ein kritischer Beobachter des Regensburger Reichstags, daß „die Schreibart ..., womit die Reichshandlungen pflegen abgehandelt zu werden, ... über die massen hochtrabend, prächtig und wörterreich (sei), ... eben so schwer nachzuahmen, als zu verstehen." Daher sei es „kein Wunder, wenn ein vernünftiger Teutscher hier einen Dollmetscher verlanget, der ihm die besondere Redensarten und zusammen unter einander gepackte Sätze erkläret und begreifflich macht"[82].

---

[79] Levi, S. 34 f., stellt die Regelung des Reichsgutachten insoweit als Besonderheit dar.

[80] Der Text des bayerischen Mandats von 1674 erklärt es für „noch ... straffbarer ... einen Secunden abzugeben". Dabei ist allerdings sprachlich nicht eindeutig, worauf sich das „noch" bezieht, da zuvor eine ganze Reihe teilweise eher harmloser Handlungen verboten werden.

[81] Levi, S. 34.

[82] Loen, Band 1, Dritter Abschnitt, S. 81 f. - Dabei war Loen mit juristischer Ausdrucksweise bestens vertraut. Er hatte, wie er ebenda, S. 67 ff., mitteilt, Recht studiert und war am Reichskammergericht in Wetzlar tätig gewesen. Von dessen anschaulich beschriebenem „Cammerschlender" wurde er jedoch persönlich in höchstem Maß desillusioniert, so daß schließlich nach seinen eigenen Worten aus ihm „ein kleiner juristischer Ketzer wurde".

Mag das auch mit Polemik gewürzt sein, so ist der Vorwurf zweifellos berechtigt. Der ausladende Kanzleistil der damaligen Gesetzessprache war für Fachfremde kaum verständlich und mußte in seiner Verzopftheit letztlich für Rechtsunsicherheiten sorgen. Es sollte aber noch einige Zeit vergehen, bis Feuerbach diesen Schwachpunkt vieler älterer Gesetzestexte ins allgemeine Bewußtsein rückte und mit seiner unbedingten - und persönlich auch eingelösten - Forderung nach größtmöglicher Klarheit und Exaktheit der Gesetzessprache neue Maßstäbe setzte.

2.1.2.3 Zweifel am Zustandekommen eines gültigen Reichsduellgesetzes

Neben den inhaltlichen Unstimmigkeiten fällt weit schwerer ins Gewicht, daß die juristische Literatur beinahe einhellig der Ansicht war, daß das Reichsgutachten nicht zu einem gültigen und rechtsverbindlichen Reichsgesetz erstarkt ist[83]. Das wurde damit begründet, daß keine Publikation durch den Kaiser erfolgt sei und deswegen eine der Wirksamkeitsvoraussetzungen eines Reichsgesetzes fehle. Zum besseren Verständnis dieses Sachverhalts ist vorab ein Blick auf das Gesetzgebungsverfahren im Reich zu werfen.

2.1.2.3.1 Exkurs: Entstehungsvoraussetzungen eines Reichsgesetzes im 17. Jahrhundert

Reichsgesetze kamen bis zum Ende des römisch-deutschen Kaiserreichs nicht durch einseitige, auf herrscherlicher Machtvollkommenheit beruhende Willensäußerungen des Kaisers zustande, sondern besaßen den Charakter eines Vertrages zwischen dem Kaiser und den Reichsständen[84]. Demgemäß war zum Zustandekommen eines gültigen Reichsgesetzes im 17. Jahrhundert ein Zusammenwirken von Reichstag und Kaiser erforderlich. Der Westfälische Frieden von 1648, der neben seiner Funktion als Friedensvertrag den Charakter eines Reichsgrundgesetzes besaß und damit eines der wesentlichen Verfassungsdokumente des Reiches war, hatte das Recht des Reichstags zur Mitwirkung an der Gesetzgebung abgesichert[85].

---

[83] So beispielsweise Grolman, S. 376; Henke, S. 602; Heffter, S. 307, Anm. 1.

[84] Roßhirt, Geschichte, S. 175; Ebel, S. 45 ff. und 67, spricht in diesem Zusammenhang vom „Einungscharakter“ der Reichsgesetze; ihm folgend Mohnhaupt, S. 98, sowie ausführlich Immel, S. 10 f.

[85] Kimminich, S. 231; Conrad, Band II, S. 360; Corterier, S. 11 ff.; Wolter, S. 837 ff.

Das Gesetzgebungsverfahren im Reichstag wurde entweder durch eine Eigeninitiative des Reichstags oder durch eine kaiserliche Vorlage, die sog. Proposition, eröffnet[86]. Zunächst befaßten sich die drei Kollegien des Reichstags jeweils separat in einer genau festgelegten Reihenfolge mit den zu beratenden Gegenständen. Wenn sie sich auf einen gemeinsamen Gesetzentwurf einigen konnten, wurde dieser als Reichsgutachten oder consultum Imperii dem Kaiser zugeleitet[87]. Dessen Haltung entschied nun über das Zustandekommen eines Reichsgesetzes. Seine Zustimmung zum Reichsgutachten in Form eines sog. Ratifikationsdekrets brachte einen Reichsschluß oder conclusum Imperii zustande[88]. Seit dem 17. Jahrhundert war es aber meistens nicht mehr der im fernen Wien residierende Kaiser persönlich, der gegenüber dem ab 1663 ständig in Regensburg tagenden „Immerwährenden Reichstag" die Zustimmung zu den Reichsgutachten erklärte. Vielmehr besorgte das der beim Reichstag befindliche Vertreter des Kaisers, der sog. Prinzipalkommissar. Dessen Zustimmungserklärung wurde als Ratifikations-Commissions-Dekret oder einfach als Commissionsdekret bezeichnet[89].

Ob und in welcher Weise zusätzlich noch die Publikation, also die Bekanntmachung, zu den Entstehungsvoraussetzungen eines Reichsgesetzes gehörte, läßt sich gerade für die Entstehungszeit des Reichsgutachtens gegen das Duell nicht ohne weiteres sagen. Darauf soll näher eingegangen werden.

Der Zweck jeder Gesetzespublikation besteht in der Verwirklichung des Rechtsgrundsatzes, daß Gesetze nur denjenigen binden, dem sie auch bekannt gemacht worden sind[90]. Spezielle Publikationsorgane, entsprechend einem heutigen Gesetz- oder Amtsblatt, waren lange Zeit gänzlich unbekannt und setzten

---

[86] Buschmann, Reichsgesetzgebung, Sp. 588.

[87] Näher Mohnhaupt, S. 94 f., sowie Corterier, S. 93 ff.: Kurfürsten- und Fürstenkollegium traten zunächst jeweils für sich zur Beratung zusammen. Ihre respektiven Beschlüsse - die sog. Relation bzw. Correlation - waren sodann zu einem gemeinsamen Entwurf aufeinander abzustimmen. Dieses „conclusum commune duorum" wurde nun dem Kollegium der Reichsstädte übermittelt, das erst in diesem Stadium zu den Beratungen zugelassen wurde. Nur bei Übereinstimmung aller drei Kollegien durch ein „conclusum commune trium" oder „conclusum trium collegiorum" konnte es zu einem Reichsgutachten kommen.

[88] Wolter, S. 839.

[89] Zöpfl, S. 206 ff.; Conrad, Band II, S. 90; Buschmann, Reichsgesetzgebung, Sp. 588; Willoweit, Verfassungsgeschichte, S. 164.

[90] A. Wolf, Sp. 85.

sich, ausgehend von Frankreich, erst im späten 18. Jahrhundert durch[91]. Auf Reichsebene hatte man in der Zeit vor 1663, solange die Reichstage nur unregelmäßig einberufen worden waren, dem Publikationserfordernis dadurch genügt, daß nach Abschluß der Beratungen die neu beschlossenen Gesetze zusammengefaßt und den versammelten Gesandten vor ihrer Abreise förmlich verlesen wurden. Dieser Vorgang wurde als „Reichsabschied“ oder recessus Imperii bezeichnet[92]. Seitdem aber der Reichstag permanent in Regensburg tagte und die Delegierten nicht mehr auseinandergingen, gab es auch keine Reichsabschiede mehr. Daher mußten sich nun für die Publikation der Reichsgesetze neue Regeln herausbilden. Künftig wurde es, zumindest für wichtige Materien, als notwendig angesehen, daß der Kaiser die Gesetze durch seine Reichskanzlei in Form eines Edikts oder Mandats publizieren ließ[93]. Anschließend hatten die einzelnen Territorien die Gesetze innerhalb ihres Herrschaftsbereichs bekanntzumachen[94].

2.1.2.3.2 Das Problem der fehlenden Publikation des Reichsgutachtens

Nachdem im Juli 1668 das Reichsgutachten gegen das Duell ergangen war, wurde durch den in Vertretung des Kaisers handelnden Prinzipalkommissar bereits am 19. September 1668 in Form eines Commissionsdecrets[95] die kai-

---

[91] Immel, S. 95; A. Wolf, Sp. 85, 88; Conrad, Band II, S. 357, 361, 385 f.; Seydel, S. 165 ff.; Ebel, S. 72 f.; Gerhard Schuck, in: Repertorium der Policeyordnungen, S. 612. - Schon für das Bayern des 15. Jahrhunderts läßt sich diesbezüglich Ähnliches feststellen, vgl. Lieberich, S. 317.

[92] Hoke, Sp. 519 ff.; Lindemann, S. 14 ff.; Conrad, Band II, S. 362 f. - Der zeitlich letzte, der daher später auch Jüngster Reichsabschied genannt wurde, erfolgte 1654.

[93] Ausführlich Moser, S. 451 ff.; ebenso Mohnhaupt, S. 95; Corterier, S. 108. - Großenteils nimmt die Literatur nur sehr undeutlich zu der Frage der Publikation Stellung. Buschmann, Reichsgesetzgebung, Sp. 587 ff., schweigt sich bezüglich der Publikation völlig aus. Ebel widmet, wie Diestelkamp, S. 410, bemerkt, in seiner breiten Studie zur deutschen Gesetzgebungsgeschichte „erstaunlicherweise ... diesem Problem kaum Aufmerksamkeit“. Conrad, Band II, S. 362 f., äußert sich dazu nur hinsichtlich der Reichsabschiede - also nicht für die hier interessierende Zeit nach der Etablierung des Immerwährenden Reichstags. Auch A. Wolf, Sp. 88 f., trifft für den fraglichen Zeitraum keine klare Aussage.

[94] Lindemann, S. 15; Mohnhaupt, S. 95. - Lukas, S. 53 f., sieht allein in diesem Vorgang die Publikation der Reichsgesetze, erkennt dagegen die Maßnahmen des Kaisers nicht als Publikation an.

[95] Abgedruckt bei Senckenberg, Vierter Theil, Nr. XXVII, S. 55 ff.; bei Pachner von Eggenstorff, Erster Theil, Nr. CXCII, S. 324 ff.; schließlich bei Gerstlacher, S. 3041 ff., der aller-

serliche Zustimmung hierzu erklärt. Damit waren - entsprechend der angedeuteten vertraglichen Natur der Reichsgesetze - die beiden erforderlichen Willensäußerungen von Reichsständen und Kaiser vorhanden. An der Frage der Publikation entzündeten sich allerdings die Zweifel, ob es zu einem wirksamen Reichsgesetz gegen das Duell gekommen ist. Denn der Kaiser unternahm nichts, um das Reichsgutachten publizieren zu lassen.

Auch ein aus dem Jahr 1670 stammender „Reichs-Abschieds-Anfang“[96] konnte keine Publikationswirkung besitzen. Dieser vom Reichstag verabschiedete, umfangreiche Gesetzestext handelt von verschiedenen Gegenständen, darunter auch dem Duell. Er gibt in größtenteils wörtlicher Übereinstimmung den Inhalt des Reichsgutachtens von 1668 wieder[97]. Allerdings macht er schon in seiner Überschrift deutlich, daß er nur „einsweilen entworffen worden“ sei. Damit gibt er sich als bloß vorläufiger Entwurf eines künftigen Reichsabschieds zu erkennen. Zugleich zeigt er an, daß für die Zeitgenossen noch keineswegs feststand, daß der Regensburger Reichstag zur permanent tagenden Institution werden würde[98]. Man hielt also Reichsabschiede als Form der Publikation von Reichsgesetzen zu diesem Zeitpunkt noch nicht für obsolet[99].

Wegen der fehlenden Publikation wurde der Reichstag nach einem Jahrzehnt in Sachen Duell noch einmal aktiv. In Form eines weiteren, diesmal sehr

---

dings fälschlich den 19. Dezember 1668 als Entstehungsdatum des Commissionsdecrets angibt.

96 Vgl. „Reichs-Abschieds-Anfang, So / in Verfolg Reichs-Gutachtens / & Resolutionis Caesareae, einsweilen entworffen worden / darinn vornemlich von denen Ursachen des ausgeschriebenen Reichs-Tages ... und sonderlich von Abstellung des höchst-schädlichen Duelliren / Balgen und Kugel-Wechseln ... gehandelt wird“, abgedruckt bei Senckenberg, Vierter Theil, Nr. XXXVII, S. 68 ff.; sowie bei Pachner von Eggenstorff, Erster Theil, Nr. CCLXII, S. 437 ff.

97 Der einzige nennenswerte Unterschied zum Reichsgutachten besteht darin, daß der Reichsabschiedsanfang umgekehrt aufgebaut ist: Die Vorschriften über die Erledigung der Injurien stehen hier nicht vor, sondern nach den Duellbestimmungen.

98 Moser, S. 450, spricht in seiner Darstellung des deutschen Staatsrechts noch gegen Ende des 18. Jahrhunderts davon, daß „der Reichstag bereits über 100. Jahre dauret, und vermuthlich nie zu Ende gehen wird“. Selbst zu dieser Zeit schien es demnach nicht ganz ausgeschlossen, daß der „Immerwährende Reichstag“ eines Tages aufgelöst werden könnte.

99 Moser, S. 551, teilt mit, daß noch im Jahr 1742 das kurfürstliche Kollegium des Reichstags vom Kaiser - freilich erfolglos - verlangte, er möge die ergangenen Reichsschlüsse „wenigstens in einen ... Interims-Abschid, je eher je besser“ zusammenfassen und ausfertigen.

kurz gefaßten Reichsgutachtens vom 18. Dezember 1680[100] mahnte er beim Kaiser eindringlich an, daß der 1668 erfolgte Reichsschluß nun auch „in alle Reichs-Creyße publicirt“ werden möge. Denn andernfalls sei es „denen Herrschafften und Obrigkeiten nicht wohl möglich, so schädlichen Excessen erfordertermassen durchgehends zu remediren“. Damit machte der Reichstag deutlich, daß er die Publikation seitens des Kaisers als notwendigen Schritt zur Schaffung eines eines rechtsgültigen Reichsgesetzes ansah.

Die kaiserliche Antwort darauf kam zwar prompt, fiel aber unverbindlich aus. In einem neuerlichen Commissionsdecret vom 23. Januar 1681 ließ sich der Kaiser lediglich zu der Zusage herbei, „die Sache, ihrer Wichtigkeit nach, abermahlen durchgehen lassen“ zu wollen[101]. Daß er dieser vagen Absichtserklärung dann auch entsprochen und die verlangte Publikation veranlaßt hätte, erscheint so gut wie ausgeschlossen. Eine weitere kaiserliche Befassung mit dieser Angelegenheit in irgendeiner Weise läßt sich nicht nachweisen. Zwar ist am Eingang einer aus dem Jahr 1692 stammenden Duellordnung für Jülich-Kleve in einer lapidaren und beiläufigen Formulierung von einer angeblich erfolgten kaiserlichen Publikation des Reichsgutachtens die Rede[102]. Die Literatur ist sich aber darin einig, daß diese Behauptung falsch ist[103]. Man kann also mit großer Sicherheit davon ausgehen, daß eine Publikation des Reichsgutachtens nicht erfolgt ist[104].

---

[100] Abgedruckt bei Pachner von Eggenstorff, Zweyter Theil, Nr. CCXVIII, S. 285 f.: Dieses Reichsgutachten verlangt eine Publikation der „vorhin gebettene Kayserliche Edicta ohnerwartet des Reichs-Abschieds“ für zwei verschiedene Materien. Zunächst wird zur „Abstellung der Handwercker Mißbräuche“ eine Publikation der diesbezüglichen kaiserlichen Edikte gefordert. Anschließend wird verlangt, daß auch bezüglich des Duellierens die „erforderte Edicta ausgefertiget und ebenfalls publicirt werden mögen“.

[101] So das kaiserliche Commissions-Decret vom 23. Januar 1681, abgedruckt bei Pachner von Eggenstorff, Zweyter Theil, Nr. CCXXV, S. 291 f.

[102] „Churfürstlich-Pfaltzisches Edictum wider die Duella“, abgedruckt bei Lünig, S. 1039 ff.: „So lassen wir zwar es bey demjenigen, was dieserhalben auf dem Reichs-Tag zu Regensburg am 19. Sept. 1668 resolvirt, und von Ihrer Römischen Kaiserl. Majestät allergnädigst verordnet und publicirt, allerdings bewenden...“. - Diese Textpassage ist gleichfalls bei Mittermaier, Beiträge, S. 340, sowie bei Levi, S. 30, Fußn. 17, in einer jeweils leicht abweichenden, doch inhaltsgleichen Fassung mitgeteilt.

[103] Levi, S. 30; Prokowsky, S. 75, der abweichend von Jülich-Berg spricht, womit aber dasselbe Herrschaftsgebiet gemeint ist, das unter anderem Jülich, Kleve und Berg umfaßte.

[104] In der Literatur ist, soweit ersichtlich, einzig Jarcke, S. 227, der Meinung, eine Publikation des Reichsgutachtens von 1668 habe definitiv stattgefunden. Seine Ansicht beruht jedoch ein-

Daher wurde das wirksame Zustandekommen eines Reichsgesetzes gegen das Duell ganz überwiegend bestritten. Einige Autoren hielten es zwar für „keineswegs ausgemacht, daß demselben wegen der mangelnden Promulgation[105] ... gesetzliche Kraft abzusprechen sey“[106]. Dafür ließe sich immerhin anführen, daß bis ins 18. Jahrhundert hinein die Ansicht vertreten wurde, daß eine Publikation keine notwendige Entstehungsvoraussetzung eines Gesetzes sei[107]. Andere erklärten es schon für „sehr zweifelhaft“, ob nun ein rechtswirksames Reichsgesetz zustandegekommen sei[108]. Und das Gros der Literatur folgerte wegen der fehlenden Publikation schlicht, daß kein gültiges Reichsgesetz vorliege[109].

Dem ist zuzustimmen. Die Tatsache, daß der Reichstag eine Publikation seitens des Kaisers als notwendig betrachtete, spricht eine eindeutige Sprache[110]. Denn wenn das primäre Gesetzgebungsorgan des Reiches hier einen gravierenden Verfahrensmangel annimmt und deswegen eine wirksame Normsetzung verneint, zeigt das deutlich, daß sich die Ansicht von der zwingenden Notwendigkeit einer Publikation jedenfalls für die Ebene der Reichsgesetze durchgesetzt hatte.

---

deutig auf falschem Verständnis des von ihm als Beleg herangezogenen Reichsgutachtens vom 18. Dezember 1680.

105 Mit „Promulgation“ ist hier die Bekanntmachung gemeint. Erst ab dem späten 18. Jahrhundert wurde allmählich die Promulgation (Ausfertigung) eines Gesetzes von der Publikation (Bekanntmachung) unterschieden, teilweise wurden beide Begriffe aber auch synonym verwendet, vgl. Lukas, S. 3 ff.; A. Wolf, Sp. 85.

106 Bühler, S. 18, Fußn. 10, der dazu weiter ausführt, daß „Straf-Gesetze über Rechts-Verbrechen auch ohne öffentliche Androhung gültig seyn müssen, wenn nur die Strafbarkeit der betreffenden Handlung überhaupt bekannt ist“, was er bezüglich des Duells voraussetzt. - Ähnlich unentschieden Klein, Grundsätze, S. 234: „Einige Rechtslehrer behaupten, daß diese Gesetze wegen Mangel der Publikation keine Anwendung finden können“.

107 Diestelkamp, S. 411 f.

108 Roßhirt, Geschichte, S. 175; in diesem Sinn auch Levi, S. 30. - Eine Ausnahme ist Steltzer, S. 197 f., der Verfasser des ersten in deutscher Sprache abgefaßten Strafrechtslehrbuchs (vgl. Schmidt, S. 283). Er verliert kein Wort zu der Frage der Publikation und geht offensichtlich von der Gültigkeit des Reichsgutachtens aus.

109 Etwa Grolman, S. 376; Henke, S. 602; Heffter, S. 307, Anm. 1; Martin, S. 606; S. Mayer, S. 509; Berner, Lehrbuch, S. 499.

110 Vgl. Martin, S. 606, und, mit einem Rest von Zweifeln, Mittermaier, Beiträge, S. 340, die in dem erneuten, die kaiserliche Publikation anmahnenden Reichsgutachten von 1680 den hinlänglichen Nachweis für das Fehlen der Publikation sehen.

Demnach kann kein rechtswirksames Zustandekommen eines Duellgesetzes auf Reichsebene angenommen werden. Dieses Ergebnis wird durch eine zeitgenössische, im Jahr 1686 in Regensburg verlegte Abhandlung über das grassierende Duellunwesen unter Studenten gestützt. Ihr Verfasser bemerkt, „daß bey der annoch währenden allgemeinen Reichs-Versammlung zu Regenspurg / von dieser Materie deliberiret werden sollte“[111]. Auch nach seiner Auffassung war also das Verfahren zur Schaffung eines Reichsduellgesetzes nicht zum Abschluß gekommen.

Es ist damit unnötig, die uneinheitlich beantwortete Frage zu entscheiden, ob ein gültiges Reichsgesetz ohne einen weiteren Publikationsakt seitens der Landesregierung Gültigkeit in Bayern gehabt hätte[112] oder ob dazu noch zusätzliche Publikationsmaßnahmen im Sinn einer „Transformierung“ in Landesrecht erforderlich gewesen wären, um es in Bayern vollziehbar zu machen[113].

In jedem Fall ist das Reichsgutachten aber als eigentlicher Ausgangspunkt und Impulsgeber für die nun einsetzende Duellgesetzgebung der Territorien anzusehen. Dieser Einfluß kann gar nicht hoch genug veranschlagt werden. Mitunter konnte er soweit gehen, daß das Reichsgutachten unverändert als Landesgesetz in Kraft gesetzt wurde[114]. Auch für die nun zu schildernden bayerischen Duellmandate des 17. und 18. Jahrhunderts ist eine solche Beeinflussung anzunehmen, schon wegen der geographischen Nähe Regensburgs zu München[115].

Wegen der hohen Strafdrohungen der bayerischen Duellmandate wurde die Wirkung des Reichsgutachtens als „sehr verhängnisvoll ... auch für die bayerische Duellgesetzgebung“ bezeichnet[116]. Doch ist dieser Schluß nicht zwingend. Denn die Androhung drakonischer Strafen war ein allgemeines Charakteristikum des frühneuzeitlichen Strafrechts. Das änderte sich erst im Lauf des 18. Jahrhunderts, als das Gedankengut der Aufklärung zu einer allmähli-

---

[111] So Fritsch im Vorwort seiner Schrift die über Studentenduelle.
[112] So Zöpfl, S. 170; ihm folgend Posener, S. 11.
[113] So Lukas, S. 54 f.; Mohnhaupt, S. 95; Prokowsky, S. 76.
[114] Prokowsky, S. 77 f.; Marezoll, S. 212; Martin S. 606; Bodenheimer, S. 33 ff.; Binding, S. 499. - Levi, S. 30 f., weist darauf hin, daß Mecklenburg-Schwerin 1737 das Reichsgutachten publizieren ließ, woraufhin es dort bis zur Einführung des Strafgesetzbuches für den Norddeutschen Bund am 1. Januar 1871 in Kraft blieb.
[115] Regensburg als freie Reichsstadt war jahrhundertelang rundum von bayerischem Gebiet umgeben.
[116] So Bodenheimer, S. 35.

chen Humanisierung des Strafrechts führte[117]. Die Strafhöhen der bayerischen Duellmandate müssen daher nicht auf das Reichsgutachten zurückgeführt werden.

2.2 Die bayerische Duellgesetzgebung 1613 - 1779

2.2.1 Einführung

Im Gegensatz zu der im Sand verlaufenen Gesetzesinitiave auf Reichsebene gelang in fast allen Territorien des deutschen Reichs die Setzung von Partikularrecht gegen das Duell. Als sich ab dem ausgehenden 16. Jahrhundert das Ehrenduell in Deutschland rapide verbreitete, sahen sich beinahe überall die Landesgesetzgeber zum Einschreiten veranlaßt[118]. Als erste derartige Maßnahme werden vielfach die sächsischen Konstitutionen von 1572 betrachtet[119].

In Bayern setzte eine spezifische Duellgesetzgebung erst im 17. Jahrhundert ein. Zuvor waren zwar schon des öfteren Vorschriften polizeirechtlichen Charakters gegen das „Rumoren" erlassen worden. Damit sollte aber in allererster Linie gegen gewöhnliche Schlägereien vorgegangen werden, insbesondere gegen Gruppenaktionen zwischen mehreren Personen[120]. Auch das 1616 unter Herzog Maximilian I. ergangene bayerische Landrecht enthielt noch keine Bestimmungen, die sich eindeutig auf Ehrenduelle beziehen lassen würden. Unter der Überschrift seines 47. Titels „Von Rauffen und Schlagen" waren verschiedene Tatbestände aufgeführt, die sich gegen rein tätliche Auseinandersetzungen richteten[121]. Erwähnenswert ist hier lediglich eine Bestimmung über die „Haimsuchung mit Scheltworten". Danach sollte derjenige mit Strafe und Buße belegt werden, der „den andern haimsuecht in Zorn / oder mit Scheltworden / oder ihne auß seiner Herberg heraußfordert / das nit mit gewapneter Hand

[117] Schmidt, S. 185 ff.; S. 219 ff.

[118] In wenigen Territorialstaaten verwies die Duellgesetzgebung dagegen auf das gemeine Recht bzw. unterblieb jegliche Regelung der Materie. Für diese Gebiete stellte sich die damals lebhaft umstrittene Frage, inwieweit Duelle nach dem gemeinen Recht strafbar wären, vgl. Prokowsky, S. 100 ff.; Roßhirt, Lehrbuch, S. 290 ff.

[119] Levi, S. 27 f.; Fehr, S. 29 f.; Haefelin, S. 15; Rannacher, S. 20. - Dagegen meint Binding, S. 65 f., diese Bestimmung wende sich nur gegen das Ausheischen.

[120] Lieberich, S. 343, 368.

[121] Vgl. Landrecht der Fuerstenthumben Obern und Nidern Bayrn, München 1616, 47. Titel, Artikel 1: „Von Beweisung Rauffen und Schlagens. Klagt einer den andern an / er habe ihn geraufft / geschlagen / oder gestoßen / mit Fäusten / Händen / oder mit Füssen ..."

geschicht"[122]. Es ist unschwer zu ersehen, daß sich diese Vorschrift gegen das oben beschriebene Ausheischen und nicht gegen das Duell wandte.

Das erste, noch sehr rudimentäre bayerische Duellmandat stammt aus dem Jahr 1613, also noch kurz vor dem Landrecht Maximilians[123]. Richtig aktiv gegen das Duell wurde Bayern aber erst einige Zeit später. Innerhalb eines Zeitraums von nur gut 100 Jahren ließ der bayerische Gesetzgeber nicht weniger als sechs Duellmandate ergehen, nämlich in den Jahren 1674, 1701, 1720, 1748, 1773 und 1779[124]. Die spezielle bayerische Duellgesetzgebung wurde zwischenzeitlich verdrängt von dem 1751 in Kraft getretenen Codex Juris Bavarici Criminalis, der ebenfalls Straftatbestände gegen das Duell enthielt[125].

Zweifellos handelte es sich bei all diesen Regelungen um echte Akte der Gesetzgebung im Sinn von hoheitlicher, für die Normadressaten gleichermaßen verbindlicher Rechtsetzung. Hinter der Bezeichnung „Mandat" verbergen sich insoweit keine Besonderheiten. In der damaligen Rechtssprache war der Terminus des Mandats neben weiteren, nicht klar voneinander abgrenzbaren Begriffen wie Edikt, Landrecht, Ordnung, oder Constitution für Rechtsetzungsmaßnahmen allgemein gebräuchlich[126].

Der persönliche Anwendungsbereich der Mandate war nicht einheitlich. Die Regelungen von 1674, 1720 und 1748 richteten sich nur an das Militär und enthielten damit Sonderstrafrecht. Die übrigen galten dagegen grundsätzlich für jedermann und enthielten lediglich wenige Sondervorschriften für Adelige und Offiziere. Die insgesamt recht große Anzahl der ausschließlich militärischen Vorschriften erklärt sich aus der besonders hohen Verbreitung des Duells unter Militärangehörigen.

Gemeinsam ist den Mandaten, daß sie, mit Ausnahme desjenigen von 1701, zumindest ansatzweise den engen Zusammenhang zwischen Injurien und Duellhandlungen aufgriffen. Dahinter stand die schon vom Reichsgutachten her bekannte Idee, durch schnelles gerichtliches Vorgehen gegen den Beleidiger den Ehrenmakel zu beseitigen, der auf dem Beleidigten lastete und der ihn dazu

---

[122] Vgl. Landrecht der Fuerstenthumben Obern und Nidern Bayrn, München 1616, 47. Titel, Artikel 8.

[123] Inhaltlich zusammengefaßt wiedergegeben von Freyberg, S. 30.

[124] Sämtlich: Bayerisches Hauptstaatsarchiv München, Kriegsarchiv, A XIII 3/2.

[125] Vgl. Codex Juris Bavarici Criminalis, Erster Teil, Drittes Kapitel, § 9. Jüngst abgedruckt bei Buschmann, Textbuch, S. 194.

[126] Ebel, S. 60; Immel, S. 4 ff.; Willoweit, Gesetzespublikation, S. 611.

trieb, eine Duellforderung auszusprechen. Auf diese Weise hoffte man, vorbeugend gegen Duelle wirken zu können.

In den Zusammenhang der Duellprävention gehört auch die in sämtlichen Mandaten aufzufindende Pflicht zu behördlicher Anzeige, die allen Personen auferlegt wurde, die Kenntnis von Injurien, Herausforderungen, Vereinbarungen eines Duells und dergleichen hatten. Ihre Verletzung wurde in der Regel mit ebenso hohen Strafen bedroht wie das Duell selbst. Den Höhepunkt in dieser Beziehung bildete das letzte Mandat aus dem Jahr 1779, das selbst vor den allernächsten Angehörigen nicht Halt machte und der Ehefrau sowie den Eltern eines Duellanten eine strafbewehrte Pflicht auferlegte, ihren Mann bzw. Sohn zu „denunciiren" (Art. VI). Das wurde von einem ansonsten recht duellkritischen Autor als „eine beynahe alles menschliche Gefühl empörende Forderung" bezeichnet[127].

Wie seit dem Mittelalter üblich, wurden die den Gesetzgeber leitenden Motive in den Gesetzestext eingefügt[128]. Alle Mandate begannen mit einer ausführlichen Einleitung, in der die Intentionen des Gesetzgebers dargelegt wurden. Bei den zeitlich früheren Regelungen konnte das durchaus die Hälfte des gesamten Normtextes ausmachen. Häufig wurde dabei der Verlust zahlreicher, für den Staat wichtiger Untertanen angeprangert. So beklagte der bayerische Gesetzgeber etwa in der Einleitung zum Mandat von 1773, daß in Duellen viele Personen umkämen, die „uns, der Christenheit und dem gemeinen Wesen um ihrer Tapferkeit und guten Qualitäten willen sowohl in Civil, als Militair, und anderen Staatsbedienungen noch viel, lange, nützliche, und ersprießliche Dienste hätten leisten können". Aber auch um die Folgen für das Jenseits sorgte sich der Gesetzgeber. Er warnte davor, daß die Austragung von Duellen „öfters mit Verlurst des ewigen Seelenheils" einhergehen würde[129].

Damit leuchtet zugleich das Dilemma auf, das die Haltung des Staates gegenüber dem Duell prägte. Da es vor allem hochgestellte Personen waren, die sich duellierten, schreckte man behördlicherseits wegen der angedrohten kapitalen Strafen vor deren Vollziehung zurück. Letztlich blieben daher die mit der Zeit immer umfangreicher und feinmaschiger werdenden Mandate im wesentli-

---

[127] Braunmühl, S. 87.

[128] Näher zu dieser für die Gesetzgebung des Ancien Régime typischen Gewohnheit Immel, S. 26 ff.

[129] Vgl. die Einleitung zum bayerischen Duellmandat von 1773, abgedruckt bei Meyr, S. 81.

chen wirkungslos und konnten keine generalpräventive Wirkung entfalten. Der während eines ganzen Jahrhunderts verfolgte Kurs des bayerischen Gesetzgebers, die Duelltatbestände mit immer noch härteren Strafen auszustatten, mußte von vornherein erfolglos bleiben. Ein Kommentator des 19. Jahrhunderts hatte völlig Recht, wenn er die bayerischen Duellgesetze als „terroristische und ebendeßhalb unwirksame Mandate" bezeichnete[130].

2.2.2 Das Mandat von 1613

In Bayern begann die spezifische Duellgesetzgebung mit dem Mandat vom 13. August 1613. Sein Originaltext war trotz eingehender Recherchen nicht zu ermitteln. Es konnte lediglich eine aus dem 19. Jahrhundert stammende inhaltliche Zusammenfassung aufgefunden werden[131]. Die nachfolgenden Ausführungen stehen daher unter dem Vorbehalt der Richtigkeit und Vollständigkeit dieser knappen Textwiedergabe.

Das Mandat verbietet das „Poltern, Raufen, Ausfodern, Affrontiren, Ansprengen, Schmähen etc." Auch wenn eingangs festgestellt wird, daß diese Verhaltensweisen „besonders beim Hofgesinde" Verbreitung gefunden hätten, ist der Adressatenkreis ausdrücklich nicht auf bestimmte Stände beschränkt. Der Gesetzestext ordnet an, sich „des Duellirens" zu enthalten und sich „im Falle eines Angriffes oder Schmähung" zur Rechtserlangung an die „Obrigkeit" zu wenden. Für den Fall des Zuwiderhandelns werden die Delinquenten, ebenso wie die „Patrinirer"[132], Sekundanten und sonstigen Beteiligten, mit Strafe der Ungnade, Entsetzung vom Dienst, Verbietung des Hofes und Landes, sowie mit Leib- und Lebensstrafe bedroht.

Mit Einschränkungen kann man hier von einer ersten genuinen Duellregelung sprechen. Zwar lassen sich Begriffe wie Poltern und Raufen auch auf einfache Schlägereien beziehen. Indem aber gerade für den Fall einer „Schmähung" verboten wird, sich eigenmächtig Satisfaktion zu verschaffen,

---

130 Dollmann, 2. Abt., S. 333.

131 Bei Freyberg, S. 30. - Auch das jüngst erschienene umfassende Repertorium der Policeyordnungen der Neuzeit, S. 701, gibt als Quelle für dieses Mandat nur Freyberg an.

132 Als patrini wurden Hilfspersonen der Parteien bezeichnet. Nach Kreittmayr, Anmerkungen, S. 41, handelt es sich schlicht um das lateinische Wort für Sekundanten. Gierens, S. 193, bemerkt, daß der Begriff aus dem Vokabular der italienischen Turnierwelt stammt und die patrini Gehilfen der Parteien und Kampfpolizei in einem waren und außerdem den Weisungen des Turnierherrn unterstanden. Vgl. weiter Levi, S. 14; Below, Ausheischen, S. 728, Fußnote 16.

und insoweit zur Konfliktregelung ausschließlich die „Obrigkeit" zuständig sein soll, werden ganz zentrale Merkmale eines Ehrenduells umschrieben. Für diese Annahme spricht auch der Umstand, daß der Gesetzestext besonders beim „Hofgesinde" derartige Auseinandersetzungen beklagt, denn das Duell entstammt gerade der adelig-höfischen Sphäre. Damit kann die Regelung als Ausgangspunkt der bayerischen Duellgesetzgebung gelten.

Das Mandat von 1613 scheint wegen der bald nach seinem Erlaß einsetzenden Ereignisse des Dreißigjährigen Kriegs in völlige Vergessenheit geraten zu sein. So gut wie die gesamte Sekundärliteratur übergeht es mit Schweigen[133] und läßt die Reihe der bayerischen Duellmandate erst mit der nächsten Regelung aus dem Jahr 1674[134] oder mit der übernächsten vom Jahr 1701 beginnen[135]. Auch in den Texten der nachfolgenden bayerischen Mandate findet sich stets nur ganz allgemein der Hinweis, daß Duelle wiederholt verboten worden seien, ohne daß sich diese Aussagen explizit auf die Regelung von 1613 beziehen lassen[136].

2.2.3 Das Mandat von 1674

Das Duellmandat vom 4. September 1674[137] wendet sich ausschließlich an die bayerische Armee. Es beginnt mit einer langen Einleitung, in der der Gesetzgeber voller Mißbilligung feststellt, daß Ehrenhändel unter Armeeangehörigen an der Tagesordnung seien und daß die schon wiederholt dagegen ergangenen, sehr rigorosen militärischen Strafvorschriften in Artikelsbriefen[138] und Quartierordnungen „schier gantz ausser Acht gelassen werden". Weiter wird beklagt, daß Offiziere nach Erhalt einer Beleidigung „sich hochstraffbahrer

[133] Lediglich Boguslawski, S. 39, erwähnt beiläufig, daß „schon 1613 scharfe landesherrliche Edikte gegen das Duell erlassen wurden". Ob er dabei vom bayerischen Mandat spricht, ist allerdings nicht klar. Im selben Jahr erging jedenfalls auch ein Duellmandat in Reuß (vgl. Gneist, S. 4; Levi, S. 29), so daß etwa auch dieses gemeint sein könnte.

[134] Z.B. Staudinger, 1. Band, S. 470; Rumschöttel, S. 163.

[135] Frevert, S. 40.

[136] So heißt es etwa in der Einleitung zum Mandat von 1701, daß „verschiedene Ernstliche / und scharpffe Gebott ergangen / und offentlich publicirt worden seynd".

[137] Bayerisches Hauptstaatsarchiv München, Kriegsarchiv, A XIII 3/2; vollständig abgedruckt auch bei Staudinger, 1. Band, als Anlage 28.

[138] Als Artikelsbriefe wurden seit dem 16. Jahrhundert die zur Aufrechterhaltung der militärischen Ordnung erlassenen Vorschriften bezeichnet. Sie nahmen im 17. Jahrhundert zunehmend den Charakter eines militärischen Strafgesetzes an, vgl. dazu Beck, S. 58 f.; Staudinger, 3. Band, S. 462.

Weiß understanden, ... durch zueschickung sehr affrontirlicher; und einem ehrlichen Officir gar nit anstendiger Schreiben / und Zettlen / auff ein Duell ... heraußzufordern". Außerdem würden sich Offiziere bei der Austragung eines Duells ihrer Standesgenossen häufig dazu herbeilassen, „einen Secunden abzugeben", was „noch ... straffbarer" sei.

Vor diesem Hintergrund werden nun „vorgangnes sehr schädliches beschehnes Heraußfordern / Rauffen / und Balgen" verboten. Die Herausforderung zum Duell - nicht dagegen die Annahme der Forderung - sowie verschiedene weitere Handlungen werden mit Leib- und Lebensstrafe bedroht. Dabei werden die Fälle aufgeführt, daß hohe Offiziere einem Duell ihrer Untergebenen „durch die Finger sehen; und zur Heraußforderung Vorschub / und Anlaß geben; oder sich / wie bereits vorkommen / gar für Secunden anerbieten". Sodann werden Gefreite, Korporale und Unteroffiziere unter Androhung von Leib- und Lebensstrafe dazu verpflichtet, sämtliche Injurien und Herausforderungen ihrer Untergebenen ihren Vorgesetzten anzuzeigen. Diese hatten daraufhin die Parteien „miteinander zuvertragen / damit dem injurirten thail die schleunige Satisfaction widerfahren möge".

Auffallend ist, daß unter den strafbewehrten Handlungen dieses Mandats die Ausführung des Duells gar nicht ausdrücklich aufgeführt ist. Doch es versteht sich aus dem Gesamtzusammenhang der Regelung, daß der Gesetzgeber das eigentliche Duellgeschehen einschließlich der daraus entstehenden Folgen erst recht bestraft wissen wollte.

Das Mandat richtet sich, ebenso wie die späteren Regelungen von 1720 und 1748, an hohe und niedere Offiziere, aber ausdrücklich auch an alle „gemainen Soldaten". Das weist auf den Umstand hin, daß sich Herausforderungen und Duelle in der Armee während des 17. und des frühen 18. Jahrhunderts noch nicht, wie es dann spätestens ab dem 19. Jahrhundert der Fall war, ausnahmslos auf die Offiziersränge beschränkten[139]. Trotzdem kamen auch damals Duelle zwischen einfachen Soldaten nur vereinzelt vor, wohingegen unter Offizieren die Ehrenwahrung durch Austragung eines Duells immer mehr zu einer unumgänglichen Standespflicht wurde. Hauptadressaten all dieser Mandate waren somit die Militärangehörigen im Offiziersrang. Insbesondere auf sie versuchte der erstarkende und um Herrschaftsabsicherung auch nach innen be-

[139] Frevert, S. 28.

mühte absolutistische Staat im Sinn einer Disziplinierung und Indienstnahme einzuwirken[140].

Dieses Mandat stellt gegenüber der Regelung von 1613 einen deutlichen Fortschritt dar. Seine Hauptstoßrichtung zielt auf Duelle und nicht auf Schlägereien. Auch wenn in ihm noch vom „Balgen“ oder „Rauffen“ die Rede ist, richtet es sich gegen die Austragung von Ehrenhändeln. Die wesentlichen Charakteristika eines Duells, vor allem der Zusammenhang zwischen Injurien und anschließender Duellforderung, sind hier sichtbar herausgearbeitet. Das wird etwa daraus deutlich, daß militärische Vorgesetzte dazu angehalten werden, nach Vorfall von Beleidigungen einen gütlichen Ausgleich zwischen den Streitparteien herbeizuführen, und daß ihnen untersagt wird, als „Secunden“ ihrer Untergebenen aufzutreten.

Im Vergleich zu dem etwas früher entstandenen Reichsgutachten ist die bayerische Regelung freilich weniger ausgereift. Das zeigt sich schon äußerlich. Das Mandat wird aus einem fortlaufenden Text ohne jede Unterteilung in Absätze oder Artikel gebildet. Aber auch inhaltlich ist es viel undifferenzierter. Das Duellgeschehen wird nicht, wie das im Reichsgutachten passiert, in verschiedene Stadien mit jeweils eigener Strafandrohung zerlegt, sondern „Heraußfordern / Rauffen / und Balgen“ werden in einem Satz pauschal verboten. Da außerdem die Ausführung des Duells nicht eigens geregelt ist, werden auch die eingetretenen Folgen gar nicht berücksichtigt.

Erwähnenswert vor dem Hintergrund der Publikationsprobleme des Reichsgutachtens ist noch die beiläufige Bestimmung, daß dieses Mandat den Armeeangehörigen „durch offentlichen Trompetenschall / und Trommelschlag“ bekanntgemacht werden solle. Damit wurde den Publikationserfordernissen der Zeit ohne weiteres Genüge getan[141]. Auch die folgenden Mandate sahen vergleichbare Publikationsregelungen vor.

Die in der Praxis verhängten Strafen waren im Vergleich zu den angedrohten Tatfolgen eines Duells extrem niedrig. In der Regel wurde auch bei

---

[140] Dieners, S. 90.

[141] Bis zum 18. Jahrhundert gab es keine generell feststehenden Formen für die Publikation von Gesetzen. Vor dem Hintergrund der damals weitverbreiteten Schriftunkundigkeit waren gängige Publikationsmethoden etwa das öffentliche Ausrufen oder die Verkündung von der Kanzel. Auch der öffentliche Anschlag war gebräuchlich. Vgl. dazu Immel, S. 95; Ebel, S. 72 f.; A. Wolf, Sp. 85, 88; Conrad, Band II, S. 357, 361, 385 f.; Seydel, S. 165 ff.

tödlichem Ausgang nur ein kurzer Arrest verhängt[142]. Schlimmer noch als die eigentliche „Strafe“ stellte sich für die Duellanten die Pflicht zur Bezahlung der behördlichen Untersuchungskosten dar. So wurde im Jahr 1675 nach einem tödlichen Duell angeordnet, den überlebenden Duellanten „ohne weitere Bestrafung zu entlassen, ihm aber aufzutragen, den Auditor Dr. Vischer zu bezahlen“. Und auch wenn in einzelnen Fällen einmal die Todesstrafe verhängt wurde, folgte die Begnadigung auf dem Fuße, und die Verurteilten kamen mit Dienstentlassung oder Landesverweisung davon[143].

2.2.4 Das Mandat von 1701

Das folgende Duellmandat datiert vom 18. Mai 1701[144]. Es ist ähnlich knapp gefaßt wie das vorangegangene, aber immerhin graphisch in mehrere Absätze eingeteilt. In seiner Einleitung wird von neuem beklagt, daß die schon oftmals ergangenen strengen Verbote des Duells „in ein Vergessenheit kommen / oder gleichsamb gar nicht geachtet“ worden seien.

Dieses Mandat wendet sich nicht nur an das Militär, sondern an die Allgemeinheit, ohne Rücksicht darauf, „was Stands / Würden / Condition, Sie seynd Hoch: oder Nidere Kriegs Officier / gemeine Soldaten / zu Pferdt oder Fuß / und andere unsere Officier / Hoff: und Herrn-Bediendte / Handwercks-Bursch / auch was einer immer für Nation seye“. Sehr anschaulich wird bei Leib- und Lebensstrafe verboten, „an einander herauß zufordern / zu Duellirn, zu Palgen / oder den Degen zuentblösen; oder geladenes Gewöhr gegen jemandt so Tag / als Nachts in denen Häusern oder auff der Gassen freventlich zugebrauchen / und damit zu schiessen / wardurch ainige Verwundtung oder Schaden / es seye hernach gefährlich / oder nicht gefährlich / erfolgte“. Anschließend will der Gesetzgeber sicherstellen, daß die Duellanten auch der verwirkten Strafe zugeführt werden. Er bedroht daher alle „Hof-Bedienten / Burger und Inwohner“, die nach einem mit gefährlichen oder tödlichen Verletzungen ausgegangenen Duell die Täter „occultieren / oder verhalten / und selbe der Obrig-

---

[142] Staudinger, 1. Band, S. 470.
[143] Staudinger, 1. Band, S. 470 f.
[144] Bayerisches Hauptstaatsarchiv München, Kriegsarchiv, A XIII 3/2. In abweichender Orthographie auch vollständig abgedruckt bei Lünig, S. 794 f. unter Nr. CCXXXIV.

keit nit also gleich anzaigen“, mit „Exemplarischer Straff[145] ... oder nach gestalten Dingen selbst mit Leib oder Lebens-Straff“.

In vielerlei Hinsicht ist das Mandat mit dem vorangegangenen von 1674 auf eine Stufe zu stellen. Es ist ebenso kurz geraten wie dieses und gleichfalls noch recht ungegliedert. Sehr breit werden in seiner Einleitung die Gesetzesmotive dargelegt. Anschließend drängen sich auf knappem Raum die eigentlichen Duelltatbestände. Immerhin wird hier, anders als im vorigen Mandat, auch die Ausführung des Duells ausdrücklich unter Strafe gestellt. Eine Bestimmung über die Bestrafung der Injurien wird dagegen nicht getroffen. Letztlich ist dieses Mandat damit von der um vieles feineren tatbestandlichen Ausdifferenzierung des Reichsgutachtens ähnlich weit entfernt wie seine Vorgängerregelung. Erst in den künftigen Mandaten wird diese kaum mehr zu unterbietende Knappheit der Regelung einem von Mal zu Mal nuancierteren Normtext weichen.

2.2.5 Die Mandate von 1720 und 1748

Die folgenden zwei Duellmandate vom 9. Dezember 1720 und vom 23. Februar 1748[146] gleichen sich großenteils bis in den Wortlaut hinein, so daß sie gemeinsam behandelt werden können. Wie das Mandat von 1674 sind sie ausschließlich an die Adresse des Militärs gerichtet, wobei neben Offizieren wieder ausdrücklich die gemeinen Soldaten angesprochen werden. Der Umfang des Gesetzestextes ist nun beträchtlich angewachsen. Die Mandate gehen mit einem durchnummerierten Katalog strafbewehrter Handlungen deutlich systematischer und lückenloser gegen das Duell vor. Eine pauschale Strafandrohung jeweils am Ende des Gesetzestextes sieht bei Verstößen gegen diese Vorschriften Leib-, Lebens- und exemplarische Strafen vor.

[145] Der Ausdruck ist nicht eindeutig. Er bezeichnet hier offensichtlich eine graduell niedrigere Strafe als die Leib- oder Lebensstrafe. Am Täter sollte wohl „ein Exempel statuiert“ werden. Die Rechtswissenschaft des späten 18. Jahrhunderts verwendete den Begriff der exemplarischen Strafe widersprüchlich. Steltzer, S. 75 f., versteht darunter im Sinn der Spezialprävention die „Besserung des Verbrechers“. Dagegen meint Klein, Grundsätze, S. 9, exemplarische Strafe bezwecke - generalpräventiv - die „Drohung für Andre, welche zu einer gleichen Beleidigung (also Tat) gereizt werden könnten“. Grolman, S. 51, warnt angesichts dieser Unsicherheiten: „Man enthalte sich daher des unschicklichen Ausdrucks exemplarische Strafe.“ - Der Hinweis auf die vorgenannten Zitate erfolgte vom Zweitgutachter.

[146] Beide Bayerisches Hauptstaatsarchiv München, Kriegsarchiv, A XIII 3/2. Ersteres mit abweichender Orthographie vollständig abgedruckt bei Lünig, S. 801 f., unter Nr. CCXXXIIX.

Der enge Zusammenhang zwischen Injurien und Duellhandlungen wird noch klarer herausgearbeitet als in den bisherigen Duellmandaten. In der jeweiligen Eingangsbestimmung der Mandate wird angeordnet, daß „keiner dem andern mit Minen / Worten oder noch weniger in der That belaydigen / und angreifen“ solle. Wenn aber eine Beleidigung vorgefallen war, so sollte der Beleidigte „nit selbst Satisfaction nemmen“, sondern er sollte „durch ordentliches Recht“, also durch einen Prozeß vor Gericht, die erstrebte Genugtuung erhalten[147].

Sodann werden Schritt für Schritt einzelne Duellhandlungen wie die Herausforderung, die Annahme derselben oder das Erscheinen auf dem Kampfplatz unter Strafe gestellt. Dabei wird betont, daß „sich keiner umb so weniger in ein Duell einzulassen Ursach hat / als jhme Belaydigten ... die billiche Satisfaction“ durch gerichtliche Ahndung der erlittenen Injurien gewährt werde. Weiter heißt es, ein Herausgeforderter solle sich „nit unterstehen / den Duell anzunemmen / noch auff dem bestimbten Platz zuerscheinen“, sondern er solle den Herausforderer wegen der Forderung bei Gericht anzeigen[148].

Das ausgeführte Duell wird, ebenso wie im Mandat von 1674, unter den strafbewehrten Handlungen nicht eigens aufgeführt. Offensichtlich ging auch hier der Gesetzgeber davon aus, dessen Strafbarkeit schon deutlich genug im Gesamtzusammenhang der Regelung ausgesprochen zu haben. Dagegen werden die Anstiftung zum Duell, das Sekundieren und sonstige Gehilfenhandlungen, ja selbst die bloße Anwesenheit unbeteiligter Personen während der Austragung des Duells und das Zuschauen verboten.

Jeder, der Kenntnis von einem verabredeten oder schon vor sich gehenden Duell zwischen anderen Personen erlangte, mußte die Parteien vom Beginn bzw. von der Fortsetzung des Kampfes abhalten und den Vorfall behördlich melden. Kommandierende Offiziere sollten „all dergleichen freventlichen Missethätern ... sogleich in Arrest, und zu Verhafft nemmen / oder aber selbigen / da sie flüchtigen Fuß setzen wolten / förderlich / und mit allem Eyfer nachstellen lassen ... / umb solche folgliche zur Rechtsfertigung ziehen zekönnen“[149].

---

[147] Die zitierten Passagen entstammen dem Mandat von 1720. Die entsprechenden Vorschriften des Mandats von 1748 sind damit praktisch identisch.
[148] Zitiert aus dem Mandat von 1720.
[149] Zitiert aus dem Mandat von 1720.

Im Ganzen sind diese beiden Duellmandate um vieles gehaltvoller, differenzierter und besser gegliedert als die vorangegangenen Regelungen. Aus ihnen wird ersichtlich, daß nun auch dem bayerischen Gesetzgeber die wesentlichen Tatbestände im Vor- und Umfeld eines Duells geläufig waren. Er brachte nun eine flächendeckende strafrechtliche Erfassung von Ehrenhändeln zuwege, die es an Konsistenz und Regelungsdichte mit dem Reichsgutachten aufnehmen kann. Sie sollte dann in den Duellmandaten des späten 18. Jahrhunderts nochmals um einiges weiter ausdifferenziert werden. Doch zunächst traten Duelltatbestände außerhalb der speziellen Mandate in Kraft.

2.2.6 Der Codex Juris Bavarici Criminalis von 1751

2.2.6.1 Entstehung und Charakterisierung des Gesetzbuchs

Aufgrund der jahrelangen kriegerischen Verwicklung Bayerns in den österreichischen Erbfolgekrieg herrschten in Bayern um die Mitte des 18. Jahrhunderts chaotische gesellschaftliche Verhältnisse mit enorm hoher Kriminalität[150]. Raub, Mord und sonstige Gewaltdelikte waren an der Tagesordnung. Organisierte Räuberbanden machten in Bayern wie überhaupt in weiten Teilen Deutschlands das Land und häufig genug auch die Städte unsicher[151]. Der allgemein desolaten Lage des Landes entsprach ein beklagenswerter Zustand der Strafjustiz.

Aus diesen Gründen ordnete der bayerische Kurfürst Maximilian III. Joseph schon bald nach seinem 1745 erfolgten Regierungsantritt die Ausarbeitung eines neuen Strafgesetzbuchs an. Mit dieser Aufgabe wurde Wiguläus Xaver Aloys Kreittmayr beauftragt, ein hoher und überaus produktiver bayerischer Beamter[152]. Der von ihm daraufhin in der sagenhaft kurzen Zeit von weniger als einem Jahr verfaßte[153] Codex Juris Bavarici Criminalis von 1751[154] stellt eine tiefe Zäsur in der bayerischen Strafgesetzgebung dar.

---

[150] Heydenreuter, S. 37 ff.

[151] Stroebel, S. 9 f.; Heydenreuther, S. 38.

[152] Stroebel, S. 10; Schlosser, S. 7. - Kreittmayr stand damals im Rang eines Geheimratsvizekanzlers und Konferenzministers.

[153] Schlosser, S. 11.

[154] Der erste Teil des Codex ist neuerdings vollständig abgedruckt bei Buschmann, Textbuch, S. 179 ff.

Dieses Straf- und Strafprozeßgesetz bildet innerhalb des Heiligen Römischen Reiches deutscher Nation die erste in sich abgeschlossene strafrechtliche Regelung für ein deutsches Land[155]. In ihm werden - auch das ist ein Novum in der Rechtsentwicklung - materielles Recht und Prozeßrecht sauber voneinander getrennt[156]. Dem Gesetz ist ein Promulgationspatent[157] vorangestellt, eine Art Einführungsgesetz. Dieses vollzieht bedingungslos den Bruch mit allem bisher in Bayern gültigen Recht. Ungeschminkt beklagt es, „in was für verwirrt- und mangelhaften Zustand sowohl das gemeine, als Statutarische Recht“ sich befänden. Deswegen wird bestimmt, daß „alle dahin einschlagende ältere Rechte, Statuten und Verordnungen aus Chur- und Landsfürstlicher Macht von nun an gänzlich“ aufgehoben seien und daß an ihrer Stelle künftig allein das neue Gesetzbuch stehe.

Damit wird nicht nur das ältere Landes-, sondern auch das Reichsstrafrecht für abgeschafft erklärt. Die Kompetenz dazu schien dem bayerischen Gesetzgeber nicht eben Schwierigkeiten zu bereiten. Denn, wie es in den ebenfalls von Kreittmayr verfaßten Anmerkungen zu seinem Strafgesetzbuch heißt, die „Praxis hodierna ... setzt ausser Zweifel, daß ein jeder Chur-Fürst oder Stand des Reichs sowohl die Römisch- als andere gemeine Reichs-Gesätze ... in seinen Landen nach Gutbefinden abzuändern, und andere dagegen einzuführen wohl berechtiget seye“[158].

Gegenüber Kritikern dieses radikalen Bruchs mit der Vergangenheit gab Kreittmayr immer wieder zu verstehen, er habe lediglich das bestehende Recht zusammengefaßt und eigentlich gar nichts bahnbrechend Neues geschaffen. Das ist zum einen nicht ganz wörtlich zu nehmen, sondern als taktisches Manöver zu werten, um die für derart umfangreiche Gesetzgebungsvorhaben zu dieser Zeit noch zwingend notwendige Zustimmung der bayerischen Landstände zu erwirken[159]. Was aber zum anderen den materiellen Gehalt von Kreittmayrs Gesetz-

[155] Würtenberger, S. 114; Peitzsch, S. 4.

[156] Schlosser, S. 11; Peitzsch, S. 5.

[157] Unter einem „Patent“ wurde seit dem Mittelalter ein offener, öffentlicher Brief verstanden. Patente wurden häufig für obrigkeitliche Verlautbarungen verwendet, insbesondere wenn es darum ging, den Erlaß eines Gesetzes anzuzeigen, vgl. dazu Erler, Sp. 1532 f.

[158] Kreittmayr, Anmerkungen, S. 4. - Demgegenüber spricht Cordes, S. 6 f., dem Landesgesetzgeber die Kompetenz ab, Reichsrecht außer Kraft zu setzen.

[159] Heydenreuter, S. 43 ff. - Die Landstände bestanden aus Vertretern der Klöster, des Adels und der Städte. Sie nahmen die Interessen dieser drei Gruppierungen gegenüber dem Landesherrn wahr. Die ihnen im 16. Jahrhundert verbriefte Mitwirkung an der Gesetzgebung hatte

buch angeht, so erweist sich dieses tatsächlich nicht als eine rechtliche Neuschöpfung, sondern als rückwärtsgewandte Fortbildung des bisherigen bayerischen Rechts[160]. Besonders wegen seiner zahlreichen Zauberei- und Hexereitatbestände und der drakonischen Strafen muß es sich das nicht schmeichelhafte Attribut gefallen lassen, „Lichtjahre von den Forderungen der Aufklärer entfernt" zu sein[161]. Zu diesem Urteil trägt nicht zuletzt auch die mit lateinischen Fachbegriffen durchtränkte Sprache Kreittmayrs bei, die besonders bei den Untergerichte über den Verständnishorizont der Justizbeamten hinausging[162].

Ziel dieser Rechtsetzung war ganz wesentlich die Gewinnung von Rechtssicherheit auf dem Gebiet des Strafrechts. Denn der bisherige unübersichtliche und nach Kreittmayrs Worten „erstaunliche Cumulus Legum"[163] aus gemeinem und partikularem Strafrecht hatte die Tätigkeit der bayerischen Richter und Beamten außerordentlich erschwert und war, verstärkt durch deren häufig mangelnde Eignung und eine lasche Arbeitsmoral, sehr oft die Ursache gravierender Fehlentscheidungen gewesen[164]. Dazu kamen die schon in der damaligen Zeit beklagten schweren Mängel der Juristenausbildung[165]. Dem sollte nunmehr durch die ausschließliche Geltung des neuen Gesetzbuches wenigstens partiell abgeholfen werden. Da Kreittmayr allerdings nicht ganz sicher sein

---

allerdings in der Mitte des 18. Jahrhunderts kaum mehr Bedeutung. Mit der Verfassungsurkunde vom 1. Mai 1808 sollte die landständische Verfassung Bayerns endgültig überwunden werden. Vgl. dazu ausführlich Dieter Albrecht in: Spindler, Band II, S. 644 ff., sowie Ludwig Hammermayer, ebenda, S. 1257 ff.

[160] Conrad, Band II, S. 425.

[161] Schlosser, S. 19.

[162] Schlosser, S. 13.

[163] Kreittmayr, Anmerkungen, S. 4.

[164] Peitzsch, S. 3, bemerkt, die bestehende Rechtsunsicherheit sowie die „Unfähigkeit und Schlamperei der Beamten" hätten eine „Unzahl von Fehlurteilen" zur Folge gehabt. Schlosser, S. 12, spricht von „skandalöser Unfähigkeit" der bayerischen Beamten. Im gleichen Sinn und nur in der Diktion zurückhaltender äußerte sich im 19. Jahrhundert Berner, Strafgesetzgebung, S. 2. Heydenreuter, S. 39 f., geht auf die wiederholten Bemühungen der Gesetzgebung ein, das Leistungsniveau der bayerischen Beamten zu heben.

[165] Der der Aufklärung verpflichtete Schriftsteller Johann Pezzl spricht in seiner 1784 unternommenen „Reise durch den Baierschen Kreis", S. 79 f., von „unausgebildeten Juristen, ... bei denen es schon an den richtigen Grundwissenschaften fehlt", die aber kurz nach Durchlaufen ihrer „Winkelschulen" schon „als Räthe, Beamte, und andere Justizpersonen angestellt (werden), um zu richten und zu walten über Land und Leute, und über Leben und Tod, und um weinen zu lassen die Menschheit unter ihren Händen, und unterdrücken zu lassen unter ihrer Aufsicht das Recht und die gute Sache - & hinc illae lacrimae."

konnte, eine wirklich lückenlose Neuregelung fabriziert zu haben, so sollte, wie seinen Anmerkungen zum Gesetzbuch zu entnehmen ist, das frühere Recht künftig „die Stelle des allerbesten Commentarii ... vertretten“[166].

Kreittmayr wollte unbedingt vermeiden, den Adressaten seines Gesetzbuchs durch allzu ausufernde Regelungen „beschwerlich zu seyn“[167]. Er rechnete daher von vornherein damit, daß es immer wieder Situationen geben werde, die im Gesetz „entweder gar nicht, oder nicht klar genug ausgedruckt“ waren. Diese Fälle sollten aber auf keinen Fall straflos bleiben. Vielmehr bestimmte diesbezüglich das Promulgationspatent des neuen Gesetzbuchs, daß dessen Vorschriften „ex aequitate & analogia Juris“ angewendet werden sollten[168]. Das bedeutete unter anderem, daß auch ein strafrichterlicher Analogieschluß erlaubt sein sollte. Im Gegensatz zum heutigen Rechtszustand war das zu Kreittmayrs Zeiten nichts Außergewöhnliches. Die Analogie in Strafsachen zählte damals zu den gängigen juristischen Methoden. Erst später konnte die Idee des strafrechtlichen Analogieverbotes nachhaltig Fuß fassen. Mit dem Durchbruch der Aufklärung und theoretisch vor allem von Montesquieu und Beccaria formuliert, fand sie gegen Ende des 18. Jahrhunderts Eingang in die Strafgesetzgebung[169].

2.2.6.2 Die Duellregelung des Codex Juris Bavarici Criminalis

Kreittmayrs Duellregelung ist sehr knapp. Sie erschöpft sich in nur drei gedrängten Sätzen und ist unter die Totschlagsvorschriften des neuen Gesetzbuchs aufgenommen[170]. Duelle werden darin mit einer nicht gerade geglückten Legaldefinition als „Rauffereyen“ bezeichnet, „welche mit guten Wissen und Vorbedacht, auch mit Bestimmung einer gewissen Zeit und Zusammenkunft ausgeübet werden“. Bei tödlich ausgegangenen Duellen sollten nicht nur die Duellanten, sondern auch die „Sekundanten und Unterhändler“ die „Ordinari-

---

[166] So Kreittmayr in der Vorrede zu seinen Anmerkungen.

[167] Kreittmayr, ebenda.

[168] Gleichzeitig waren diese Fälle dann aber dem geheimen Rat vorzulegen, der die als solche erkannte Gesetzeslücke mit Blick auf künftige gleichgelagerte Fälle im Wege weiterer Normsetzung zu schließen hatte. Vgl. das Promulgationspatent zum Codex Juris Bavarici Criminalis, gegen Ende, abgedruckt bei Buschmann, Textbuch, S. 180.

[169] Conrad, II. Band, S. 435 ff.; umfassend Schreiber, S. 38 ff., S. 67 ff.

[170] Vgl. Codex Juris Bavarici Criminalis, 1. Teil, 3. Kapitel, § 9: „Von Duellen“. Abgedruckt auch bei Buschmann, Textbuch, S. 194 (unter der mißverständlichen Überschrift „Verbotene Raufhändel“).

Todes-Straff"[171] erleiden, also den Tod durch das Schwert[172]. Wenn das Duell eine gefährliche Verwundung zur Folge hatte, waren die Beteiligten dagegen nur mit der „poena proximâ homicidii, wegen des verübten Attentati" zu bestrafen. In allen übrigen Fällen sollte der Richter bei der Strafzumessung „abitrariè" entscheiden, also nach pflichtgemäßem Ermessen. Das bedeutete, daß er im Interesse einer möglichst weitgehenden Einzelfallgerechtigkeit alle mildernden und schärfenden Umstände der Tat zu berücksichtigen hatte, um die „rechte Proportion" zwischen Verbrechen und Strafe zu finden[173].

Duelle zwischen Adeligen oder Militärpersonen - und das waren in jener Zeit die allermeisten Fälle - sollten generell dem bayerischen Herzog als Souverän und oberstem Kriegsherrn „zur selbstigen höchsten Einsicht und Entscheidung" vorbehalten sein. Diese Bestimmung wurde später wortgleich in das Duellmandat von 1773 übernommen.

Gegenüber dem detaillierten Regelwerk der vorausgegangenen Duellmandate von 1720 bzw. 1748 nehmen sich diese wenigen Bestimmungen recht spärlich aus. Dabei fällt zunächst auf, daß der Zusammenhang zwischen Injurien und Duell hier fehlt. Allerdings ist das nicht verwunderlich, da Kreittmayrs Gesetzbuch überhaupt nur ganz gravierende Fälle von öffentlich begangenen Injurien erfaßt[174].

---

[171] Der Begriff der poena ordinaria bedeutete in der gemeinrechtlichen Strafrechtswissenschaft, daß die für eine Tat angedrohte Strafe durch das Gesetz absolut bestimmt ist. Den Gegensatz dazu bildet die poena extraordinaria oder poena arbitraria. Sie ist nicht von vornherein gesetzlich genau bestimmt, sondern wird durch richterliches Ermessen festgesetzt. Diese Begriffe übernahm nun Kreittmayr für sein Gesetzbuch. Vgl. Feuerbach, Lehrbuch, S. 122; Neef, Sp. 1781 ff.; Schmidt, S. 166 f.; Conrad, Band II, S. 412 und 423.

[172] Vgl. Codex Juris Bavarici Criminalis, 1. Teil, 3. Kapitel, § 1 als Grundvorschrift dieses Kapitels: „Der Todschlag, welcher mit bösen gefährlichen Fürsatz verübt wird, soll mit dem Schwerdt bestrafft werden". - Sämtliche Ordinari-Strafen konnten allerdings vom Richter nach seinem Ermessen geschärft und gemildert werden, wenn „eine rechtmäßige und solche Ursach vorhanden, welche in denen Statutis ausgedruckt, oder wenigist per analogiam Juris zu folgern ist", vgl. § 13 des 1. Kapitels des 1. Teils des Codex, sowie die folgenden Vorschriften, die die gesetzlichen Milderungsgründe aufführen.

[173] Codex Juris Bavarici Criminalis, 1. Teil, 1. Kapitel, § 12: „Bey willkührlichen und Extraordinari-Straffen, welche zur Richterlicher Ermäßigung ausgestellt seynd, soll die Obrigkeit alle mildernd und beschwerende Umstände des Verbrechens wohl betrachten, ... keine neue und ungewöhnliche Straffen erfinden, sofort zwischen dem Verbrechen und der Straff die rechte Proportion beobachten ...".

[174] Codex Juris Bavarici Criminalis, 1. Teil, 8. Kapitel, § 9: „Die gar überschwer und abscheuliche Verbal-Injurien, welche z. E. gegen Obere und Vorgesetzte ... ausgeübet, oder wo-

Daß bei tödlichem Ausgang des Kampfes der überlebende Duellant in gleicher Weise wie ein gewöhnlicher Todschläger mit dem Tod bestraft werden sollte, war eine zu Kreittmayrs Zeit gängige Forderung. Die Autoren der Aufklärungszeit konnten wenig Verständnis dafür aufbringen, daß derjenige, der seinen Gegner im Duell umbringt, besser behandelt werden sollte als ein sonstiger Totschläger[175]. Wie sich zeigen wird, war auch Feuerbach noch dezidiert dieser Ansicht. Im 19. Jahrhundert sollte sie aber schnell an Boden verlieren.

Mit keinem Wort werden im neuen Gesetzbuch die Herausforderung zum Duell und deren Annahme erwähnt. Es fehlen Anhaltspunkte dafür, daß Kreittmayr diese Gegenstände als einen strafbaren Versuch des Duells auffaßte. Eher scheint es, daß er sie straflos lassen wollte. Denn in den Anmerkungen zu seinem Kriminalkodex gibt er die Bestimmungen des Duellmandats von 1748 ungekürzt wieder, hatte also genaue Kenntnis von dessen Inhalt[176]. Dort waren die Herausforderung und die Annahme ausdrücklich geregelt. Wenn Kreittmayr beides für strafwürdig gehalten hätte, hätte er diesbezüglich gewiß eine Regelung getroffen. Für die Gerichte wäre damit ein Fall gegeben gewesen, der im Gesetzestext nicht oder jedenfalls „nicht klar genug" geregelt war. Insoweit hätten sie also auf dem Weg der explizit zugelassenen Analogie eine Verurteilung treffen können, wobei ihnen, was ebenfalls ausdrücklich vorgesehen war, das bisherige Recht als Kommentar hätte dienen können.

Kreittmayrs Duellregelung fand in der Literatur kaum Berücksichtigung. Bestenfalls wurde sie kurz dargestellt, aber nicht kommentiert[177]. Und diejenigen Autoren, die das Duell primär unter historischer und soziologischer Frage-

---

durch ganze Handwercks-Zünfte aufgebracht und in Unruhe gesetzt werden, oder worüber sonst grosses Aufsehen in dem Publico entstehet, seynd ... malefizisch zu bestraffen, welches um so vilmehr bey den Real-Injurien Platz greifft ... All übrige gemeine Unbilden aber, wann gleich der Injurirte dadurch eines Criminal-Verbrechens beschuldiget, und z. E. ein Dieb, Mörder und dergleichen gescholten wird, gehören mit der Straff und Verhandlung zur Niederen-Gerichtsbarkeit".

[175] Vgl. den von Loen, Band 3, S. 471, im gleichen Jahr wie Kreittmayrs Codex veröffentlichten Aufsatz; sodann von Globig/Huster, S. 183, in ihrer 1782 zu einem Preisausschreiben der Ökonomischen Gesellschaft Bern eingereichten und im Jahr danach veröffentlichten, berühmt gewordenen Preisschrift.

[176] Kreittmayr, Anmerkungen, S. 41 f.

[177] Prokowsky, S. 112 - 114, begnügt sich, entsprechend der Fragestellung seiner Arbeit, im wesentlichen mit einer Wiedergabe des Inhalts von Kreittmayrs Duellbestimmungen. Rannacher, S. 30; Würtenberger, S. 121; sowie G. Schubert, S. 45, bieten lediglich kurze Zusammenfassungen der Regelung.

stellung untersuchten, lenkten ihr Augenmerk nur auf die speziellen bayerischen Duellmandate und ließen den Codex Juris Bavarici Criminalis gänzlich unbeachtet[178].

2.2.7 Die Mandate von 1773 und 1779

Die extrem knappe Behandlung des Duells in Kreittmayrs Gesetzbuch konnte angesichts unvermindert hoher Duellzahlen keinesfalls zufriedenstellend sein. Der bayerische Gesetzgeber sah sich daher schon bald erneut zum Handeln veranlaßt und schuf kurz hintereinander zwei weitere Duellmandate. Mit diesen im Inhalt ähnlichen und nur im Aufbau voneinander abweichenden Regelungen vom 23. September 1773[179] und vom 28. Hornung (Februar) 1779[180] fand die bayerische Duellgesetzgebung des 18. Jahrhunderts ihren schaurig imposanten Abschluß.

Beide Mandate wenden sich an einen unbeschränkten Personenkreis, behandeln also das Duell als Allgemeindelikt. Schon vom Umfang her gehen sie weit über alle vorangegangenen Regelungen hinaus und versuchen eine möglichst erschöpfende Erfassung der Materie. Und erst recht in den an Härte kaum mehr zu überbietenden Strafandrohungen stellen sie ein gruseliges Fanal dar, das so gar nicht ins aufgeklärte Jahrhundert paßt. Damit markieren sie aber auch den Umkehrpunkt, von dem aus im 19. Jahrhundert der bayerische Gesetzgeber einen weniger drastischen Standpunkt im Vorgehen gegen das Duell entwickeln sollte.

2.2.7.1 Das Mandat von 1773

Am Beginn dieses Mandats steht ein Verbot von Injurien aller Art. Danach sollte „niemand von Unsern hoch- und niedrigen Officieren, Hof- und Civilbedienten, Unterthanen, wie nicht weniger Fremden, Durchreisenden, und all anderen, wes Standes und Würde die auch seyn möchten, den andern mit Minen, Worten oder That beleidigen oder angreifen“ (Art. 1). Wenn sich jemand beleidigt fühlte, sollte er „sich nicht gelüsten lassen ..., dießfalls eigenmächtige Satisfaktion zu nehmen“, sondern sich an die Gerichte wenden (Art. 2).

---

[178] Etwa Rumschöttel, S. 163; Frevert, S. 40.

[179] Bayerisches Hauptstaatsarchiv München, Kriegsarchiv, A XIII, 3/2. Vollständig abgedruckt bei Meyr, S. 81 ff. unter Nr. LXXXVII.

[180] Bayerisches Hauptstaatsarchiv München, Kriegsarchiv, A XIII 3/2. Vollständig abgedruckt bei Meyr, S. 137 ff. unter Nr. CXVI.

Es folgt das Kernstück des Mandats mit seinen heutzutage wirklich ungeheuerlich anmutenden Strafdrohungen für die Beteiligten eines ausgetragenen Duells. Ganz ohne Rücksicht darauf, ob ein Verletzungserfolg eintrat oder nicht, sollten alle involvierten Personen schon allein aufgrund des bloßen Beginns der Kampfhandlungen ausnahmslos die Todesstrafe erleiden und anschließend an ungeweihtem Ort bestattet werden. Art. 4 bestimmt, daß „nicht allein der Provocans, als Provocatus, sondern auch die Mittelspersonen als Patrini, Sekundanten, Hülf, Vorschub und Rathgebere, obschon keiner aus denen Duellanten verletzt, verwundet oder umgebracht wurde, ... unnachläßig durch das Schwerd von Leben zum Tod hingerichtet, der Körper aber sowohl des Hingerichteten, als des in Duell Gebliebenen auf der Richtstatt begraben werden solle“.

War ein Delinquent nach Abhaltung eines Zweikampfes flüchtig, so sollten nach seiner dreimaligen erfolglosen Ladung vor Gericht seine „Güter alsogleich sequestriret, und deren Genuß durch Unseren Fiscum eingezogen“ werden. Allerdings durfte das nur unter der Einschränkung geschehen, daß „denen Weibern und Kindern die Alimenta hievon gereichet, ... sodann die Güter nach dessen Tod denen Kindern oder Agnatis ... gänzlichen zurück gegeben, und restituiret“ würden (Art. 6). Gegen den Flüchtigen sollte ein Strafverfahren in Abwesenheit stattfinden. Nach erfolgtem Schuldspruch war „die verdiente Strafe ... an dem Pranger in Effigie“, also an seinem Bildnis, zu vollstrecken (Art.7).

Kam es, nachdem eine Forderung zum Duell ergangen war, nicht zu dessen Ausführung, so drohten dem Herausforderer und, wenn der Geforderte die Forderung angenommen hatte, auch diesem „pro qualitate Personarum ... wirkliche Relegation, Abschaffung von Hof mit Entsetzung der Ehrenämter, Benehmung des Kammerschlüssels“ sowie schließlich „Gefängniß, mit wohl empfindlichen Geldstrafen“ (Art. 8).

Wer Kenntnis von einer „zum Duelliren und Raufen Anlaß gebende(n) Beschimpfung“ erlangte, hatte dies „alsogleich bey Vermeidung schwerer Verantwortung und gebührenden Einsehens bey des Beschimpfers Obrigkeit“ anzuzeigen. Diese hatte den Beleidiger zu arrestieren und außerdem „zur gebührenden Satisfaktionsleistung“ anzuhalten (Art. 10). Wer darüber hinaus „von einem Duell, Rencontre oder sonstiger Schlägerey“ Kenntnis hatte, sollte „bey Vermeidung schweresten Einsehens“ den Streitenden „den Frieden gebieten, und zugleich den Arrest ankünden, auch solches sogleich bey seiner Behörde anzeigen" (Art. 11). Personen, die „dem Beleidigten die zugefügte Beschimpfung vorwerfen, oder ... zur Privatrevange, und eigenmächtiger Satisfaktion zu verhetzen ... sich unterfangen dürften", sollten bei einem tödlich endenden Duell gleich den Sekundanten und sonstigen Hilfspersonen die Todesstrafe durch das Schwert zu gewärtigen haben. Bei nichttödlichem Ausgang des Kampfes waren sie „arbitrarie auch sonst auf das schärfeste" zu bestrafen (Art. 12 f.).

Gegen Ende des Mandats folgt ein spezieller Straftatbestand für Injurien gegenüber Adeligen und höheren Offizieren, also den zu jener Zeit typischerweise satisfaktionsfähigen Gruppen der Gesellschaft. Diese Delikte sollten, abweichend vom allgemeinen Strafrecht, „eo ipso für ein Criminalattentatum gehalten" und mit den gleichen Strafen wie eine Herausforderung im Sinn des Art. 8 oder auch noch schärfer bestraft werden (Art. 16). Für Injurien gegenüber anderen Personen blieb es dagegen mangels einer vergleichbaren speziellen Regelung bei den allgemeinen strafrechtlichen Vorschriften, also beim Gesetzbuch von 1751.

Da erfahrungsgemäß nicht zu erwarten war, daß die „Injuriati, oder Provocati" von selbst den Streit zur Schlichtung vor Gericht brachten, sollten die zuständigen Behörden bei Injurien auch von Amts wegen einschreiten können, „damit dem beleidigten und injurirten Theil ... wirklich behörig- und hinlängliche Satisfaktion verschaffet werde" (Art. 18). Die Zuständigkeit zur Aburteilung von Duellsachen sollte zwar grundsätzlich bei den „Judiciis ordinariis", also den Strafgerichten, liegen. Doch war, wie schon im Gesetzbuch von 1751, bei Duellen zwischen Adeligen oder Oberoffizieren die Entscheidung dem bayerischen Herzog vorbehalten (Art. 19).

Die Sekundärliteratur übergeht dieses Mandat gelegentlich und berücksichtigt nur die noch drastischere Regelung von 1779[181]. Auch im übrigen wird es, wohl wegen seiner äußerst kurzen Geltungsdauer von nur fünfeinhalb Jahren sowie auch seiner großen Nähe zum nachfolgenden Mandat, lediglich erwähnt, aber inhaltlich nicht dargestellt[182].

---

181 Vgl. etwa Kohlrausch, S. 135, Fußn. 2. - Falsch ist auch die Aussage von G. Schubert, S. 45, das Duellmandat von 1779 habe Kreitmayrs Gesetzbuch von 1751 „abgelöst".

182 Vgl. etwa Rumschöttel, S. 163; Frevert, S. 40.

2.2.7.2 Das Mandat von 1779

Dieses letzte bayerische Duellmandat hat gegenüber seinem Vorgänger quantitativ nochmals mächtig dazugewonnen und ist in seiner Redseligkeit und Weitschweifigkeit regelrecht umständlich. Nach einer kurzen Einleitung werden in einer Art Generalklausel „alle eigenthätige Ein- und Ueberfälle, Rumor und Raufhändel, Balgereyen und Schlägereyen, alle Ausforderungen, Duellen, verdächtige und unzuläßige Renkontres, zuschickung der Kartellen ... bey Leib- und Lebensstrafe verboten" (Art. I). Anschließend folgt ein pauschales Verbot von Injurien und eigenmächter Satisfaktionsnahme (Art. II).

Die beiden folgenden Vorschriften wenden sich gegen die Herausforderung zum Duell (Art. III) und die Annahme derselben bzw. das Erscheinen auf dem Kampfplatz (Art. IV). Auch wenn es in der Folge nicht mehr zur vorgesehenen Durchführung des Duells kam, sollten schon diese Handlungen den Verlust von Amt und Würden sowie eine Geld- oder Gefängnisstrafe nach sich ziehen.

Was dagegen die Strafen des ausgetragenen Duells angeht, so überbietet dieses Mandat in seinem ausufernden Art. VI an Theatralik sogar noch seinen Vorgänger. Die Duellanten sollten, wenn der Kampf erst einmal begonnen hatte, ohne Rücksicht auf einen etwaigen Verletzungserfolg „durch einen summarischen Proceß ohne einige Weitläufigkeit zum Tode verurtheilet" werden. Bei der anschließenden Hinrichtung war dann säuberlich nach der Qualität der Delinquenten zu unterscheiden: Adelige und hohe Offiziere sollten durch das Schwert, andere Personen durch den Strang „vom Leben zum Tod exequirt" werden. Die Güter beider Duellanten waren zu konfiszieren und konnten ihren Ehefrauen und Kindern allenfalls gnadenhalber belassen werden.

Im Fall eines tödlichen Duells sollten diese Strafen, was eigentlich kaum möglich erscheint, noch weiter geschärft werden. War der überlebende Duellant ein Adeliger oder hoher Offizier, sollten ihm zusätzlich zur Todesstrafe all seine Chargen und Ehrenämter aberkannt und als Zeichen seiner Ehrlosigkeit der Degen zerbrochen werden. Nach der Vollstreckung sollte „sein Körper auf dem Gerichtsplatz begraben werden". Ein „Deliquent von geringer Kondition" sollte dagegen „zum Galgen kondemnirt, und das Urtheil ungesäumt exequirt, der Körper aber nicht abgenommen, sondern bis er abfallen wird, daran gelassen werden".

Selbst bei den im Kampf getöteten Duellanten sollte sich die Differenzierung nach ihrem Stand noch postmortal fortsetzen. War ein Adeliger oder ein hoher Zivil- bzw. Militärbeamter im Duell oder an dessen Folgen gestorben, sollte er „in loco delicti, oder sonsten an einem andern unehrlichen Ort durch die Waasenmeister eingescharrt" werden. Duelltote niedrigeren Standes dagegen sollten „andern zum Scheu und Exempel aufgehangen werden".

Gegen flüchtige Duellanten sollte ein öffentlichkeitswirksames Verfahren in Abwesenheit stattfinden. Dabei sollten „ihre Namen und Bildnissen ... an den Galgen geschlagen, mithin die wegen den Duellen verordnete Strafen an ihren Bildnissen durch den Scharfrichter am Pranger exequiret" werden (Art. VII).

Sekundanten, Beihelfer, Kartellträger und sonstige irgendwie in das Duell involvierte Personen sollten „gleich den Duellanten und Provokanten selbst, es erfolge ein Duell oder nicht, unnachläßig gestraft werden" (Art. VIII).

Zukunftsweisend ist, daß dieses Mandat für Bayern erstmalig, wenn auch nur ansatzweise und an versteckter Stelle, eine Art militärischer Ehrengerichte einführen will. Nach Art. IX sollte, „wenn bey den Karten oder Brettspielen, oder sonst bey ehrlichen Kompagnien bey dem Trunk oder sonsten ungeziemende Bezeugungen vorgehen, fort durch Stichworten, Minen und dergleichen einige Streitigkeiten oder Wortwechslungen vorfallen möchten", die Angelegenheit „zu Hinlegung des strittigen Punkts" vor „Obmänner und Decisseurs" gebracht werden. Anschließend sollten „beyde streitende Theile nach derer Aussprach sich zu richten schuldig" sein. Die Aufgabe dieser nur äußerst vage umschriebenen Schiedsinstanz bestand also darin, Streitigkeiten zu schlichten, aus denen sich Duelle entwickeln konnten. Der undeutliche Gesetzeswortlaut läßt allerdings völlig offen, aus welchem Personenkreis sich diese „Obmänner und Decisseurs" rekrutieren sollten, und welche Kompetenz ihnen im einzelnen zustehen sollte.

Es ist nicht überliefert, ob diese Vermittlungsinstanzen auch nur in einem einzigen Fall praktisch tätig wurden. Immerhin sind sie ein erster Schritt zu der dann am Anfang des 19. Jahrhunderts tatsächlich vollzogenen Einführung militärischer Ehrengerichte. Und 1826, als in Bayern auch die Schaffung allgemeiner, nicht auf Offiziere beschränkter Ehrengerichte beraten wurde, ließ die für die Gesetzesberatungen zuständige Kommission voller Emphase verlauten, es gereiche dem Duellmandat von 1779 „zum ewigen Ruhme, daß es zuerst die

Idee eines Ehrengerichts aus Standesgenossen gebildet, ins Leben gerufen hat, ehe es noch Philosophen und Rechtsgelehrte ... vorgeschlagen haben“[183]. Zwar ist diese letzte Bemerkung, wie unten näher gezeigt wird, historisch nicht richtig, denn die Idee der Schaffung von Ehrengerichten zur Duellprävention war Ende des 18. Jahrhunderts längst keine Neuheit mehr und hatte vereinzelt bereits Eingang in die Gesetzgebung gefunden. Gleichwohl beschritt der bayerische Gesetzgeber mit der getroffenen Regelung einen neuen Weg, der sich positiv von den ansonsten extrem repressiven Strafbestimmungen dieses Mandats abhebt.

Gleichfalls der Vorbeugung gegen Duelle dient die aus den vorigen Mandaten bekannte, alle Untertanen unter Androhung von Strafe treffende Pflicht, bei Kenntnis von „Duellen oder Händeln“ den Behörden davon Anzeige zu erstatten. Neu ist aber die ergänzende Regelung, daß demjenigen, der ein geplantes Duell „bey Zeiten denunciren würde, ... eine gewisse und unfehlbare Rekompens ... aus der Schuldigen Verbrechern und Uebertretern Gütern oder Mitteln wirklich verschaft und mitgetheilt werden“ sollte (Art. IX gegen Ende).

Anschließend wird bestimmt, daß Personen, die dem Beleidigten den ihm zugefügten Ehrenmakel vorhalten oder ihn sonst zum Duell verleiten, „wie die Duellanten und Provokanten selbst ohne mindeste Rücksicht bestraft werden“ sollten (Art. X).

Eine eigene, ausführliche Vorschrift ist dem bayerischen Gesetzgeber der Umstand wert, daß sich Duellanten bei behördlichen Vernehmungen zu ihrer Entlastung offenbar häufig auf Trunkenheit beriefen (Art. XIII). Eine solche Verteidigung mit dem „Laster der Trunkenheit“ sollte verständlicherweise nicht zugelassen werden. Daher wurde bestimmt, daß alkoholisierte Duellanten grundsätzlich „keine Linderung noch Mitigation der verordneten Strafen zu gewarten haben“ sollten. Nur dann, wenn „jemand unversehener und zufälliger Weise auch wohl gar wider seinen Vorsatz und Willen in Trunkenheit gerathen, sonsten aber dazu nicht geneigt“ sein sollte, konnte ihm durch den Richter „einige Mitigation und Gnade verstattet werden“.

[183] Bayerisches Hauptstaatsarchiv München, Staatsrat Nr. 2450: „Erwaegungen zu einem Gesetze über Ehrenbeleidigungen und Zweikämpfe“. - Freilich sah die Gesetzkommission auch nicht darüber hinweg, daß die „übertriebene Strenge“ des Mandats von 1779 „gerechten Tadel erfahren hat“.

Mit dieser Regelung wich das Duellmandat markant von der Linie des Strafgesetzbuchs von 1751 ab. Nach dessen Bestimmungen sollte nämlich unverschuldete Trunkenheit, welche „den ganzen Verstand benimmt", überhaupt von Strafe befreien. War dagegen das zur Trunkenheit führende „Verschulden groß, oder der Rausch nur mittelmäßig", sollte eine Strafmilderung eintreten. Und nur ein Täter, der „sich ernstlich gar fürsetzlicher Weiß in der bösen Absicht, um die That desto behertzter vollbringen zu können, mit Fleiß betrinckt", sollte nach dieser Regelung keinerlei Strafmilderung erhalten, sondern „dißfalls für nüchtern gehalten" werden[184].

Den Schluß des Mandats bilden einige prozessuale Regelungen. Wieder werden die Behörden dazu angehalten, gegen Injurien von Amts wegen einzuschreiten, „damit dem beleidigten und injuriirten Theil ... eben so, wie respektive dem Publiko wirklich behörige und hinlängliche Satisfaktion verschaft werde" (Art. XIV). Die Zuständigkeit für das Verfahren in Ehren- und Duellsachen sollte sich nach dem Status der Delinquenten richten (Art. XV). Waren an der Auseinandersetzung ausschließlich Zivilpersonen beteiligt, sollte die kurfürstliche Regierung zuständig sein. Bei Duellen von Militärpersonen hatte das Verfahren dagegen vor den Militärbehörden stattzufinden. Und bei gleichzeitiger Beteiligung von Zivilisten und Militärs sollte ein gemischt besetztes Entscheidungsgremium gebildet werden. In allen Fällen war aber letztlich die Entscheidung des Kurfürsten einzuholen. Sämtliche Duellverfahren sollten durch seinen persönlichen Spruch abgeschlossen werden.

Der Gesetzgeber rechnete angesichts einer verbreiteten Praxis offenbar damit, daß rechtskräftig verurteilte Duellanten sich mit Gnadengesuchen an den bayerischen Kurfürsten richten würden. Um dem einen Riegel vorzuschieben, bestimmte er, daß „sich keiner einigen Pardons oder Gnade ... solle zu verlassen haben", und verbot „ausdrücklich, daß keiner, wes Standes er auch seye, sich einiger Intercession oder Vorbitte ... anmassen und unternehmen solle" (Art. XV gegen Ende).

Es nimmt nicht Wunder, daß die maßlose Überzogenheit der Strafdrohungen dieses Duellmandats bittere Kritik geerntet hat. Man bezeichnete es als ein „Mandatum terribile", da beiden Parteien schon mit dem bloßen Beginn der Ausführung des Duells, ohne Rücksicht auf etwaige Folgen oder auf die Ge-

---

184 So der Codex Juris Bavarici Criminalis, Erster Teil, Erstes Kapitel, § 19.

fährlichkeit der Kampfbedingungen, unausweichlich die Todesstrafe drohte[185]. Ein Kommentator des frühen 19. Jahrhunderts bemerkte, das Mandat sei „mit Blut geschrieben“, so daß „seine Anwendung in voller Strenge sich nicht mit den Begriffen der jetzigen Zeit vereinigen lassen dürfte“[186]. Er fragte sich zu Recht, was die Beteiligten nach dem Beginn des Duells denn noch von der Fortsetzung der Kampfhandlungen abhalten solle, „wenn sie wissen, daß sie nimmermehr den blutdürstigen Bestimmungen des Gesetzes, welches ihr Leben als Opfer verlanget, entgehen können?“[187].

Ein anderer Autor kritisierte, es sei „allgemein bekannt, daß das Duellmandat als viel zu hart verrufen“ sei, so daß „von Polizey und Richteramt die äußerste Nachsicht in Behandlung und Beurtheilung der Duellanten statt fand, nur um sie jenem harten Gesetze nicht zu unterstellen“[188]. Er führte es vor allem auf die „inconsequente Härte“ der Strafbestimmungen zurück, daß „dieses Gesetz wenig oder nie angewandt“ worden sei und nur „die besonderen Gesetze nutzlos“ vermehren würde[189].

In der Literatur läßt sich somit ein Konsens darüber ablesen, daß das letzte bayerische Duellmandat wegen seiner martialischen Strafdrohungen mißglückt und für die Bekämpfung des Duells ungeeignet war. Wenn die Strafrichter durchgängig von seiner Anwendung absahen, so kann das allerdings nicht ausschließlich daran gelegen haben, daß sie Duelle als harmlose Kavaliersdelikte ansahen. Vielmehr war nun, bedingt durch die Aufklärung, auch im Strafrecht eine neue Zeit angebrochen.

---

[185] Knapp, S. 521.
[186] Samhaber, Kritische Beleuchtung, S. 4.
[187] Samhaber, Kritische Beleuchtung, S. 11 f.
[188] Braunmühl, S. 66.
[189] Braunmühl, S. 85 ff.

3 Entwicklung im 19. Jahrhundert

3.1 Ausgangslage

An der Wende zum 19. Jahrhundert mußte man sich in Bayern wie anderswo die völlige Wirkungslosigkeit der bisherigen Maßnahmen gegen das Duell eingestehen. Die Duelle nahmen zahlenmäßig nicht ab, sondern zu. Weitere Gesellschaftsschichten machten sich den ursprünglich adeligen Ehrenkodex zu eigen und trugen damit zur Ausbreitung des Duells bei. In zeitgenössischen Veröffentlichungen wurde beobachtet, daß „die Duelle, welche ehedem nur Vorrechte des Adels waren, ... sich auch in neuern Zeiten auf den Bürgerstand verbreitet" hatten[190]. Nunmehr gebrauche „der aufgeklärt gut Erzogene und vermögende Bürgerliche ... die nehmlichen Mittel, mit denen der Adel die Furchtsamen zum Duell zwingt" und nötige „dadurch den Adel, selbst sich mit ihm zu duelliren"[191].

Dieses allmähliche Hineinwachsen des Bürgertums in die satisfaktionsfähige Klasse beruhte auf seinem seit der Französischen Revolution mächtig gewachsenen gesellschaftlichen Selbstbewußtsein sowie auf seiner gestiegenen wirtschaftlichen Bedeutung. Bürgerliche waren nun immer weniger gewillt, die durch Abstammung erworbenen Standesprivilegien des Adels einfach hinzunehmen, sondern strebten danach, selbst in den Genuß dieser Vorzugsstellung zu kommen. Zu diesem Zweck eigneten sie sich minutiös die Ehrenvorstellungen des Adels an, um über das Vehikel der Satisfaktionsfähigkeit zur gesellschaftlichen Elite vorzustoßen[192].

Der zunehmenden Verbreitung des Duells konnte man staatlicherseits nicht gleichgültig gegenüberstehen. Um künftig mit größerem Erfolg gegen das Duell vorzugehen, fragte man nach den Ursachen der Wirkungslosigkeit des bisherigen Vorgehens.

---

[190] So von Globig/Huster, S. 182.

[191] So die dem Jahr 1804 entstammende Schrift „Von den in Deutschland gewöhnlichen Gebräuchen bei Duellen und über die Mittel die Duelle abzustellen", S. 90.

[192] Elias, S. 69, führt aus, daß dieser Prozeß schließlich „eine einzige große Gesellschaft der Satisfaktionsfähigen" entstehen ließ, „also derer, die das Privileg hatten, von jedem anderen Mitglied dieser Gesellschaft Genugtuung mit der Waffe in der Hand zu verlangen, falls sie sich von ihm beleidigt fühlten", und damit ihre „Zugehörigkeit zum Establishment" bekunden konnten.

Zum einen wurde die „gar zu große Strenge des Gesetzes“ dafür verantwortlich gemacht, daß in Duellangelegenheiten „die Richterstühle ganz unthätig“ gewesen seien[193]. Paul Johann Anselm Feuerbach, Exponent einer neuen Epoche des Strafrechts, stellte den Duellmandaten des 18. Jahrhunderts „wegen ihres nachtheiligen Einflusses ... auf den Charakter der Nation überhaupt“ eine geradezu vernichtende Kritik aus[194]. Er traf die Meinung vieler seiner Zeitgenossen, wenn er bemerkte, daß „grausame Gesetze, indem sie die Gemüther abstumpfen gegen die Furcht vor den Strafen, viel mehr eine Ursache von Verbrechen, als ein Mittel sind wider dieselben“[195]. Nicht nur für eine künftige Regelung des Duells, sondern generell wurde daher die Forderung nach milderen Strafen und nach einer Humanisierung des Strafrechts laut[196].

Zum anderen wurde die äußerst permissive Haltung der Strafverfolgungsorgane moniert. Auch den Zeitgenossen war klar, daß nicht allein in den bisherigen drastischen Strafdrohungen der Grund dafür zu suchen war, daß die staatlichen Organe gegen Duellanten nicht ernsthaft einschritten, sondern daß in Duellsachen allgemein eine lasche Verfolgungsmentalität herrschte. Die Strafrichter besaßen schon aufgrund naher ständischer Beziehungen und sich daraus ergebender Rücksichten ein hohes Maß an Einsehen für die unter ihrer Jurisdiktion stehenden Duellanten[197]. Mehr und mehr fühlte sich die Richterschaft aber auch persönlich dem Ehrenkodex verpflichtet, der das Duell zur Standespflicht erhob. Schon im ersten Drittel des 19. Jahrhunderts wurde die vorsichtig formulierte Feststellung getroffen, daß „ja doch das Vorurtheil manchmal selbst bis zum Sitze der Themis sich zu schleichen weiß“[198]. Nach den Worten eines Autors aus der Jahrhundertmitte „finden wir das Duell ...

---

193 Aschenbrenner, S. 13, der die rhetorische Frage stellt: „Wo ist auch das Land, in welchem die schrecklichste(n) Strafgesetze gegen den Zweykampf je zur genauen Anwendung gekommen wäre?“

194 So Feuerbach in einem 1805 abgefaßten Fragment „Ueber die bevorstehende Reform der bayerischen Criminalgesetzgebung“, in: Feuerbach, Biographischer Nachlaß, 1. Band, S. 133.

195 Feuerbach, ebenda, S. 132.

196 Schmidt, S. 219. Ähnlich als zeitgenössische Äußerung auch die Einleitung zu den offiziösen Anmerkungen zum bayerischen Strafgesetzbuch von 1813, 1. Band, S. 9: „Nicht nur in Baiern, sondern in ganz Teutschland“ vernahm man über die „Unzweckmäßigkeit und hier und da bis zur Ungerechtigkeit steigende Strenge“ der älteren Strafgesetze „nur eine Stimme“.

197 Frevert, S. 91.

198 Braunmühl, S. 94. In die gleiche Richtung äußert sich beispielsweise Aschenbrenner, Einleitung, S. XI: „Die Gerichte hegen gegen ... die Zweykämpfe eine Nachsicht, ... weil man die gegen dieselbe gedrohte Strafen überhaupt für zu streng ansieht“.

wohl gar im Stande der Richter, die an Anderen das strafen wollen, was sie selbst vorkommenden Falls zu thun entschlossen wären!"[199]

Damit war ein Problem umschrieben, das im Lauf des Jahrhunderts noch weiter anwuchs und dem auch durch die legislatorischen Maßnahmen der folgenden Zeit nicht beizukommen war. Carl Joseph Anton Mittermaier, einer der führenden deutschen Strafrechtler der ersten Hälfte des 19. Jahrhunderts, diagnostizierte, daß es „gerade die edelsten Stände der Nation" seien, „welche aus dem Uebermaaße des Ehrgefühls zum Duelle kommen" und „bei welchen der Staat selbst das größte Interesse hat, daß der Sinn für Ehre frisch und lebendig erhalten werde"[200]. Zwar würde es zu weit gehen, wenn man aus dieser Äußerung schließen würde, daß man staatlicherseits an einem Vorgehen gegen Duellanten gar nicht interessiert gewesen sei. Das wird schon durch die Existenz der überall anzutreffenden Strafvorschriften widerlegt und gilt insbesondere nicht für Ludwig I. von Bayern, der ausgewiesenermaßen ein erbitterter Gegner des Duells war. Doch zweifellos waren gerade die höchsten Ämter des Staates nur allzuhäufig mit Personen besetzt, die verdeckte, bisweilen sogar offene Sympathien für das Duell übrig hatten.

Unter solchen Vorzeichen mußte das staatliche Vorgehen gegen das Duell notgedrungen ambivalent bleiben. Je offensichtlicher die hohen Funktionäre des Staates den Willen zum Durchgreifen gegen Duellanten vermissen ließen, desto weniger konnten die Strafvorschriften gegen das Duell auf Akzeptanz rechnen. Es konnte nicht ohne Folgen für das Unrechtsbewußtsein der Duellanten bleiben, wenn von den Spitzen des Staates, insbesondere der Armee, Signale der Billigung des Duells ausgingen. Noch gravierender mußte es sein, wenn die Inhaber hoher Staatsämter sich selbst duellierten. Traurige Berühmtheit erlangte der Fall des Berliner Polizeipräsidenten Hinckeldey, der 1856 in einem Duell erschossen worden war. Symptomatisch war die Reaktion des preußischen Königs Friedrich Wilhelm IV. auf die Nachricht vom Duelltod seines Polizeichefs. Er zeigte sich einerseits „sehr afficirt", attestierte aber gleichzeitig dem Duellgegner Hinckeldeys, „er sei ein Edelmann"[201].

---

[199] Gneist, S. 7.

[200] Mittermaier, Bemerkungen, S. 441.

[201] Eingehend zu diesem Duell Borchers, S. 251 ff.; Kohut, S. 83 ff. - Der Duellgegner Ludwig Friedrich von Hinckeldeys, Hans von Rochow, wurde zu leichter Festungshaft verurteilt, kam aber genau ein Jahr nach dem Duell schon wieder frei, als ausgerechnet die Witwe

Ein weiteres prominentes Beispiel dieser Haltung ist Otto von Bismarck. Im Jahr 1852, während seiner Zeit als Abgeordneter in der zweiten preußischen Kammer, hatte er wegen parlamentarischer Querelen ein Pistolenduell mit dem liberalen Abgeordneten Georg Freiherrn von Vincke ausgefochten, das glimpflich abgegangen war. 1865 forderte Bismarck, nunmehr schon preußischer Ministerpräsident, den berühmten Arzt und Abgeordneten der zweiten Kammer Rudolf Virchow auf Pistolen. Wiederum waren verbale Auseinandersetzungen im Parlament die Ursache. Virchow lehnte ein Duell allerdings mit der lakonischen Bemerkung ab, er sei „nur zur Satisfaktion mit Feder und Operationsmesser bereit“[202]. In beiden Fällen kam es trotz einschlägiger Straftatbestände zu keinem juristischen Nachspiel. Bismarck wird im übrigen mit dem Ausspruch zitiert, bei jungen Offizieren müßte „das Duell so herkömmlich sein, wie das Frühstück“[203].

3.2 Der Kleinschrodische Gesetzesentwurf

3.2.1 Entstehungsgeschichte und Schicksal des Entwurfs

In Bayern war Ende des 18. Jahrhunderts noch der Codex Juris Bavarici Criminalis von 1751 als allgemeines Strafgesetzbuch in Geltung. Dieser hatte sich schon kurze Zeit nach seinem Erscheinen als überholungsbedürftig erwiesen und war wiederholt geändert worden. So war auch seine allzu knappe Regelung des Duells durch die beiden Mandate von 1773 und 1779 abgelöst worden. Inzwischen war er völlig zu einem „Fossil“[204] erstarrt, das aus einer verflossenen Zeit der Strafgesetzgebung stammte. Mit seinen barbarischen, verstümmelnden Strafen konnte er den Forderungen der Zeit nach Rationalität und Humanität im Strafrecht in keiner Weise mehr gerecht werden. Kreittmayrs Codex hatte die Folter noch zu einer Zeit beibehalten, als sie in Preußen längst

---

Hinckeldeys am Todestag ihres Mannes beim König um Gnade für Rochow bat, was ihr sogleich bewilligt wurde.

[202] Zitiert nach Neumann, S. 278. Zu den Einzelheiten beider Vorgänge vgl. derselbe, S 270 ff.; Kohut, S. 129 ff. Erwähnenswert ist der Umstand, daß Bismarck sich am Abend vor dem Duell mit Vincke vom Hofprediger Büchsel das Abendmahl hatte reichen lassen, da er offensichtlich einen für ihn tödlichen Ausgang befürchtete.

[203] Klemm, S. 459.

[204] So Schlosser, S. 15.

abgeschafft war[205]. Als besonders sinnfälliger Ausdruck seiner hochgradigen Antiquiertheit galten die Hexerei- und Zaubereitatbestände[206].

Ein leidenschaftlich dem Vernunftdenken verpflichteter Geist wie Feuerbach[207] bemerkte, das Gesetzbuch von 1751 sei „fast durchaus in Draco's Geist gedacht und geschrieben mit Blut"[208]. Und ein späterer Kritiker urteilte: „In unseres guten Kreittmayr Kopf spukt noch die ganze Walpurgis-Nacht!"[209] Letzteres war nicht einmal übertrieben. Zwar muß man unterstellen, daß Kreittmayr sich bei der Abfassung seines Strafkodex den Zwängen der Staatsraison und auch dem Einfluß des im Bayern des 18. Jahrhunderts allmächtigen Klerus hatte fügen müssen[210]. Es scheint aber auch die Annahme berechtigt, daß er

---

[205] Vgl. Codex Juris Bavarici Criminalis, zweiter Teil, achtes Kapitel, das sehr ausführliche Vorschriften „von dem Peinlichen Examine oder der Tortur" enthält. - Kreittmayr war sich durchaus bewußt, daß die Berechtigung und Eignung Folter „von einer fast unzehliche(n) Menge Scribenten heftig bestritten" werde, wie er in seinen Anmerkungen zum Codex, S. 139, schreibt. Mit einem einzigen Federstrich bügelt er aber alle Einwände ab: „Deme seye nun wie ihm wolle, ist es bey uns einmahl so eingeführt, und finden sich deutliche Spuren, daß die Tortur schon vor tausend Jahren in Bayrn gebräuchig geweßt ...". - Eine der ersten Regierungshandlungen Friedrichs des Großen hatte darin bestanden, am 3. Juni 1740, dem vierten Tag nach seiner Thronbesteigung, die Folter abzuschaffen, vgl. Schmidt, S. 269 ff.

[206] Lipowsky, S. 136, schreibt dazu: „Endlich ist man auch durch ausgebreitetere Kentniße in der Naturlehre, und andern Wissenschaften so weit gediehen, daß Hexen- und Zauberhistörchen, Wahrsagen und Sterndeutereien etc. ihre ganze Glaubwürdigkeit verlohren haben, und selbst beim gemeinen Volke in der Folge ganz verschwinden werden, da durch Errichtung guter Landschulen auf das Volk gewirket, und jene Klasse von Menschen, welche sich vom Aberglauben nährt, nicht mehr geduldet wird".

[207] Zur geistesgeschichtlichen Verwurzelung von Feuerbachs Denken in der Aufklärungsphilosophie vgl. Fischl, S. 146 ff.

[208] Feuerbach, „Ueber die bevorstehende Reform der bayerischen Criminalgesetzgebung", in: Feuerbach, Biographischer Nachlaß, 1. Band, S. 130. - Ähnlich dick trägt Feuerbach in der Einleitung zu seiner Kritik am Kleinschrodischen Entwurf auf, wenn er - zu recht - davon spricht, daß die bisherige bayerische Strafgesetzgebung „größtentheils ... das Denkmal eines finstern Jahrhunderts ist; die wir nicht befolgen können, ohne sie zu verdammen", vgl. Feuerbach, Kritik, Einleitung, S. VII.

[209] Berner, Strafgesetzgebung, S. 6.

[210] Stroebel, S. 16; Peitzsch, S. 11 f., der einen Ausspruch Kreittmayrs mitteilt, woraus hervorgeht, daß diesem während seiner legislativen Arbeiten durchaus bewußt war, was man von ihm erwartete: „Da ich schrieb, mußte ich mich an die Lage der Zeiten und an viele Dinge der Verfassung halten; ich würde vielleicht vieles geändert, vieles ganz anders gesagt haben, wenn es ratsam gewesen wäre, alles auf einmal umzuändern".

selbst an die Existenz von Gespenstern, Poltergeistern und vor allem des Teufels glaubte[211].

Allmählich setzte sich in Bayern die Einsicht durch, daß auch schärfste Strafgesetze kein probates Mittel der Verbrechensbekämpfung waren. Die von der Menschenwürde ausgehende Idee der Humanität, für deren Verbreitung die maßgebenden Köpfe der Aufklärung wie Montesquieu, Rousseau oder Beccaria eingetreten waren, fand nun Eingang in die strafrechtliche Diskussion. Nach den Worten eines zeitgenössischen bayerischen Schriftstellers fiel der Schein der „Fackel der Philosophie in schaudervolle Martergewölbe, und auf die vom Blute dampfenden Schaffotte", und es „trat Überzeugung ein, daß gute Schul- Erziehungs- und Polizei-Anstalten das Wohl und die Sicherheit des Staates mehr, als Kriminalstrafen befördern"[212]. Verstümmelnde Strafen und die Todesstrafe wurden zunehmend abgelehnt[213]. Dieses Umdenken hatte bei den bayerischen Strafgerichten schon seit längerer Zeit dazu geführt, daß sie die strengen Gesetzesvorschriften so mild wie möglich auslegten, um die allzu krassen Härten der Strafdrohungen abzufangen[214]. Damit gelangte man zwar nicht in der Methode, dafür aber im Ergebnis zu akzeptableren Entscheidungen.

Mehr als nur einen Schönheitsfehler bildete neben der inhaltlichen Unzeitgemäßheit des Kreittmayr'schen Gesetzbuchs der Umstand, daß seit der Vereinigung Altbayerns mit der Pfalz im Jahr 1777 kein einheitliches Recht mehr innerhalb Bayerns galt. In beiden Gebieten war die bislang geltende Rechtsordnung beibehalten worden. Das daraus entstandene dringende Bestreben, landesweite Rechtseinheit herzustellen, verstärkte die Forderungen nach einem moderneren Strafgesetz[215].

Der bayerische Herzog Maximilian IV. Joseph wandte sich dieser Angelegenheit daher schon im ersten Jahr nach seiner Thronbesteigung zu. Im Januar 1800 beauftragte er den Würzburger Rechtsprofessor Gallus Alois Klein-

---

[211] Diese Frage ist nicht mit Sicherheit zu beantworten: In obigem Sinn entschieden Schlosser, S. 16 f.; zurückhaltender dagegen Peitzsch, S. 8 f., und Heydenreuther, S. 47 ff.

[212] Lipowsky, S. 130, 135 f.

[213] Stroebel, S. 45 ff.; Conrad, Band II, S. 435 ff. sowie S. 453. - Rüping, Randnr. 208 ff., sieht dagegen als Hauptgrund für die zunehmende Ablehnung von Verstümmelungsstrafen „weniger die allgemein hierfür bemühte Humanität" als vielmehr die damals angestellten Proportionalitäts- und Utilitätserwägungen, wonach der verstümmelte, arbeitsunfähige Straftäter vom Staat erhalten werden müsse und ihn daher teuer komme.

[214] Stroebel, S. 23.

[215] E. Schneider, S. 166.

schrod, einen Entwurf für ein neues bayerisches Strafgesetzbuch zu erarbeiten. Kleinschrod hatte sich bereits Verdienste mit der Ausarbeitung des Bamberger Strafgesetzbuchs von 1795 erworben[216]. Schon Mitte 1801 konnte er das Ergebnis seiner Arbeiten vorlegen, den „Entwurf eines peinlichen Gesetzbuches für die kurpfalzbaierischen Staaten". Dieser wurde im Jahr darauf veröffentlicht[217].

Kleinschrods Entwurf gehört der Epoche des aufgeklärten Absolutismus an. Er war vom Prinzip der polizeistaatlichen Spezialprävention geprägt[218] und befand sich damit eindeutig, wie Kleinschrod unumwunden einräumte[219], im Gefolge des Preußischen Allgemeinen Landrechts von 1794. Im Streben nach möglichst lückenloser Vollständigkeit folgte er einer schier uferlosen Kasuistik und behandelte in zwei etwa gleich großen Teilen materielles Strafrecht sowie Strafprozeßrecht in zusammen nicht weniger als 2972 Paragraphen. Das materielle Recht ist seinerseits, wie es ansatzweise schon im Kreittmayr'schen Gesetzbuch geschehen war[220], klar in einen allgemeinen und einen besonderen Teil untergliedert.

Die bayerische Regierung war nun an fachlichen Beurteilungen von Kleinschrods Arbeit interessiert. Daher wurde in der Einleitung des Entwurfs an „das denkende Publikum" offiziell die Aufforderung gerichtet, innerhalb eines Jahres dem bayerischen Justizministerium Begutachtungen des Entwurfs und gegebenenfalls auch Verbesserungsvorschläge einzureichen. Den beiden besten dieser Beiträge sollte ein stattliches Preisgeld von 100 bzw. 50 Louisdors winken[221]. Unter den zahlreichen daraufhin eingegangenen Gutachten legte Feuerbach mit seiner berühmt gewordenen „Kritik des Kleinschrodischen Entwurfs zu einem peinlichen Gesetzbuche für die Chur-Pfalz-Bayerischen Staaten" die bei weitem überzeugendste Schrift vor[222]. Aus organisatorischen Gründen konnte er allerdings das ausgelobte Preisgeld nicht entgegennehmen, da ihm

216 Stinzing-Landsberg, 3. Abteilung, 1. Halbband, S. 464.
217 Hierzu und zu den weiteren Vorgängen, die über Feuerbachs „Kritik" schließlich zum Gesetzbuch von 1813 führten, vgl. Anmerkungen, 1. Band, Einleitung, S. 8 ff.; Berner, Strafgesetzgebung, S. 78 ff.; Stroebel, S. 45 ff.; E. Schneider, S. 58 ff., 140 ff.; Schmidt, S. 261 ff.
218 Conrad, Band II, S. 451; Würtenberger, S. 214.
219 Kleinschrod, Abhandlungen, S. 13.
220 Stöbel, S. 18; Peitzsch, S. 5.
221 Vgl. Kleinschrod, Entwurf, S. IV f.
222 Sie wurde 1804 in Giessen veröffentlicht.

später der amtliche Auftrag erteilt wurde, die eingegangenen Kritiken schiedsrichterlich zu bewerten[223].

Feuerbach ließ in seiner Kritik hinsichtlich der aufgespürten Mängel von Kleinschrods Werk an Deutlichkeit nichts zu wünschen übrig. Vollmundig verkündete er gleich zu Beginn das vernichtende Verdikt, daß dieser Entwurf „ohne Ausnahme in allen seinen Theilen, die Regeln der Logik, die Gesetze des Rechts, die Maximen der Klugheit beleidige“[224]. Das ist ohne Zweifel überzogen. Feuerbachs Ausdrucksweise erklärt sich aus seinem in persönlichen wie in wissenschaftlichen Dingen extrem leidenschaftlichen, dabei überempfindlichen Naturell[225]. Seine Hitzköpfigkeit hatte schon während seiner Zeit als Student in Jena des öfteren dazu geführt, daß sich engagierte fachliche Diskussionen mit Studienfreunden beinahe zu einem Waffengang ausgewachsen hätten[226]. Indem Feuerbach gegenüber Kleinschrod einen derart harschen Tonfall anschlug, ist er aber auch in den Verdacht geraten, daß er seine Kritik aus taktischen Gründen derart zuspitzte. Denn möglicherweise machte er sich Hoffnungen darauf, nach der Bloßlegung der zweifellos vorhandenen Schwächen von Kleinschrods Arbeit selbst mit dem Entwurf eines Strafgesetzbuchs beauftragt zu werden[227].

---

[223] Radbruch, S. 113. - Mit dem zweiten Preis wurde die Arbeit von Johann Friedrich Reitemeier, der 1805 - 1811 Professor in Kiel war, ausgezeichnet. Reitemeier wurde allerdings später wegen Streitereien mit seinen Kollegen von seinem Professorenamt in Kiel suspendiert, weswegen kurioserweise auch er das Preisgeld nicht erhielt, vgl. den von G. Haney erstellten Editionsbericht, in: Radbruch, S. 428.

[224] Feuerbach, Kritik, Einleitung, S. XII.

[225] Feuerbachs zerrissener Charakter ist häufig beschrieben worden, zweifellos am eindrücklichsten von Ricarda Huch: „Etwas Gewaltiges war in dem Sohne des Frankfurter Rechtanwaltes, weniger in bezug auf seine Intelligenz, die gewiß außerordentlich war, als in bezug auf seine Leidenschaften. Sein Ehrgeiz und seine Ruhmsucht waren so heftig, daß er, wenn große Namen genannt wurden, Qualen der Eifersucht und des Hasses litt. ... Alle seine Gefühle gingen ins Maßlose und am Rande des Wahnsinns hin...“ (Huch, S. 174 f.).

[226] Radbruch, S. 45. - Das ist freilich vor dem Hintergrund einer generell in der Studentenschaft vorhandenen Disposition zur gewaltsamen Austragung von Streitigkeiten zu sehen. Goethe hatte in „Dichtung und Wahrheit“ dazu bemerkt: „In Jena war die Roheit aufs höchste gestiegen, körperliche Stärke, Fechtergewandtheit, die wildeste Selbsthilfe war dort an der Tagesordnung...“, zitiert nach Radbruch, S. 43.

[227] E. Schneider, S. 144. - Aus einem Brief Feuerbachs an seinen Vater vom 16. Nov. 1802 geht jedenfalls hervor, daß er zeitgleich neben der Arbeit an der Kritik bereits an einem eigenen Gesetzentwurf feilte, wenn er schreibt: „... arbeite ich an einer Kritik des Entwurfs zu einem bayerischen Criminalgesetzbuche, arbeite selbst an einem Entwurfe dazu ...“, vgl. Feuerbach, Biographischer Nachlaß, 1. Band, S. 78. - Kipper, S. 50, bemerkt weiter, daß die

Feuerbachs „Kritik“ stellt indessen nur die am prominentesten gewordene Schrift unter den zahlreichen eingesandten Beurteilungen des Entwurfs dar. Auch viele weitere Autoren ließen, bei aller demonstrativ vorgetragenen Anerkennung für Kleinschrods Bemühungen, in erdrückendem Ausmaß kritische Bemerkungen laut werden[228]. Die vergleichsweise wenigen zustimmenden Äußerungen konnten dagegen nicht durchdringen[229]. Außerdem entsprach der Entwurf wegen seiner recht milden Strafdrohungen und des vorgesehenen weiten richterlichen Entscheidungsspielraums nicht den politischen Absichten der bayerischen Regierung[230]. Daher konnte er keine Chance mehr auf ein Inkrafttreten haben, auch wenn Kleinschrod ihn noch in einer ausführlichen Erwiderung auf seine heftigsten Kritiker verteidigte[231].

3.2.2 Die vorgesehene Regelung des Duells

Kleinschrods Entwurf fand in der Literatur zum Duell so gut wie keine Beachtung[232]. Seine „vom Zweykampfe“ handelnden §§ 995 bis 1007 sind gleichwohl näherer Betrachtung wert, da sie einen spürbaren Paradigmenwechsel innerhalb der bayerischen Duellgesetzgebung markieren. Kleinschrod hatte wesentliche Forderungen der Aufklärung aufgegriffen[233]. Das zeigt sich etwa darin, daß er in seinem Entwurf eine möglichst weitgehende Vermeidung der Todesstrafe anstrebte.

Die Eingangsvorschrift des § 995 enthält eine knappe Legaldefinition des Duells. Danach liegt ein Zweikampf vor, „wenn Zwey mit reifer Ueberlegung übereinkommen, ihren Zwist mit tödtlichen Waffen auszumachen, und sie dieß ihr Vorhaben wirklich ausführen“. Das Duell wird hier also als Allgemeindelikt betrachtet. Dagegen war es im kurz vorher ergangenen Preußischen All-

---

Hoffnung auf den Gesetzgebungsauftrag eines der Motive für Feuerbach war, die ihm angebotene Professur in Landshut anzunehmen.

228 Anmerkungen, 1. Band, S. 12; Berner, Strafgesetzgebung, S. 80; Stroebel, S. 50.

229 E. Schneider, S. 154 ff.

230 Näher E. Schneider, S. 167 f., die so weit geht, darin und nicht so sehr in der Überzeugungskraft von Feuerbachs Kritik den hauptsächlichen Grund für das Scheitern von Kleinschrods Entwurfs zu sehen.

231 Kleinschrod, Abhandlungen, S. 1 ff. Allein die Replik auf Feuerbachs Kritik wird darin auf einer Länge von 158 Seiten vorgetragen.

232 Einzig Aschenbrenner, S. 47, gibt in seiner 1804, also kurz nach dem Kleinschrodischen Entwurf erschienenen Abhandlung in gedrängtester Form den Inhalt von Kleinschrods Duellvorschriften wieder.

233 E. Schneider, S. 50; 115 f.

gemeinen Landrecht von 1794 weitgehend als Standesdelikt behandelt worden[234].

Anschließend werden zuerst die bloße Forderung und sodann deren Annahme mit Gefängnisstrafe oder Festungsarrest von ein bis zwei Jahren bedroht (§§ 996 f.). Der Festungsarrest war eine erleichterte, privilegierende Form des Strafvollzugs. In den späteren bayerischen Strafgesetzentwürfen sollte er gerade im Zusammenhang mit dem Duell eine zentrale Rolle spielen. Darauf wird unten näher eingegangen werden.

§ 998 bringt eine Neuheit in der bayerischen Duellgesetzgebung. Danach sollte bis zum Beginn der Kampfhandlungen noch ein strafloser Rücktritt möglich sein, wenn eine Kampfpartei „von dem verabredeten Zweykampfe freywillig abgegangen" ist. Diese goldene Brücke in die Legalität wird jedoch durch eine weitere, vermutlich dem Preußischen Allgemeinen Landrecht nachgebildete Bestimmung wieder völlig unattraktiv gemacht. Nach § 1006 sollten nämlich beide Parteien schon aufgrund der Tatsache der Ausforderung bzw. Annahme automatisch ihr Recht verlieren, Privatgenugtuung zu verlangen[235]. Das mußte sich kontraproduktiv auswirken. Denn die Verweigerung gerichtlichen Rechtsschutzes im Fall eines Rücktritts provozierte die „standesgemäße" Austragung des Konflikts per Duell geradezu zwangsläufig und lieferte den Streitparteien obendrein ein Argument zur Legitimation ihres Handelns.

Es folgen die Vorschriften über das tatsächlich ausgeführte Duell. Kam es dabei zu Tötungen oder Verletzungen eines oder beider Duellanten, so sollten nach § 999 die allgemeinen Bestimmungen über den vorsätzlichen oder fahrlässigen Totschlag bzw. über Körperverletzungen eingreifen, bei Kleinschrod „Verwundungen" genannt[236]. Ging das Duell dagegen so glimpflich ab, daß „keiner auf bedeutende Art beschädigt" wurde, so hatten nach § 1000 beide

---

[234] Vgl. Allgemeines Landrecht für die Preußischen Staaten von 1794, II. Teil, 20. Titel, §§ 667 ff. (S. 693 f.): Dort scheint zwar zunächst jedermann tauglicher Täter eines Duells sein zu können, doch bringen §§ 678 ff. entscheidende Einschränkungen, von denen § 689 am weitesten geht: „Wenn Personen, die weder zum Adel- noch Officierstande gehören, jemanden mit Seiten- oder Schießgewehr angreifen; oder ihren Gegner zum Zweikampfe fordern; oder Ausforderungen annehmen: so soll dergleichen Unternehmen als ein Versuch zum Morde angesehen und bestraft werden".

[235] Vgl. Allgemeines Landrecht für die Preußischen Staaten von 1794, II. Teil, 20. Titel, § 670 (S. 693): „Durch die Ausforderung, oder die Annahme derselben, gehen ... die Partheyen des Rechts, Privatgenugthuung zu fordern, verlustig ...".

[236] Diese Materien sind in §§ 800 ff. bzw. §§ 975 ff. des Entwurfs geregelt.

Duellanten Gefängnisstrafe oder Festungsarrest von vier bis sechs Jahren sowie im Wiederholungsfall zusätzlich den Verlust der Ehrenstellen zu gewärtigen. Kartellträger, Sekundanten und sonstige Beteiligte sollten nach § 1005 den allgemeinen strafrechtlichen Bestimmungen über Gehilfen unterfallen. Ihnen drohte damit eine erheblich herabgesetzte Strafe, die zwischen einem Viertel und der Hälfte der die Haupttäter treffenden Strafe betragen sollte (§§ 98 ff.).

Schließlich macht es § 1007 allen Richtern „zur vorzüglichsten Pflicht", anhängige Ehrensachen „so schleunig als möglich" zu erledigen. Dieser strenggenommen gar nicht in ein Strafgesetzbuch gehörende Appell, den ähnlich auch schon das Reichsgutachten vorgesehen hatte, zielte auf die gängige Schutzbehauptung der Duellanhänger ab, daß gerichtlicher Ehrenschutz nicht in angemessener Zeit zu erhalten sei und deswegen die verletzte Ehre nur im Weg des Duells wiederhergestellt werden könne.

Die Bestimmung, daß die im Duell erfolgten Tötungen und Körperverletzungen den allgemeinen Tötungs- und Körperverletzungsdelikten unterfallen sollten, entsprach einer in der damaligen strafrechtlichen Literatur häufig vertretenen Meinung, die auch Eingang in die Gerichtspraxis gefunden hatte[237]. Innerhalb der bayerischen Duellgesetzgebung stellte sie allerdings eine Neuheit dar. Ziel dieses Lösungsansatzes war es, eine strafrechtliche Privilegierung der Duellanten zu verhindern, wie sie bisher zwar nicht de jure bestanden hatte, aber de facto praktiziert worden war. Außerdem hatte man längst erkannt, daß sich die starren Formen des Duells zur privilegierten und - angesichts der gängigen Gerichtspraxis - häufig gänzlich straffreien Ausführung eines von vornherein beabsichtigten Mordes mißbrauchen ließen[238]. Mit der nun vorgeschlagenen Regelung schied diese Möglichkeit aus.

Nach Kleinschrods Entwurf wäre auch bei einem tödlich endenden Duell der überlebende, nach den Totschlagsvorschriften zu bestrafende Duellant grundsätzlich nicht zum Tod, sondern zu lebenslanger schwerer Arbeit im Zuchthaus verurteilt worden (§ 820). Nur ausnahmsweise hätte die Todesstrafe gegen ihn verhängt werden können. Kleinschrod hatte sich nicht dazu durchrin-

---

[237] Tittmann, S. 167.

[238] Aschenbrenner, S. 17, will das Duell als Mord oder Körperverletzung bestrafen, „wenn der Zweykampf blos zur Maske gewählt wird". - Mittermaier, Beiträge, S. 352 ff., stellt eine ganze Liste verschiedener denkbarer Situationen zusammen, in denen einer der Duellanten „das Duell nur als Gelegenheit oder Mittel zur Erreichung seiner mörderischen Absichten mißbraucht".

gen können, sie gänzlich abzuschaffen, sondern vorgesehen, daß sie lediglich „auf den Fall der äußersten Nothwendigkeit“ eingeschränkt werden müsse (§ 128). Diesen Fall sah er unter der fragwürdigen und zudem unbestimmten Voraussetzung als gegeben an, daß eine reibungslose Inhaftierung des Täters nicht zu gewährleisten war und daher die Sicherheit von Staat und Gesellschaft wegen der drohenden Gefahr eines Ausbruchsversuchs des Täters oder eines Befreiungsversuchs durch seine Anhänger ernsthaft gefährdet erschien (§ 819 mit §§ 129 f.).

Die damit an völlig vage Bedingungen geknüpfte Verhängung der Todesstrafe zog die berechtigte Kritik des unerbittlichen Systematikers Feuerbach auf sich. Dieser hatte in seinem nur kurz zuvor veröffentlichten und schnell berühmt gewordenen Strafrechtslehrbuch den seither aus der Rechtswissenschaft nicht mehr wegzudenkenden Grundsatz „nulla poena sine lege“ geprägt[239]. In seiner Kritik des Kleinschrodischen Entwurfs findet er anfangs zwar noch Worte des Lobes für die dort propagierte Eindämmung der Todesstrafe[240]. Dann hagelt es aber massivsten Tadel[241]. Feuerbach bemängelt, daß die Todesstrafe nicht „in gerechtem Ebenmaaße mit den Verbrechen“ stehe, wenn ihre Verhängung an rein tatsächliche Umstände des Strafvollzugs wie etwa die Ausbruchssicherheit der Zuchthäuser geknüpft sei. Damit werde der Verlust des Lebens, des wichtigsten menschlichen Guts, richterlicher Willkür unterworfen und sei der Ausspruch der Todesstrafe ein „Justiz-Mord“[242]. Feuerbach bemerkt weiter, daß selbst blutrünstige Staaten die Todesstrafe nur bei Vorliegen exakt festgelegter Voraussetzungen verhängen und „genau die Schlachtopfer, die von der Hand der Gerechtigkeit fallen sollen“, bestimmen würden. Demgegenüber sei bei Kleinschrods Entwurf „die Todesstrafe als ein Act der Gerechtigkeit aufgehoben“ und „als Mord geheiligt“[243].

Ein noch offensichtlicherer Schwachpunkt von Kleinschrods Entwurf ist das Verhältnis der angedrohten Strafmaße zwischen einem Duell mit gravierenden Verletzungsfolgen und einem Duell, bei dem „keiner auf bedeutende Art beschädigt ward“. Da im ersten Fall gemäß § 999 die Bestimmungen über

---

239 Feuerbach, Lehrbuch, S. 20. Dazu Schreiber, S. 17; Krey, Randnr. 17. - Feuerbachs Lehrbuch erschien 1801.

240 Feuerbach, Kritik, Zweyter Theil, S. 164.

241 Feuerbach, ebenda, S. 165 ff.

242 Feuerbach, ebenda, S. 181.

243 Feuerbach, ebenda, S. 165.

„Verwundungen" anzuwenden waren, hätte dem Täter schwere Arbeit im Arbeitshaus gedroht, allerdings nur für die Dauer einer doppelt, drei- oder viermal so langen Zeit „als die Kur des Verwundeten gedauert hat" (§§ 977 - 980). Im günstigsten Fall hätte er überhaupt nur eine einfache Gefängnisstrafe von einem bis zu sechs Monaten erhalten (§ 981). Damit hätte er aber in der Regel viel besser gestanden als bei einem Duell ohne schwere Folgen, das gemäß § 1000 mit Gefängnisstrafe oder Festungsarrest von vier bis sechs Jahren zu bestrafen gewesen wäre.

Für Feuerbach, dem dieses Redaktionsversehen nicht entging, war das Anlaß zu äußerst polemischer Kommentierung. Der Täter, so kanzelt er Kleinschrod ab, dürfe „sich also Glück wünschen, daß es ihm gelungen ist, seinen Gegner zu verwunden"[244]. Angesichts seiner eindeutigen Fehlleistung konnte Kleinschrod gar nicht anders, als unumwunden zuzugeben, daß Feuerbach in diesem Punkt „ganz Recht" habe. In seiner Replik auf Feuerbachs Kritik schlug er daher eine Änderung seines Entwurfs dahingehend vor, daß „jeder Duell mit 4 bis 6 jährigem Gefängnisse bedroht, und wenn eine bedeutende Verwundung vorkömmt, die Strafe der Verwundung mit jener des Duells verbunden wird"[245]. Auch das wäre aber kaum zufriedenstellend gewesen. Denn da in Kleinschrods Entwurf die Strafen für Körperverletzungen vergleichweise sehr niedrig waren, wäre auch in dieser neuen Fassung ein Duell mit gravierenden Folgen kaum härter zu bestrafen gewesen als eines ohne jede Folge.

Die folgende Stellungnahme zum Duell, die Feuerbach in seiner Kritik abgibt, ist allerdings auch nicht über jeden Einwand erhaben. Er widerspricht zwar nicht der Grundlinie von Kleinschrods Entwurf, daß ein blutig ausgegangenes Duell nach den allgemeinen Bestimmungen über Tötungen und Körperverletzungen behandelt werden soll. Doch sieht er in Kleinschrods Duellregelung „auf die Ehre als Triebfeder zu wenig Rücksicht genommen" und spricht sich daher für härtere, vor allem für entehrende Strafen aus. Bei einem tödlich verlaufenen Duell will Feuerbach den überlebenden Teil nicht als Totschläger, sondern - strenger noch - als Mörder stets mit der Todesstrafe belegen und zu jedermanns eindrücklicher Abschreckung „seinen Namen an den Richtplatz heften lassen". Der getötete Duellant soll nach seinen Vorstellungen „still be-

[244] Feuerbach, Kritik, Dritter Theil, S. 207.
[245] Kleinschrod, Abhandlungen, S. 153.

graben und sein Name ebenfalls an den Richtplatz angeschlagen werden“[246]. Mit diesen Vorschlägen kommt Feuerbach, was das kapitale Strafmaß und die Theatralik der Vollstreckung betrifft, den Duellmandaten des 18. Jahrhunderts bedenklich nahe. In puncto Humanität bleibt er damit weit hinter Kleinschrods Vorstellungen zurück, nach denen bei einem tödlichen Duell nur ausnahmsweise die Todesstrafe eintreten sollte.

In seinen weiteren Ausführungen ist Feuerbach aber wieder ganz den aufklärerischen Ideen verpflichtet, wenn er sich gegen adelige Privilegien bei der Verfolgung des Duells ausspricht[247]. Er schlägt vor, nicht tödlich ausgegangene Duelle mit Festungsarrest und der Entsetzung von allen bürgerlichen und militärischen Ehrenstellen sowie - beinahe revolutionär - mit dem Verlust des Adels zu bestrafen. Feuerbach war nicht der einzige, der ein derart kompromißloses Vorgehen gegen Duellanten aus Adel und Offizierkorps vorschlug[248]. Gleichwohl war sein Vorschlag utopisch. Denn schon zu seiner Zeit hatte der Trend eingesetzt, daß die staatlichen Behörden das Duell aktiv protegierten bzw. sogar zwingend erwarteten. Die Unterlassung einer Duellforderung durch den Beleidigten oder die Verweigerung der Annahme einer Duellforderung wurden, ganz besonders beim Militär, immer häufiger als Entlassungsgrund gehandhabt[249]. Bereits Friedrich der Große hatte im 18. Jahrhundert die Feststellung getroffen, daß ein sich nicht duellierender Offizier „mit Schimpf und Schande“ aus dem Offizierkorps gejagt würde und „in ganz Europa nicht wieder

---

[246] Feuerbach, Kritik, Dritter Theil, S. 133.

[247] Diese Grundhaltung Feuerbachs wird beispielsweise auch deutlich, wenn sich „sein Herz, das Menschenrechte ehrt“, über die Bestimmung des § 975 Nr. 5 i.V.m. § 327 von Kleinschrods Entwurf mit „lautem Unmuth“ empört, wonach die Körperverletzung eines Menschen von höherem Stand strafbar sein sollte, die eines auf gleicher Stufe oder niedriger stehenden aber nicht, vgl. Feuerbach, Kritik, Dritter Theil, S. 89.

[248] So machte 1805 etwa Klein, Zweykampf, S. 137 f., den Vorschlag, Duelle „ohne Unterschied des Standes“ mit einer mehrjährigen Zuchthausarbeit zu bestrafen, „welche die Duellanten mit den gewöhnlichen Verbrechern in Eine Klasse setzte“.

[249] Wie Tittmann, S. 167 f., schreibt, „begünstigt man (ins besondere bei Militairpersonen) sogar den Zweykampf, denn was ist es anders, wenn man dem sich zum Duelle weigernden den Dienst zu verlassen rathet?!“. Dieses Buch erschien im Jahr 1800. Ähnlich Mittermaier, Beiträge, S. 351. - Auch Feuerbach wußte davon ein Lied zu singen, wenn er in seinem Lehrbuch, § 226, Fußn. 3, bemerkt, daß „man aber bey Soldaten gegen die Duelle der Oberofficiere sehr nachsichtig“ sei und daß „mehrere neuere Partikulargesetze ... sogar dem Officier wegen einer zugefügten Injurie oder nach vorgängiger unverschuldeter Provocation“ das Duell erlaubten.

Dienste" finden könne[250]. Dieser Zustand sollte anhalten. Wie zu Beginn des 19. Jahrhundert bemerkt wurde, konnte ein Offizier „den Duell keineswegs entgehen, sobald er noch ferner zu dienen Lust haben sollte; denn im Falle der Weigerung dienet kein Offizier neben ihm, und er ist genöthiget, seinen Abschied zu nehmen"[251]. Vor diesem Hintergrund hatte Feuerbachs Forderung, den Verlust von militärischen Ehrenstellen und von Adelstiteln als reguläre Nebenstrafen eines Duells einzuführen, keine Aussicht auf Verwirklichung.

3.3 Das bayerische Strafgesetzbuch von 1813

3.3.1 Entstehungsgeschichte

Nach dem Scheitern von Kleinschrods Entwurfs sollte bis zum Erlaß eines neuen bayerischen Strafgesetzbuchs trotz des dringenden Bedürfnisses nach einer einheitlichen und zeitgemäßen Kodifikation noch einige Zeit vergehen. Für Bayern begann das 19. Jahrhundert außen- wie innenpolitisch mit tiefgreifenden Veränderungen. Napoleons Expansionspolitik hatte das Land einem Strudel von Ereignissen ausgesetzt, die es von Grund auf umformten. Das Staatsgebiet vergrößerte sich erheblich. Bayern wurde Königreich und erhielt unter der Regierung Maximilians von Montgelas das seinerzeit fortschrittlichste Verwaltungssystem unter den deutschen Ländern. Zugleich war es Schauplatz kriegerischer Auseinandersetzungen zwischen Frankreich und Österreich und hatte als Bundesgenosse Frankreichs selbst an Napoleons Kriegen teilzunehmen[252].

Die erheblichen territorialen Zuwächse hatten bis zum Jahr 1810 dazu geführt, daß sich das Staatsgebiet auf den Geltungsbereich von fünf verschiedenen Strafrechtssystemen ausdehnte[253]. Trotz der Angliederung dieser Gebiete an

[250] Näher Friedrich der Große, S. 38: Das Duell betrachtet er als „barbarische Mode". Angesichts der Unwirksamkeit der bisherigen Maßnahmen zu dessen Abschaffung macht er den bemerkenswerten Vorschlag, daß „alle Fürsten Europas einen Kongreß veranstalten und übereinkommen (sollten), die mit Schande zu belegen, die sich trotz ihrer Verbote im Zweikampf umzubringen suchen".

[251] So die Schrift „Von den in Deutschland gewöhnlichen Gebräuchen bei Duellen und über die Mittel die Duelle abzustellen", S. 114.

[252] Näher Eberhard Weis in: Spindler, Band IV/1, S. 3 ff.

[253] Vgl. Gönner, Jahrbücher, 2. Band, S. 3 f., sowie Rosenberger, S. 46: Nur in Altbayern galt Kreittmayrs Strafgesetzbuch. In den neuerworbenen Gebieten waren dagegen die Carolina, das Bambergische Strafgesetzbuch, das Preußische Allgemeine Landrecht bzw. das österrei-

den bayerischen Staat wurde dort das bislang gültige Strafrecht bis zu einer gesamtbayerischen Neuregelung in Kraft gelassen[254]. Besonders für die beträchtlichen von Österreich erworbenen Gebiete[255] sah man diese Vorgehensweise als sehr vorteilhaft an. Denn das dort geltende österreichische Strafgesetzbuch von 1803 entsprach den Forderungen der Zeit weit mehr und kam auch den eigenen bayerischen Reformzielen recht nahe, so daß eine Erstreckung des ohnehin reformbedürftigen Kreittmayr'schen Gesetzbuchs von 1751 auf diese neuen Gebiete untunlich erschien[256].

Lediglich für einzelne, besonders regelungsbedürftige Materien wie Bestechung, Wilddiebstahl, Hochverrat und Raub wurden ab 1806 landesweit einheitliche Neuregelungen getroffen[257]. Die langersehnte Gesamtneuregelung des Strafrechts ließ dagegen noch auf sich warten. Das war nicht nur auf die politisch so turbulenten Zeiten zurückzuführen, sondern lag auch daran, daß die Kräfte der bayerischen Gesetzgebung zwischendurch von der Arbeit an anderen Materien absorbiert wurden. Außerdem unterlag nun die Legislative im Vergleich zum 18. Jahrhundert weit aufwendiger gewordenen Verfahrensregeln.

Im August 1804 hatte Feuerbach tatsächlich den erhofften staatlichen Auftrag erhalten, einen neuen Entwurf für ein bayerisches Strafgesetzbuch zu erarbeiten[258]. Kleinschrods Schicksal vor Augen, mußte er in diesem Vorhaben recht bald „eine sehr mühselige und zum Theil auch gefahrvolle Ehre" erkennen, da sich hier „viel Ruhm erwerben, aber auch viel Ruhm verlieren" ließe[259]. Drei Jahre später, im Dezember 1807, legte er den ersten, das materielle Strafrecht umfassenden Teil vor. Seine Arbeit wurde daraufhin von einer unter dem

---

chische Gesetzbuch über Verbrechen und schwere Polizei-Übertretungen von 1803 in Geltung.

254 Stroebel, S. 89.

255 Bayern bekam 1805 aufgrund des Preßburger Friedens Tirol und Vorarlberg sowie 1809 aufgrund des Friedens von Schönbrunn Salzburg, Berchtesgaden, das Innviertel und das westliche Hausruckviertel, mußte nun aber das südliche und das südöstliche Tirol wieder aufgeben. 1814 wurden die neu erhaltenen Gebiete mit Ausnahme von Berchtesgaden wieder Österreich zugesprochen, vgl. Stroebel, S. 70 ff.

256 Stroebel, S. 91; 103.

257 Anmerkungen, 1. Band, S. 16; Stroebel, S. 89, 104 ff.

258 E. Wolf, S. 563; Kipper, S. 55; Conrad, Band II, S. 452.

259 So Feuerbach in einem Brief an seinen Vater am Weihnachtsabend 1804, in: Feuerbach, Biographischer Nachlaß, 1. Band, S. 101. Feuerbach fährt fort: „Die Bayern sehen ziemlich scheel darüber, daß ein Ausländer ihnen Geseze geben soll und meine Herrn Mitbürger in der Schriftsteller-Republik sehen so etwas auch nicht mit neidlosen Augen an".

bayerischen Justizminister tagenden Gesetzkommission begutachtet und schließlich 1810 ohne größere Änderungen[260] als nunmehr offizieller Entwurf in gedruckter Form veröffentlicht[261].

Die Vorlage des zweiten, strafprozessualen Teils verzögerte sich nochmals um einige Jahre. Denn Feuerbach wurde zwischenzeitlich mit der Erarbeitung eines - letztlich nicht zustandegekommenen - bayerischen Zivilgesetzbuchs beauftragt, das auf Drängen Napoleons nach dem Vorbild des Code Civil von 1804 geschaffen werden sollte[262]. Zudem sah die neue bayerische Verfassung vom 1. Mai 1808 umfangreichere und damit zeitraubendere Verfahrensvorschriften für die Gesetzgebung vor. Für die Beratung der wichtigsten inneren Angelegenheiten war jetzt der geheime Rat zuständig, der neben den fünf von der Verfassung vorgesehenen Ministern zwölf bis sechzehn vom König ernannte Mitglieder umfaßte[263]. Obwohl er nach der Verfassung eine rein vorbereitende Funktion besaß, ist er als das wesentliche Gesetzgebungsorgan jener Zeit anzusehen[264]. Nachdem Feuerbach seinen Entwurf des Strafgesetzbuchs um einen zweiten, das Prozeßrecht enthaltenden Teil vervollständigt hatte, wurde dieser im geheimen Rat ausführlich beraten und konnte nach einigen Umarbeitungen schließlich verabschiedet werden[265].

---

[260] Das teilt Feuerbach in einem „Dank und Belohnung" überschriebenen Fragment unter dem Datum des 1. April 1813 nicht ohne Selbstbewußtsein mit, vgl. Feuerbach, Biographischer Nachlaß, 1. Band, S. 260; vgl. auch Rosenberger, S. 44 f.

[261] Anmerkungen, 1. Band, S. 15.

[262] Näher Becker, Rheinpfalz, S. 20 ff.: Diese Gesetzgebungsarbeiten stießen bald auf erhebliche Schwierigkeiten. Denn Feuerbach, der sich an den Ideen der Freiheit der Person und der bürgerlichen Rechtsgleichheit orientierte, strebte eine Kodifikation auf der Grundlage der liberaleren Rechtsprinzipien des Code Civil an, weswegen ihm schließlich der hierzu nicht bereite bayerische Staatsrat den Auftrag wieder entzog. - Vgl. dazu auch Radbruch, S. 113 ff.; Kipper, S. 63; E. Wolf, S. 567 f.

[263] Vgl. die „Konstitution für das Königreich Baiern" vom 1. Mai 1808, Dritter Titel, § II, veröffentlicht im Königlich-Baierischen Regierungsblatt, Jg. 1808, Sp. 985 ff.; in jüngerer Zeit abgedruckt in: Wenzel, S. 11 ff. - Die fünf Ministerien bestanden für die Bereiche der auswärtigen Verhältnisse, der Justiz, der Finanzen, des Innern und des Kriegswesens. Mehrere Ministerien konnten in einer Person vereinigt werden, vgl. § I des dritten Titels der Konstitution.

[264] Rosenberger, S. 46 f. - Die Kompetenz zur Entscheidung über Gesetzesvorlagen lag selbstverständlich beim König.

[265] Anmerkungen, 1. Band, S. 16 ff.

Das neue Strafgesetzbuch für das Königreich Bayern[266] wurde durch Edikt vom 16. Mai 1813 verkündet. Es trat am 1. Oktober 1813 in ganz Bayern in Kraft. Gleichzeitig wurden sämtliche, bisher auf bayerischem Gebiet gültigen Strafgesetze für aufgehoben erklärt, soweit sie Materien betrafen, die durch das neue Gesetzbuch geregelt waren[267]. Damit war innerhalb des aktuellen bayerischen Staatsgebietes endlich die erstrebte strafrechtliche Rechtseinheit erreicht. Sie sollte allerdings schon nach sehr kurzer Zeit wieder verlorengehen.

Bayern besaß nun das modernste Strafgesetzbuch seiner Zeit. Ein Zeitgenosse nannte es „die reifste Frucht der strafrechtlichen Einsichten des Zeitalters"[268]. Seine Attraktivität war von Anfang an äußerst hoch, und schon 1814 wurde es, noch ohne daß Erfahrungen bezüglich seiner Eignung für die Praxis vorgelegen hätten, mit nur geringfügigen Modifikationen in Oldenburg in Kraft gesetzt[269]. Während des gesamten 19. Jahrhunderts war es richtungsweisend für die Strafgesetzgebung in vielen deutschen Ländern[270] und diente noch bei der Konzeption des Reichsstrafgesetzbuchs von 1871 als Maßstab[271]. Auch außerhalb Deutschlands fand es Beachtung. So stand es noch für das 1886 in Kraft getretene Strafgesetzbuch für Argentinien Pate - zu einer Zeit, als es in Bayern schon längst nicht mehr in Geltung war[272].

---

266 Der materiellrechtliche erste Teil des Gesetzbuchs ist vollständig abgedruckt bei Buschmann, Textbuch, S. 447 ff.

267 Das bestimmt ausdrücklich Art. 1 des Promulgationsedikts vom 16. Mai 1813, abgedruckt in den Anmerkungen, 1. Band, S. 20.

268 Oersted, S. 1.

269 Gönner, Motive, S. 13; Mittermaier, Entwurf, S. 174; Radbruch, S. 202. - Auch im Oldenburgischen Strafgesetzbuch von 1814 erfuhr das Duell keine Regelung, vgl. Levi, S. 57 f., und Kohlrausch, S. 139.

270 Näher Wesel, Randnr. 288; Fischl, S. 218, Fußn. 3: So waren neben dem Oldenburgischen unter anderem die Strafgesetzbücher von Sachsen-Weimar (1822), Hessen-Darmstadt (1824), Sachsen und Württemberg (beide 1839), Braunschweig und Hessen (beide 1841), Baden (1851) sowie zahlreiche Schweizer Kantonsstrafgesetzbücher sowie das griechische Strafgesetzbuch von 1834 vom bayerischen beeinflußt. Letzteres ist allerdings nicht verwunderlich, da im Jahr 1832 Otto, der Sohn Ludwigs I. von Bayern, zum König von Griechenland gewählt worden war. Bezüglich des Duells folgte das griechische Gesetzbuch interessanterweise nicht seinem bayerischen Muster, sondern schuf unter dem Einfluß der bayerischen Strafgesetzentwürfe der Folgezeit eine spezielle Duellregelung, vgl. Mittermaier, Beiträge, S. 370.

271 Lüderssen, Sp. 1121; Conrad, Band II, S. 453; Schmidt, S. 263 und 344; Stinzing - Landsberg, 3. Abteilung, 2. Halbband, Textteil, S. 128 f.

272 Radbruch, S. 203.

Ganz wesentlich ist es Feuerbachs hohe begriffliche Präzision, seine „körnigte Kürze“[273], der das Gesetzbuch sein enormes Ansehen verdankt. Die sprachliche Prägnanz des Gesetzestextes bewegt sich auf einem bislang unerreichten Niveau. Ebenso bedeutsam war die nun sehr klar durchgeführte Trennung von Recht und Moral[274]. Nach den Worten der Anmerkungen zum Strafgesetzbuch hatten die „älteren Geseze ... gar oft das Unmoralische mit dem Rechtswidrigen verwechselt“. Damit wurde besonders auf die Hexerei- und Zaubereitatbestände des bisher gültigen Strafkodex von 1751 angespielt. Für sie sah man nun keine Berechtigung mehr. Inzwischen hatte sich die Ansicht durchgesetzt, daß diese Handlungen „so lange, als damit keine Verlezung der Rechte des Staates oder eines Privaten verbunden ist, ausser der Sphäre eines Strafgesezbuchs“ lägen[275].

Trotz seiner insgesamt noch sehr harten Strafdrohungen bringt Feuerbachs Werk eine verhaltene Humanisierung des Strafrechts[276]. Zwar wird die Todesstrafe nicht abgeschafft, doch taucht sie in qualifizierter Form[277] nicht mehr auf. Auch Verstümmelungsstrafen gibt es nicht mehr. Die Folter war in Bayern bereits 1806 unter maßgeblicher Einflußnahme Feuerbachs durch ein spezielles Edikt abgeschafft worden[278].

Eine der hervorstechendsten Eigenschaften des neuen Gesetzbuchs war die von Feuerbach schon in seinem Strafrechtslehrbuch von 1801 entworfene

---

[273] Oersted, S. 1.

[274] Schmidt, S. 234 f., 265 f.; Würtenberger, S. 215 ff.; E. Wolf, S. 549, 554.

[275] Anmerkungen, 1. Band, S. 25.

[276] Berner, Strafgesetzgebung, S. 85; kritischer in diesem Punkt Schweisthal, S. 18 ff., der dem Feuerbach'schen Gesetzbuch zwar humanisierende Tendenzen nicht abstreiten will, aber gleichwohl „hinter jeder Strafandrohung die von einer Abschreckungstheorie vorgegebene Grausamkeit“ ortet.

[277] Qualifizierte Todesstrafen zeichneten sich, wie Feuerbach, Lehrbuch, S. 131, bemerkt, dadurch aus, daß „mit dem Verlust des Lebens noch andere Uebel verbunden sind“, etwa das Schleifen des Verurteilten zur Gerichtsstätte oder das „Kneipen mit glühenden Zangen“ vor der Hinrichtung. Vgl. dazu weiter Schmidt, S. 61 f.; Rüping, Rdnr. 78.

[278] Conrad, Band II, S. 452 ff.; Schmidt, S. 263 f. - Nicht zu empfehlen ist in diesem Zusammenhang die Dissertation von Luitpold Schaffner, „Nikolaus Thaddäus von Gönner“, Regensburg 1954 (Julius-Maximilians-Universität Würzburg), da dort mit unlauteren Mitteln gearbeitet wird. Es empfiehlt sich, die nicht als Zitate kenntlich gemachten langen Passagen auf S. 62 und 63 dieser Arbeit bei Eberhard Schmidt im Original nachzulesen (vgl. Schmidt, S. 263 - 266). Das gleiche gilt für den von S. 39 unten bis S. 40 oben reichenden Abschnitt, der wortwörtlich, aber ohne einen Literaturnachweis aus Radbruchs Feuerbach-Biographie übernommen wurde (vgl. Radbruch S. 205).

„Theorie des psychologischen Zwanges“[279]. Sie sah die Funktion von Strafgesetzen darin, potentielle Delinquenten durch die im voraus bestimmte Androhung von Strafe von der Begehung von Straftaten abzuschrecken. Eine solche rein generalpräventiv ausgerichtete Straftheorie setzte beim Täter Gesetzeskenntnis voraus. Nach Feuerbachs Worten konnte sie nur dann funktionieren, „wenn jeder weiß, daß auf seine That ein Uebel folgen werde, welches größer ist, als die Unlust, welche aus dem nichtbefriedigten Antrieb zur That entspringt“[280]. Damit entstanden allerdings nicht unerhebliche theoretische Probleme, vor allem bei der Begründung der Strafbarkeit von Fahrlässigkeitstaten[281].

Ideengeschichtlich war dieser theoretische Ansatz keine Neuheit[282]. Feuerbachs große Leistung bestand aber darin, daß er ihn mit der heute noch unverzichtbaren Maxime kombinierte, daß eine Tat nur dann bestraft werden kann, wenn ihre Strafbarkeit vor ihrer Begehung gesetzlich genau bestimmt worden ist[283]. Dieser Rechtsgrundsatz hatte sich bereits im 18. Jahrhundert herausgebildet und war von Feuerbach mit dem seither gebräuchlichen Terminus „nulla poena sine lege“ versehen worden[284]. In Art. 1 wurde er nun dem neuen Gesetzbuch als Grundprinzip vorangestellt[285]. Bravurös verstand es Feuerbach, dem daraus folgenden Erfordernis einer exakten Formulierung der Straftatbestände und der daran geknüpften Strafsanktionen gerecht zu werden.

Neben der im Ganzen sehr positiven Aufnahme erfuhr das bayerische Strafgesetzbuch aber schon von Anfang an Kritik. Beanstandet wurde vor allem, daß Feuerbach die an sich begrüßenswerte Systematik im Aufbau seines Gesetzbuchs zu weit getrieben und das richterliche Ermessen viel zu stark ein-

279 Feuerbach, Lehrbuch, S. 12 ff.
280 Feuerbach, Lehrbuch, S. 16.
281 Näher dazu Schmidt, S. 245. - Zur Kritik an der Theorie vom psychologischen Zwang auch E. Wolf, S. 555 ff.
282 Fischl, S. 147.
283 Lüderssen, Sp. 1120 f.; Schmidt, S. 238 f.
284 Feuerbach, Lehrbuch, S. 20. - Zur Entwicklung dieses Rechtsgrundsatzes im 18. Jahrhundert vgl. Schreiber, S. 32 ff.; Krey, Randnr. 12 ff.
285 Art. 1 des bayerischen Strafgesetzbuchs von 1813 lautet: „Wer eine unerlaubte Handlung oder Unterlassung verschuldet, für welche ein Gesez ein gewisses Uebel gedrohet hat, ist diesem gesezlichen Uebel als seiner Strafe unterworfen. ...“

geschränkt habe[286]. Damit wurde insbesondere auf Art. 2 des Gesetzbuchs angespielt. Diese Vorschrift teilt nach dem Vorbild der französischen Gesetzgebung alle Delikte gemäß der Schwere der angedrohten Strafen in die drei Kategorien der Verbrechen, Vergehen und Polizeiübertretungen ein. Nur die ersten beiden davon sind als kriminelles Unrecht im Strafgesetzbuch geregelt. Darin werden zuerst sämtliche Verbrechenstatbestände und dann getrennt davon die Vergehenstatbestände aufgeführt. Beide Gruppen werden ihrerseits nochmals in Straftaten gegen den Einzelnen bzw. gegen den Staat unterteilt. Das weniger schwere Polizeiunrecht sollte später in einem eigenen Polizeistrafgesetzbuch geregelt werden. Letzteres kam aber in der ersten Jahrhunderthälfte nicht mehr zustande, wodurch eine empfindliche Regelungslücke entstand[287].

Dieser „Drang zum System“[288] war für Feuerbachs Kritiker zuviel des Guten. Schon bald wurde darin „einer der größten Mißgriffe“ des Gesetzbuchs gesehen[289]. Die allzu strikt durchgeführte Einteilung der Delikte mußte zwangsläufig bewirken, daß inhaltlich zusammengehörige Materien im Gesetzesaufbau zerstückelt wurden. Als Folge davon unterlagen sie auch noch unterschiedlichen behördlichen Zuständigkeiten, je nachdem, ob das abzuurteilende Delikt in die Kategorie der Verbrechen oder der Vergehen fiel[290]. Die das Gesetz mit allzuvielen Detailbestimmungen durchziehende Kasuistik und die sehr eng gezogenen Strafrahmen ließen für das richterliche Ermessen zuwenig Spielraum. Die rechtliche Einordnung einer Tat als ein Verbrechen oder ein Vergehen ergab sich häufig aus starren, nicht zu rechtfertigenden Abgrenzungen[291].

---

[286] Gönner, Motive, S. 16, nannte es „das größte Gebrechen“ des Gesetzbuchs; vgl. weiter Mittermaier, Einführung, S. 56 ff.; Berner, Strafgesetzgebung, S. 91.

[287] Dollmann, 1. Abt., S. 8.

[288] So Würtenberger, S. 216.

[289] Oersted, S. 8.

[290] Dollmann, 1. Abt., S. 7 f.; Berner, Strafgesetzgebung, S. 91. - So waren etwa die Körperverletzungsdelikte, je nachdem, ob sie ein Verbrechen oder Vergehen darstellen, in Art. 178 ff. bzw. in Art. 367 ff. geregelt. Die Regelung des Diebstahls war sogar dreifach aufgespalten, vgl. Schweisthal, S. 20, Fußn. 51.

[291] Mittermaier, Einführung, S. 56 ff., listet zahlreiche Beispiele für die verfehlten und unflexiblen Grenzziehungen des Gesetzes auf: „Eine Stunde, oder ein Kreuzer macht den wesentlichsten Unterschied in der Bestrafung. Eine Mutter, welche ihr noch nicht drei Tage altes Kind mordet, leidet nach Art. 159 Zuchthausstrafe, während die Mörderin, welche ihr Kind, das schon über drei Tage alt ist (der Unterschied liegt in einer Minute) um das Leben bringt, zum Tode verurtheilet wird.“ Nach der Schilderung weiterer parallel gelagerter Fälle resümiert Mittermaier: „Vor solcher den Zufall zum Strafprincip erhebender Weisheit schaudert

Um landesweit eine gleichmäßige Anwendung des neugeschaffenen Gesetzbuchs zu gewährleisten, wurden fast zeitgleich mit dessen Inkraftsetzung in den Jahren 1813/14 amtliche „Anmerkungen zum Strafgesezbuche für das Königreich Bayern" in drei Bänden veröffentlicht. Denn da die Änderungen gegenüber der bisherigen Rechtslage erheblich waren, hielt es die bayerische Regierung für nötig, der Justiz Richtlinien zum Verständnis des Gesetzestextes an die Hand zu geben.

Ein schwerer Geburtsfehler der Anmerkungen war, daß ihre Ausarbeitung nicht Feuerbach, dem Verfasser des Strafgesetzbuchs, übertragen worden war, sondern einer mehrköpfigen Kommission unter seinem langjährigen akademischen Konkurrenten und Intimfeind Nikolaus Thaddäus Gönner[292]. Dieser sah nun die Gelegenheit gekommen, seinen eigenen strafrechtlichen Auffassungen Ausdruck zu verleihen[293]. Inkongruenzen und teilweise sogar offene Widersprüche zwischen dem Strafgesetzbuch und den Anmerkungen waren damit vorprogrammiert. Feuerbach beklagte zu Recht, daß die Verfasser der Anmerkungen vielfach „nur ihre Meinung dem Gesetze untergelegt" hätten[294]. Ein anderer Beobachter bemerkte, daß „doch die Anmerkungen so oft das klare Gesetz ändern und sogar Handlungen, welche das Strafgesetzbuch als Vergehen erklärt, zur Polizei verweisen"[295].

In der Praxis mußte sich die fehlende inhaltliche Übereinstimmung von Strafgesetzbuch und Anmerkungen verhängnisvoll auswirken. Immer wieder kam es dazu, daß die bayerischen Gerichte ihre Entscheidungen ausschließlich auf die Anmerkungen stützen und damit in Widerspruch zum Strafgesetzbuch gerieten[296]. In dieser verfahrenen Lage mußte der bayerische oberste Gerichts-

---

der gesunde Menschenverstand zurück". - Dieser Aufsatz war im Archiv des Criminalrechts anonym erschienen. Nach Radbruch, S. 203, war Mittermaier der Verfasser.

292 Neben Gönner waren noch drei weitere Personen mit der Erstellung der Anmerkungen betraut, doch ist Gönner als der hauptsächliche Verfasser anzusehen, vgl. Radbruch, S. 122. - Die unerfreulichen Reibereien zwischen Gönner und dem verletzlichen Feuerbach werden von Radbruch, S. 105 ff., 115 ff., sehr plastisch dargestellt.

293 Rosenberger, S. 49; Berner, Strafgesetzgebung, S. 90. - Radbruch, S. 204, spricht davon, daß „Gönner Feuerbachs Werk aushöhlte wie der Wurm im Holze".

294 So Feuerbach in der Schrift „Gutachtliche Erinnerungen über die von Titl.-Dir. v. Gönner und E. von Kobell verfaßten Motive zum Allgem. Strafgesetzbuch", datiert auf den 3. August 1813, in: Feuerbach, Biographischer Nachlaß, 1. Band, S. 251.

295 Arnold, S. 98.

296 Rosenberger, S. 102.

hof wiederholt für Abhilfe sorgen. Er entschied, „daß den Anmerkungen, soferne sie dem klaren Sinne des Gesetzes widersprechen, keine Beachtung gebühre“[297].

Um einen einheitlichen Gesetzesvollzug sicherzustellen, wurde bestimmt, daß die Anmerkungen künftig die authentische und einzig zugelassene Erläuterung des Gesetzes bleiben sollten. Es erging ein königlicher Befehl, daß jegliche Kommentierung des neuen Gesetzbuchs ausdrücklich verboten war. Danach durfte „in allen Punkten, wo es auf Erläuterung des Strafgesezbuches, auf den Sinn und den Grund einer gesezlichen Bestimmung, und auf die Grundsäze zu deren Anwendung ankommt, ... ausser dieser von Uns selbst angeordneten Darstellung durchaus von keinem andern Staatsdiener oder Privatgelehrten ein Kommentar über das Strafgesezbuch in Druck gegeben“ werden[298]. Gerichte wie Universitätslehrer wurden angewiesen, sich „ausschließend an den Text des Gesezbuches mit Benüzung der Anmerkungen zu halten, damit das Strafgesezbuch in allen Theilen Unsers Königreichs in gleichem Geiste, und nach dem, was Wir zu verordnen und zu erläutern für gut gefunden haben, angewendet und gelehret werde“[299].

Damit wurde den Anmerkungen eine für das Verständnis des Gesetzbuchs völlig exklusive Stellung eingeräumt. Teilweise wurde deswegen sogar angenommen, daß auch den Anmerkungen Gesetzeskraft zukäme[300]. Das war allerdings schon wegen der vorhandenen Diskrepanzen zum Strafgesetzbuch problematisch. Zudem waren die Anmerkungen nicht durch ein formelles Gesetzgebungsverfahren zustandegekommen. Daher wurde ihnen der Gesetzesrang zurecht vielfach abgesprochen[301]. Damit stellte sich das Problem widersprüchlichen Rechts nicht.

Diese Idee eines Kommentierungsverbots ist für heutige Verhältnisse befremdlich. Sie läßt sich jedoch schon im 6. Jahrhundert bei Kaiser Justinian nachweisen. Ihr Zweck besteht darin, den im Gesetz zum Ausdruck gekomme-

---

[297] Zitiert nach Berner, Strafgesetzgebung, S. 90; ebenso Dollmann, 1. Abt., S. 9.

[298] So das den Anmerkungen vorangestellte königliche Publikationspatent vom 19. Oktober 1813, vgl. Anmerkungen, 1. Band, S. III.

[299] Ebenda, S. III.

[300] Vgl. etwa Bayerisches Hauptstaatsarchiv München, Kriegsarchiv, A XIII 3/3: Urteil des Kreis- und Stadtgerichts München vom 24. März 1843, worin von „den mit Gesetzes-Kraft versehenen Anmerkungen zum Strafgesetz-Buch“ die Rede ist. Ebenso Rosenberger, S. 49.

[301] Braunmühl, S. 64; vgl. weiter Mittermaier, Beiträge, S. 368.

nen Willen des Herrschers möglichst ohne Abstriche zu verwirklichen[302]. Sie lag ganz im Sinn Feuerbachs, der sein Gesetzbuch für so eindeutig und klar hielt, daß es dem Richter in jedem denkbaren Fall als alleinige Quelle der Rechtsfindung dienen könne. Er glaubte, die Veröffentlichung eines Kommentars wäre „das nutzloseste und gefährlichste Werk, ein wahres Grab der neuen Gesetzgebung", da „durch die Privatansichten eines Commentars den künftigen Urtheilen der Gerichte vorgegriffen" würde[303]. Selbst den Anmerkungen zum Strafgesetzbuch stand er daher ablehnend gegenüber. Seiner Meinung nach waren sie keine bloßen Gesetzesmotive, sondern stellten in Wirklichkeit „nichts als einen Commentar" dar, der lediglich die Privatmeinung seiner Verfasser widergab[304].

Für die künftige wissenschaftliche Darstellung des bayerischen Strafgesetzbuchs durch die Literatur bedeutete das Kommentierungsverbot ein gewaltiges Handicap. Es führte dazu, daß während eines halben Jahrhunderts, bis zum Erlaß des nachfolgenden Strafgesetzbuchs von 1861, nur punktuelle Erörterungen einzelner Gesetzesbereiche erschienen, daß aber nicht ein einziger Gesamtkommentar verfaßt wurde. Überhaupt kam die strafrechtliche Diskussion in Bayern praktisch zum Stillstand[305]. „Für die Bequemen war es nun leicht, sich des wissenschaftlichen Fortbildens zu enthalten und jeder Entgegnung eines wissenschaftlichen Satzes oder einer wissenschaftlichen Auctorität den Vorwurf

---

302 Ausführlich Becker, Kommentierungsverbot, Sp. 964 ff. - Die Begründung eines solchen Verbots im Project des Corpus Juris Fridericiani von 1749 ist aufschlußreich: „Und damit die Privati, insonderheit aber die Professores, keine Gelegenheit haben mögen, dieses Land-Recht durch eine eigenmächtige Interpretation zu corrumpiren, so haben Se. Königliche Majestät bei schwerer Strafe verboten, dass niemand, wer er auch sey, sich unterstehen solle, einen Commentarium über das gantze Land-Recht, oder einen Theil desselben zu schreiben", vgl. Stobbe, Band 2, S. 453.

303 So Feuerbach in der erwähnten Schrift über die Motive zum Strafgesetzbuch, in: Feuerbach, Biographischer Nachlaß, 1. Band, S. 240 f. - Ein Kommentar würde nämlich, meint Feuerbach, ebenda, S. 241, nur „der Trägheit schlaffer Köpfe zum Polster dienen und mittelmäßige Richter noch schlechter machen, als sie sind". Weiter glaubt er, daß durch einen Kommentar „der freien Entwicklung der Wissenschaft und der Praxis Fesseln angelegt" würden. Daß allerdings das Gegenteil davon richtig war, zeigt die nachfolgende Entwicklung in Bayern.

304 Feuerbach, ebenda, S. 249, 251.

305 Radbruch, S. 122 f.; Berner, Strafgesetzgebung, S. 90 sowie S. 325.

verbotenener Ketzerei zu machen", konstatierte mehr resigniert als polemisch um die Jahrhundertmitte ein langjähriger bayerischer Richter[306].

Die greifbaren Nachteile des Kommentierungsverbots wurden mit der Zeit offenbar auch der bayerischen Regierung bewußt. Ab der Mitte der Dreißigerjahre wurden immerhin einzelne wissenschaftliche Arbeiten zum bayerischen Strafrecht gestattet, ohne daß allerdings das grundsätzliche Verbot aufgehoben worden wäre[307]. Im Ganzen blieb daher die zum Strafgesetzbuch von 1813 erschienene juristische Literatur sehr lückenhaft[308]. Wenn man sich vor Augen hält, daß mit der Inkraftsetzung von Feuerbachs bahnbrechendem Werk wirklich weitgehende Rechtsänderungen eingetreten waren, läßt sich die schwierige Lage ermessen, in der sich die bayerischen Juristen nun befanden. Das sollte sich bei der Behandlung von Duellen sehr deutlich zeigen.

3.3.2 Das Fehlen einer speziellen Duellregelung

Das neue bayerische Strafgesetzbuch stellte die Strafverfolgungsbehörden vor ein großes Dilemma. Denn spezielle Duelltatbestände tauchen darin gar nicht auf. Daß es sich hierbei um ein gesetzgeberisches Versehen handeln könnte, wurde nie behauptet und kann aus verschiedenen Gründen ausgeschlossen werden. Zum einen hatte Feuerbach, der maßgebliche Verfasser des Strafgesetzbuchs, in seiner Kritik an Kleinschrods Entwurf die von diesem vorgeschlagene Lösung gebilligt, Duelle je nach ihren Folgen nach den allgemeinen Tötungs- und Körperverletzungsvorschriften zu bestrafen[309]. Das legt die Annahme nahe, daß er diesen Ansatz auch für sein eigenes Gesetzeswerk stillschweigend voraussetzte und spezielle Duelltatbestände für überflüssig hielt. Als Feuerbach 1824 nochmals einen kompletten Strafgesetzbuchentwurf für Bayern verfaßte, überging er das Duell abermals, obwohl zu dieser Zeit die Regelungsbedürftigkeit der Materie längst als sehr dringlich erkannt worden war[310].

---

[306] Arnold, S. 98 f. Er bemerkt weiter, daß für den Universitätsbetrieb das strikte Verbot galt, zur Lösung strafrechtlicher Fälle auf andere Materialien als auf den Gesetzestext und die Anmerkungen zurückzugreifen, was die Konsequenz hatte, daß Rechtsstudenten damit einen willkommenen „Entschuldigungsgrund" besaßen, „sich der Theorie nur so weit zu widmen, als es zum Examen erforderlich" schien.

[307] Mit näheren Angaben Rosenberger, S. 51, Fußn. 2; vgl. dazu auch Arnold, S. 99.

[308] Rosenberger, S. 51.

[309] Vgl. Feuerbach, Kritik, 3. Theil, S. 133 sowie S. 205 ff.

[310] G. Schubert, S. 48. - Auf diesen Entwurf wird unten näher eingegangen.

Zum anderen ergibt sich aus einer beiläufigen Formulierung in der Einleitung der Anmerkungen, daß auch deren Verfasser keine Probleme bezüglich der Strafbarkeit des Duells sahen. Dort heißt es - sprachlich nicht gerade geglückt -, daß „jene Verbrechen, welche nur besonderen Ständen eigen sind, z. B. der Militärpersonen, die Duelle, welche nur unter Personen höheren Standes vorkommen, ... den besonderen Gesezen, Mandaten oder Verordnungen überlassen" sein sollten, allerdings unter der Einschränkung, „soferne nicht eine solche Handlung sich ohnehin nach den allgemeinen oder besonderen Bestimmungen dieses Gesezbuches zu einem Verbrechen oder Vergehen eignet"[311]. Das bedeutet einerseits, daß man grundsätzlich vom Fortbestand des letzten Duellmandats ausging. Gleichzeitig wird aber deutlich gesagt, daß primär die Vorschriften des Strafgesetzbuchs anzuwenden waren, soweit sie paßten.

Ein weiteres Argument dafür, daß bei Duellen das Strafgesetzbuch einschlägig war, ergab sich aus den Disziplinargesetzen für die Studierenden vom 6. März 1814[312]. Dort war in § 18 des IV. Titels für Duelle zwischen Studenten bestimmt, daß auf die daraus entstehenden Tötungen oder Körperverletzungen „die auf diese Verbrechen respektive Vergehen durch das Strafgesetzbuch bestimmten Strafen" anzuwenden waren. In dieser Verweisung wurde vielfach ein zwingendes Indiz dafür gesehen, daß nach dem Willen des bayerischen Gesetzgebers blutig ausgegangene Duelle stets nach den allgemeinen strafrechtlichen Bestimmungen über Totschlag und Körperverletzungen bestraft werden sollten. Denn es war nicht einzusehen, daß nur die Studentenduelle dem Strafgesetzbuch unterworfen sein sollten, sonstige Duelle dagegen nicht[313].

An sich war damit eine eindeutige Rechtslage gegeben. Trotzdem zeigten sich bald Unsicherheiten bei der Rechtsanwendung. Das lag vor allem daran, daß Duelle vielfach als eine spezifische Materie betrachtet wurden, auf die die Totschlags- und Körperverletzungsvorschriften[314] prinzipiell nicht paßten. Wenn man aber diese Vorschriften für nicht einschlägig hielt, kam man an sich

---

[311] Anmerkungen, 1. Band, S. 26.
[312] Abgedruckt bei Permaneder, S. 600 ff.
[313] Braunmühl, S. 66; ihm folgend Buddeus, S. 174. Auch Mittermaier, Beiträge, S. 368, Fußn. 103, weist auf die studentischen Disziplinargesetze hin. Sie bringen ihn aber nicht von seiner Ansicht ab, daß die allgemeinen Vorschriften über Totschlag und Körperverletzung des bayerischen Strafgesetzbuchs auf Duelle nicht anwendbar seien.
[314] Die Totschlagsdelikte waren in Art. 142 bis 177 geregelt, die Körperverletzungsdelikte in Art. 178 bis 185, bzw., soweit es sich um Vergehen handelte, in Art. 367 bis 369.

nicht daran vorbei, das Duellmandat von 1779 anzuwenden. Niemand dachte aber mehr ernsthaft daran, dessen brutale Strafdrohungen zu verhängen.

Die bayerischen Juristen befanden sich damit, wie ein Beobachter anmerkte, „in einer eigenen Verlegenheit"[315]. Die Frage, welche Vorschriften nun auf Duelle anzuwenden wären, wurde sehr unterschiedlich beantwortet. Das Meinungsspektrum umfaßte die verschiedensten Möglichkeiten. Es wurde sowohl vertreten, daß nach wie vor sämtliche Duelle allein nach dem Duellmandat zu behandeln waren, als auch, daß auf alle Duelle jetzt ausschließlich das neue Strafgesetzbuch anzuwenden war. Im Rahmen der letztgenannten Ansicht wurde teilweise eine Strafbarkeit nach den Tötungs- und Körperverletzungsdelikten angenommen. Teilweise wurde aber auch für völlige Straflosigkeit plädiert, da das Strafgesetzbuch keine speziellen Duelltatbestände enthalte und somit eine Regelungslücke vorliege. Schließlich wurde noch eine häufig vertretene Kombinationslösung vorgeschlagen, wonach Duelle mit Tötungs- bzw. Verletzungserfolgen nach dem Strafgesetzbuch zu beurteilen waren, unblutig abgegangene Duelle dagegen nach dem Duellmandat[316].

Soweit die Anwendbarkeit des Duellmandats von 1779 befürwortet wurde, kam noch der komplizierende Umstand dazu, daß dieses Mandat in den Gebieten, die Bayern seitdem neu erworben hatte, nicht publiziert war und daher dort auch nicht angewendet werden konnte[317].

Soweit dagegen die Totschlags- und Körperverletzungsdelikte des Strafgesetzbuchs für anwendbar gehalten wurden, erhob sich die damals vieldiskutierte Frage, inwieweit Tötungen und Verletzungen im Duell als Vorsatz- bzw. als Fahrlässigkeitstat zu bewerten waren. Das hatte große Bedeutung, da das Strafmaß von Fahrlässigkeitstaten im Vergleich zu demjenigen von vorsätzlich begangenen Taten extrem niedrig war[318].

---

[315] Buddeus, S. 173.

[316] So G. Schubert, S. 47, der zwar die dargestellten Ansichten aufführt, sie aber im einzelnen nicht quellenmäßig belegt.

[317] Motive 1827, S. 110; Samhaber, Kritische Beleuchtung, S. 4; Günther, S. 149, Fußn. 333.

[318] Fahrlässigkeitstaten werden vom bayerischen Strafgesetzbuch nach Art. 69 f. nur als Vergehen, aber nie als Verbrechen betrachtet. Bei fahrlässiger Begehung ist die auf ein Delikt stehende Vorsatzstrafe schematisch herabzusetzen. Wie weitreichend dabei die Strafminderung auszufallen hat, zeigt Art. 70: Demnach soll unter anderem die leicht fahrlässige Verwirklichung eines Verbrechens, das bei vorsätzlicher Begehung mit Todesstrafe belegt ist, nur eine drei- bis sechsmonatige Gefängnisstrafe nach sich ziehen.

Feuerbach war in seinem Lehrbuch von 1801 davon ausgegangen, daß eine im Duell erfolgte Tötung grundsätzlich „durch indeterminirten alternativen Dolus ... begründet", also vorsätzlich begangen sei. Zumindest sollte das seiner Meinung nach „so lange präsumirt werden, bis ... bewiesen ist, daß die Absicht blos auf Verwundung ... gerichtet war"[319]. Auch zahlreiche andere Autoren gingen davon aus, daß der Erfolg eines Duells in aller Regel vorsätzlich herbeigeführt worden sei. Der Verfasser einer 1829 erschienenen Abhandlung über die Stellung des Duells im bayerischen Recht war etwa der Ansicht, daß „bey jedem Zweykampfe ein dolus indirectus zu Grunde" liege, „denn aus demselben gehet, wenn nicht gewöhnlich, doch wenigstens sehr leicht der Tod eines Theiles hervor, was die Erfahrung lehret, und jeder Duellant wissen kann"[320].

Diese Auffassung fand allerdings entschiedenen Widerspruch. Gegen sie wurde eingewandt, daß die Duellanten „häufig Freunde" seien und daß es ihnen in den meisten Fällen gar nicht um die Tötung oder die Verletzung des Gegners gehe, sondern darum, „den Nachtheilen zu entgehen, welche in Ansehung der Ehre nach der Meinung der Standesgenossen denjenigen treffen, welcher sich nicht schlägt". Demgemäß sei „der Causalzusammenhang zwischen dem Vergehen und dem Erfolge .. bei dem Duelle ein ganz anderer, als bei anderen Schlägereien", so daß „der Erfolg sehr häufig nur von dem Zufalle" abhänge. Daher lasse sich auch „kein dolus in Bezug auf Tödtung oder Verwundung des Gegners nachweisen", und „die Subsumtion solcher Erfolge unter die gewöhnlichen Strafgesetze würde eine ungerechte Härte enthalten"[321].

Mit der Frage des Vorsatzes hing direkt das weitere Problem der Versuchsstrafbarkeit zusammen. Wegen des gesetzlichen Schweigens stellte sich die Frage, ob die bloße Herausforderung zum Duell, deren Annahme sowie das ausgeführte, aber unblutig endende Duell als Versuch eines Totschlags oder einer Körperverletzung aufzufassen waren. Nach der allgemeinen Bestimmung des Art. 57 über den Versuch wäre dafür insbesondere die „Absicht" erforder-

[319] Feuerbach, Lehrbuch, S. 173.

[320] Samhaber, Kritische Beleuchtung, S. 17.

[321] Mittermaier, Zweikampf, S. 452 ff., der allerdings ebenda, S. 462, einschränkend bemerkt, daß unter bestimmten Umständen aus der Art des vereinbarten Duells, etwa bei einem Kampf auf den Tod einer Partei, „wohl vermuthet werden" könne, daß der anschließend eingetretene Erfolg „nicht blos zufällig, sondern nach dem auf das äußerste gerichteten Willen der Duellanten entstand".

lich gewesen, „ein Verbrechen zu begehen“[322]. Die Totschlagsdelikte und zum großen Teil auch die Körperverletzungstatbestände waren als Verbrechen ausgestaltet[323], so daß insoweit eine Versuchsstrafbarkeit grundsätzlich in Frage kam. Entscheidend war also, ob man den Duellanten die Absicht der Tötung bzw. der Verwundung zuschreiben konnte. Teilweise wurde das in der Literatur angenommen[324]. Demgegenüber nahmen diejenigen Autoren, die schon einen Vorsatz der Duellanten bezüglich der Folgen des Duells abgelehnt hatten, auch keine Versuchsstrafbarkeit an[325].

Schließlich wurde gegen die Anwendbarkeit der allgemeinen Tötungs- und Körperverletzungsvorschriften vorgebracht, daß in der Verabredung eines Duells zugleich eine Einwilligung der Duellanten in die durch das Duell entstehenden Folgen liege. Nach dieser Ansicht lag dem Duell „unverkennbar ... ein Vertrag der Duellanten über einen Kampf zum Grunde, welchen sie in der Art eingehen zu wollen erklären, daß jeder eine Gefahr übernimmt und dem möglichen für sein Leben oder die Integrität des Körpers schlimmsten Ausgange sich unterwirft“[326]. Dieses Argument konnte allerdings unter der Geltung des neuen bayerischen Strafgesetzbuchs keine Wirkung haben, da dessen Art. 123 bestimmte, daß die „Erlaubniß des Beschädigten“ zur Verletzung seiner Rechtspositionen strafrechtlich grundsätzlich unbeachtlich sei[327].

---

[322] Art. 57 des Strafgesetzbuchs von 1813 lautet: „Ein Versuch ist vorhanden, wenn eine Person, in der Absicht ein Verbrechen zu begehen, äusserliche Handlungen vorgenommen hat, welche auf Vollbringung oder Vorbereitung desselben gerichtet sind.“

[323] Die Körperverletzungsdelikte sind in Art. 178 - 185 bzw. in Art. 367 - 369 des Strafgesetzbuchs von 1813 geregelt.

[324] Braunmühl, S. 65 f., nahm bei einem auf Leben und Tod verabredeten Zweikampf die Absicht an, „sich wechselseitig das Leben zu entreißen“. Wenn ein solcher Zweikampf ohne den Tod einer Partei ausgegangenen war, sollte daher der Versuch einer Tötung vorliegen. Und bei Zweikämpfen ohne diese Abrede, die unblutig ausgegangen waren, wäre der Versuch einer Körperverletzung gegeben.

[325] Mittermaier, Beiträge, S. 368, Fußn. 4, fragt: „Was haben denn die Duellanten versucht? Tödtung oder Körperverletzung? Kann man auch von einem culposen Versuche sprechen?“

[326] Mittermaier, Beiträge, S. 348 f.; ganz ähnlich derselbe, Zweikampf, S. 452.

[327] Levi, S. 58 f. - Art. 123 des Strafgesetzbuchs von 1813 lautet: „Eine unter Strafe verbotene Handlung wird wegen einer vom Beschädigten erteilten stillschweigenden oder ausdrücklichen Erlaubniß weder straflos noch minder strafbar. Handlungen, welche bloß auf Verlust oder nicht gemeingefährliche Beschädigung des Eigenthums gerichtet sind, werden durch die von dem Beschädigten dazu ertheilte Erlaubniß unsträflich“.

3.3.3 Die Entscheidungspraxis der bayerischen Gerichte

Angesichts der unklaren Rechtslage mit ihren zahlreichen offenen Detailfragen ist es nicht verwunderlich, daß die bayerische Rechtsprechung im Umgang mit Duellen keine einheitliche Entscheidungspraxis aufwies. Nach einer zeitgenössischen Darstellung war die Behandlung der Duelle „da, wo sich die Grundsätze durch Gerichtsgebrauch nicht gebildet haben, ganz willkürlich“[328]. Auch ein späterer Kommentator konstatierte eine „totale Systemlosigkeit in Bestrafung des Zweikampfes“[329].

Gerade in einer Materie wie dem Duell, bei der schon die Gesetzeslage alles andere als eindeutig war, mußte sich das für das bayerische Strafgesetzbuch verfügte Kommentierungsverbot negativ auswirken. Denn es verhinderte jede systematische wissenschaftliche Behandlung der sich aus dem Gesetzestext bzw. aus dessen Schweigen ergebenden Fragen.

Zusätzlich erschwerend wirkte sich aus, daß es zwischen Gerichten und Justizministerium, zwischen Ober- und Untergerichten, ja sogar zwischen den einzelnen Senaten ein und desselben Gerichts praktisch keinen Informationsfluß gab[330]. Gerichtsurteile wurden damals nur in den wenigsten Fällen veröffentlicht und äußerst selten rezensiert, so daß sie in aller Regel überhaupt nur den am jeweiligen Verfahren direkt Beteiligten bekannt wurden und ein Präjudizienrecht nicht entstehen konnte[331].

Die Mehrzahl der bayerischen Gerichte entschied, soweit das heute noch festgestellt werden kann, bei blutig ausgegangenen Duellen nach den Totschlags- und Körperverletzungsvorschriften des neuen Strafgesetzbuches[332]. Bei folgenlosen Duellen oder bei bloßen Herausforderungen wurde dagegen häufig auf das Duellmandat zurückgegriffen[333].

Jedoch lagen bei weitem nicht alle Gerichtsentscheidungen auf dieser Linie. Ein Zeitgenosse stellte mißbilligend fest, daß „die Gerichte des Reichs in einzelnen Fällen ... nach dem Duellmandate vom 28. Februar 1779 erkennen zu

---

[328] Motive 1827, S. 110. Ebenso Günther, S. 149, Fußn. 333, der davon spricht, daß „in der Behandlung des Zweikampfes ziemliche Willkür herrschte“.

[329] Knapp, S. 543. Auch Mittermaier, Beiträge, S. 369, registriert hinsichtlich des Duells das „im baier. Gerichtsgebrauche vorkommende Schwanken“.

[330] Arnold, S. 99; Rosenberger, S. 97 f.

[331] Rosenberger, S. 97.

[332] Mittermaier, Beiträge, S. 368; Knapp, S. 543; G. Schubert, S. 47; Frevert, S. 87 f.

[333] Frevert, S. 88.

müssen glaubten, obschon dieses Gesetz aus dem vorigen Jahrhunderte mit unserer Verfassung wenig im Einklange stehet"[334]. Dieser Rückgriff auf das Duellmandat wurde mit der zitierten Passage aus den Anmerkungen zum Strafgesetzbuch begründet. Man verstand sie in verkürzender Lesart fälschlich dahingehend, daß Delikte besonderer, höherer Stände ausschließlich nach den hierfür ergangenen, speziellen Mandaten und nicht nach dem Strafgesetzbuch zu verfolgen seien[335]. Damit überging man aber den entscheidenden Nachsatz, daß diese Mandate nur insoweit weiterhin anwendbar sein sollten, als nicht die Vorschriften des Strafgesetzbuchs einschlägig wären[336].

Wie schwankend und uneinheitlich die bayerischen Behörden bei der Verfolgung des Duells agierten, läßt sich für den militärischen Bereich gut nachweisen. Da es keine speziellen militärischen Strafvorschriften gab, waren auch auf Duelle unter Armeeangehörigen die allgemeinen Bestimmungen des Strafgesetzbuchs von 1813 anwendbar[337]. Das Bayerische Hauptstaatsarchiv besitzt zahlreiche Untersuchungs- und Gerichtsakten von Duellen, an denen Offiziere beteiligt waren[338]. Eine einheitliche Linie wird dabei nicht sichtbar. Das eine Mal wurde nach den Vorschriften des Duellmandats ermittelt bzw. entschieden, dann wieder nach den Bestimmungen des Strafgesetzbuches. Zwar erging im Oktober 1828 ein vom König bestätigter Beschluß des bayerischen Staatsrats, wonach das Mandat von 1779 „auch in denjenigen Gebieten, wo dasselbe wirklich eingeführt war, nicht mehr als anwendbar anzusehen sey"[339].

---

334 Braunmühl, S. 63.

335 Über dieses fehlerhafte Verständnis berichtet Braunmühl, S. 63.

336 Braunmühl, S. 65. - So versteht beispielsweise Mittermaier, Beiträge, S. 367 f., die Passage der Anmerkungen im genannten Sinn falsch.

337 Ein besonderes Militärstrafgesetzbuch existierte damals in Bayern nicht. Bis 1813 hatte in Bayern auch für Armeeangehörige grundsätzlich die Carolina gegolten, die Peinliche Gerichtsordnung Kaiser Karls V. von 1532. Spezielle militärische Delikte waren in den wiederholt ergangenen sog. Kriegsartikeln geregelt worden. Durch einen Armeebefehl vom 16. August 1813 verfügte der bayerische König, daß das zu diesem Zeitpunkt bereits verkündete, aber noch nicht in Kraft getretene „allgemeine Strafgesetzbuch für das Königreich Bayern ... bei den Militair-Gerichten in gesetzliche Kraft tritt". Zugleich setzte er anstelle der bisherigen Kriegsartikel neue militärische Straftatbestände in Kraft. Vgl. dazu Königlich-Baierisches Regierungsblatt von 1813, Sp. 1049 ff., sowie Bezzel, S. 233 f.

338 Vgl. Bayerisches Hauptstaatsarchiv München, Kriegsarchiv, A XIII 3/4.

339 So die Wiedergabe des Beschlusses in einem „Referenten-Entwurf" für eine „Denkschrift des bayerischen Kriegsministers an den König über Zweikampf und Ehrengerichte in Mittel-

Dieser Beschluß war jedoch nicht publiziert worden[340], so daß er den Richtern nicht als Entscheidungshilfe dienen konnte und auch in der Sekundärliteratur keine Beachtung fand.

Ein aus dem Kriegsministerium an den König gerichtetes Schreiben[341] schilderte im Jahr 1834 die Nöte der für Entscheidungen zuständigen Behörden. Es beklagt, daß über die anzuwendenden Vorschriften „die verschiedenartigsten Meinungen" umlaufen würden. Die Strafrichter seien „zwischen den übermässigen und nicht mehr anwendbaren Strafen des Duell-Mandates und den gleichfalls nicht recht anwendbaren Bestimmungen des Strafgesetzbuches in die Mitte gestellt" und würden sich „im Zweifel auf die mildere Seite hinneigen". Konkret hieß das, daß diejenigen Verurteilungen, die auf der Grundlage des Duellmandats ergingen, im Strafmaß jedenfalls nicht dessen rigorosen Bestimmungen folgten. Derartige Entscheidungen lassen sich immerhin bis in die Vierzigerjahre des 19. Jahrhunderts finden.

So wurde etwa der Oberlieutenant Kuno Georg Lautner am 15. März 1822 wegen „beabsichtigter Herausforderung zum Duell" durch ein Erkenntnis des Oberauditoriats[342] „wegen duellmandatswidrigen Betragens" zu einjährigem erweitertem Festungsarrest verurteilt[343]. Durch Verfügung des Königs wurde die verhängte Strafe anschließend in sechsmonatigen Kasernenarrest umgewandelt. Bemerkenswert an diesem Vorgang ist zum einen, daß schon die bloße Herausforderung zum Duell bestraft wird. Auf der Basis des Duellmandats war das auch kein Problem. Bei einer Entscheidung aufgrund des Strafgesetzbuchs hätte dagegen eine Verurteilung nur unter der Annahme des Versuchs einer Körperverletzung bzw. Tötung ergehen können. Zum anderen wird die Begna-

---

und Westeuropa, besonders in Bayern", vom 9. 8. 1858, auszugsweise abgedruckt bei Demeter, Dokument Nr. 14, S. 291.

340 Das geht aus einem an den König gerichteten Schreiben des Kriegsministeriums vom 5. Januar 1834 hervor, vgl. Bayerisches Hauptstaatsarchiv München, Kriegsarchiv, A XIII 3/4, Akte Nr. 51. - Dem Beschluß des Staatsrats wäre auch keine Gesetzeskraft zugekommen, da an seiner Entstehung die Kammer der Abgeordneten als zweite bayerische Kammer nicht beteiligt war.

341 Bayerisches Hauptstaatsarchiv München, Kriegsarchiv, A XIII 3/4: Schreiben aus dem Kriegsministerium an den König vom 5. Januar 1834, enthalten in Akte Nr. 51.

342 Das Oberauditoriat war das zuständige Organ der Militärrechtspflege. Das Amt des Oberauditors existierte seit dem 18. Jahrhundert, vgl. Staudinger, 3. Band, S. 463.

343 Bayerisches Hauptstaatsarchiv München, Kriegsarchiv, A XIII 3/4: Akte Nr. 46. Darin wird allerdings nur der Tenor des Erkenntnisses des Oberauditoriats mitgeteilt, nicht die Gründe.

digungspraxis durch den König deutlich, die, wie es bei Duellen fast schon der Regelfall war, den ursprünglichen gerichtlichen Spruch sehr weitgehend abmilderte[344].

Auch noch gut zwanzig Jahre später wurde auf das Duellmandat zurückgegriffen. Am 24. März 1843 verurteilte das Kreis- und Stadtgericht München den Apothekergehilfen August Besnard aufgrund des Mandats wegen Herausforderung zum Zweikampf zu vierzehntägigem Gefängnis[345]. Auch hier handelte es sich um einen Fall, in dem die Austragung des Duells unterblieben war. In den Entscheidungsgründen wird festgestellt, daß das Duellmandat „insoweit, als nicht bey einer in diesem Mandat angegebenen Handlung durch den Erfolg ein, im Strafgesetzbuche benanntes Verbrechen oder Vergehen begangen wird, als allgemeines Straf-Gesetz noch fortbesteht". Das sei „aus den mit Gesetzes-Kraft versehenen Anmerkungen zum Strafgesetz-Buch ... mit Gewißheit zu entnehmen". Weiter wird ausgeführt, daß „die bloße Herausforderung zum Duelle nur als Vergehen strafbar sein" könne. Letzteres wird nicht näher begründet, erklärt sich aber zweifellos daraus, daß das Gericht die hohen Strafdrohungen von Artikel III des Duellmandats nicht anwenden wollte, wonach die Herausforderung „mit einer ansehnlichen Geldbuße, oder sonsten mit harter Gefängnis" sowie zusätzlich mit dem Verlust aller Chargen zu bestrafen war[346].

Daß die rechtliche Beurteilung auch während des Verlaufs eines Verfahrens schwankte, zeigt ein Prozeß gegen gegen den Lieutenant Friedrich Gaehler aus dem Jahr 1833. Gaehler hatte in einem Pistolenduell den Junker Eugen Graf von Tascher de Lapagerie erschossen[347]. Die Kommandantschaft in Ansbach verurteilte ihn deswegen am 22. Oktober 1833 erstinstanzlich auf der Grundlage des Strafgesetzbuchs. In der Entscheidung wurde die im Duell verübte Tötung als nicht vorsätzlich eingestuft. Gaehler wurde deswegen „des einfachen Totschlages ... mittels eines Pistolenschusses im Duell nicht als schuldig befunden", sondern nur wegen des „Vergehens der Tödtung ... aus grober Fahrlässig-

---

[344] Dazu näher Frevert, S. 80 ff.

[345] Bayerisches Hauptstaatsarchiv München, Kriegsarchiv, A XIII 3/3: Urteil des Königlichen Kreis- und Stadtgerichts München vom 24. März 1843 (Kopie), mit Gründen.

[346] Vgl. Duellmandat vom 28. Hornung 1779, Bayerisches Hauptstaatsarchiv München, Kriegsarchiv, A XIII 3/2. Vollständig abgedruckt bei Meyr, S. 137 ff., unter Nr. CXVI (S. 139).

[347] Bayerisches Hauptstaatsarchiv München, Kriegsarchiv, A XIII 3/4: Akte Nr. 51. Die Entscheidungen in beiden Instanzen werden in Auszügen mitgeteilt.

keit“ mit einjährigem Gefängnis auf einer Festung bestraft. Die beiden Sekundanten erhielten wegen „des Vergehens der Theilnahme an dem Duell und zwar als Gehülfen ersten Grades“ sechsmonatiges Gefängnis auf einer Festung. Letzteres konnte nicht richtig sein, da es eine Beihilfe zu einer fahrlässigen Haupttat nicht gab[348].

Im zweiten Rechtszug wurde der Fall auch völlig anders beurteilt. Das nun zuständige Generalauditoriat, seit 1804 oberste Instanz der Militärjustiz[349], verwarf in seinem Urteil vom 20. November 1833 die ergangene Entscheidung. Nun wurde Gaehler wegen „Uebertretung des Duell-Mandats, mit erfolgter Tödtung des Junkers Graf von Tascher, als Duellant“ zu einjährigem Festungsarrest verurteilt. Die Sekundanten erhielten jeweils sechsmonatigen Festungsarrest.

Die hier vorgenommene Anwendung des Duellmandats auch auf ein tödliches Duell ist bemerkenswert, da Duelle mit Todesfolge gewöhnlich nach den Vorschriften des Strafgesetzbuchs abgeurteilt wurden. Sie ging offenbar auf eine in den Akten befindliche Anweisung des Kriegsministeriums vom 2. Oktober 1833 zurück. Dieses ließ, nachdem sich auch König Ludwig I. in den Fall eingeschaltet hatte, „zur Vollziehung eines allerhöchsten Königlichen Auftrages“ die Verfügung ergehen, „daß künftig gegen Offiziere und Junker, welche an einem Zweikampfe auf Pistolen als Kämpfer, Secundanten oder Zeugen Theil nehmen, die in dem zur Zeit noch bestehenden Duell-Mandate vom 28ten Februar 1779 angedrohte Strafe ... ohne alle Nachsicht zur Anwendung gebracht werde“[350]. Wenig später hieß es allerdings in einem Schreiben des Kriegsmini-

[348] Art. 73 ff. des Strafgesetzbuchs regeln die Fälle der Beihilfe. Nach Art. 73 war „Gehülfe“, wer „die Ausführung des von einem Andern schon beschlossenen Verbrechens wissentlich und vorsätzlich befördert...“ Die Gehilfen werden je nach Art und Umfang ihres Beitrags zur Haupttat in drei verschieden schwere Grade eingeteilt. Als „Gehülfen ersten Grades“ bezeichnet Art. 74 Nr. III „diejenigen, welche in dem Zeitpunkte der Ausführung selbst bei der Vollbringung Beistand geleistet haben, entweder durch unmittelbare Theilnahme an der Haupthandlung selbst, oder durch Spähestehen, Kundschaftgeben oder sonst auf irgendeine Weise“.

[349] Näher Bezzel, S. 228: Nach einer Instruktion vom 15. März 1804 sollte das Generalauditoriat „in der Armee die Achtung eines den Kriegsgesetzen Ehrfurcht verschaffenden Richterstuhles“ besitzen und hatte nicht zuletzt „mit vorzüglich richterlicher Sorgfalt das von dem Militärstande unzertrennliche feinere Ehrgefühl zu kultivieren“.

[350] Bayerisches Hauptstaatsarchiv München, Kriegsarchiv, A XIII 3/4: Akte Nr. 51: Randnotiz Ludwigs I. vom 29. September 1833; Schreiben des Kriegsministeriums an die Divisions- und Corpskommandos vom 2. Oktober 1833. Allerdings wird nicht ganz klar, ob sich die kriegsministerielle Anweisung auf sämtliche Duelle bezog oder nur auf solche, die ohne Folgen ge-

steriums, daß es wegen der angedrohten Todesstrafen untunlich sei, daß „das fragliche Duell-Mandat wörtlich angewendet und vollzogen werde“[351]. Demgemäß richtete sich das Generalauditoriat auch nur hinsichtlich der angewendeten Rechtsnorm nach der Verfügung des Kriegsministeriums, ließ beim Strafmaß aber jede erdenkliche Nachsicht walten.

Auch ein aufsehenerregender Fall aus dem Jahr 1841 wurde auf der Grundlage des Duellmandats entschieden. Der polytechnische Schüler Philipp Schanzenbach hatte nacheinander zwei Säbelduelle mit den Lieutenants Speidel und von der Tann ausgefochten, bei denen beide Offiziere verwundet worden waren[352]. Die Verwicklung eines Schülers in ein Duell, wirklich keine Alltäglichkeit, war Ludwig I. ein besonderer Dorn im Auge. Er verfügte, daß dieser sofort von der Schule gewiesen und „nach Strenge der Gesetze behandelt“ werden sollte[353]. Wegen der Beteiligung des Schülers war das Appellationsgericht von Oberbayern als gemischt zivil-militärisch besetztes Gericht zuständig. Es entschied am 28. Oktober 1841, daß Schanzenbach „wegen des Vergehens der Uebertretung des Art. VI des Duell-Mandats vom 28. Februar 1779 mit Verwundung des Edmund Frhrn. von Speidel ... (und) des Ludwig Freiherrn von der Tann ... schuldig“ und mit zweimonatigem Gefängnis zu bestrafen sei. Speidel und von der Tann wurden ebenfalls nach Art. VI des Duellmandats zu jeweils einmonatigem, die Sekundanten nach Art. VIII zu fünfzehntägigem Festungsarrest verurteilt. Bezüglich der Strafhöhe orientierte sich das Gericht dagegen an den Körperverletzungsvorschriften des Strafgesetzbuchs, denn es begründete seinen Ausspruch damit, daß von den Beteiligten „keiner im Verbrechensgrade verwundet“ worden sei[354]. Diese Formulierung bezog sich darauf,

---

blieben waren und somit nicht schon nach den Bestimmungen des Strafgesetzbuchs zu verfolgen waren.

351 Ebenda, Schreiben aus dem Kriegsministerium an den König vom 5. Januar 1834.

352 Die über diesen Vorgang vorhandenen Aktenunterlagen sind wegen der Beteiligung eines Zivilisten und von Militärs verstreut aufbewahrt: Bayerisches Hauptstaatsarchiv München, Innenministerium: MInn Nr. 43877; Kriegsarchiv, A XIII 3/3; Kriegsarchiv, A XIII 3/4, Akte Nr. 52.

353 Bayerisches Hauptstaatsarchiv München, Innenministerium: MInn Nr. 43877: Schreiben aus dem Innenministerium vom 27. Januar 1841 mit Randbemerkung Ludwigs I. vom 28. Januar 1841. Ludwig I. weiter: „Es ist doch weit gekommen, wenn polytechnische Schüler herausfordern“.

354 Bayerisches Hauptstaatsarchiv München, Kriegsarchiv, A XIII 3/3: Urteil des Königlichen Oberappellationsgerichts von Oberbayern als gemischtes Gericht vom 28. Oktober 1841, mit Gründen.

daß die Körperverletzung im Strafgesetzbuch teils als Verbrechen und teils als Vergehen geregelt war[355].

Sogar in einem am 11. Januar 1848 vom Appellationsgericht von Unterfranken gefällten Urteil[356] wurde noch kurz auf das Mandat eingegangen. Zur Entscheidung stand ein Duell zwischen mehreren Soldaten sowie einem Forstkandidaten, in welchem letzterer einen seiner Gegner erschossen hatte. Das Duellmandat wurde in diesem Fall aus formellen Gründen für unanwendbar erklärt, da in Unterfranken, das erst zu Beginn des 19. Jahrhunderts an Bayern gekommen war, „ein besonderes Duell-Mandat nicht publiziert" worden sei. Mit dieser Begründung wurde das Urteil auf die Bestimmungen des Strafgesetzbuchs gestützt.

In den Entscheidungsgründen stellte das Gericht sehr aufschlußreiche Überlegungen über den subjektiven Tatbestand eines Duells an. Es ging von der auch in der Literatur oft vorgetragenen[357] Annahme aus, daß die vor einem Duell vereinbarten Modalitäten des Kampfes „in den wenigsten Fällen dahin festgesetzt werden, daß einer der Duellanten getödtet oder verwundet werden müsse, dagegen meistens darauf berechnet sind, die Gefährlichkeit des Kampfes zu vermindern". Der Zweck des Duells sei nämlich schon dann erreicht, wenn es „den festgesetzten Kampfregeln gemäß vor sich gegangen ist, und ohne, daß einer der Kämpfenden getödtet oder verwundet wurde". Mit diesen Erwägungen lehnte das Gericht im vorliegenden Fall einen Vorsatz des Duellanten bezüglich der Folgen des Duells ab. Es verurteilte den Täter daher nur nach Maßgabe des Art. 65 des Strafgesetzbuchs wegen Tötung aus grober Fahrlässigkeit zu acht Monaten Gefängnis. Dabei betonte es aber, daß ein Pistolenduell „immer, wenn auch die Gefährlichkeit des Kampfes durch die festgelegten Bedingungen gemindert wurde, eine gefährliche Handlung bliebe", und daß der Täter „die Gefährlichkeit seiner Handlung wohl einsehen mußte"[358].

---

[355] Vgl. Art. 178 bis 185 bzw. Art. 367 bis 369 des bayerischen Strafgesetzbuchs von 1813. In diesem Zusammenhang ist, da keiner der Verbrechenstatbestände der Art. 178 bis 185 erfüllt war, Art. 367 relevant: Danach werden Körperverletzungen mit ein bis sechsmonatigem Gefängnis bestraft.

[356] Bayerisches Hauptstaatsarchiv München, Kriegsarchiv, A XIII 3/4: Akte Nr. 63. Das ausführliche Urteil wird in einer Abschrift im vollen Wortlaut mitgeteilt.

[357] Vgl. etwa Mittermaier, Zweikampf, S. 452.

[358] Nach Art. 65 des Strafgesetzbuchs von 1813 lag grobe Fahrlässigkeit unter anderem vor, „I. wenn der Beschädiger die Gefährlichkeit seiner Handlung selbst eingesehen, gleichwohl aber in unbesonnenem Leichtsinne dieselbe nicht unterlassen hat; II. wenn seine Handlung in

Ein höchstrichterlicher Ausspruch zu diesen Fragen erfolgte erst spät. Im Jahr 1854 hatte der Oberste Gerichtshof Bayerns über ein im Jahr zuvor zwischen dem erblichen Reichsrat Karl Theodor Fürst Wrede und dem Staatsrat Freiherr von Lerchenfeld vorgefallenes Pistolenduell zu befinden. Letzterer hatte dabei eine Schußwunde davongetragen und war infolgedessen 19 Tage arbeitsunfähig gewesen[359]. Wrede war zuvor durch das Kreis- und Stadtgericht München als Eingangsinstanz nach den Vorschriften des Strafgesetzbuchs wegen Körperverletzung zu sechs Monaten Festungsstrafe verurteilt worden, was durch das Appellationsgericht von Oberbayern als Berufungsgericht bestätigt worden war. Der oberste Gerichtshof entschied durch Urteil vom 21. Februar 1854 letztinstanzlich, daß bei einem Duell „die Anwendbarkeit der Bestimmungen des Strafgesetzbuches vom Jahre 1813 im Allgemeinen keinem gegründeten Zweifel unterliegen“ könne. Denn das Duellmandat von 1779 sei zwar bislang nicht ausdrücklich außer Kraft gesetzt worden, habe aber „jedenfalls mit dem Erscheinen des Strafgesetzbuches vom Jahre 1813 insoferne eine wesentliche Änderung erfahren, als im Falle sich ein Duell in seinem Erfolge nach den allgemeinen oder besonderen Bestimmungen jenes Gesetzbuches als Verbrechen oder Vergehen darstellt, nunmehr die dort gegebenen Vorschriften zur Anwendung kommen müssen“. Das ergebe sich unter anderem eindeutig aus den Anmerkungen zum Strafgesetzbuch. Dort sei „unter ausdrücklicher Bezugnahme auf die Duelle“ angeordnet, daß das Mandat nur insoweit noch anwendbar sei, als sich die abzuurteilende Handlung nicht unter einen Tatbestand des Strafgesetzbuchs subsumieren lasse. Zusätzlich werde durch die Disziplinargesetze für die Studierenden von 1814 „geradezu ausgesprochen, daß die im Strafgesetzbuch vom Jahre 1813 bestimmten Strafen einzutreten haben, wenn der Zweikampf eine Tödtung oder Körperverletzung zur Folge hatte“[360].

Damit war, gut vierzig Jahre nach Schaffung des bayerischen Strafgesetzbuchs, eine seither offene und kontrovers beurteilte Frage höchstinstanzlich entschieden. Da der oberste Gerichtshof keine Fahrlässigkeitsstrafe verhängte, ging er in seinem Urteil auch implizit davon aus, daß die im Duell zugefügte

so hohem Grade gefährlich war, daß er bei geringer Aufmerksamkeit hätte einsehen müssen, daß der rechtswidrige Erfolg wenigstens eben so leicht daraus entstehen als nicht entstehen könne ...“

[359] Der Fall ist ausführlich geschildert in der Zeitschrift für Gesetzgebung und Rechtspflege des Königreichs Bayern, 1. Band 1854, S. 99 ff.

[360] ebenda, S. 103 f.

Körperverletzung vorsätzlich begangen wurde. Große Bedeutung für die bayerische Rechtsprechung konnte diese Entscheidung aber nicht mehr haben, da bis zur Inkraftsetzung des neuen bayerischen Strafgesetzbuchs von 1861 nicht mehr viel Zeit vergehen sollte. Dort wurden die Zweikampfdelikte dann selbständig in einem eigenen Abschnitt geregelt, wodurch die Frage der Anwendbarkeit des Duellmandats von 1779 endgültig obsolet wurde.

Es entbehrt nicht einer gewissen Ironie, daß seit den zwanziger Jahren des 19. Jahrhunderts zahlreiche Neuentwürfe für ein bayerisches Strafgesetzbuch vorgelegt wurden, die jeweils spezielle Zweikampftatbestände enthielten. Das zeigt, daß man in der bayerischen Gesetzgebung die allgemeinen Tötungs- und Körperverletzungsvorschriften längst nicht mehr auf Duelle anwenden wollte, gleichzeitig aber diese Materie für unbedingt regelungsbedürftig hielt. Im folgenden werden die Duellregelungen dieser zahlreichen Entwürfe vorgestellt, die das Ziel einer Überarbeitung und weiteren Verbesserung des Strafgesetzbuchs von 1813 hatten.

Bevor davon die Rede sein wird, ist kurz noch die laxe Verfolgungsmentalität der bayerischen Polizei- und Justizbehörden gegenüber Duellanten anzusprechen. Duelle hatten häufig nur dann ein juristisches Nachspiel, wenn es Tote oder Verletzte gegeben hatte oder wenn das Aufsehen in der Öffentlichkeit groß geworden war[361]. König Ludwig I. richtete deswegen 1842 an sämtliche bayerische Regierungspräsidenten ein Reskript, „die gesetzliche Einschreitung gegen vorfallende Zweykämpfe betreffend“[362]. Darin rügt er, daß „in jüngster Zeit sogar in 3 Kreishauptstädten Zweykämpfe vorgefallen sind, bey welchen die Entdeckung u. gesetzliche Bestrafung der Theilnehmer hauptsächlich dadurch vereitelt wurde, daß die in solchen Fällen ungesäumt einzuleitende polizeyliche Untersuchung entweder ganz unterblieben oder nicht mit pflichtgemäßem Ernste u. Eifer geführt ... worden ist“. Die Regierungspräsidenten hätten es unterlassen, „ihren Obliegenheiten gegenüber dieser Versäumniß der untergebenen Behörden mit dem gehörigen Nachdrucke nachzukommen“. Ein solch mangelhafter Gesetzesvollzug würde „nothwendig nicht nur zur Vermehrung solcher Frevel beytragen, sondern auch die Achtung vor dem Geseze und das Ansehen der Obrigkeit im Allgemeinen tief erschüttern“.

---

[361] Frevert, S. 91.

[362] Bayerisches Hauptstaatsarchiv München, Innenministerium, MInn Nr. 72423: Reskript Ludwigs I. vom 26. Dezember 1842.

Ob diese nur zu berechtigte königliche Intervention eine nennenswerte Wirkung besaß, läßt sich nicht sagen. Trotz seiner Position als bayerischer Monarch scheinen die Einflußmöglichkeiten Ludwigs I. auf die zuständigen Ermittlungs- und Verfolgungsbehörden von eher begrenztem Ausmaß gewesen zu sein. Angesichts der herrschenden Ehrvorstellungen war es geradezu ein Kampf gegen Windmühlen, wenn Ludwig I. nun die Regierungspräsidenten aufforderte, die nachgeordneten Behörden zu veranlassen, „zur Entdeckung der Urheber und Theilnehmer mit aller Kraft u. Thätigkeit ohne die mindeste Säumniß einzuschreiten".

3.4 Die Strafgesetzbuchentwürfe nach 1813

3.4.1 Der Entwurf von 1822

3.4.1.1 Vorgeschichte, Charakterisierung und Schicksal des Entwurfs

Der Erfolg des Feuerbach'schen Strafgesetzbuches von 1813 bedeutete beileibe nicht, daß dieses keine Schwachstellen gehabt hätte. Bei aller Anerkennung für seine fortschrittliche Konzeption rügte die bayerische Justiz schon sehr bald zahlreiche Mängel, die sich bei der praktischen Gesetzesanwendung zeigten[363]. Im Visier dieser Vorwürfe standen vor allem die sehr weitgehende Einschränkung des richterlichen Ermessens, die einer „Gängelung des Richters"[364] gleichkomme, sowie die fragwürdige Aufspaltung der strafbaren Handlungen in die Kategorien der Verbrechen und Vergehen[365]. Neben streng fachlicher Kritik zog Feuerbachs Werk auch parodistischen Schabernack in Gestalt einer anonymen Abhandlung mit dem Titel „Birmanisches Strafgesetzbuch" auf sich[366]. In-

[363] Einen guten Überblick darüber gibt aus zeitgenössischer Sicht Mittermaier, Einführung, S. 54 ff. - Aus heutiger Perspektive zusammenfassend Schweisthal, S. 14 ff.

[364] So Dollmann, 1. Abt., S. 8.

[365] Mittermaier, Einführung, S. 56, 62 f.; ders., Neuer Entwurf, S. 182; Schmidt, S. 266; Rüping, Randnr. 250.

[366] Der vollständige Titel lautete: „Birmanisches Strafgesetzbuch, übersetzt und mit den nöthigen, so wie mit einigen unnöthigen Anmerkungen versehen", vgl. Mittermaier, Neuer Entwurf, S. 175, Fußn. 9, sowie ausführlich Radbruch, S. 203 f. Es erschien unter dem Pseudonym Michael Tobias Zaunschliefer in zwei Teilen 1822 bzw. 1825. Sein Titel stellt zum einen eine Anspielung auf Feuerbachs rechtsvergleichende Studien mit asiatischen Rechten dar. Zum anderen bezieht er sich auf das damals wie heute als bayerisches Nationalgetränk par excellence geltende Bier, sollte also ein Gesetz für die Bier-Mannen ankündigen. Die Autorschaft, die sich hinter dem Pseudonym Zaunschliefer verbirgt, ist nicht ganz geklärt, dürfte

zwischen hatte auch Feuerbach selbst aus der Perspektive des Richters „mancherlei Unvollkommenheiten“[367] seines Gesetzbuchs erlebt. Aufgrund seiner Erfahrungen räumte er nicht nur unumwunden die Notwendigkeit von Nachbesserungen ein, sondern legte auch eigene Änderungsvorschläge vor[368].

Man reagierte auf die zutage tretenden Schwächen überaus schnell. In kürzester Zeit erging eine wahre Flut von sogenannten „Novellen“ zum bayerischen Strafgesetzbuch. Allein in den drei Jahren bis 1816 wurden weit über einhundert davon gezählt[369]. Jedoch waren nur die wenigsten von ihnen echte Gesetze, die als solche durch das Regierungsblatt bekanntgemacht wurden[370]. Die bedeutsamste davon war die Diebstahlsnovelle von 1816, die einen ganzen Gesetzesabschnitt von Grund auf neu gestaltete[371].

Großenteils handelte es sich bei den Novellen dagegen um Reskripte[372] aus dem Justizministerium. Diese richteten sich nicht an die Allgemeinheit, sondern an die Gerichte. In ihnen wurden Anordnungen für den Gesetzesvollzug getroffen oder einzelne Gesetzespassagen erläutert. Sie wurden nicht amtlich publiziert, was jedenfalls bis zum Inkrafttreten der Verfassung vom 26. Mai 1818 auch keinen Formmangel darstellte[373].

---

nach Meinung Radbruchs aber entgegen häufigen Vermutungen nicht dem Ritter von Lang zuzuschreiben sein, sondern M. L. Wellmer, einem Landrichter aus Feuerbachs Gerichtsbezirk.

[367] So Feuerbach in einem Schreiben an Georg Friedrich von Zentner (der zu dieser Zeit bayerischer Justizminister war) vom 27. August 1824, in: Feuerbach, Biographischer Nachlaß, 2. Band, S. 217.

[368] E. Wolf, S. 571; Kipper, S. 73, S. 143 ff.

[369] Savigny, S. 15 f., gibt unter Bezugnahme auf den „Brief eines Bairischen Advocaten vom 22. Mai 1816“ die Zahl von 111 Novellen an, was er als schlagendes Argument für seine bekannte Ansicht wertet, daß die Zeit noch „keinen Beruf zur Abfassung eines Gesetzbuchs“ habe. - Die von Radbruch, S. 204, und, ihm folgend, Rosenberger, S. 78, angegebene Zahl von 151 Novellen wird dagegen ein Druckfehler sein, da Radbruch sich mit größter Wahrscheinlichkeit auf Savigny bezieht, vgl. den Editionsbericht von G. Haney in: Radbruch, S. 488. - Bis zum 26. November 1816 wird dann gar die Anzahl von 156 Novellen ermittelt, vgl. Gönner, Jahrbücher, 1. Band, S. 7.

[370] Gönner, Jahrbücher, 1. Band, S. 6.

[371] Mittermaier, Neuer Entwurf, S. 176; Radbruch, S. 204.

[372] Unter Reskript verstand man im 19. Jahrhundert allgemein „einen auf Anfrage ergehenden schriftlichen Bescheid einer Oberbehörde an eine nachgeordnete Behörde oder Person“, vgl. Dilcher, Sp. 936.

[373] Näher Dollmann, 1. Abt., S. 9 f.

Durch ein solches unpubliziertes[374] Reskript war 1814 auch verfügt worden, daß das Duellmandat von 1779 „noch als allgemeines Gesetz fort(gelte), in so ferne nicht durch das Duell ein im St.G.B. benanntes Verbrechen begangen worden“ sei[375]. Damit war allerdings für die Klärung der unsicheren Rechtslage nichts gewonnen. Denn das Reskript wiederholte nur, was schon die Anmerkungen zum Strafgesetzbuch ausgesprochen hatten[376].

Teilweise glaubte man, im Erlaß der zahllosen Novellen eine „unmäßige Reformiersucht“ diagnostizieren zu können, oder erblickte darin gar „die Absicht einer Bloßstellung des Gesetzbuches und seines Schöpfers“ durch Feuerbachs Konkurrenten Gönner, der damals im bayerischen Justizministerium tätig war[377]. Das mag hier dahingestellt bleiben. Außer Zweifel steht aber, daß Gönner maßgeblich an der Erarbeitung der Novellen mitwirkte[378], so daß er sicherlich die Gelegenheit wahrnahm, darin eigene Rechtsansichten zum Ausdruck zu bringen.

Durch den Erlaß immer neuer Novellen konnten die Mängel des geltenden Rechts jedoch allenfalls punktuell behoben werden. Daher drängte der bayerische Justizminister Reigersberg ab 1817 auf die Erarbeitung eines Gesamtentwurfs für ein revidiertes Strafgesetzbuch, die schließlich 1819 durch den König angeordnet wurde[379]. Bei diesem Entschluß spielte auch der Umstand eine Rolle, daß inzwischen die Rechtseinheit innerhalb Bayerns von neuem verlorengegangen war. Denn nach dem Ende der napoleonischen Herrschaft hatte Bayern im Jahr 1814 neben einigen kleineren Gebieten Würzburg und Aschaffenburg erhalten. 1816 kam die linksrheinische Pfalz dazu, die unter Napoleon dem französischen Imperium einverleibt worden war[380]. Das bayerische

---

[374] Das Königlich-Baierische Regierungsblatt als amtliches Publikationsorgan weist für das Jahr 1814 keinen Eintrag dieses Reskripts auf. Zu dieser Zeit war das staatliche Handeln auf die andauernden kriegerischen Auseinandersetzungen konzentriert, so daß die Eintragungen im Regierungsblatt überwiegend von Militärangelegenheiten handeln.

[375] Reskript vom 12. April 1814, zitiert nach Spies, S. 3. Molitor, S. 556, Fußn. 10, erwähnt dieses Reskript kurz.

[376] Anmerkungen, 1. Band, S. 26. Dieser erste Band der Anmerkungen war noch 1813 erschienen.

[377] So Radbruch, S. 204, der freilich spürbar wenig Sympathien für Gönner übrig hat.

[378] Holzhauer, Sp. 1753; Oersted, S. 4.

[379] Mittermaier, Neuer Entwurf, S. 177; Einleitung des Entwurfs des Strafgesetzbuches von 1822, S. III.

[380] Seydel, S. 196.

Strafgesetzbuch wurde per Reskript lediglich in Aschaffenburg zum 1. 3. und in Würzburg zum 1. 10. 1815 eingeführt[381].

Dagegen kam es in der Pfalz nicht zu einer Übernahme des bayerischen Strafrechts[382]. Dort war durch Napoleon der Code pénal eingeführt worden. Die dadurch bedingte, gegenüber dem rechtsrheinischen Bayern abweichende Behandlung des Duells wird unten in einem eigenen Abschnitt dargestellt. Das bayerische Strafgesetzbuch von 1813 wäre in der Pfalz nur unter einem erheblichen Aufwand zu vollziehen gewesen. Denn die dortige Gerichtsverfassung war ganz anders strukturiert und hätte bei einer Übernahme des bayerischen Strafrechts neu organisiert werden müssen[383]. Vor allem aber hatte man in der Pfalz sehr positive Erfahrungen mit dem französischen Recht gemacht und wollte nun gerade dessen prozessuale Errungenschaften beibehalten, darunter die Geschworenengerichte sowie die Mündlichkeit und Öffentlichkeit des Verfahrens[384]. Auch die Regierung in München erkannte deren Vorteilhaftigkeit und Fortschrittlichkeit an, konnte sich aber nicht dazu entschließen, sie umgekehrt für das rechtsrheinische Bayern zu übernehmen[385]. Eine Auflösung der beträchtlichen Rechtsungleichheit innerhalb des bayerischen Staatsgebiets[386] schien daher nur durch eine neue Gesamtkodifikation erreichbar. In diesem Sinn richtete auch die neue bayerische Verfassung vom 26. Mai 1818[387] den aus-

---

[381] Doppelmayr, S. 3; Spies, S. 3, der weiter mitteilt, daß das bayerische Strafgesetzbuch am 1. Januar 1817 für die Fuldaischen Ämter, am 1. Oktober 1817 für den Markt Redwitz sowie am 1. Januar 1823 für das Amt Steinfeld eingeführt wurde.

[382] Gönner, Jahrbücher, 2. Band, S. 4.

[383] Schweisthal, S. 40.

[384] Becker, Rheinpfalz, S. 20; Volk, S. 282, 284 f.; G. Schubert, S. 22.

[385] Näher Rosenberger, S. 79, der ausführt, daß auch der Vorschlag, die Pfalz solle ausschließlich das materielle bayerische Strafrecht ohne das Prozeßrecht übernehmen, von der bayerischen Regierung als untunlich verworfen wurde. Diese traute nur Berufsrichtern, nicht dagegen den Laien in den Geschworenengerichten der Pfalz eine fehlerfreie Anwendung des bayerischen Strafgesetzbuchs zu.

[386] Weis, S. 2, führt dafür anschauliche Beispiele an.

[387] Die Verfassungs-Urkunde des Königreichs Baiern vom 26. Mai 1818 wurde im kurz zuvor eingerichteten „Gesetzblatt für das Königreich Baiern", Jahrgang 1818, Spalten 101 ff., bekanntgemacht (abgedruckt bei Wenzel, S. 21 ff.).

drücklichen Auftrag an den Gesetzgeber, auf strafrechtlichem Gebiet die Rechtseinheit für ganz Bayern herzustellen[388].

Zur gleichen Zeit fiel bezüglich des Duells eine wichtige Entscheidung. Die beiden Kammern der bayerischen Ständeversammlung, die nach der Verfassung von 1818 für die Beratung der Gesetze auf dem Gebiet des Strafrechts zuständig waren[389], hatten schon kurz nach ihrem erstmaligen Zusammentritt den dringenden Regelungsbedarf dieser Materie betont. Daher hatten sie im Juni 1819 „Seine königliche Majestät ... im verfassungsmäßigen Wege gebeten ..., eine Revision der bestehenden Gesetze gegen Duelle allergnädigst anzuordnen, ein dieses Uebel beseitigendes Gesetz der Stände-Versammlung zur Berathung vorzulegen und die zweckmäßigsten gesetzlichen Bestimmungen wider die überhandnehmenden Duelle auf Universitäten beyfügen zu lassen“[390]. Diesem Gesuch war von Seiten der königlichen Regierung im Landtagsabschied vom 22. Juli 1819 umstandslos entsprochen worden[391].

Die zunächst einzige erkennbare Folge des beschlossenen Vorgehens gegen das Duell betraf eine eher nebensächliche, doch äußerst delikate Angelegenheit. Nachdem ein im Duell getöteter Offizier „ganz mit militärischem Gepränge ... zu Grabe gebracht worden“ war, erging unter dem Datum des 16. April 1820 eine „Allerhöchste Entschließung, das Begräbnis der im Duell Gebliebenen betreffend“[392]. Um solch aufsehenerregende Weihen für Duelltote fernerhin zu unterbinden, ordnete König Max I. Joseph darin an, daß „für die Zukunft in einem ähnlichen, wider Verhoffen eintretenden Falle, bis in der Folge hierüber nähere Bestimmungen werden ertheilt werden, bey den im Duell

388 Becker, Rheinpfalz, S. 25 f.; Dollmann, 1. Abt., S. 5 f. - § 7 des VIII. Titels der Verfassungsurkunde lautet: „Es soll für das ganze Königreich ein und dasselbe bürgerliche und Straf-Gesetzbuch bestehen“, abgedruckt bei Wenzel, S. 39.

389 Titel VII, § 2 der Verfassungsurkunde lautet: „Ohne den Beyrath und die Zustimmung der Stände des Königreichs kann kein allgemeines neues Gesetz, welches die Freyheit der Personen oder das Eigenthum der Staats-Angehörigen betrifft, erlassen, noch ein schon bestehendes abgeändert, authentisch erläutert oder aufgehoben werden“. - § 30 desselben Titels bestimmt: „Der König allein sanctionirt die Gesetze und erläßt dieselben mit seiner Unterschrift“.

390 Bayerisches Hauptstaatsarchiv München, Staatsrat Nr. 2450: Antrag der Stände an den König vom 7. Juni 1819. Vgl. dazu auch Mussinan, S. 137 f.; Vorberg, S. 2 ff.

391 Vorberg, S. 4; Kohlrausch, S. 194.

392 Abgedruckt bei Weber, S. 37 (Nr. 438).

gebliebenen Offizieren nur ein stilles Begräbniß, aber mit Entfernung jeder militärischen Feierlichkeit und sonstigen Gepränges statt haben soll"[393].

Diese auf der militärischen Befehlsgewalt des Königs beruhende Maßnahme war aber allenfalls indirekt zur Bekämpfung des Duells geeignet. In erster Linie zielte sie zweifellos darauf ab, Peinlichkeiten zu vermeiden. Denn öffentliche Begräbniszeremonien der Armee für tote Duellanten mußten die nach außen bekundete Entschlossenheit des Staates zur Bekämpfung des Duells ins Zwielicht rücken. Interessanterweise wurde ein Vierteljahrhundert später unter Ludwig I. erneut eine Entschließung erlassen, die die Maßnahme von 1820 ausdrücklich aufgriff und auf Personen erweiterte, die nicht dem Militär angehörten. Darin wurde bestimmt, „daß in Zukunft auch bey den im Zweykampfe gebliebenen, dem Civilstande angehörenden Personen ... nur ein stilles Begräbnis, mit Entfernung aller bürgerlichen Feyerlichkeiten und sonstigen Gepränges statt haben ... soll"[394].

Weil die Erarbeitung eines neuen Gesamtentwurfs des Strafgesetzbuchs bereits beschlossene Sache war, verstand es sich von selbst, daß darin nun auch das Duell mitzuregeln war. Die Schaffung eines speziellen Duellgesetzes, wie sie von der Ständeversammlung 1819 betrieben worden war, war also überflüssig geworden[395]. Der Gesetzgebungsauftrag ging an eine Kommission unter dem schon mehrfach erwähnten Nikolaus Thaddäus Gönner[396]. Unter seiner maßgeblichen Mitwirkung entstand ein „Entwurf des Strafgesetzbuches", der 1822 veröffentlicht wurde[397].

Da seit der Schaffung von Feuerbachs fortschrittlichem und berühmt gewordenem Gesetzbuch das Interesse der Strafrechtswissenschaft auf die Entwicklung in Bayern gerichtet war[398], wurde Gönners Entwurf ein hohes Maß an

---

393 Weber, ebenda.

394 Bayerisches Hauptstaatsarchiv München, Kriegsarchiv A XIII 3/3: Entschließung Ludwigs I. vom 10. November 1845.

395 Günther, S. 149, Fußn. 333.

396 Dollmann, 1. Abt., S. 18; Radbruch, S. 205; Schweisthal, S. 41.

397 Veröffentlicht als: Entwurf des Strafgesetzbuches, München 1822.

398 Vgl. Mittermaier, Neuer Entwurf, S. 173: „Das baierische Strafgesetzbuch von 1813 gehörte schon von seiner ersten Erscheinung an nicht blos dem Königreiche Baiern, in welchem es als Gesetz galt, sondern dem gesammten deutschen Vaterlande an. Der Name seines genialen Verfassers lenkte die Aufmerksamkeit jedes wissenschaftlich Gebildeten ... auf die neue Arbeit, als es dabei auf den Beweis ankam, ob ein in neuer Zeit so berühmt gewordenes Sy-

Beachtung zuteil. Die Aufnahme durch die wissenschaftliche Fachwelt war gemischt. Letztlich sollte der Entwurf den kritischen Blicken von Gönners Zeitgenossen aber nicht standhalten.

Im Ganzen lehnte sich Gönners Werk in vielfacher Hinsicht eng an Feuerbachs Strafgesetzbuch an. Trotzdem würde man, wie es in einer Besprechung hieß, „sehr irren, wenn man den Entwurf nur als eine neue Ausgabe des Gesetzes von 1813 ... oder auch nur als Verbesserung des Ausdrucks in einzelnen Artikeln betrachten wollte"[399]. Vielmehr würde er „neben zahlreichen Mißgriffen und Mängeln gleichwohl in nicht wenig Punkten wahre Verbesserungen des StGB" darstellen[400]. Doch mußte selbst ein Autor, der ihm „einen entschiedenen Vorzug vor dem Strafgesetzbuche von 1813" zu attestieren bereit war, einräumen, daß Gönners Arbeit „in einzelnen Theilen mehrere Schattenseiten" aufwies[401].

Eine seiner auffallendsten Eigenschaften war die erhebliche Ausdehnung des Entscheidungsspielraums der Richter bei der Strafzumessung. Damit reagierte Gönner auf die permanenten Klagen der juristischen Praxis über die allzu weitgehende Ermessenseinschränkung durch das geltende Recht[402]. In Oldenburg, das als erstes deutsches Land das bayerische Strafgesetzbuch übernommen hatte, war aus diesem Grund bereits 1821 per Gesetzesänderung das richterliche Ermessen erweitert worden[403]. Der neue bayerische Entwurf schoß allerdings in diesem Punkt weit über sein Ziel hinaus, so daß man an ihm nun umgekehrt die „große Willkür der Richter" beanstandete[404].

Weiter wurde eingewandt, daß sämtliche Fahrlässigkeitstaten als Übertretungen ausgeformt und im polizeistrafrechtlichen Teil des Entwurfs zusam-

---

stem, das des psychologischen Zwanges, eine consequente Durchführung in einem Gesetzbuche erlauben könne ..."

399 So Mittermaier, Neuer Entwurf, S. 178 ff., der zwar „alle wichtigen als Zierden des Gesetzbuchs von 1813 betrachteten Artikel ... stehen geblieben" sieht (S. 184), gleichzeitig aber verschiedene „bedeutende Abweichungen" des neuen Entwurfs vom bestehenden Gesetzbuch feststellt (S. 178).

400 Dollmann, 1. Abt., S. 18.

401 Wirth, S. I.

402 Oersted, S. 427 ff.; Mittermaier, Neuer Entwurf, S. 182 ff., 208 ff.; Dollmann, 1. Abt., S. 19.

403 Gönner, Motive, S. 159.

404 So Mittermaier, Revidierter Entwurf, S. 145. In ähnlicher Weise bemängelte Oersted, S. 428, an dem Entwurf „offenbar eine gar zu große Weite" des richterlichen Ermessens.

mengefaßt worden waren. Darin erblickte man eine systematisch „unnatürliche Zersplitterung des Stoffes“[405]. Sie hätte dazu geführt, daß die Polizeibehörden und nicht die Strafrichter zuständig gewesen wären[406]. Gönners Entwurf konnte schließlich auch in sprachlich-begrifflicher Hinsicht nicht mit Feuerbachs Werk mithalten. Nach den Worten eines Kommentators vermißte man an ihm „die nöthige Schärfe und Bestimmtheit, so daß die Gränzen der einzelnen Verbrechen nicht klar hervortraten“[407]. Aus diesen Gründen stieß er bei der wissenschaftlichen Kritik auf eine überwiegend negative Aufnahme[408].

Tonangebend unter den Kritikern war die von dem dänischen Juristen Oersted verfaßte, 1823 in Buchform erschienene „Ausführliche Prüfung“ von Gönners Entwurf[409], die diesem gleich in ihrem Vorwort „Verworrenheit und Schiefe sowohl der allgemeinen als der besonderen Begriffe“ bescheinigte. Seine Inkraftsetzung würde daher „nicht bloß in der Gesetzgebung ein trauriger Rückschritt, sondern auch für die Sittlichkeit, Rechtlichkeit und innere Sicherheit im Staate unheilbringend seyn“[410].

Gönner, der sich durch dieses vernichtende Urteil öffentlich herausgefordert fühlte, ließ solche Anwürfe nicht auf sich sitzen und zahlte in gleicher Münze zurück. In seiner 1825 veröffentlichten Replik konterte er: „Ein solches Produkt, wie die Kritik des Hrn. Oersted, aus Unwissenheit, Anmassung und Leidenschaft zusammengesetzt, hatte die juristische Literatur bisher nicht aufzuweisen“[411]. Das ist aber allenfalls eingeschränkt richtig. Denn was die Leidenschaftlichkeit der Äußerung angeht, so war Feuerbachs Kritik an Kleinschrods Entwurf kaum zu überbieten. Inzwischen war sich Gönner hinsichtlich der Qualitäten des Entwurfs offenbar auch nicht mehr allzu sicher, da er nun

---

405 So Dollmann, 1. Abt., S. 18.

406 Schweisthal, S. 46.

407 Mittermaier, Revidierter Entwurf, S. 146.

408 Vgl. näher Mittermaier, Neuer Entwurf, S. 173 ff.; ders., Revidierter Entwurf, S. 145 ff., wo er die hauptsächlichen Kritikpunkte zusammenfaßt; Dollmann, 1. Abt., S. 18 f.; Holzhauer, Sp. 1753. - Radbruch, S. 205, geht auf Gönners Entwurf inhaltlich nicht näher ein, scheint aber fast schon Genugtuung über dessen Scheitern zu spüren. - Ausführliche Literaturangaben zur wissenschaftlichen Auseinandersetzung mit Gönners Entwurf bietet Schweisthal, S. 43, Fußn. 120.

409 Vgl. Radbruch, S. 205; Schweisthal, S. 44. - Der vollständige Titel dieses umfangreichen, in Kopenhagen veröffentlichten Werks lautet: „Ausführliche Prüfung des neuen Entwurfs zu einem Strafgesetzbuch für das Königreich Bayern“, erschienen in München 1822.

410 Oersted, S. VI f.

411 Gönner, Motive, Vorwort S. III.

nachträglich seinen zweifellos ganz wesentlichen Anteil bei dessen Ausarbeitung herunterzuspielen versuchte und bemerkte, daß dieser „weniger mein Werk, als das Resultat der Berathungen einer sorgfältig ausgewählten Commission" sei[412].

Mit solchen Rückzugsgefechten konnte er aber nur noch versuchen, seine wissenschaftliche Reputation zu retten. Der Entwurf hatte dagegen aus ganz anderen Gründen keine Chance mehr, in Kraft zu treten. Auf dem Landtag von 1822 war er zwar noch eingebracht worden, dann aber vor dem regulären Schluß der Sitzungen nicht mehr zur Beratung gekommen[413]. Damit war sein Schicksal besiegelt. Denn die Bestimmungen der bayerischen Verfassung von 1818 sahen vor, daß der Landtag immer nur alle drei Jahre für jeweils nicht länger als zwei Monate einzuberufen war[414]. Gegenstände, die vor Sitzungsende nicht bis zur Beschlußreife gediehen waren, konnten also erst wieder auf dem nächsten Landtag verhandelt werden. In den folgenden Jahren beauftragte die bayerische Regierung zur Durchführung der Strafrechtsreform andere Juristen und nicht mehr den bereits 1827 verstorbenen Gönner[415].

3.4.1.2 Die vorgesehene Regelung des Zweikampfes

Die Einleitung des Entwurfs von 1822 betonte, daß bei seiner Abfassung „Bedacht auf Vollständigkeit genommen" wurde, insbesondere „durch Beifügung ... jener Gegenstände, worüber bisher, wie über Zweikampf und Wilddiebstahl, besondere Gesetze und Verordnungen galten"[416]. Diese Ankündigung sollte durch die Artikel 181 bis 183 eingelöst werden, die eine knappe Regelung der Zweikampfdelikte enthalten.

Nach der einleitenden Legaldefinition des Art. 181 ist des Zweikampfes schuldig, „wer aus was immer für einer Ursache Jemanden zum Streite mit Waf-

---

412 Gönner, Motive, Vorwort, S. IV.

413 Dollmann, 1. Abt., S. 19; Schweisthal, S. 46.

414 § 22 des VII. Titels der Verfassungs-Urkunde vom 26. Mai 1818 bestimmt: „Der König wird wenigstens alle drey Jahre die Stände zusammenrufen. ... Die Sitzungen einer solchen Versammlung dürfen in der Regel nicht länger als zwey Monate dauern, und die Stände sind verbunden, in ihren Sitzungen die von dem Könige an sie gebrachten Gegenstände vor allen übrigen in Berathung zu nehmen". In § 23 heißt es: „Dem Könige steht jederzeit das Recht zu, die Sitzungen der Stände zu verlängern, sie zu vertagen, oder die ganze Versammlung aufzulösen" (abgedruckt bei Wenzel, S. 37).

415 Holzhauer, Sp. 1752.

416 Entwurf des Strafgesetzes von 1822, Einleitung, S. IV.

fen herausfordert, und wer auf eine solche Herausforderung sich zum Streite stellt". Die Zweikampfregelungen sollten also nicht nur für privilegierte Stände, sondern für jedermann gelten. Das entsprach dem Gleichheitsgebot der bayerischen Verfassung[417]. Art. 182 enthält sodann in dreifacher Abstufung die Strafdrohungen für den ausgeführten Zweikampf. Dabei wird nach der Art der vor dem Kampf getroffenen Vereinbarung sowie nach der Schwere des eingetretenen Erfolgs differenziert. Nach Nr. I dieser Vorschrift sollte ein tödlich endender Zweikampf, der zuvor auch auf den Tod eines Beteiligten verabredet worden war, Zuchthausstrafe von 10 bis 20 Jahren nach sich ziehen[418]. Wenn dagegen ohne solche Verabredung das Duell eine tödliche oder eine lebensgefährliche Verwundung hervorgerufen hatte, war nach Nr. II eine Arbeitshausstrafe von zwei bis zu zehn Jahren zu verhängen[419]. In allen sonstigen Fällen sollte gemäß Nr. III eine mindestens sechsmonatige Gefängnisstrafe eintreten.

Mit dieser Regelung wird eine deutliche Besserstellung der Duellanten gegenüber gewöhnlichen Totschlägern erreicht[420]. Aus diesem Grund bemängelte ein dem Duell gegenüber kritisch eingestellter Autor, daß in Gönners Entwurf „die Strafen des Zweikampfes zu gelinde" seien[421]. Weitere Kritik wurde gegen die Undifferenziertheit des Art. 182 Nr. III vorgetragen. Denn diese Vorschrift stellte einen Zweikampf, der bleibende gesundheitliche Nachteile verursacht hatte, unter die gleiche Strafdrohung wie einen ohne alle Folgen ausgegangenen Zweikampf, so daß nur noch bei der Strafzumessung Raum für die Berücksichtigung des eingetretenen Erfolgs blieb[422].

Art. 183 legt fest, welche Personen als Gehilfen der Duellanten zu bestrafen waren. Dazu gehörten Zeugen, Sekundanten, sodann „diejenigen, welche zu der Herausforderung oder zur Annahme derselben auf irgendeine Art beigetragen, oder demjenigen, welcher den Zweikampf abzuwenden suchte, Verachtung gedroht oder bezeigt haben". Schließlich fielen darunter noch Vorgesetzte,

---

[417] Die Präambel der bayerischen Verfassung vom 26. Mai 1818 enthielt eine Liste mit den wesentlichen Verfassungsgrundsätzen. Darunter befand sich auch das Prinzip der „Gleichheit der Gesetze und vor dem Gesetze" (abgedruckt bei Wenzel, S. 23).
[418] Vgl. Art. 8 des Entwurfs.
[419] Vgl. Art. 10 des Entwurfs.
[420] Der mit Vorbedacht begangene Mord wurde nach Art. 236 mit der Todesstrafe, Totschlag nach Art. 238 mit 20 Jahren Zuchthaus bedroht.
[421] Braunmühl, S. 94.
[422] Wirth, S. 11 f.

die trotz Kenntnis von einem bevorstehenden Zweikampf „dasjenige, was sie zu dessen Verhinderung Kraft ihres Amtes thun konnten, nicht gethan haben“.

Zweifelhaft bleibt bei Gönners Entwurf, ob auch die bloße Herausforderung und die bloße Annahme strafbar sein sollen. Die erwähnte Legaldefinition des Zweikampfes in Art. 181, die davon spricht, daß der Täter „Jemanden zum Streite mit Waffen herausfordert“, würde das vom Wortlaut her eigentlich nahelegen. Doch spricht dagegen schon, daß der allgemeine wie auch der juristische Sprachgebrauch mit dem Begriff „Zweikampf“ nur das Geschehen auf dem Kampfplatz bezeichnet, wogegen Herausforderung und Annahme lediglich als Vorbereitungshandlungen des eigentlichen Kampfes verstanden werden. Vor allem aber gehen alle Alternativen des Art. 182, der die Strafdrohungen für den Zweikampf enthält, implizit von wenigstens begonnenen Kampfhandlungen aus. Somit wird man zum Schluß gelangen, daß Herausforderung und Annahme straflos sein sollten. Da die Zweikampftatbestände des Entwurfs eine abschließende Spezialregelung bildeten, konnte hier auch kein strafbarer Versuch einer Körperverletzung oder eines Totschlags vorliegen.

Für dieses Ergebnis spricht auch der Vergleich mit dem Gesetzesentwurf von Johann Georg August Wirth[423]. Der spätere maßgebliche Organisator des Hambacher Festes hatte 1825 auf eigene Initiative hin einen kompletten Entwurf für ein bayerisches Strafgesetzbuch veröffentlicht, der sich ausdrücklich als Überarbeitung von Gönners Entwurf verstand. In seinem Art. 377 war eine spezielle Regelung zur Strafbarkeit von Herausforderung und Annahme enthalten, was darauf schließen läßt, daß er eine entsprechende Bestimmung in Gönners Arbeit vermißt hatte. Auch die unten zu besprechenden Gesetzentwürfe von 1827 und 1831 hatten jeweils durch eine eigene Vorschrift die Strafbarkeit von Herausforderung und Annahme festgelegt. In Gönners Entwurf muß man also eine Regelungslücke annehmen.

[423] Johann Georg August Wirth, „Entwurf eines Strafgesetzbuches“, Bayreuth 1825. Darin wollte er, wie es im Untertitel hieß, der Frage nachgehen, „ob der Entwurf des Strafgesetzbuches für Baiern vom Jahre 1822 dem zur Zeit möglichen Grade von Vollständigkeit und Gerechtigkeit entspreche?“ - Diese Privatarbeit fand in der Literatur nur ein sehr geringes Echo. Die Motive 1827, S. 5, bezeichnen ihn als einen „oft mit ganz sonderbaren Ideen angefüllten Entwurf“.

3.4.2 Feuerbachs Entwurf von 1824

Nachdem Gönners Entwurf bei der wissenschaftlichen Kritik wenig Anklang gefunden hatte, hielt offenbar auch die bayerische Regierung nicht mehr viel davon. Der bayerische Justizminister wandte sich im August 1824 mit dem Auftrag an Feuerbach, die Erarbeitung eines neuen Entwurfs zu übernehmen. Feuerbach, zu dieser Zeit Richter am Appellationsgericht in Ansbach, legte sich mächtig ins Zeug und stellte innerhalb weniger Monate einen beschlußreifen Entwurf fertig[424]. Jedoch wurde ihm im Januar 1825 vom bayerischen Justizminister in einem Gespräch unter vier Augen zu verstehen gegeben, daß er wegen seiner Arbeit nicht mit Gratifikationsansprüchen rechnen könne, und daß er sich nach außen hin den Anschein geben solle, als habe er seinen neuen Entwurf aus freien Stücken und lediglich als Privatarbeit zur Unterstützung der Gesetzgebung verfaßt.

Feuerbach war angesichts dieser Zumutungen zutiefst verletzt und brach die Arbeit sofort ab. Auf eine spätere Nachfrage des Justizministers gab er die - unwahre - Auskunft, er habe seine Arbeit vernichtet. So kam es, daß dieser Entwurf nicht veröffentlicht wurde und auch seine Existenz lange Zeit unbekannt war. Er blieb indessen in Feuerbachs Nachlaß der Nachwelt erhalten[425].

Duelltatbestände kommen darin trotz der bestehenden Rechtsunsicherheit nicht vor. Das kontrastiert in auffälliger Weise zu Feuerbachs anerkanntem Streben nach möglichster Klarheit und Eindeutigkeit des Gesetzes. Da der Entwurf praktisch vollständig ausgearbeitet ist, kann man diese Lücke, ebenso wie schon beim Strafgesetzbuch von 1813, nur als eine bewußte Auslassung verstehen. Feuerbach wollte offensichtlich nach wie vor die Folgen eines Duells nach den allgemeinen Strafvorschriften behandelt sehen[426].

Feuerbachs verdienstvolle Bemühungen um die bayerische Strafgesetzgebung hatten auf diese Weise ein abruptes und für ihn unerfreuliches Ende gefunden. In den Augen des 1825 auf den bayerischen Thron gekommenen Ludwig I. war Feuerbach allzu progressiv gesinnt, so daß seine bewährten gesetz-

---

[424] Radbruch, S. 206; G. Schubert, S. 15.

[425] Radbruch, S. 207 f. - Der Inhalt des Entwurfs wurde erstmalig im Jahr 1847 von Mittermaier, Strafgesetzgebung, S. 587 ff., besprochen. In neuerer Zeit ist er Thema der ausführlichen Arbeit von G. Schubert.

[426] G. Schubert, S. 48.

geberischen Fähigkeiten von Seiten der Regierung nicht wieder in Anspruch genommen wurden[427].

3.4.3 Der Gesetzentwurf Ludwigs I. zum Duell vom 14. März 1826

Wegen des Scheiterns der bisherigen Versuche zur Reformierung des Strafgesetzbuchs schien auch eine gesetzliche Neuregelung des Duells in weite Ferne gerückt. Deswegen nahm sich Ludwig I. schon im ersten Jahr seiner Regierungszeit persönlich dieser Materie an. Aus seiner mitunter schwer lesbaren Feder stammt ein unter dem Datum des 14. März 1826 eigenhändig niedergeschriebener „Die Zweykämpfe betreffender Gesetzesentwurf"[428]. Er wurde nie veröffentlicht, hätte sich wohl auch wegen seiner offensichtlichen Unausgereiftheit und Lückenhaftigkeit kaum dazu geeignet. Die Tatsache aber, daß sich nun sogar der bayerische König mit einem eigenen Beitrag in die Duellgesetzgebung einschaltete, diente als Anstoß zu umfangreichen Gesetzesberatungen in den beiden Kammern der bayerischen Ständeversammlung. Nur diese parlamentarischen Verhandlungen werden in der Literatur dargestellt. Dagegen ist der sie erst in Gang bringende ursprüngliche Entwurf so gut wie unbeachtet geblieben[429].

Mit seinen Vorschlägen erwies sich Ludwig I. als erklärter Gegner des Duells. Nach den einleitenden Worten seines Entwurfs war der Zweikampf ein „Verbrechen gegen Religion und Vernunft, (ein) frevelhafter Eingriff in des Königs und der Stände Rechte, ein Hohnsprechen der Gesetze ..., ein Überbleibsel der Barbarey, der nichts beweist, nicht einmal Muth"[430]. Ludwig I. ging von der - mit dem Fortschreiten des 19. Jahrhunderts immer weniger richtigen - Annahme aus, daß das Duell „fast ausschließend blos bey dem Adel, den Officieren, Junker, Räthen, Rathsrang oder einen höhern Habenden und Studenten herrscht". Daher sollte sich nach § 2 des Entwurfs sein Anwendungsbereich auch ausschließlich auf diese Stände beschränken.

---

427 Kipper, S. 144 f.; Radbruch, S. 207.

428 Bayerisches Hauptstaatsarchiv München, Staatsrat Nr. 2450: „Die Zweykämpfe betreffender Gesetzesentwurf" vom 14. März 1826.

429 Einzig Frevert, S. 103, spricht den Entwurf selbst an. - Die sich anschließenden Verhandlungen in der bayerischen Ständeversammlung finden dagegen eine eingehendere Erörterung, vgl. Frevert, S. 103 ff.; Kohlrausch, S. 191 ff.; Vorberg, S. 4 ff.

430 Unterstreichung wie im Original.

Der bei weitem längere erste Teil des Entwurfs (§§ 1 bis 20) enthält unter der Überschrift „Anordnung dem Zweykampfe vorzubeugen“ detaillierte Vorschriften zur Bildung und zur Entscheidungskompetenz von Ehrengerichten. Darauf wird unten im Zusammenhang mit der Darstellung der Ehrengerichte zurückzukommen sein. Im hier interessierenden zweiten Teil des Entwurfs (§§ 21 bis 26) geht es um die „Bestrafung vorgefallener Zweykämpfe“. Diese sollte in die Zuständigkeit der ordentlichen Gerichte und nicht etwa in diejenige der Ehrengerichte fallen (§ 21).

Der ausgeführte, aber ohne Folgen gebliebene Zweikampf sollte je nach der Gefährlichkeit der vereinbarten Kampfbedingungen mit zwei bis sechs Monaten Festungshaft bestraft werden. Daß hier die gegenüber dem Gefängnis mildere und nicht entehrende Festungshaft verhängt werden sollte, verwundert nicht angesichts der Tatsache, daß der Entwurf nur auf bestimmte, exklusive Stände zugeschnitten war. Die Sekundanten sollten die Hälfte der den Duellanten zuerkannten Haftzeit erhalten (§ 23). Bei blutigem Ausgang des Duells sollte sich die Höhe der Bestrafung dagegen nach dem eingetretenen Erfolg richten. Die Festungshaft hätte sich dann gegenüber den vorgenannten Strafen erhöht, und zwar bei leichten Verwundungen um weitere sechs Monate sowie bei schweren Folgen, etwa Verstümmelungen, um nochmals zwei Jahre. Ein tödliches Duell hätte acht Jahre Festungshaft nach sich gezogen (§ 24).

Zu Herausforderung und Annahme des Duells fehlen besondere Bestimmungen. Mit einiger Wahrscheinlichkeit dürfte es sich insoweit um eine versehentliche Auslassung handeln. Denn bei Ludwig I. läßt sich während der gesamten Zeit seiner Regierung ein strenges Vorgehen gegen Duelle beobachten. Das äußert sich etwa noch in dem schon erwähnten Reskript von 1842, worin er die Nachlässigkeit der Verfolgungsbehörden brandmarkte[431].

Der Entwurf Ludwigs I. wurde entsprechend der Zuständigkeitsverteilung der bayerischen Verfassung von 1818 an die bayerische Ständeversammlung weitergeleitet. Die mit seiner näheren Ausarbeitung befaßte Gesetzkommission sah sich allerdings aus zwingenden verfassungsrechtlichen Gründen veranlaßt, ihn weitreichend abzuändern. Justizminister von Zentner versicherte zwar gegenüber Ludwig I. pflichtschuldigst, man habe sich seitens der Gesetzkommission wirklich jede erdenkliche Mühe gegeben, um „die von Euerer Königlichen Majestät mit ebenso großer Weisheit als tiefem Blike in die vorge-

---

[431] Frevert, S. 90 f.

faßten Meinungen der Menschen und von einigen Ständen vorgezeichneten Grund-Ideen in ihrer Haupttendenz unverändert beyzubehalten". Er gab aber zugleich zu verstehen, daß man sich gezwungen gesehen habe, die königlichen Absichten „mit dem Ganzen der Legislation in Einklang und Zusammenhang zu bringen"[432].

Unter anderem hatte die Gesetzkommission gerade daran Anstoß genommen, daß die Duelltatbestände abseits der ja seit Jahren beschlossenen Neufassung des Strafgesetzbuchs geregelt werden sollten. Ihrer Ansicht nach gehörten die Zweikampftatbestände gesetzessystematisch notwendig in das zu reformierende Strafgesetzbuch, denn es sei „dem Begriffe eines allgemeinen Strafgesetzbuches angemessen", möglichst sämtliche Straftatbestände gemeinsam zu regeln[433].

Aufgrund dieser Erwägungen verhandelte die Gesetzkommission bei den weiteren Beratungen über den Gesetzentwurf Ludwigs I. nur noch über die Einführung von Ehrengerichten. Darauf ist unten zurückzukommen. Die Zweikampftatbestände wurden dagegen ohne jede inhaltliche Diskussion aus den Verhandlungen ausgeklammert. Das erschien gerechtfertigt, weil zur gleichen Zeit auch ein neuer Entwurf des Strafgesetzbuchs beraten wurde.

3.4.4 Der Entwurf von 1827

3.4.4.1 Charakterisierung und Schicksal des Entwurfs

Das Ziel einer Gesamtneuregelung des Strafgesetzbuchs wurde auch unter dem neuen König weiterverfolgt. Ludwig I. setzte eine Gesetzgebungskommission mit dem Auftrag ein, den Gönnerschen Entwurf von 1822 zu überarbeiten. Unter maßgeblicher Mitarbeit des Ministerialrats von Schmidtlein

---

432 Bayerisches Hauptstaatsarchiv München, Staatsrat Nr. 2450: „Allerunterthänigster Antrag die Errichtung von Ehrengerichten, dann die Bestrafung der Ehrenbeleidigungen und Zweikämpfe betreffend" des Justizministers von Zentners an König Ludwig I. vom 21. August 1826.

433 Bayerisches Hauptstaatsarchiv München, Staatsrat Nr. 2450: „Motive des Gesetz-Entwurfes über die Einführung von Ehrengerichten" (ohne genaue Datumsangabe). - Die eingesetzte Gesetzkommission hatte im Lauf ihrer Beratungen einen verbesserten eigenen Gesetzentwurf erstellt und zu dessen Begründung diese Motive verfaßt. Darin führt sie weiter aus: „Sobald einmal allgemeine Gesetzbücher vorhanden sind, ist die Erlassung spezieller Gesetze über einzelne Gegenstände allezeit ein Uebel. Sie erinnert an ein in jeder Legislation immer nachtheiliges Fragmentieren..."

konnte bis 1827 ein „Revidirter Entwurf des Straf-Gesetzbuches" samt Motiven[434] erstellt und veröffentlicht werden[435].

Dessen herausragendste Eigenschaft war, daß ergänzend zu den seit 1813 bekannten drei Deliktskategorien der Verbrechen, Vergehen und Polizeiübertretungen noch eine vierte unter der Bezeichnung der schweren Übertretungen hinzukam[436]. Diese wurden gemäß Art. 1 des Entwurfs den Verbrechen und Vergehen an die Seite gestellt und sollten als zwar geringeres, aber gleichwohl kriminelles Unrecht in die Kompetenz der Strafgerichte fallen. Dagegen sollte das bloße Polizeiunrecht nach wie vor nicht deren Zuständigkeit unterliegen[437].

Die Einführung dieser nunmehr vierfachen „spitzfindigen Unterscheidung"[438] stieß weithin auf Unverständnis. Sie war die wesentliche Ursache dafür, daß der Entwurf in der Kammer der Reichsräte zwar noch beraten wurde, aber die Abgeordneten nicht überzeugen konnte[439]. Gleichwohl wurden ihm von Seiten der Literatur „vielfache Verbesserungen des ihm vorausgegangenen" Entwurfs von 1822 bescheinigt[440]. Die fortschrittlichen Ansätze sind darin zu sehen, daß sich der neue Entwurf um eine möglichst differenzierende, tatadäquate Bestrafung bemühte[441]. Das durch das geltende Strafgesetzbuch zu stark geknebelte richterliche Ermessen wurde erweitert, allerdings nicht so weitgehend wie im vorigen Entwurf[442].

---

434 Beides veröffentlicht als Beilage zu den Verhandlungen der zweiten Kammer der Ständeversammlung des Königreichs Bayern im Jahre 1827/28: Der Entwurf als Beilage IX im II. Beilagenband, die Motive als Beilage XVII im IV. Beilagenband. Zudem existiert von beidem ein Nachdruck, Frankfurt am Main 1988, hrsg. von Werner Schmid.

435 Zur Entstehungsgeschichte: Berner, Strafgesetzgebung, S. 326; Dollmann, 1. Abt., S. 19; Rosenberger, S. 82; Schweisthal, S. 48. - Inhaltlich am eingehendsten stellt Mittermaier, Revidierter Entwurf, S. 144 ff.; 267 ff., den Entwurf von 1827 dar.

436 Intensiv setzt sich Reigersberg, S. 8 ff., mit dem Für und Wider dieser Einteilung auseinander. Im Ergebnis stimmt er ihr zu.

437 Motive 1827, S. 10 f.

438 So Mittermaier, Revidierter Entwurf, S. 158.

439 Schweisthal, S. 51; Dollmann, 1. Abt., S. 20.

440 Dollmann, 1. Abt., S. 20.

441 Näher Schweisthal, S. 49 ff., der verschiedene Vorzüge und Neuerungen dieses Entwurfs gegenüber seinem Vorgänger von 1822 herausstellt. Durch eine diffenrenzierende Betrachtung kann er das bei weitem zu einseitige Urteil Rosenbergers korrigieren, der schon geglaubt hatte, im Entwurf von „irgendwelchen gesetzgeberischen Prinzipien ... nichts mehr zu spüren" (so Rosenberger, S. 83).

442 Vgl. Mittermaier, Revidierter Entwurf, S. 163 ff., der breite Ausführungen zur Regelung des richterlichen Ermessens macht.

3.4.4.2 Die vorgesehene Regelung des Zweikampfes

Der Entwurf behandelt den Zweikampf in seinen Art. 156 bis 160. Er übernimmt größtenteils die Zweikampfvorschriften des Entwurfs von 1822, weswegen weitgehend auf die vorigen Ausführungen verwiesen werden kann. Anders als dort ist nun aber durch Art. 158 Nr.1 auch die bloße Herausforderung und deren Annahme mit wenigstens einmonatiger Arreststrafe[443] bedroht. Die gleiche Strafe droht nach Art. 158 Nr. 2 denjenigen Personen, die gegenüber dem Herausgeforderten Verachtung drohten oder zeigten, wenn dieser es abgelehnt hatte, sich zu duellieren. Nach Art. 159 ist es ein straferhöhender Erschwerungsgrund, wenn eine der Parteien den ihr vor der Verabredung des Zweikampfes angetragenen Rechtsweg zurückgewiesen hat oder wenn sie, nachdem dieser Weg bereits beschritten gewesen war, wieder zum Zweikampf zurückgekommen ist. Schließlich bestimmt Art. 160, daß sämtliche Zucht- und Arbeitshausstrafen, die aufgrund von Zweikampfdelikten verhängt werden, nicht im gewöhnlichen Gefängnis, sondern auf einer Festung zu vollziehen seien.

Dieser Strafvollzug auf einer Festung stellte eine deutliche Privilegierung der Duellanten gegenüber den meisten anderen Straftätern dar. Nach der Gesetzessystematik war er keine eigene Strafart, sondern eine besondere, erleichterte Form des Vollzuges (Art. 19). Er war nur für eine Reihe von gesetzlich abschließend bezeichneten Straftatbeständen vorgesehen, darunter auch für den Zweikampf. Bei seiner Verhängung sollten die gesetzlichen Folgen der zuerkannten Strafe bestehenbleiben, insbesondere die Arbeitspflicht.

Diese Vollzugsart sollte pikanterweise der „Erhaltung rechtlicher Gleichheit“ dienen. In den Motiven des Entwurfs heißt es dazu, daß man einem Duellanten zugestehen müsse, „weniger aus Bosheit, mehr aus Unüberlegtheit, nur in der Hitze und in der Gemüthsbewegung gehandelt“ zu haben. Daher verdiene er „schonende Berücksichtigung ..., nicht in ein Zucht- oder Arbeitshaus

---

[443] Die Arreststrafe ist gemäß Art. 15 des Entwurfs eine gegenüber der Gefängnisstrafe deutlich mildere Strafart. Der Arrestierte kann danach, soweit er die Kosten aufbringt, während des Arrestes seine Beschäftigung und seine Verpflegung selbst wählen, wogegen nach Art. 11 der zu Gefängnisstrafe Verurteilte „bey einfacher Kost verwahrt und zu angemessener Beschäftigung, insbesondere, so weit es die Umstände gestatten, zu den gewöhnlichen Arbeiten seines Berufes angehalten“ werden sollte. Der Arrest ist außerdem in seiner Mindestdauer von einer Woche eindeutig gegenüber der Gefängnisstrafe privilegiert, die mindestens drei Monate zu betragen hatte.

gesperrt zu werden, damit nicht für ihn die Gemeinschaft mit der dort eingesperrten verworfenen Menschenklasse eine psychische Straferhöhung werde“[444].

Aus diesen Worten spricht die damals verbreitete Ansicht, daß Duellanten im Normalfall gesellschaftlich hochstehende Personen seien und aus ehrenwerten Motiven heraus handelten. Der führende Strafrechtler seiner Zeit, Mittermaier, war beispielsweise dieser Meinung, wenn er bemerkt, daß es „gewisse Verbrechen giebt, welche eben nicht von einem moralisch Entarteten, Verworfenen, sondern auch eben so von sittlich Edeln verübt werden können, die eine politische Schwärmerei, Standesvorurtheile, oder Übermaaß des Affects zu unerlaubten Handlungen fortreißt“[445]. Mit dieser Begründung sah er auch den Festungsvollzug für alle wegen Zweikampfes verurteilten Straftäter als gerechtfertigt an.

Doch gab es gegen diese Sichtweise auch Widerspruch. Unter Offizieren galt der Festungsvollzug geradezu als eine „custodia honesta“, also eine ehrenvolle Strafe[446]. Nicht zu Unrecht wurde er als „Parodie eines Kerkers“ bezeichnet[447]. Seine generelle Anordnung bei Zweikampfdelikten wurde als eine „zu große Humanität“ kritisiert[448]. Selbst dem bayerischen Gesetzgeber scheinen diesbezüglich bald Bedenken gekommen zu sein. Die Motive des Strafgesetzbuchentwurfs von 1831 bemerken nämlich, daß der Staat mit dieser Vergünstigung für Duellanten signalisiere, daß die gesetzliche „Mißbilligung des Zweykampfes so gar ernstlich nicht gemeynt sei“[449].

Als flankierende Maßnahmen für das Vorgehen gegen Zweikämpfe enthält der Entwurf in Art. 241 bis 246 spezielle Vorschriften für Ehrenbeleidigungen. Der Gedanke, daß es sich bei Angriffen auf die Ehre um strafwürdiges Unrecht handeln könne, hatte sich in der bayerischen Gesetzgebung erst nach und nach durchgesetzt. Das geltende Strafgesetzbuch von 1813 kannte überhaupt keine Beleidigungstatbestände. Der Entwurf von 1822 hatte diese Materie im-

---

444 Motive 1827, S. 19.

445 Mittermaier, Revidierter Entwurf, S. 159 f.

446 Rumschöttel, S. 164; Frevert, S. 98.

447 So Badenfeld, S. 21.

448 Samhaber, Kritische Beleuchtung, S. 14 f., fordert anstelle des privilegierenden Festungsvollzugs, daß die gegen Duellanten verhängten Arbeits- und Zuchthausstrafen zusätzlich noch durch die „Beschimpfung der öffentlichen Ausstellung am Schandpfahle“ geschärft werden sollten.

449 Motive 1831, S. 52; dazu Mittermaier, Entwurf 1831, S. 293.

merhin in seinem zweiten Teil als bloße Polizeiübertretung behandelt[450]. Der neue Entwurf behandelt dagegen die Tatbestände der Ehrenbeleidigung in der Kategorie der schweren Übertretungen und stuft sie damit als kriminelles Unrecht ein. Als Strafe bestimmt er maximal sechsmonatigen Arrest. Die Motive bemerken dazu, daß selbstredend „die Geldstrafen, welche mit der Ehre in gar keinem Verhältnisse stehen können, umgangen“ worden seien[451].

Bemerkenswert ist die nun realisierte Koppelung von Strafvorschriften gegen Ehrenbeleidigungen und solchen gegen Zweikämpfe. Diese naheliegende Verknüpfung hatte es schon im Reichsgutachten von 1668 sowie in den meisten bayerischen Duellmandaten des 18. Jahrhunderts gegeben. Im Strafgesetzbuch von 1813, das Beleidigungstatbestände nicht enthielt, konnte sie naturgemäß nicht auftauchen. Auch im Entwurf von 1822, der Ehrenbeleidigungen als bloßes Polizeiunrecht behandelte, war dieser Gedanke nur rudimentär ausgeformt. Im neuen Entwurf sollten dagegen die Straftatbestände gegen Ehrenbeleidigungen und Zweikampf zusammen mit der gleichzeitig beratenen Einführung von allgemeinen Ehrengerichten „ein zusammenhängendes Ganzes“ ergeben[452]. Mit dem Scheitern dieser Gesetzgebungsprojekte wurden diese Absichten jedoch zu Makulatur.

3.4.5 Der Entwurf von 1831

3.4.5.1 Charakterisierung und Schicksal des Entwurfs

Der gesetzgeberische Impetus Ludwigs I. sollte noch einige Zeit vorhalten. Der bayerische König war nach dem Mißerfolg des Entwurfs von 1827 weiterhin an einer Kodifizierung des Strafrechts interessiert und veranlaßte, daß in Bayern nur wenige Jahre später ein weiterer Anlauf dazu unternommen wurde. Der regierungsamtliche Auftrag zu seiner Ausarbeitung ging diesmal an den Ministerialrat Stürzer. Dieser schuf keine völlig eigenständige Arbeit, sondern

---

[450] Motive 1827, S. 250.

[451] Motive 1827, S. 251.

[452] Motive 1827, S. 111 f.; skeptisch dazu ist Mittermaier, Revidierter Entwurf, S. 286 ff., der bemerkt, die Erfahrung habe „den bisher in einigen Ländern versuchten Ehrengerichten kein günstiges Zeugnis gegeben“.

legte 1831 eine überarbeitete Fassung des Entwurfs von 1827 samt Motiven vor[453].

Auch dieser neuerliche Entwurf konnte sich nicht durchsetzen[454]. Trotz der insgesamt engen Anlehnung an seinen Vorgänger übernahm er nicht die dort vorgeschlagene, aber heftig kritisierte Aufspaltung der Straftaten in vier Deliktskategorien, sondern kam wieder zur herkömmlichen Dreiteilung in Verbrechen, Vergehen und Polizeiübertretungen zurück. Demgemäß wurden nun alle Tatbestände, die im Entwurf von 1827 als schwere Übertretung klassifiziert worden waren, zur Klasse der Vergehen gezogen und waren dementsprechend auch härter zu strafen[455].

Das richterliche Ermessen wurde auf persönliches Betreiben des Königs noch stärker als im Vorentwurf eingeschränkt[456]. Dahinter stand allerdings keineswegs die Furcht vor willkürlichen Gerichtsentscheidungen, sondern vielmehr ein handfestes monarchisches Machtdenken. Nicht die Richter sollten zu befinden haben, ob eine gesetzlich vorgesehene Strafe zu streng war, sondern ausschließlich der König. Mit der engen Begrenzung des richterlichen Entscheidungsspielraums sollte, wie es in den Motiven des Entwurfs heißt, „die dem königlichen Begnadigungsrechte nothwendig einzuräumende Sphäre der Wirksamkeit“ gesichert werden[457]. Letztlich war also ein Hineinregieren des Königs in den Bereich der Rechtspflege beabsichtigt. Das hätte zwar im Rahmen der bayerischen Verfassung gelegen, nach deren Bestimmungen die Gerichtsbarkeit vom König ausging und die Gerichte nur innerhalb der Grenzen ihrer amtlichen Befugnis unabhängig waren[458]. Gleichwohl wurde gegen diese Regelung zu Recht der Vorwurf erhoben, daß eine allzu häufig ausgeübte und

---

453 Beides veröffentlicht als Beilagen Nr. LXXIII und Nr. LXXIV des 13. Beilagenbandes der Verhandlungen der zweiten Kammer der Ständeversammlung des Königreichs Bayern vom Jahre 1831, München 1831.

454 Zur Entstehung: Dollmann, 1. Abt., S. 20; Rosenberger, S. 83 f.; Schweisthal, S. 52. - Vom Inhalt geben die Darstellungen von Wächter, S. 318 ff., und Mittermaier, Entwurf 1831, S. 273 ff., einen knappen Überblick.

455 Berner, Strafgesetzgebung, S. 326; Dollmann, 1. Abt., S. 21; Schweisthal, S. 52.

456 Motive 1831, S. 23 ff. - Zustimmend dazu Wächter, S. 321; ihm folgend Dollmann, 1. Abt., S. 20. - Ablehnend Mittermaier, Entwurf 1831, S. 276 ff.

457 Motive 1831, S. 24.

458 Vgl. §§ 1 und 3 des VIII. Titels der Verfassungs-Urkunde vom 26. Mai 1818 (Wenzel, S. 38).

beinahe schon zum gesetzlichen Normalfall erhobene königliche Begnadigungspraxis zu einer Gefährdung der Strafzwecke führe[459].

Auch dieser Entwurf erlitt das Schicksal seiner Vorgänger und kam, nachdem er in die Kammer der Abgeordneten eingebracht worden war, vor dem regulären Ende der zweimonatigen Sitzungsdauer dieses Landtags nicht mehr zur Beratung[460]. Ludwig I. sah auch keinen Anlaß, von der ihm zustehenden Möglichkeit Gebrauch zu machen, die Arbeit der Gesetzgebungsausschüsse über die reguläre Sitzungsperiode hinaus zu verlängern und dadurch eine Beratung des ja vollständig vorliegenden Entwurfs zu ermöglichen[461]. Dessen Scheitern lag somit gar nicht so sehr an seinen vorhandenen inhaltlichen Schwächen. In hohem Maße entscheidend war dabei auch die rapide schwindende Bereitschaft Ludwigs I., der sich als König von Gottes Gnaden verstand, sich mit den naturgemäß zähen und mitunter heftigen parlamentarischen Auseinandersetzungen abzugeben[462].

3.4.5.2 Die vorgesehene Regelung des Zweikampfes

Die Zweikampftatbestände finden sich in Art. 186 bis 190 des Entwurfs. Sie sind bis in die Formulierungen hinein weitgehend identisch mit den Vorschriften des vorigen Entwurfs und beinhalten daher keine wesentlichen Änderungen. Entsprechend der nun vorgenommenen Einengung des richterlichen Ermessens sind nun aber für sämtliche Tatbestände Mindeststrafen vorgeschrieben, aus denen die Tendenz zu einer insgesamt härteren Bestrafung des Zweikampfes hervorgeht.

---

459 Mittermaier, Entwurf 1831, S. 274 ff., setzt sich bei seiner Bewertung des Entwurfs von 1831 intensiv gerade mit diesem Punkt auseinander: Wenn, unter der Voraussetzung eingeschränkten richterlichen Ermessens, allgemein bekannt sei, daß das königliche Begnadigungsrecht restriktiv gehandhabt werde, so würden die Strafrichter „lieber manchen wahrhaft Schuldigen durchschlüpfen lassen, weil sie die gesetzlich eintretende Strafe für zu unverhältnismäßig finden“ (S. 278); im umgekehrten Fall dagegen, bei bekanntermaßen großzügiger Begnadigungspraxis, würden aber potentielle Straftäter schon von vornherein auf die Gewährung von Begnadigung rechnen und „bald der Glaube herrschend werden, daß die gesetzlichen Bestimmungen nicht so ernstlich gemeint sind, ... oder das Publikum wird zu der Meinung geleitet, daß das Strafgesetz nichts taugen muß“ (S. 279). Dazu komme, daß der Richter die einzelnen Strafsachen aufgrund der persönlichen Vernehmung der Täter und Zeugen viel besser kenne als der Begnadiger, der nur aufgrund eingesendeter Akten entscheide (S. 280).

460 Dollmann, 1. Abt., S. 21.

461 Rosenberger, S. 84.

462 Schweisthal, S. 53; Rosenberger, S. 84.

Weggefallen ist gegenüber dem letzten Entwurf die Bestimmung, daß sämtliche Strafen, die wegen Zweikampfdelikten verhängt wurden, auf einer Festung zu vollziehen waren. Diesbezüglich waren dem Gesetzgeber zum einen Bedenken wegen des Gleichheitsgebots der Verfassung gekommen. Vor allem aber befürchtete er eine Aufweichung der Gesetzesautorität, wenn Duellanten von vornherein auf einen privilegierten Vollzug rechnen konnten[463]. Daher sieht Art. 20 des neuen Entwurfs die Vollziehung einer Freiheitsstrafe auf einer Festung nur noch im Einzelfall vor. Sie soll jetzt lediglich „in Folge der von des Königs Majestät aus Gnade ertheilten Bewilligung" eintreten. Darauf sollte der Richter nur antragen, wenn durch den Vollzug am gewöhnlichen Strafort „eine besondere Erschwerung der verwirkten Strafe entstehen würde".

Nach dem Scheitern des Entwurfs von 1831 kamen in Bayern die intensiven und langwierigen Bemühungen um eine Strafrechtsreform für viele Jahre zum Erliegen. Die Auseinandersetzungen zwischen Ludwig I. und dem Parlament spitzten sich bald derart zu, daß unter seiner Regierung keine neuen Impulse mehr in dieser Richtung zu erwarten waren. Mit dem Ende des Landtags von 1831 hatten die Reformwilligkeit dieses Königs und damit auch die liberale Periode seiner Regierungszeit ein Ende gefunden[464]. Eine im Jahr 1837 vom Landtag ausgehende Anregung zur Erarbeitung eines neuen Entwurfs für ein Strafgesetzbuch konnte ihn nicht mehr dazu bewegen, die früheren Pläne einer Gesetzesrevision wieder aufzunehmen[465]. Auch eine 1844 geschaffene Gesetzkommission ging nach drei Jahren ohne greifbares Ergebnis wieder auseinander. Immerhin erarbeitete sie aber wichtiges Material, auf das dann bei den späteren Gesetzgebungsarbeiten zurückgegriffen werden konnte[466].

3.4.6 Die Entwürfe von 1853 und 1860

3.4.6.1 Entstehung der Entwürfe

Erst nachdem Ludwig I. im Gefolge der Märzunruhen des Jahres 1848 abgedankt hatte, kamen die steckengebliebenen Ansätze zu einer Strafrechtsre-

---

[463] Vgl. Motive 1831, S. 41 ff.

[464] Näher Spindler, Band IV/1, S. 157, S. 175 ff.

[465] Vgl. Verhandlungen der Kammer der Abgeordneten der Ständeversammlung des Königreichs Bayern im Jahre 1837, 19. Band, S. 236; Rosenberger, S. 85. - Schweisthal, S. 53, Fußn. 150, gibt versehentlich das Jahr 1834 an.

[466] Berner, Strafgesetzgebung, S. 328; Rosenberger, S. 86.

form wieder in Schwung. Unter seinem Sohn und Nachfolger Maximilian II. wurden die Rahmenbedingungen für die Gesetzgebungsarbeit verbessert. Bereits im Mai 1848 wurde per Gesetz die Einrichtung von vorbereitenden Gesetzgebungsausschüssen beschlossen. So war es nun möglich, daß künftig auch außerhalb der knapp bemessenen Sitzungsperioden der beiden bayerischen Kammern Gesetzesprojekte beraten werden konnten[467]. Damit war ein wesentliches Handicap für die Arbeiten an einer Neukodifikation beseitigt.

Den Auftakt zur Reformierung des Strafrechts bildeten wichtige Gesetzesänderungen auf prozessualem Gebiet. Nach dem Vorbild der Pfalz und des französischen Rechts wurden schon im August 1848 in ganz Bayern Geschworenengerichte eingeführt und die Mündlichkeit und Öffentlichkeit des gerichtlichen Verfahrens durchgesetzt[468]. Aber auch im materiellen Recht gewannen die Arbeiten bald wieder an Tempo. 1851 wurde der Entwurf eines allgemeinen Teils eines Strafgesetzbuchs im Landtag eingebracht, und zwei Jahre später konnte dann ein vollständiger Entwurf samt Motiven[469] vorgelegt werden[470].

Dieser „Entwurf eines Gesetzbuches über Verbrechen und Vergehen" von 1853 bildete bereits das Rohmaterial, aus dem das spätere Strafgesetzbuch von 1861 entstand[471]. Zur Beratung kam dieser Entwurf erst 1855, zusammen mit dem inzwischen gleichfalls neu erarbeiteten Entwurf eines Polizeistrafgesetzbuchs[472]. Die weiteren Verhandlungen zwischen den Gesetzgebungsausschüssen der beiden bayerischen Kammern und der königlichen Regierung zogen sich nochmals fünf Jahre hin. Sie waren äußerst konfliktreich und drohten mehrfach an den gegensätzlichen Positionen zu scheitern[473]. Erst das Nachgeben der Regierung brachte wieder Bewegung in die festgefahrenen Positionen. 1860 konnte mit dem „Entwurf eines Strafgesetzbuches für das Königreich Bayern", dem äußerst knappe Motive beigefügt waren, eine Überarbeitung des

[467] Schweisthal, S. 55.
[468] Näher Berner, Strafgesetzgebung, S. 327; Schweisthal, S. 54 ff.; Rosenberger, S. 87.
[469] Beides veröffentlicht als Beilage XIV im Beilagenband I der Verhandlungen der Kammer der Abgeordneten des bayerischen Landtages im Jahre 1853/54
[470] Dollmann, 1. Abt., S. 21 f.; Hocheder, S. 6; Rosenberger, S. 88; Schweisthal, S. 57 ff.
[471] Berner, Strafgesetzgebung, S. 329; Schweisthal, S. 59.
[472] Hocheder, S. 7.
[473] Eingehend zum gesamten langwierigen Gesetzgebungsvorgang Schweisthal, S. 57 ff.; Rosenberger, S. 88 ff.; Berner, Strafgesetzgebung, S. 328 ff.; Hocheder, S. 8 ff.; Dollmann, 1. Abt., S. 22 ff.

Entwurfs von 1853 vorgelegt werden[474]. Nach weiteren Modifizierungen wurde 1861 schließlich eine Einigung über den endgültigen Gesetzestext erzielt. Angesichts der zeitweise autoritären Haltung der Regierung[475] äußerte ein Zeitgenosse erleichtert, nun habe „ein würdig durchgeführter konstitutioneller Kampf ... dem zu Stande gekommenen Werke die Weihe eines freiheitlichen Ursprungs verliehen"[476].

3.4.6.2 Die Duellregelung der Entwürfe

Die Zweikampfregelungen der Entwürfe von 1853 und 1860 unterscheiden sich deutlich von denen der bisher behandelten Entwürfe. Da sie im Kern aber bereits die unten dargestellten späteren Gesetzesvorschriften enthalten, sind wegen dieser weitgehenden Übereinstimmung hier nur einige grundsätzliche Bemerkungen zu machen.

Zwischen den beiden Entwürfen besteht ein steiles Gefälle bezüglich der auf Duellhandlungen drohenden Strafen. Der erste Entwurf hatte im allgemeinen noch eine recht strenge Bestrafung vorgesehen, die etwa derjenigen des Entwurfs von 1831 entsprach. Die Strafen des zweiten Entwurfs waren demgegenüber äußerst moderat. Nun machte sich deutlich der Trend bemerkbar, den formgerechten Zweikampf mit Rücksicht auf die gesellschaftlichen Konventionen möglichst milde zu bestrafen und nur in außergewöhnlichen Fällen, etwa bei Verabredung besonders gefährlicher Duellformen, härter durchzugreifen[477].

Beispielsweise hatte der Entwurf von 1853 bei einem tödlichen Zweikampf für den überlebenden Duellanten eine bis zu zehnjährige Zuchthausstrafe vorgesehen (Art. 169). Dagegen drohte nach dem Entwurf von 1860 für die gleiche Tat die vergleichsweise sehr niedrige Strafe von ein- bis dreijährigem Gefängnis (Art. 165), was für den Täter nicht nur in der Dauer, sondern auch in der Art der Strafe erheblich günstiger war. War im ersten Entwurf für Kartellträger, Sekundanten und Zeugen noch eine dreimonatige bzw. - bei Verabre-

---

[474] Beides veröffentlicht als Beilage A im Beilagenband II der Verhandlungen der Kammer der Abgeordneten des bayerischen Landtages im Jahre 1859/60.

[475] Zweimal hatte die königliche Regierung, wozu sie formal berechtigt war, die Arbeit der Gesetzgebungsausschüsse zweckwidrig um Monate vertagt, später die Sitzungen des Ausschusses der zweiten Kammer ganz abgebrochen und im September 1858 obendrein diese Kammer aufgelöst. Damit brachte sie aber nur die allgemeine Stimmung gegen sich auf, vgl. Schweisthal, S. 62 ff.; Rosenberger, S. 90.

[476] Berner, Strafgesetzgebung, S. 334.

[477] Dollmann, 2. Abt., S. 337.

dung des Duells auf den Tod einer Partei und tatsächlich eingetretener Todesfolge - eine mindestens sechsmonatige Gefängnisstrafe angedroht (Art. 173), so ordnete der zweite Entwurf für Sekundanten und Zeugen überhaupt völlige Straflosigkeit und für Kartellträger nur unter bestimmten Umständen Strafe an (Art. 166).

Allerdings fällt in diesem Zusammenhang auf, daß auch schon der Entwurf von 1853 eine Bestimmung kannte, die in vielen Fällen zu einer weitgehenden Strafmilderung geführt hätte. Bei tödlichem Ausgang eines nicht auf den Tod einer Partei verabredeten Duells hätte nämlich Art. 172 dem überlebenden Duellanten die Berufung darauf ermöglicht, daß er, „ohne die Veranlassung zu dem Duelle verschuldet zu haben, lediglich um deswillen zu demselben herausgefordert oder die Ausforderung angenommen hat, weil er außerdem die Mißachtung seiner Standesgenossen zu besorgen hatte". Anstelle der in Art. 169 grundsätzlich angeordneten bis zu zehnjährigen Zuchthausstrafe hätten ihm dann nur noch Gefängnisstrafe von sechs Monaten bis zu zwei Jahren gedroht. Auch bei Duellen, die Körperverletzungen hervorgerufen hatten oder folgenlos geblieben waren, hätte diese Berufung auf gesellschaftliche Zwänge zu einer weitreichenden Strafmilderung geführt. Die Gesetzesmotive erklärten diese Regelung sogar für „eine der wichtigsten Bestimmungen in der vorwürfigen Materie". Man glaubte, daß auf diese Weise „die einzig mögliche Vermittlung zwischen den unabweislichen Anforderungen des öffentlichen Rechtsfriedens im Staat und der Macht eines tief in den Volksbegriffen gewurzelten Vorurtheils bewirkt" werden könne[478].

Unter Berufung auf diese Regelung wären auch schon nach dem Entwurf von 1853 so gut wie alle Duellanten in den Genuß eines weitgehenden Strafnachlasses gelangt. Das gilt umso mehr, als sie bei der Richterschaft auf breites Verständnis für ihr Handeln rechnen konnten. Wenn der nachfolgende Entwurf von 1860 für eine Übernahme dieser Regelung keinen Anlaß mehr sah, so lag das an den ohnehin schon sehr niedrigen Strafdrohungen seiner Zwei-

---

[478] Motive 1853, S. 193. Anschließend wird dort allen Ernstes die Spekulation angestellt, daß der seinen Standessitten Genüge leistende Duellant in einer Lage sei, „die offenbar dem Stande der Nothwehr sehr nahe kömmt, und deßhalb sogar den Ausschluß jeder Strafbarkeit rechtfertigen würde". Aber auch den Verfassern der Motive war klar, „daß ein zwar mächtiges, aber doch an sich unmoralisches und vernunftwidriges Vorurtheil unter keinerlei Verhältnissen vom Staate durch unbedingte Straflosigkeit geschützt und gleichsam anerkannt werden dürfe".

kampftatbestände, denen bereits die Rücksichtnahme auf die gesellschaftlichen Anschauungen zugrundelag.

3.5 Exkurs: Der besondere Rechtszustand in der bayerischen Pfalz

3.5.1 Die Fortgeltung französischen Rechts

Bevor nun näher auf das bayerische Strafgesetzbuch von 1861 eingegangen wird, ist ein Blick auf den Rechtszustand in der zu Bayern gehörenden Pfalz zu werfen. Das gesamte Gebiet links des Rheins war 1797 von Frankreich annektiert worden und hatte anschließend die französische Rechtsentwicklung mitgemacht[479]. Der 1801 zwischen Frankreich und Österreich geschlossene Friedensvertrag von Lunéville hatte diesen Annexionen auch für das noch bestehende Heilige Römische Reich deutscher Nation Rechtsverbindlichkeit zuerkannt[480]. Strafrechtlich erlangte in den linksrheinischen Gebieten zunächst der Code pénal von 1791 Gültigkeit. Er wurde dann im Zug der epochemachenden napoleonischen Gesetzgebung durch den Code pénal von 1810 abgelöst. Dieser trat gleichzeitig mit seinem prozessualen Seitenstück, dem Code d'instruction criminelle von 1808, am 1. Januar 1811 in Kraft[481].

Der neue Code pénal erlangte zwar aufgrund seiner kurzen und prägnanten Formulierungen und seines klaren Aufbaus verdiente Anerkennung, wurde aber gleichzeitig wegen seiner extrem harten Strafdrohungen kritisiert[482]. Dagegen begrüßte man das französische Prozeßrecht, das sich im Gefolge der Revolution von 1789 herausgebildet hatte, als eindeutigen Fortschritt. Mit seiner Institution der Schwurgerichte, der Einführung der Mündlichkeit und Öffentlichkeit des Verfahrens sowie des Anklagegrundsatzes setzte es auch in den deutschen Staaten für die Reformbestrebungen des 19. Jahrhunderts gültige Maßstäbe.

Nach dem Ende der napoleonischen Herrschaft war die Pfalz zunächst von Österreich und Bayern gemeinsam verwaltet worden. Gänzlich an Bayern gelangte sie durch den Münchener Vertrag zwischen Bayern und Österreich vom 14. April 1816 als Ausgleich für die an Österreich erfolgte Abtretung Salz-

479 Eberhard Weis in: Spindler, Band IV/1, S. 63; Conrad, Band II, S. 398.
480 Kimminich, S. 279 f.; Huber, Verfassungsgeschichte, Band I, S. 39.
481 Conrad, Band II, S. 449.
482 Hocheder, S. 3 f.; Dollmann, 1. Abt., S. 14 f.; Conrad, Band II, S. 449.

burgs und des Inn- und Hausruckviertels[483]. Gleichwohl nahm, wie erwähnt, die bayerische Regierung davon Abstand, das in Bayern geltende Strafrecht einfach auf das neuerworbene Gebiet zu erstrecken, sondern beließ das französische Recht in Geltung[484]. Dort hatte man während der beinahe zwei Jahrzehnte währenden Oberhoheit Frankreichs gute Erfahrungen mit dem liberaleren französischen Rechts- und Verwaltungssystem gemacht[485]. Man wollte dessen Vorzüge, die auch von der bayerischen Regierung eingeräumt wurden[486], nun nicht wieder zugunsten der als rückschrittlich empfundenen bayerischen Gesetze aufgeben[487]. In diesem Zugeständnis ist sicherlich auch ein politisch kluger Schachzug der bayerischen Regierung zu erblicken, mit dem die Loyalität der Pfälzer Bevölkerung zum neuen Landesherren gewonnen werden sollte[488].

3.5.2 Die Rechtslage bezüglich des Duells

Was die Bestrafung des Duells angeht, so war die Rechtslage in der linksrheinischen Pfalz prinzipiell derjenigen ähnlich, die im rechtsrheinischen Bayern unter der Geltung des Strafgesetzbuchs von 1813 bestand. Schon der Code pénal von 1791 hatte nämlich keine Duelltatbestände enthalten, und auch seinem Nachfolger von 1810 fehlte eine spezielle Regelung[489]. Daher war auch in Frankreich eine intensive Diskussion darüber entstanden, ob auf Duelle die allgemeinen Vorschriften über Tötungs- bzw. Körperverletzungsdelikte anzuwenden wären oder ob sie mangels einer speziellen gesetzlichen Regelung straflos bleiben sollten[490].

Die Schöpfer des im revolutionären Frankreich zustandegekommenen Strafgesetzbuchs von 1791 waren von der Annahme ausgegangen, daß mit der Verbreitung der Ideen der Aufklärung sowie durch die beschlossene Abschaffung des Adels auch der adelige Ehrenkodex und damit das Duell verschwinden würden[491]. Eine besondere Regelung dieser Materie hätte in ihren Augen nur

[483] Huber, Verfassungsgeschichte, Band I, S. 580 f.; Eberhard Weis in: Spindler, Band IV/1, S. 61.
[484] Becker, Rheinpfalz, S. 23 ff.
[485] Detailreich dazu Weiler, S. 30 ff.
[486] Rosenberger, S. 79; Becker, Rheinpfalz, S. 24.
[487] Scherer, S. 9 ff., insbesondere S. 13; Volk, S. 282, 284.
[488] Das deutet Scherer, S. 11 und 13, an.
[489] Mittermaier, Zweikampf, S. 455; ders., Neuester Beschluß, S. 552 ff.; Kohlrausch, S. 153.
[490] Molitor, S. 560 ff.; Kohlrausch, S. 154 ff.
[491] Boguslawski, S. 48.

eine Fortschreibung alter adeliger Vorrechte dargestellt[492]. Konsequenterweise konnte für sie das Duell keine Berücksichtigung im Gesetzestext finden.

Der Code pénal von 1810 übernahm bewußt diesen Ansatz und überging, ganz im Sinn Napoleons[493], das Duell völlig. Bei den Gesetzgebungsarbeiten wurde, ohne daß dagegen Widerspruch laut geworden wäre, die Ansicht geäußert, daß Duellanten als ganz gewöhnliche Totschläger bzw. Mörder anzusehen seien, auf die die allgemeinen strafrechtlichen Bestimmungen gegen den Totschlag anzuwenden wären[494]. Diesem Standpunkt schloß sich auch die französische Regierung an[495]. Dagegen herrschte unter den französischen Juristen hinsichtlich der strafrechtlichen Bewertung des Duells kein Konsens.

3.5.3 Die Rechtsprechung der französischen Gerichte

Diese Meinungsvielfalt zeigte sich deutlich an zahlreichen divergierenden Entscheidungen verschiedener französischer Appellationsgerichte. Diese gingen teilweise von der Anwendbarkeit der Tötungs- und Körperverletzungsvorschriften auf das Duell aus, teilweise erkannten sie aber auch wegen des Fehlens spezieller Duelltatbestände auf generelle Straflosigkeit für Duellanten[496].

Der französische Kassationshof, das oberste Strafgericht Frankreichs, nahm nacheinander jeden dieser beiden Standpunkte ein. 1819 sprach er sich für die Straflosigkeit des Duells aus, da eine im Duell verübte Tötung nicht mit den typischen von den Totschlagsvorschriften umfaßten Fällen vergleichbar sei. Gleichzeitig stellte er es dem Gesetzgeber anheim, für die Schaffung spezieller

---

492 Molitor, S. 558 ff.; Du Verger, S. 117 ff.

493 Kohlrausch, S. 153, Fußn. 1, teilt unter anderem folgende - unverbürgte - Aussprüche Napoleons zum Duell mit: „Bon duelliste - mauvais soldat!“ - „Je n’ai jamais compté sur un duelliste pour une action d’éclat“.

494 Du Verger, S. 120 f., zitiert auszugsweise aus einem Bericht Monseignats, eines Mitglieds der französischen Gesetzgebungskommission: „Si les duellistes ont agi dans l’ébullition de la colère, ils sont des meurtriers. ... S’ils ont prémédité, projeté, arrêté à l’avance cet étrange combat, ... ils sont des assassins!“ - Mittermaier will in diesen rigorosen Äußerungen Monseignats (dessen Namensschreibung hier durchweg mit Mouseignat angegeben ist) keinesfalls die offizielle Auffassung des französischen Gesetzgebers sehen, sondern nur eine individuelle Ansicht einer gar nicht maßgeblich am legislativen Verfahren beteiligten Person, vgl. ders., Neuester Beschluß, S. 555 ff. Doch ist diese Sichtweise sehr fraglich, da die Äußerungen Monseignats seitens des Staatsrats keinen Widerspruch fanden, vgl. Molitor, S. 561.

495 Du Verger, S. 121.

496 Molitor, S. 549.

Tatbestände zu sorgen, wenn dieser das Duell für strafbares Unrecht halte[497]. In weiteren Entscheidungen aus den folgenden Jahren bestätigte er diese Rechtsauffassung, wobei er zugleich die Praxis mehrerer Untergerichte billigte, die Duellanten zivilrechtlich zum Schadensersatz zu verurteilen[498].

1837 vollzog er dann einen aufsehenerregenden Schwenk. Nun sprach er sich in Abkehr von der bisher geübten Praxis dahingehend aus, daß zwar die Herausforderung und das folgenlos ausgetragene Duell straflos seien, daß aber die Folgen eines Duells nach den allgemeinen Bestimmungen über Tötungen und Körperverletzungen zu bestrafen seien[499]. Diese Linie setzte er in weiteren Entscheidungen konsequent fort. Noch im selben Jahr urteilte er, daß sowohl ein Duellant, der in einem Pistolenduell auf seinen Gegner zielte, ihn aber nicht traf, als auch einer, der im Duell seinen Gegner verwundete, wegen versuchter Tötung zu belangen seien[500]. Nur kurze Zeit später entschied er, daß Sekundanten und Zeugen als „complices" der Duellanten, also als Teilnehmer, zu bestrafen seien[501].

Diese radikale Kehrtwendung war wesentlich auf die Hartnäckigkeit des damaligen französischen Generalprokurators Dupin zurückzuführen, wurde aber bei weitem nicht allseits akzeptiert[502]. Verschiedene Untergerichte verweigerten dem Kassationshof die Gefolgschaft und erkannten weiterhin auf die generelle Straflosigkeit des Duells, wobei sie sich des Beifalls eines Großteils der juristischen Literatur sicher sein konnten[503]. Gleichwohl rückte der Kassationshof in den kommenden Jahrzehnten nicht mehr von seinem Kurs ab[504]. Die französi-

[497] Du Verger, S. 128; Mittermaier, Gegenwärtiger Zustand, S. 339.
[498] Feuerbach-Mittermaier, S. 325.
[499] Arrêt vom 22. Juni 1837, vgl. Kohlrausch, S. 154; Mittermaier, Gegenwärtiger Zustand, S. 339; Boguslawski, S. 52 f.
[500] Mittermaier, Gegenwärtiger Zustand, S. 340.
[501] Arrêt vom 22. Dezember 1837, vgl. Feuerbach-Mittermaier, S. 325.
[502] Molitor, S. 550; Du Verger, S. 134. Sehr ausführlich, dabei entschieden ablehnend gegenüber dem neuen Kurs des Kassationshofs, äußert sich Mittermaier, Gegenwärtiger Zustand, S. 339 ff.
[503] Feuerbach-Mittermaier, S. 325; Kohlrausch, S. 156 ff.
[504] Dollmann, 2. Abt., S. 333, Fußn. 3. Du Verger, S. 133, bemerkt in seinem 1879 veröffentlichten Buch: „...la Cour de cassation a toujours maintenu sa doctrine, laquelle d'après les pouvoirs qui lui ont été conférés par la loi du 1er avril 1837, doit fixer définitivement la jurisprudence en matière de duel".

sche Rechtspraxis behalf sich demgegenüber damit, daß sie Duellanten bei Verurteilungen fast durchweg mildernde Umstände zubilligte[505].

3.5.4 Die Rechtssprechung der Gerichte der bayerischen Pfalz

Die Strafgerichte der bayerischen Pfalz besaßen in den zahlreichen Urteilen der französischen Justiz ein recht umfangreiches Anschauungsmaterial, wenn sie selbst auf der Basis des Code pénal Entscheidungen über Duelle zu treffen hatten. In ständiger Rechtsprechung erkannten sie wegen des Fehlens gesetzlicher Spezialregelungen auf die Straflosigkeit von Duellen und ihren Folgen[506]. Damit folgten sie während langer Zeit der Linie des Pariser Kassationshofs, auch wenn für sie dessen Rechtsansichten nach der Loslösung der Pfalz von Frankreich in keiner Weise mehr maßgeblich waren. Die 1837 erfolgte Änderung in dessen Rechtsprechung zum Duell ließ denn auch die Entscheidungspraxis der Pfälzer Gerichte völlig unberührt.

Diese ständige Rechtsprechung wurde 1845 durch einen höchstrichterlichen Spruch des bayerischen Kassationshofs erschüttert. In diesem Urteil ging es um ein Duell, bei dessen Austragung beide Parteien verwundet worden waren. Die beiden Vorinstanzen, das Bezirksgericht Landau und das Appellationsgericht Zweibrücken, hatten die allgemeinen Körperverletzungs- und Totschlagsbestimmungen für nicht anwendbar erklärt, wobei sie ausdrücklich auf das in Art. 4 des Code pénal enthaltene strafrechtliche Analogieverbot verwiesen[507]. Durch Intervention des bayerischen Generalprokurators war der Fall daraufhin vor das zuständige Oberappellationsgericht in München gebracht worden. Dessen Funktion als Oberinstanz ergab sich daraus, daß ihm durch Verordnung vom 29. Juni 1832[508] auch die Eigenschaft des Kassationshofes für den Rheinkreis übertragen worden war. Dazu war es eigens um einen VI. Senat er-

[505] Boguslawski, S. 54.
[506] Molitor, S. 551.
[507] Kohlrausch, S. 159; Mittermaier, Gegenwärtiger Zustand, S. 334. Sehr eingehend beschreibt Molitor, S. 551 ff., diesen Fall, an dessen Erledigung er als bayerischer Generalprokurator selbst mitwirkte.
[508] Die Verordnung ist bei Siebenpfeiffer, S. 68 f., abgedruckt.

weitert worden[509], dessen Geschäftsordnung wiederum fast gänzlich nach französischem Recht ausgestaltet war[510].

In diesem nun nach München verlagerten Prozeß verfaßte der Generalprokurator ein Gutachten, in welchem er unter großem argumentativem Aufwand ausführt, daß es nicht angehe, „daß die Form des Duells alle bei demselben vorgefallenen Handlungen decken sollte". Bei seinen Ausführungen stützte er sich auch auf die Änderung der Rechtssprechung des französischen Kassationshofs. Mit diesen Überlegungen kam er zu dem Schluß, daß auch auf Duelle die Totschlags- und Körperverletzungsvorschriften des Code pénal anzuwenden seien[511].

Der bayerische Kassationshof schloß sich in seinem Urteil vom 29. Januar 1845 dieser Argumentation an und hob die angegriffene Entscheidung des Appellationsgerichts Zweibrücken auf[512]. Damit erging für die Pfalz schon früher als für das rechtsrheinische Bayern ein höchstrichterlicher Ausspruch zur Strafbarkeit des Duells. Dort kam es erst im Jahr 1854 zu der oben dargestellten Entscheidung des Obersten Gerichtshofs von Bayern. Übereinstimmend wurde aber in beiden Fällen die Strafbarkeit des blutig ausgegangenen Duells nach den allgemeinen strafrechtlichen Vorschriften angenommen.

3.6 Das bayerische Strafgesetzbuch von 1861

3.6.1 Allgemeine Charakterisierung

Das bayerische Strafgesetzbuch von 1861 wurde bei seiner Verabschiedung am 10. September 1861 in der zweiten Kammer überschwenglich gefeiert[513]. Zusammen mit dem ebenfalls neuen Polizeistrafgesetzbuch trat es am 1.

---

[509] Weiler, S. 82 ff.; W. Schubert, S. 174. - Seit 1815 hatte der Appellationshof von Kaiserslautern, der nach 1816 nach Zweibrücken verlegt worden war, zugleich die Funktionen eines Kassationshofs wahrgenommen, vgl. Weiler, S. 67 ff., S. 80.

[510] W. Schubert, S. 174.

[511] Molitor, S. 552 ff., S. 563.

[512] Molitor, S. 565, der nur den Tenor der Entscheidung, nicht die Urteilsgründe mitteilt.

[513] Der Kammerpräsident, Graf von Hegnenberg-Dux, verfiel am Ende seiner Rede anläßlich des gerade gefaßten Beschlusses zur Verabschiedung des neuen Strafgesetzbuchs in einen pathetischen Tonfall: „Ich glaube, meine Herren, das treue Organ dieses Hauses zu sein, wenn ich dem Gefühle des Dankes bei diesem Anlasse in dieser Stunde Audruck gebe, indem ich Sie bitte, sich zu erheben, und einzustimmen in den Ruf: Es lebe unser König hoch, hoch, zum Drittenmal hoch!" (Alles erhebt sich und stimmt ein), vgl. Verhandlungen der Kammer der Abgeordneten des bayerischen Landtages in den Jahren 1859/61, II. Band, S. 496.

Juli 1862 in Kraft. Diese letzte Gesamtkodifikation bayerischen Strafrechts war ein glücklicher Wurf. Welche Bedeutung die Strafrechtswissenschaft dem neuen Gesetzbuch bereits im voraus beimaß, kann man daran ablesen, daß noch vor seiner Inkraftsetzung die ersten Lieferungen mehrerer begonnener Kommentierungen erschienen[514]. Das war nun möglich, weil das bis zu diesem Zeitpunkt immer noch bestehende Kommentierungsverbot wegfiel.

Die endlich erreichte landesweite Rechtseinheit, deren Verwirklichung schon von der bayerischen Verfassung von 1818 gefordert worden war, wurde als enormer Fortschritt empfunden. Denn die Unterschiede zwischen dem sehr strengen Code pénal und dem im Vergleich dazu viel milderen bayerischen Strafgesetzbuch von 1813 waren zum Teil gravierend gewesen und hatten ein hohes Maß an Rechtsungleichheit zur Folge gehabt, je nachdem, auf welcher Seite des Rheins eine Straftat abzuurteilen war[515].

Feuerbachs auf Abschreckung des Täters zielende Theorie des psychologischen Zwanges mit ihren harten und festumrissenen Strafdrohungen gehörte nun der Vergangenheit an. Das neue Gesetzbuch brachte, bei weitem richterlichem Ermessen, eine deutliche Milderung der Strafen[516]. Die Straftatbestände wurden durch Art. 1 in die drei Gruppen der Verbrechen, Vergehen und Übertretungen eingeteilt. Dazu kamen noch, insoweit der Systematik des Entwurfs von 1827 folgend[517], als vierte Deliktskategorie die Polizeiübertretungen. Diese umfaßten die minder schweren, kein kriminelles Unrecht darstellenden Fälle der bloßen Rechtsgefährdung[518] und waren gesondert im Polizeistrafgesetzbuch geregelt.

Die Aktualität des Strafgesetzbuchs von 1861 beruhte nicht zuletzt darauf, daß bei seiner Erarbeitung auch die Rechtsentwicklung in anderen deutschen Ländern berücksichtigt worden war. Es ist nicht nur von seinem unmittelbaren bayerischen Vorgänger von 1813 beeinflußt, sondern ganz wesentlich auch vom preußischen Strafgesetzbuch von 1851, das seinerseits wichtige An-

---

[514] Näher Berner, Strafgesetzgebung, S. 341 ff.: Es handelte sich um die Arbeiten von Hocheder, Stenglein, Staudinger und Barth.

[515] Näher Hocheder, S. 2 f.; Weis, S. 2.

[516] Berner, Strafgesetzgebung, S. 338 f.; Rosenberger, S. 92.

[517] Schweisthal, S. 69.

[518] Weis, S. 40, der aber einschränkend darauf hinweist, daß auch verschiedene gravierende Gefährdungstatbestände als strafrechtlich zu ahndendes Unrecht ins Strafgesetzbuch aufgenommen wurden.

leihen beim Code pénal gemacht hatte[519]. Insgesamt kann das neue bayerische Gesetzbuch beanspruchen, auf der Höhe der strafrechtlichen Kenntnisse seiner Zeit gestanden zu haben[520]. Daß es trotzdem, nachdem es derart lange beraten worden war, keine zehn Jahre in Kraft bleiben sollte, war nicht inhaltlichen Mängeln, sondern ausschließlich dem Gang der historischen Ereignisse zuzuschreiben. Denn als Folge der Gründung des Deutschen Reichs sollte Bayern die Gesetzgebungskompetenz auf strafrechtlichem Gebiet verlieren.

3.6.2 Die Regelung des Zweikampfes

Gesetzessystematisch wird der Zweikampf, ebenso wie die Störung des öffentlichen Friedens, des Haus- und des Religionsfriedens, als Unterfall von „Friedensstörung und Eigengewalt"[521] behandelt. Er ist in Art. 162 - 168 des neuen Strafgesetzbuchs unter der Abschnittsüberschrift „Zweikampf (Duell)" geregelt. Diese Bestimmungen erfassen sämtliche mit einem Zweikampf zusammenhängenden Handlungen in abschließender Weise. Daher ist, mit der engen Ausnahme des Art. 168, ein Rückgriff auf die allgemeinen Körperverletzungs- und Totschlagsvorschriften nicht zulässig[522].

Alle Zweikampfdelikte sind, wie sich aus den angedrohten Strafsanktionen ergibt, als Vergehen ausgestaltet. Selbst für den Fall eines auf den Tod einer Partei verabredeten und dann auch tödlich endenden Duells hatte man geglaubt, Rücksicht auf die „in gewissen Ständen noch bestehenden Ansichten" nehmen zu müssen[523], und daher generell von der Androhung einer Verbrechensstrafe abgesehen[524]. Außerdem hatte man nach den bisher gemachten Erfahrungen die Chancen als gering eingeschätzt, daß die Gerichte in Duellsachen auch tatsächlich Verbrechensstrafen verhängen würden[525].

---

519 Dollmann, 1. Abt., S. 38 f.; Deiglmayr, S. 20 ff.; Rosenberger, S. 91; Berner, Strafgesetzgebung, S. 341. Ausführlich setzt sich Schweisthal, S. 67 ff., mit der Frage auseinander, wie weit der Einfluß des preußischen Strafgesetzbuchs im Verhältnis zu dem des bayerischen reichte, und kommt zum Schluß, daß er „zwar deutlich war, aber nicht dominant" (S. 140).

520 Rosenberger, S. 91.

521 So lautet die Überschrift zum VI. Hauptstück des Strafgesetzbuchs.

522 Dollmann, 2. Abt., S. 335; Weis, S. 409 f.

523 Weis, S. 409.

524 Als Verbrechensstrafen bestimmte das Gesetz in Art. 1 die Todesstrafe und die Zuchthausstrafe. - Wegen einer eventuellen Abschaffung der Todesstrafe hatte es bei den Gesetzesberatungen in Bayern keine größeren Auseinandersetzungen gegeben, vgl. Schweisthal, S. 72.

525 Weis, S. 410; Dollmann, 2. Abt., S. 337 f.

Das Gesetz verzichtet bewußt auf eine Legaldefinition des Zweikampfes. Das ist darauf zurückzuführen, daß der Gesetzgeber den Begriff des Zweikampfes als allgemein bekannt voraussetzte. Zugleich befürchtete er, den Anwendungsbereich der Zweikampftatbestände durch eine Begriffsbestimmung zu sehr einzuengen[526]. Bedenken wegen einer eventuellen Verletzung des Grundsatzes nulla poena sine lege bestanden offensichtlich nicht. Auch das spätere Reichsstrafgesetzbuch von 1871 sollte keine Definition des Zweikampfes enthalten.

Ein Teil der Kommentarliteratur zum bayerischen Strafgesetzbuch stellte Mindestvoraussetzungen eines Zweikampfes zusammen[527]. Dabei zeigt sich, daß, bei einem breiten Grundkonsens, im Detail deutliche Meinungsdifferenzen vorhanden waren. Man war sich insoweit einig, als man unter einem Zweikampf einen im voraus verabredeten Kampf zwischen zwei Personen verstand, der mit gleichen, nicht notwendig tödlichen[528] Waffen nach bestimmten verabredeten oder herkömmlichen Regeln geführt wurde. Außer Frage stand auch, daß der Zweikampf nicht auf bestimmte Stände beschränkt war, sondern daß jeder, ohne Rücksicht auf seine soziale Herkunft, als Täter eines Zweikampfdelikts in Frage kam[529].

Dagegen gingen die Ansichten darüber auseinander, ob unbedingt eine Ehrverletzung als Anlaß des Zweikampfes vorliegen müsse[530] und ob die Mitwirkung von Nebenpersonen wie Zeugen und Sekundanten ein notwendiges Element eines Zweikampfes war[531]. Weiter gab es Differenzen bei der Frage, ob

---

[526] Dollmann, 2. Abt., S. 338 f.

[527] Stenglein, S. 122 f.; Dollmann, 2. Abt., S. 339 ff. - Weis, S. 410, macht es sich dagegen leichter, wenn er sich den Erwägungen des Gesetzgebers anschließt und den Begriff des Zweikampfes für nicht weiter erklärungsbedürftig hält.

[528] Diese Auslegung war, wie Stenglein, S. 123, Fußn. 5, bemerkt, nach dem bayerischen Strafgesetzbuch im Unterschied zu seinem preußischen Pendant von 1851 problemlos zulässig. Letzteres erklärte in § 164 die Tödlichkeit der Waffen zum Tatbestandsmerkmal eines Zweikampfes. Da es die wesentliche Grundlage des Reichsstrafgesetzbuchs von 1871 darstellte, wurde das Erfordernis der Tödlichkeit schließlich in dessen § 201 übernommen.

[529] Stenglein, S. 123.

[530] Für Dollmann, 2. Abt., S. 341, ist unabdingbare Voraussetzung eines Zweikampfes, daß dieser auf Genugtuung wegen einer wirklichen oder vermeintlichen Ehrverletzung gerichtet war. Im Gegensatz dazu kann für Stenglein, S. 122 f., allgemein jede „Zwistigkeit" Auslöser eines Zweikampfes sein.

[531] Vgl. Stenglein, S. 123, sowie Dollmann, 2. Abt., S. 340: Beide Autoren gehen von der empirischen Feststellung aus, daß die Zuziehung von Nebenpersonen üblich ist. Stenglein ist

von einem Zweikampf nur dann gesprochen werden könne, wenn der Kampf „mit ehrenhaften Waffen“ geführt wurde, worunter beispielsweise nicht Messer, Knüppel, Stöcke etc. und auch nicht ein Faustkampf zählen sollten, oder ob die Art der gewählten Waffen gleichgültig sei[532]. Da diese Meinungsunterschiede aber nur unbedeutende Ausnahmesituationen betrafen, konnte der gesetzliche Verzicht auf eine Legaldefinition keine gravierenden Folgen haben.

Gleich die Eingangsbestimmung der Zweikampfvorschriften zeigt den Willen des Gesetzgebers, Duellanten mit Samthandschuhen anzufassen. Art. 162 Abs. 1 ordnete für die Herausforderung zum Zweikampf, unabhängig davon, ob sie angenommen wurde oder nicht, sowie für die Annahme derselben eine bloße Arreststrafe an. Damit fielen diese Tatbestände gemäß der Einteilung des Art. 1 als Übertretungen in die leichteste Deliktskategorie des Strafgesetzbuchs. Die Arreststrafe stellte im Vergleich mit der Gefängnis- und der Zuchthausstrafe die geringste Form unter den Freiheitsstrafen dar. Sie dauerte mindestens einen und höchstens 42 Tage und war in einem Polizeigerichtsgefängnis zu vollziehen (Art. 20).

Eine empfindliche Strafschärfung sollte aber dann eintreten, wenn die Herausforderung bzw. die von beiden Parteien vor dem Duell getroffene Verabredung ausdrücklich auf den Tod einer Partei gerichtet war. Das gleiche galt, wenn eine besonders gefährliche Duellart gewählt worden war, aus welcher darauf geschlossen werden konnte, daß die Todesfolge beabsichtigt war. Art. 162 Abs. 2 trug der in diesen Fällen erhöhten Gefährlichkeit des Kampfes Rechnung und ordnete für diese Fälle Gefängnisstrafe von drei Monaten bis zu einem Jahr an. Wann das Vorliegen eines derart qualifizierten Zweikampfes angenommen werden konnte, hing ganz von den Umständen des Einzelfalls ab. Die Vereinbarung eines Pistolenduells als solches genügte dazu nach einhelliger Meinung der Kommentatoren jedenfalls noch nicht. Vielmehr sollten erst gravierendere Tatumstände den Schluß auf die Absicht eines unbedingt tödlichen

---

daher der Ansicht, daß die Mitwirkung von Zeugen und Sekundanten begriffsnotwendig zu einem Zweikampf gehöre, gibt aber zu, daß „ausnahmsweise“ auch ein Zweikampf ohne Sekundanten usw. vorliegen könne. Dollmann meint demgegenüber prinzipiell, daß die Beteiligung von Nebenpersonen „zum Begriffe des Duelles nicht erforderlich“ sei.

532 Erstere Auffassung vertritt Dollmann, 2. Abt., S: 340, wogegen Stenglein, S. 123, den Begriff des Zweikampfes nicht auf die Verwendung bestimmter Arten von Waffen beschränkt sehen will und auch dann die gesetzlichen Zweikampfvorschriften für anwendbar hält, wenn der Kampf „mit andern als den sonst üblichen Waffen vorgenommen wurde“.

Duells zulassen, etwa das - eher in Abenteuerromanen als in der historischen Wirklichkeit beheimatete - Schießen mit gegenseitig auf die Brust gehaltener Pistole, von denen nur eine geladen war[533].

In den zwei folgenden Bestimmungen wendet sich das Gesetz dem vollzogenen Zweikampf zu. Der dabei maßgebliche Zeitpunkt war der Beginn der Kampfhandlungen. Nach strafrechtlichen Gesichtspunkten war der Zweikampf bereits in diesem Moment vollendet, und nicht erst nach einer gewissen Mindestdauer des Kampfes[534]. Ab diesem Zeitpunkt richtete sich die Strafbarkeit der Parteien ausschließlich nach Art. 163 f., und die eigentlich schon verwirkte Strafe von Herausforderung bzw. Annahme trat demgegenüber zurück[535]. Dagegen waren, abgesehen von der Herausforderung bzw. der Annahme, die vor diesem Zeitpunkt liegenden Handlungen straflos, etwa das Eintreffen oder auch noch das Aufstellen der Parteien auf dem Kampfplatz. Insoweit konnte auch nicht der Versuch eines Zweikampfes angenommen werden, denn bei den als bloße Vergehen ausgestalteten Zweikampftatbeständen kam eine Versuchsstrafbarkeit mangels ausdrücklicher gesetzlicher Anordnung nicht in Frage[536].

Nach dem gegenüber Art. 163 spezielleren Art. 164 Abs. 1 war bei einem Duell, das den Tod oder einen bleibenden Nachteil an Körper oder Gesundheit einer Partei bewirkt hatte, die andere Partei - nicht dagegen die verletzte Partei[537] - mit einer ein- bis dreijährigen Gefängnisstrafe zu belegen. Die Strafe steigerte sich nach Abs. 2 auf die Dauer von drei bis zu zehn Jahren, wenn die Forderung oder Verabredung zum Duell in der in Art. 162 Abs. 2 beschriebenen Weise von vornherein auf den Tod einer Partei gerichtet war. Ein bleibender Nachteil an Körper oder Gesundheit ergab sich dabei nicht aus der Schwere der zugefügten Verletzung, sondern war nur dann anzunehmen, wenn das Duell beim Verletzten eine fortdauernde gesundheitliche Beeinträchtigung

---

533 Weis, S. 411 f., teilt mit, dieses Beispiel sei tatsächlich bei den Gesetzesberatungen vorgetragen worden; ihm folgend Dollmann, 2. Abt., S. 343, Fußn. 27.

534 Dollmann, 2. Abt., S. 341; Stenglein, S. 126.

535 Dollmann, 2. Abt., S. 343.

536 Nach Art. 48 des bayerischen Strafgesetzbuchs war, ebenso wie es im heute geltenden deutschen Strafgesetzbuch der Fall ist, der Versuch eines Verbrechens immer, derjenige eines Vergehens dagegen nur bei ausdrücklicher gesetzlicher Anordnung strafbar.

537 Der Gesetzeswortlaut („Wer seinen Gegner im Zweikampfe tödtet, oder demselben einen bleibenden Nachtheil an Körper oder Gesundheit zufügt, ist mit Gefängnis ... zu bestrafen") ist insoweit eindeutig. Wie Dollmann, 2. Abt., S. 347 f., sowie Stenglein, S. 125, Fußn. 2, bemerken, war daher die verletzte Partei nach Art. 163 zu bestrafen.

herbeigeführt hatte. Das sollte insbesondere bei Verlust oder dauerhaft aufgehobener Gebrauchsfähigkeit wichtiger Körperorgane gegeben sein[538]. Voraussetzung für die Anwendbarkeit des Art. 164 war außerdem ein vorsätzliches Handeln des Täters bezüglich der durch ihn verursachten Folgen des Duells. Dieser Vorsatz sollte nach Meinung eines Kommentators „durch die Thatsache der vorsätzlichen Einlassung in die Eventualitäten des Waffenkampfes schon genugsam dokumentirt" sein[539]. Dieser Ansicht war auch das Bezirksgericht Aschaffenburg in einem aufschlußreichen Urteil aus dem Jahr 1862. Darin wird ausgeführt, daß eine im Duell zugefügte Verletzung, „wenn eine solche eintritt, auch beabsichtigt worden ist", solange nicht „irgend eine außer dem Willen des Duellanten gelegene Ursache dargethan ist"[540]. Damit wären allenfalls wirklich unvorhersehbare Geschehensabläufe nicht unter diese Bestimmung gefallen.

Wenn dagegen kein Erfolg der in Art. 164 genannten Art eingetreten war, so waren nach dem Auffangtatbestand des Art. 163 Abs. 1 beide Duellanten wegen des vollzogenen Zweikampfes grundsätzlich mit Gefängnis bis zu einem Jahr zu bestrafen. War die Herausforderung oder Verabredung zum Duell auf den Tod einer Partei gerichtet, erhöhte sich die Strafe auf die Dauer von mindestens sechs Monaten bis zu zwei Jahren. Da der Gesetzestext hier keine weiteren Differenzierungen trifft, konnten sonstige Umstände des Duells nur im Rahmen der Strafzumessung berücksichtigt werden, etwa ob der Zweikampf zu erheblichen Verletzungen geführt hatte oder ganz folgenlos ausgegangen war[541].

Weiterhin bestimmte Art. 163 Abs. 1, daß „in leichteren Fällen" des vollzogenen Zweikampfes bloße Arreststrafe zu verhängen sei. Damit waren diese Fälle also nicht strenger zu bestrafen als es Art. 162 Abs. 1 für die bloße

---

538 Stenglein, S. 125; Dollmann, S. 347, Fußn. 41.

539 Dollmann, 2. Abt., S. 348, Fußn. 43, der zum Vorsatz weiter bemerkt, daß ein „wenigstens eventuell auf Verletzung des Gegners gerichtetes Handeln des Thäters erforderlich" ist.

540 Urteil des königlichen Bezirksgerichts Aschaffenburg vom 4. September 1862, vollständig abgedruckt in: Zeitschrift für Gerichtspraxis und Rechtswissenschaft in Bayern, Zweiter Band, Jahrgang 1863, S. 93 ff. - Interessant an dieser Entscheidung ist, daß das fragliche Duell noch vor dem Inkrafttreten des Strafgesetzbuchs vorgefallen war. Trotzdem erging das Urteil auf der Grundlage des neuen Rechts, da nach Art. 25 des Einführungsgesetzes zum Strafgesetzbuch bisheriges Recht nur noch insoweit anzuwenden war, als es - was hier nicht der Fall war - mildere Strafbestimmungen enthalten hatte. Vgl. das „Gesetz, die Einführung des Strafgesetzbuches für das Königreich Bayern betreffend", in: Gesetzblatt für das Königreich Bayern, Jahrgänge 1861 und 1862, Nr. 24, Sp. 321ff., 339 f.

541 Dollmann, 2. Abt., S. 345, Fußn. 35.

Herausforderung bzw. Annahme vorsah. Wann ein leichterer Fall vorliegen sollte, wird vom Gesetzestext nicht weiter erläutert. Die Entscheidung dieser Frage sollte vielmehr dem richterlichen Ermessen anheimfallen. Dabei waren vor allem die Veranlassung, die Art und die Folgen des Duells zu berücksichtigen[542]. Der bayerische Gesetzgeber hatte mit dieser überaus privilegierenden Bestimmung nicht zuletzt Studentenpaukereien im Visier[543]. Die Subsumtion von Studentenmensuren unter die Zweikampfbestimmungen bereitete nach dem neuen bayerischen Strafgesetzbuch keine Schwierigkeiten, da dieses im Gegensatz zum preußischen und zum späteren Reichsstrafgesetzbuch für das Vorliegen eines Zweikampfes nicht die Tödlichkeit der gebrauchten Waffen verlangte[544].

Als Erschwerungsgrund mit der Folge einer bis zu zweijährigen Gefängnisstrafe wertete es Art. 163 Abs. 2, wenn der Zweikampf ohne Beiziehung von Sekundanten ausgeführt wurde. Diese Bestimmung erklärt sich daraus, daß man Sekundanten allgemein einen mäßigenden, die Einhaltung der Kampfregeln sichernden Einfluß zuschrieb[545].

Art. 165 und 167 regeln abweichend von den Vorschriften des allgemeinen Teils des Strafgesetzbuchs (Art. 52 ff.), inwieweit Teilnahmehandlungen bei Zweikämpfen strafbar sein sollten. Art. 165 bestimmt, daß zugezogene Ärzte, Sekundanten und Zeugen in jedem Fall straffrei ausgehen sollten. Auch Kartellträger sollten nur im Fall eines auf den Tod einer Partei verabredeten und mit dieser Absicht auch ausgeführten Duells eine Gefängnisstrafe von bis zu zwei Monaten erhalten. Ob über die genannten Personen hinaus auch noch weitere am Duell Beteiligte in den Genuß der Straffreiheit kommen sollten, etwa Personen, die die Duellwaffen oder die Örtlichkeiten zur Austragung des

[542] Weis, S. 412; Stenglein, S. 124.
[543] Stenglein, S. 124; Dollmann, 2. Abt., S. 346, Fußn. 37.
[544] Vgl. zum preußischen Strafrecht Temme, S. 823, sowie zum Reichsstrafgesetzbuch Olshausen, 2. Band, Kommentierung zu § 201, S. 706 f.
[545] Schon die Motive 1853, S. 193, sprechen davon, daß die Beiziehung von Sekundanten (und Zeugen) „dazu dienen kann, größeres Unheil zu verhüten und den Charakter des Duells weniger gefährlich zu machen". Bei der weiteren Beratung des Strafgesetzbuches ging man davon aus, daß die Nichtbestellung von Sekundanten generell darauf schließen lasse, daß ein besonders gefährliches Duell beabsichtigt war, und daß dadurch außerdem die spätere Aufklärung des Sachverhalts erschwert werden sollte, vgl. Dollmann, 2. Abt., S. 346, Fußn. 39.

Duells zur Verfügung stellten, wurde unter Hinweis auf das argumentum a maiori ad minus vorsichtig bejaht[546].

Die Straffreiheit für Ärzte war schon im Entwurf von 1853 enthalten gewesen. Die Motive dieses Entwurfs bemerken, daß sie „durch Gründe der Humanität geboten und von allen neueren Strafgesetzgebungen angenommen" sei[547]. Dagegen hatte man 1853 die Strafbarkeit von Sekundanten und Zeugen in bewußter Absetzung von anderen zeitgenössischen Kodifikationen noch beibehalten. Das war damals einleuchtend damit begründet worden, daß diese Personen „doch immerhin einem vom Gesetze mit Strafe bedrohten Unternehmen Unterstützung und Beihülfe gewähren"[548].

Von diesen Erwägungen wollte man nun nichts mehr wissen. Zwar konnte es keinem Zweifel unterliegen, daß die Tätigkeit der Zeugen und Sekundanten echte Beihilfehandlungen im Sinn der allgemeinen strafrechtlichen Grundsätze waren[549]. Aber der Gesetzgeber hielt es inzwischen für notwendig, „der höchst eigenthümlichen Natur"[550] des Duells durch spezielle, privilegierende Normen gerecht zu werden. Daher sollten nun sämtliche Personen, die im Rahmen ihrer durch den Ehrenkodex festgelegten Funktionen an einem formgerechten Zweikampf beteiligt waren, straffrei ausgehen. Bereits der Entwurf von 1860 hatte Sekundanten und Zeugen straflos gelassen. Das wurde nun ins neue Strafgesetzbuch übernommen.

Auch in der juristischen Literatur war für Sekundanten häufig eine gegenüber den Duellanten mildere Bestrafung und teilweise auch die Zubilligung

---

546 Stenglein, S. 126, bemerkt: „... kann wohl von der Strafbarkeit anderweiter Theilnehmer ... nicht die Rede sein". Ähnlich verhalten äußert sich Dollmann, 2. Abt., S. 350 f. - Auch im späteren Reichsstrafgesetzbuch war diese Streitfrage mangels einer gesetzlichen Klarstellung noch aktuell, vgl. Olshausen, 2. Band, Kommentierung zu § 209 Reichsstrafgesetzbuch, Ziffer 3 (S. 721).

547 Motive 1853, S. 193.

548 Motive 1853, ebenda.

549 Davon geht die Kommentierung von Dollmann, 2. Abt., S. 349 ff., eindeutig aus. Noch klarer bemerkt Olshausen bei seiner Darstellung des Reichsstrafgesetzbuches, daß „Sekundanten und Zeugen ... zweifellos Gehülfen zum Zweikampfe selbst" seien, vgl. Olshausen, Band 2, Kommentierung zu § 209, Ziffer 3 (S. 721).

550 Dieser Ausdruck wird stereotyp dafür verwendet, um eine nachgiebige Haltung des Staates in Duellangelegenheiten zu rechtfertigen. Schon die Motive des Entwurfs von 1853 nehmen ihn zum Ausgangspunkt der Darstellung der Duellvorschriften, vgl. Motive 1853, S. 192. Er kehrt wörtlich wieder etwa in Dollmanns Kommentierung des Art. 165 des bayerischen Strafgesetzbuchs, vgl. Dollmann, 2. Abt., S. 349.

gänzlicher Straflosigkeit gefordert worden. Man sah in ihrer Anwesenheit beim Duell eine Garantie dafür, daß die Kampfregeln eingehalten wurden und der Waffengang nicht eskalierte. In diesem Zusammenhang wurde bemerkt, „daß Sekundanten eigentlich dazu gegenwärtig sind, um eine gewisse Ordnung zu begründen", so daß sie dazu beitrügen, „die Absicht der Gesetzgebung, die Duelle möglichst unschädlich zu machen, erreichen zu helfen"[551]. Es wurde sogar behauptet, daß „ungezweifelt in tausend Fällen geschickte und redliche Secundanten einen unglücklichen Ausgang" des Duells verhindern oder auch dessen „gänzliches Wegfallen durch Aussöhnung" bewirken würden[552]. Diese Überlegungen fanden nach und nach ihre Ausprägung in der Gesetzgebung verschiedener deutscher Staaten, darunter im preußischen Strafgesetzbuch von 1851, dessen Regelung wiederum durch das Reichsstrafgesetzbuch übernommen werden sollte[553]. Diesem Trend schloß sich Bayern mit Art. 165 seines neuen Strafgesetzbuchs an.

Art. 167 enthält eine spezielle Regelung für die Anstiftung zum Duell. Abs. 1 erklärt alle Personen für strafbar, die einen oder beide Duellanten zur Eingehung des Zweikampfes oder zur Wahl einer gefährlicheren als der ursprünglich beabsichtigten Kampfart „bestimmt" hatten. Da hier ausdrücklich auf Art. 54 verwiesen wird, steht außer Zweifel, daß es sich um echte Fälle der Anstiftung handelte und somit deren Voraussetzungen vorliegen mußten[554]. Die Strafe war aber nicht nach den allgemeinen Regeln der Anstiftung zu bestimmen, sondern wurde in Art 167 Abs. 1 auf eine bis zu dreimonatige Gefängnisstrafe festgesetzt.

Art. 167 Abs. 2 betrifft den schwereren Fall, daß der Anstifter bei einem tödlich ausgegangenen Duell den tödlichen Ausgang auch beabsichtigt oder daß

[551] So Mittermaier, Zweikampf, S. 468 f. Im gleichen Sinn äußern sich etwa Marezoll, S. 214; Henke, S. 610.
[552] Vollgraff, S. 203.
[553] Nach Art. 172 des preußischen Strafgesetzbuchs sowie § 209 Reichsstrafgesetzbuch blieben Sekundanten und Zeugen sowie zugezogene Ärzte und Wundärzte als solche straflos. Schon um die Jahrhundertmitte gingen Sekundanten und Zeugen in den meisten deutschen Staaten jedenfalls dann straffrei aus, wenn sie sich ernsthaft um eine Beilegung des Streits bemüht hatten. Vgl. Temme, S. 828; Olshausen, 2. Band, Kommentierung zu § 209 Reichsstrafgesetzbuch, S. 720 ff.
[554] Dollmann, 2. Abt., S. 344, Fußn. 51. - Art. 52 des Strafgesetzbuchs, auf den Art. 54 verweist, setzt voraus, daß die „Absicht" des Anstifters auf die „Hervorbringung oder Unterstützung" der Haupttat gerichtet war.

er eine auf den Tod einer Partei gerichtete Herausforderung oder Verabredung vorsätzlich herbeigeführt hatte. Hier drohte ihm eine Gefängnisstrafe zwischen drei und zehn Jahren. Damit legte Art. 167 Abs. 2 für die Sekundanten denselben Strafrahmen fest wie Art. 164 Abs. 2 für die Duellanten. Beide Vorschriften stellten wegen der langen Dauer der angedrohten Gefängnisstrafen ausdrückliche Ausnahmen zu Art. 17 des Strafgesetzbuchs dar, wonach eine Gefängnisstrafe im Maximalfall fünf Jahre betragen konnte. Diese Regelungen erklären sich aus dem unbedingten Willen des Gesetzgebers, sämtliche Zweikampfdelikte als Vergehen auszugestalten und sie unter keinen Umständen unter die Verbrechen aufzunehmen, die gemäß Art. 1 mit der schwereren Zuchthausstrafe zu ahnden waren[555].

Für die Anstiftung zum Duell läßt sich nicht von der gleichen, zur Straflosigkeit tendierenden Privilegierung sprechen, wie sie bei Art. 165 für die Tatbestände der Beihilfe zu konstatieren war. Es konnte sogar dazu kommen, daß der Anstifter härter als die das Duell ausfechtende Partei zu bestrafen war. Das war in den oben erwähnten „leichteren Fällen" des vollzogenen Zweikampfes möglich, bei denen die Duellanten selbst gemäß Art. 163 Abs. 1 nur mit der maximal sechswöchigen und viel weniger einschneidenden Arreststrafe zu belegen waren, wogegen den Anstiftern nach Art. 167 Abs. 1 Gefängnis bis zu drei Monaten drohte. Regelmäßig erwartete aber die Anstifter eine geringere Strafe als die Duellparteien. Das zeigte sich vor allem dann, wenn im Duell eine Partei der anderen einen bleibenden gesundheitlichen Nachteil zugefügt hatte und deswegen nach Art. 164 Abs. 1 mit ein- bis dreijährigem Gefängnis zu strafen war. Auch in diesem Fall erwartete den Anstifter nach Art. 167 Abs. 1 eine maximal dreimonatige Gefängnisstrafe[556]. Aber auch im Normalfall des vollzogenen Zweikampfes, bei dem den Duellanten nach Art. 163 Abs. 1 Gefängnis bis zu einem Jahr drohte, standen die Anstifter mit höchstens dreimonatiger Gefängnisstrafe deutlich besser da.

---

[555] Dollmann, 2. Abt., S. 337; Weis, S. 409.

[556] Wegen des eindeutigen Gesetzeswortlauts konnte hier auf den Anstifter nicht der strengere Art. 167 Abs. 2 angewendet werden, da dort die Tötung eines Duellanten vorausgesetzt wird, vgl. Dollmann, 2. Abt., S. 352 f., Fußn. 52. Wegen dieser und weiterer Inkongruenzen in den sich aus den genannten Vorschriften ergebenden Strafmaßen kann die Regelung des Art. 167 im Kontext mit den vorausgehenden Vorschriften nicht als geglückt bezeichnet werden.

Art. 166 enthält einen speziellen Strafaufhebungsgrund[557]. Danach gingen die Parteien straflos aus, wenn sie den verabredeten Zweikampf vor seinem Beginn freiwillig aufgaben. Entscheidender Zeitpunkt war dabei der Beginn der Kampfhandlungen, nicht schon das Eintreffen oder die Vorbereitung auf dem Kampfplatz[558]. Wurde dagegen der Zweikampf erst nach seinem Beginn aufgegeben, konnte diese Tatsache nur mehr im Rahmen der Strafzumessung Beachtung finden[559]. Freiwillig war die Abstandnahme vom Zweikampf, wenn sie, gleichgültig aus welcher Motivation heraus, auf dem Willen der Parteien beruhte und nicht durch äußere Umstände, wie etwa das Eintreffen der Polizei, herbeigeführt wurde[560]. Mit dieser Regelung sollte den Parteien, auch nachdem sie schon den Straftatbestand des Art. 162 vollständig erfüllt hatten und daher ein strafbefreiender Rücktritt gar nicht mehr möglich gewesen wäre, eine Rückkehr in die Legalität eröffnet werden, mit dem Ziel, sie von der Vollziehung des Zweikampfes abzuhalten[561]. Bei teleologischer Auslegung dieser Vorschrift mußte man zum Ergebnis kommen, daß sie über ihren knappen Gesetzeswortlaut hinaus auch für die nur einseitige Abstandnahme einer Partei von der von ihr ausgesprochenen Herausforderung bzw. Annahme zu gelten hatte[562].

Art. 168 handelt von nicht formgerechten Zweikämpfen. Dabei geht es um die Fälle, daß ein Duellant oder ein Sekundant unter absichtlicher Übertretung der üblichen Kampfregeln eine Tötung oder Körperverletzung bewirkte oder daß ein Duellant seinen Gegner in einem ohne Sekundanten durchgeführten Zweikampf tötete oder verletzte. Hier sollten die allgemeinen Vorschriften über Tötungen oder Körperverletzungen anzuwenden sein, es sei denn, wegen des Zweikampfes wäre bereits eine höhere Strafe verwirkt. Diese Bestimmung rührt daher, daß bei vorsätzlichen, folgenreichen Regelverstößen auch der Gesetzgeber für eine Privilegierung der Duellanten gegenüber sonstigen Tätern keine Grundlage mehr sah. In diesen Fällen drängte sich geradezu der Verdacht auf, daß die Formen des Duells nur zur Verschleierung einer von vornherein geplanten Tötung oder Körperverletzung dienen sollten[563].

---

557 Dollmann, 2. Abt., S. 343, Fußn. 29.
558 Dollmann, 2. Abt., S. 344, Fußn. 32.
559 Weis, S. 411.
560 Dollmann, 2. Abt., S. 344.
561 Weis, S. 410 f.
562 Dollmann, 2. Abt., S. 343, Fußn. 31.
563 Dollmann, 2. Abt., S. 353, spricht die Gefahr des Mißbrauchs der Duellformen an.

Nach dem klaren Gesetzeswortlaut wurden fahrlässige Abweichungen von den Duellregeln nicht von der vorgenannten Bestimmung umfaßt. Insoweit waren also ausschließlich die Zweikampftatbestände der Art. 163 und 164 anzuwenden, und fahrlässige Regelverstöße konnten nur im Rahmen der Strafzumessung berücksichtigt werden[564]. Ebensowenig konnte Art. 168 zulasten eines Sekundanten angewandt werden, der während des Duells bei Regelverstößen seitens einer Partei mit seiner Waffe einschritt und dabei eine Tötung oder Körperverletzung bewirkte. Denn da es gerade zu den wesentlichen Aufgaben eines Sekundanten gehörte, bei der Austragung des Duells Exzesse zu vermeiden, war sein Eingriff noch von der ihm durch Art. 165 gewährten Straflosigkeit umfaßt[565].

Im Zusammenhang mit der Bestrafung des Zweikampfes spielt noch Art. 19 des Strafgesetzbuchs eine Rolle. Er sah den Vollzug einer Zuchthaus- oder Gefängnisstrafe in einer Festung vor, wenn dies „der Bildungsstufe oder den bürgerlichen Verhältnissen des Verurtheilten, sowie den besonderen Umständen der That oder der derselben zu Grunde gelegten Gesinnung angemessen" war. Damit beabsichtigte der Gesetzgeber nicht, eine ungerechtfertigte Privilegierung für gesellschaftlich Höherstehende zu schaffen. Vielmehr war er der Ansicht, auf diese Weise gerade das von der bayerischen Verfassung von 1818 gebotene Prinzip der Gleichheit aller vor dem Gesetz zu verwirklichen. Auch die Literatur bemerkte dazu, daß „der Vollzug der Strafe in den allgemeinen Strafanstalten den Einen unverhältnismäßig härter treffen würde, wie den Andern"[566]. Daher würde „das Zusammenleben mit ungebildeten und rohen Menschen, wie sie die gewöhnliche Bevölkerung der Strafhäuser bilden, für den Verurtheilten eine vom Gesetzgeber nicht beabsichtigte Strafschärfung in sich schließen"[567].

Zur praktischen Anwendung der Zweikampfbestimmungen des neuen Gesetzbuchs können keine näheren Aussagen getroffen werden. Außer den

---

564 Vgl. auch Dollmann, 2. Abt., S. 353, Fußn. 53.

565 Weis, S. 414; Dollmann, S. 353 f. - Ebenso, aber mit anderer Begründung Stenglein, S. 126 f., der, ohne auf Art. 165 einzugehen, dem Sekundanten hier ein Notwehrrecht zubilligt, was Dollmann, a.a.O., zurecht kritisiert.

566 Hocheder, S. 115 ff., der dazu ausführt: „Denn bei dem Einen enthält der Aufenthalt in der allgemeinen Strafanstalt keine auffallende Aenderung seiner bisherigen Lebensverhältnisse bezüglich der Umgebung, Beschäftigung u. dgl., während der Andere dadurch in allen Beziehungen auf das Empfindlichste berührt wird."

567 Dollmann, 1. Abt., S. 130.

Kommentaren zum Strafgesetzbuch war keine spezifische Sekundärliteratur aufzufinden. Das wird zum einen an der nur sehr kurzen Geltungsdauer des neuen Strafgesetzbuchs gelegen haben. Zum anderen war nun eine recht eindeutige Regelung geschaffen worden, die die Justiz nicht mehr vor so gravierende Probleme stellte, wie es die bisherige Rechtslage tat.

3.7 Der Ausklang des eigenständigen bayerischen Strafrechts

3.7.1 Exkurs: Die Reichsgründung und das Ende der Souveränität Bayerns

Die in die Schaffung des Deutschen Reichs mündenden Vorgänge von 1870/71 brachten für Bayern einschneidende Änderungen. In den sog. Novemberverträgen des Jahres 1870 wurde zwischen dem von Preußen dominierten Norddeutschen Bund auf der einen sowie den einzelnen süddeutschen Staaten auf der anderen Seite die Gründung eines „Deutschen Bundes" vereinbart, der auf der leicht modifizierten Verfassung des Norddeutschen Bundes beruhte[568]. Dabei gingen die Beteiligten von vornherein davon aus, daß dieser Bund nur als Durchgangsstation zu dem von Bismarck lancierten und nun in greifbare Nähe gerückten deutschen Kaiserreich dienen sollte[569]. Nachdem es am 15. November 1870 zunächst zwischen dem Norddeutschen Bund und Baden bzw. Hessen zu einer Einigung gekommen war, erklärten Bayern und Württemberg am 23. bzw. 25. November ihren Beitritt zu diesem Bund[570]. Bayern ließ sich dabei, insbesondere auf militärischem Gebiet, zu seinen Gunsten umfangreiche Reservatrechte zusichern, die der Regelungsbefugnis des neuen Bundes entzogen sein sollten[571]. Darauf wird später zurückzukommen sein.

Trotz dieser im Verhältnis zu den anderen süddeutschen Staaten eindeutigen Privilegierung Bayerns bereitete die nach den Bestimmungen seiner Verfassung notwendige Ratifizierung des Beitritts durch die beiden Kammern des

---

[568] Kimminich, S. 424; zur beherrschenden Rolle Bismarcks bei der Reichsgründung ebenda, S. 414 ff.

[569] Huber, Verfassungsgeschichte, Band III, S. 738.

[570] Kimminich, S. 424; Huber, Verfassungsgeschichte, Band III, S. 735 ff. - Der „Bundesvertrag betreffend den Beitritt Bayerns zur Verfassung des Deutschen Bundes" ist in seinem Wortlaut abgedruckt bei Huber, Dokumente, Nr. 220, S. 329 ff.

[571] Vgl. den ausführlichen Punkt III und davon vor allem § 5 des bayerischen Beitrittsvertrags vom 23. November 1870.

Landtags[572] große Schwierigkeiten. Viele Abgeordneten der Zweiten Kammer wollten sich nicht mit der Aufgabe der staatlichen Souveränität Bayerns abfinden und befürchteten einen Ausverkauf bayerischer Interessen. Erst am 21. Januar 1871 sprach sich, unter der Drohung einer andernfalls erfolgenden Auflösung der Kammer durch die Regierung, die erforderliche, nur hauchdünn erreichte Zweidrittelmehrheit der Abgeordneten für die Ratifikation aus. Bei der anschließenden Ausfertigung und Verkündung der Verträge verlegte König Ludwig II. den Beginn ihrer Rechtswirksamkeit für Bayern auf den 1. Januar 1871 zurück[573].

Nachdem am 9. und 10. Dezember 1870 die beiden Kammern des Norddeutschen Bundes im Einvernehmen mit den süddeutschen Regierungen beschlossen hatten, für den neugegründeten Bund und sein Präsidium die Bezeichnungen „Deutsches Reich" und „Deutscher Kaiser" einzuführen, hatte der preußische König Wilhelm I. nach anfänglich ablehnender Haltung am 18. Dezember zugesagt, die ihm angetragene Kaiserkrone anzunehmen[574]. Die Verfassung des neugegründeten Bundes war am 31. Dezember 1870 verkündet worden. Nunmehr konnte unter staatsrechtlichen Gesichtspunkten das Deutsche Reich als Rechtsnachfolger des Norddeutschen Bundes am 1. Januar 1871 entstehen[575]. Die in Versailles erfolgte Kaiserproklamation vom 18. Januar 1871, die zeitlich noch vor der Ratifikation des bayerischen Beitrittsvertrags lag, stellte demgegenüber einen bloßen Investiturakt, aber keinen Reichsgründungstag dar[576]. Am 16. April 1871 trat die Verfassung des Deutschen Reichs in Kraft[577]. Sie sicherte Bayern in einer ausdrücklichen Bestimmung die im Bei-

[572] Da der Beitritt Bayerns zu dem neugeschaffenen Bund nur über den Weg einer Verfassungsänderung zu bewerkstelligen war, mußten für die Ratifikation des Beitritts gemäß Titel X, § 7 der bayerischen Verfassung in beiden Kammern jeweils Zweidrittelmehrheiten unter Anwesenheit von mindestens dreiviertel der Abgeordneten zustandekommen, vgl. die Verfassungs-Urkunde des Königreichs Baiern vom 26. Mai 1818, abgedruckt bei Wenzel, S. 41.
[573] Näher zu den Vorgängen Hans Rall in: Spindler, Band IV/1, S. 280 ff.; Huber, Verfassungsgeschichte, Band III, S. 749 f.
[574] Huber, Verfassungsgeschichte, Band III, S. 746 f.; Kimminich, S. 425.
[575] Huber, Verfassungsgeschichte, Band III, S. 749; Kimminich, S. 426.
[576] Huber, Verfassungsgeschichte, Band III, S. 751.
[577] Abgedruckt im Reichsgesetzblatt 1871, S. 63 ff., sowie bei Huber, Dokumente, S. 384 ff.

trittsvertrag vom 23. November 1870 ausgehandelten militärischen Reservatrechte zu[578].

3.7.2 Die Einführung des Reichsstrafgesetzbuchs in Bayern

Auf strafrechtlichem Gebiet hatte die Reichsgründung für Bayern schon nach kurzer Zeit weitreichende Auswirkungen. Gemäß Art. 4 Ziffer 13 der Reichsverfassung besaß nunmehr das Reich die ausschließliche Gesetzgebungskompetenz für das Strafrecht. Es nahm diese Zuständigkeit sofort wahr, da schon von seinem Rechtsvorgänger, dem Norddeutschen Bund, ab 1868 auf preußisches Betreiben an einem Strafgesetzbuch gearbeitet worden war, dem wiederum das preußische Strafgesetzbuch von 1851 zum Vorbild gedient hatte[579]. Dieses Strafgesetzbuch des Norddeutschen Bundes war im Mai 1870 verabschiedet worden und am 1. Januar 1871 in Kraft getreten, demselben Tag, an dem die Reichsgründung rechtswirksam wurde[580]. Im Mai 1871 wurde es dann inhaltlich unverändert als Strafgesetzbuch für das Deutsche Reich übernommen und als solches in Bayern am 1. Januar 1872 in Kraft gesetzt[581]. Das ebenfalls übernommene Einführungsgesetz zum Strafgesetzbuch bestimmte in seinem § 2, daß sämtliches Landesstrafrecht außer Kraft treten sollte, soweit dort Gegenstände behandelt waren, die im neuen Gesetzbuch eine Regelung erfahren hatten[582].

Damit trat das bayerische Strafgesetzbuch von 1861 nach einer Lebensdauer von nur einem knappen Jahrzehnt außer Kraft. Bayern besaß nun keine eigenen Bestimmungen gegen das Duell mehr. Die nun im ganzen Reich einheitlich geltenden Vorschriften über den „Zweikampf mit tödlichen Waffen" waren im 15. Abschnitt des Reichsstrafgesetzbuchs in Art. 201 - 210 geregelt. Diese blieben, unter einigen Modifikationen, bis weit ins 20. Jahrhundert in

[578] Vgl. die dem Art. 68 nachgestellte „Schlußbestimmung zum XI. Abschnitt" der Verfassung, in: Huber, Dokumente, S. 400: „Die in diesem Abschnitt enthaltenen Vorschriften kommen in Bayern nach näherer Bestimmung des Bündnißvertrages vom 23. November 1870 (Bundesgesetzblatt 1871, S. 9) unter III. § 5 ... zur Anwendung".
[579] Deiglmayr, S. 30 ff.; Wesel, Randnr. 291.
[580] Olshausen, Band 1, S. 1 ff.; Schmidt, S. 343 f.
[581] Deiglmayr, S. 33.
[582] § 2 des besagten Einführungsgesetzes vom 31. Mai 1870 ist abgedruckt und kommentiert bei Olshausen, S. 8 ff.; Deiglmayr, S. 34.

Kraft. Erst durch das 1. Strafrechtsreformgesetz vom 25. 6. 1969 wurden sie aufgehoben[583]. Sie unterfallen nicht mehr der Fragestellung dieser Arbeit[584].

---

[583] Bundesgesetzblatt 1969 I, S. 654: „... 58. Der Fünfzehnte Abschnitt wird aufgehoben".

[584] Zu §§ 201 ff. Reichsstrafgesetzbuch vgl. beispielsweise die Darstellungen von Oppenhoff oder Olshausen in ihren in vielen Auflagen erschienenen Kommentaren zum Reichsstrafgesetzbuch.

Zweiter Hauptteil: Duellprävention durch Ehrengerichte

4 Einführung

4.1 Die Funktion von Ehrengerichten

Der Einsatz der repressiven Instrumente des Strafrechts war nicht der einzige Weg, den man zur Unterbindung von Duellen einzuschlagen versuchte. Allzu offenkundig war die faktische Wirkungslosigkeit auch der schärfsten Straftatbestände. Spätestens seit dem 18. Jahrhundert existierte daher die Idee, spezielle Ehrengerichte zu schaffen. Diese sollten bei tatsächlichen oder vermeintlichen Ehrangriffen zwischen den beteiligten Personen mit dem Ziel einer gütlichen und endgültigen Beilegung ihrer Auseinandersetzung vermitteln. Dadurch sollten nachfolgende Duelle vermieden werden[585].

Zu diesem Zweck sollte das Ehrengericht eine für beide Parteien verbindliche Feststellung darüber treffen, ob eine Beleidigung vorgefallen war oder nicht. Wenn es diese Frage verneinte, sollte es das durch einen Ausspruch feststellen und damit vor aller Augen kundtun, daß die Ehre des sich als verletzt Empfindenden keinen Makel erlitten hatte. Dadurch sollte verhindert werden, daß der vermeintlich Beleidigte sich gedrängt fühlte, eine Forderung zum Duell auszusprechen. Anderenfalls, wenn nach Auffassung des Ehrengerichts tatsächlich eine Beleidigung stattgefunden hatte, sollte es zwischen den Parteien einen gütlichen Ausgleich herbeiführen. Damit sollte der dem Beleidigten anhaftende Ehrenmakel getilgt werden, der sonst nach den herrschenden Ehrbegriffen nur durch die Austragung eines Duells wieder bereinigt hätte werden können.

[585] So schlug Loen, Band 3, S. 472, zur Vermeidung von Duellen schon 1751 „Friedensrichter" für die Armee vor, deren Aufgabe darin bestehen sollte, „zwey im Streit begriffene Partheyen in der Güte miteinander zu vergleichen, sich allen ihren Ausschweiffungen und Thätlichkeiten ... zu widersetzen; demjenigen Recht zu verschaffen, der von dem andern ist beleidiget worden". Ebenso schien Möser, S. 117, eine Art militärischer Ehrengerichte im Auge gehabt zu haben, wenn er 1780 den Vorschlag machte, daß kein Zweikampf „ohne Vorerkenntnis des Regiments" stattfinden solle. Dagegen schlug Soden, S. 337, in Anlehnung an eine „Sitte unserer Vorfahren in Lehnssachen" Ehrengerichte aus Standesgenossen vor, die er nicht auf das Militär beschränkt sehen wollte.

Beiden Parteien sollte auf diese Weise ein unblutiger und gleichzeitig ehrenhafter Weg zur Ausräumung ihres Konflikts eröffnet werden, ohne daß es zur Austragung eines Duells käme. Dieses Ziel war nur erreichbar, wenn die gütliche Einigung der Parteien vor den Ehrengerichten in den Augen ihrer Standesgenossen eine ebenso nachhaltige Reinwaschung der verletzten Ehre versprach wie die Durchführung eines Duells. Nur wenn das ehrengerichtliche Verfahren als ein dem Duell gleichwertiges Mittel zur Wiederherstellung der Ehre betrachtet würde, schien die Einführung von Ehrengerichten erfolgversprechend[586].

Daher mußte ein Ehrengericht möglichst schnell in Aktion treten und innerhalb kurzer Frist eine Entscheidung treffen, am besten schon nach wenigen Tagen. Dieses Erfordernis ergab sich daraus, daß die Fürsprecher des Duells an den Verfahren vor den ordentlichen Gerichten stets deren lange Dauer bemängelten, die es ihnen angeblich unzumutbar machte, wegen einer erhaltenen Beleidigung den Ausgang eines Injurienprozesses abzuwarten[587].

Schließlich erblickte man in der Einführung von Ehrengerichten auch eine Rechtfertigung für die hohen Strafvorschriften gegen das Duell[588]. Das läßt sich etwa am Entwurf des Allgemeinen Preußischen Landrechts ablesen, in dem zunächst die Schaffung von Ehrengerichten vorgesehen war und anschließend die „schärfsten Strafen“ gegen den Zweikampf damit legitimiert wurden, daß „nun nach den vorstehenden Verordnungen, einem jeden Beleidigten, vom Adel- und Militair-Stande, die vollständigste Genugthuung verschaft werden kann und soll“[589].

4.2 Das Prinzip der Standesgleichheit

Mit großem Nachdruck forderten die Befürworter von Ehrengerichten, daß diese ausschließlich mit gewählten Standesgenossen der streitenden Partei-

---

[586] Soden, S. 337, formuliert diesen Zusammenhang prägnant: „Wenn die Gesetzgebung den Zweikampf verdrängen will, so muß sie ein Mittel an dessen Stelle setzen, das alle dessen Vortheile gewährt“.

[587] Etwa Glasenapp, S. 470 f. - Auch ein Duellgegner wie Braunmühl, der Ehrengerichte zur Bekämpfung des Duells vorschlägt, bemerkt: „Die Ehrengerichte sind ... nöthig, da nur durch sie dem Hang, seine Ehrensache durch Selbsthilfe mit Umgehung des langsamen Schrittes der Justiz abzuthun, ein gesetzliches Ziel gesteckt werden kann“ (S. 139).

[588] Dieners, S. 178, 181.

[589] Vgl. den „Entwurf eines allgemeinen Gesetzbuchs für die Preußischen Staaten“, Erster Theil, Dritte Abtheilung, Achter Titel, Neunter Abschnitt, § 561.

en besetzt werden sollten. Die Ebenbürtigkeit von Ehrenrichtern und Streitparteien erschien deswegen so wichtig, weil es die dem Ehrenkodex verpflichteten Oberschichten in der ständisch gegliederten Gesellschaft des 18. und teilweise auch des 19. Jahrhunderts unter keinen Umständen akzeptieren wollten, in Sachen ihrer Ehre von einem bürgerlichen Richter beurteilt zu werden.

Diese elitäre Einstellung ging auf das mittelalterliche Prinzip des iudicium parium zurück, welches soviel wie Rechtsprechung von Ranggleichen über Gleiche bedeutet hatte. Es war ursprünglich vom Adel mit dem Ziel durchgesetzt worden, sich jedem Urteilsspruch durch bürgerliche, „unanständige" Richter zu entziehen[590]. Ein Relikt dieser Standesgerichtsbarkeit war es, wenn nun im 18. und 19. Jahrhundert in Bezug auf Ehrenhändel den ordentlichen Richtern schlichtweg die Fähigkeit abgesprochen wurde, den in Offiziers- und Adelskreisen so häufig beschworenen „zarten Punkt der Ehre" überhaupt beurteilen zu können[591]. Dieses Vermögen wurde vielmehr nur den eigenen Standesgenossen zuerkannt. Man bemerkte, nur standesgleiche Ehrenrichter könnten „ohne alle Einmischung juristischer Formen ... jene Momente berücksichtigen, die in der Meinung gegründet sind, die aber kein Gesetzgeber in abstracto finden, kein an das Gesetz gebundener Richter gehörig würdigen kann"[592]. Demgemäß sahen etwa auch die offiziellen Motive des Entwurfs zu einem bayerischen Gesetz über Ehrengerichte von 1827 vor, daß zur Herbeiführung eines gütlichen Ausgleichs in Ehrenfragen „hochachtbare Ehrenvermittler, gewählte Schiedsmänner zu einem judicio parium vereinigt" tätig werden sollten[593].

Die Forderung nach einer Besetzung mit Standesgenossen bedeutete zugleich, daß es für ein erfolgreiches Tätigwerden der Ehrengerichte als notwendig angesehen wurde, den staatlichen Einfluß auf das Gerichtsverfahren möglichst zu minimieren. Daher wurde verlangt, daß dem Staat lediglich die Auf-

---

590 Näher Sellert, Sp. 465: Das Prinzip des iudicium parium hatte sich ausgeprägt, als in der mittelalterlichen Feudalgesellschaft die Gerichte nach und nach mit nichtadeligen, gelehrten Richtern besetzt wurden, die ein Rechtsstudium absolviert hatten. Adelige waren zu jener Zeit jedoch prinzipiell nicht bereit, sich dem Urteilsspruch eines bürgerlichen Richters zu unterwerfen, und erkannten nur Standesgleiche als Richter über sich an.

591 Rumpf, S. 26.

592 Rumpf, ebenda.

593 Motive zum Ehrengerichtsentwurf, S. 20.

sicht über die Ehrengerichte zustehen solle[594]. Man sah „nur dann, wenn der Staat sich der Ehrengerichte gar nicht annimmt“, die Chance gegeben, eine „Verminderung der Duelle“ zu erreichen[595]. Wenn er sich dagegen in irgendeiner Weise einmische, etwa durch die obrigkeitliche Schaffung ständig bestehender Ehrengerichte oder auch nur durch die fallweise Ernennung der Ehrenrichter, so befürchtete man, daß „das nöthige Vertrauen“ der Konfliktparteien in die ehrengerichtliche Untersuchung wegfiele. Dadurch würde das Verfahren „ein gewöhnlich juristischer, langweiliger, steif förmlicher Prozeß, während hier mehr mit Zartheit und Humanität ohne strenge Formen der Vorfall untersucht und vermittelt werden sollte“[596].

Damit wurde ohne viel Aufhebens für die Tätigkeit der Ehrenrichter zumindest unterschwellig ein geringerer Grad an Gesetzesbindung als für den ordentlichen Richter in Anspruch genommen. Das sollte, wie sich gleich zeigen wird, fatale Folgen haben.

4.3 Kompetenz von Ehrengerichten, ein Duell zu gestatten?

Die Hoffnung darauf, daß sich die Konfliktparteien mit einer gütlichen Streitschlichtung durch ein Ehrengericht zufriedengeben würden, erschien angesichts der herrschenden Ehrvorstellungen von vornherein nicht übermäßig aussichtsreich. Denn der Ehrenkodex erklärte die Austragung der Angelegenheit durch ein Duell wenigstens bei schweren Beleidigungen für absolut notwendig[597] und legte sie im übrigen jedenfalls nahe. Daher konnte ein Ehrengericht, das lediglich die Kompetenz hatte, einen gütlichen Ausgleich zwischen den Parteien herzustellen, kaum auf eine höhere Akzeptanz rechnen als die ordentlichen Gerichte.

---

594 Roßhirt, Zweikampf, S. 474: „Ueber die Ehrengerichte ... führe der Staat gemessene Aufsicht, und leite sie durch ... Instructionen“. Ebenso Samhaber, Duell, S. 28, der eine „Oberaufsicht“ des Staates fordert.

595 Mittermaier, Bemerkungen, S. 438; ähnlich derselbe, Revidierter Entwurf, S. 287.

596 So Mittermaier, Bemerkungen, S. 438.

597 Vgl. den „Duell-Codex“ von Chateauvillard, S. 5: „... für einen Schlag gibt es keine Entschuldigung“. Ebenso der „Ehren-Codex“ von Barbasetti, S. 56, Nr. 91: „Ein Zweikampf muß stattfinden: ... b) wenn die Beleidigung eine tätliche war, in welchem Falle Entschuldigungen nicht angenommen werden können; c) wenn durch die Beleidigung die Ehre der Person oder der Familie verunglimpft wurde. In den zwei letzten Fällen muß das Duell bis zur vollständigen Kampfunfähigkeit, d.h. bis einer der Duellanten für immer kampfunfähig gemacht wurde oder auf dem Kampfplatze fällt, geführt werden.“

Aus diesem Grund wurde vielfach dafür plädiert, den Entscheidungsspielraum der Gerichte zu erweitern, um sie für ihre ganz spezielle, auf die Abhaltung eines Duells fixierte Mandantschaft attraktiver zu machen. Ehrengerichte sollten in die Lage versetzt werden, „dem Bestehen der Duellsitte Rechnung zu tragen, einen Spruch abzugeben, der dem, was im Duell bezweckt wurde, ungefähr kommensurabel ist"[598]. Konkret hieß das, daß ein Ehrengericht die Befugnis haben sollte, ein Duell zu gestatten oder sogar anzuordnen[599].

Diese Idee, per Gesetz Ehrengerichte zu ermächtigen, eine durch die Strafgesetze vehement verbotene Handlung ausdrücklich zuzulassen, mutet aus heutiger Sicht grotesk an. Damals wurde sie von zahlreichen namhaften Juristen vertreten[600]. Man begründete diese Ansicht damit, daß es im Ergebnis immer noch besser sei, „in einigen Fällen, wo des Mannes Selbständigkeit und Berufsfähigkeit auf andere Art nach den gegenwärtigen Ansichten nicht wohl gerettet werden kann", Duelle durch ehrengerichtlichen Spruch zu autorisieren, wenn es dafür in anderen Fällen gelinge, durch die gerichtliche Vermittlung Duelle zu verhindern[601].

Auch die amtlichen Motive des bayerischen Strafgesetzbuchentwurfs von 1853 bewegten sich im Fahrwasser dieser Argumentation. Sie ließen sich zu der Erwägung hinreißen, daß „eine entsprechende Wirksamkeit ... nur dann vielleicht zu erwarten wäre, wenn den Ehrengerichten die Befugnis eingeräumt werden könnte, in einzelnen, wenn auch seltenen Fällen auf die Vollziehung des Duells zu erkennen und durch diesen Ausspruch den Duellanten im Voraus

[598] Kohlrausch, S. 185.

[599] So schon im Jahr 1792 Soden, S. 337, der vorschlägt, das Ehrengericht solle entweder eine „Entscheidung des Streits oder wenigstens der vorläufigen Frage (treffen), ob ein Zweikampf statt finde". Ebenso die Abhandlung „Von den in Deutschland gewöhnlichen Gebräuchen bei Duellen" von 1804, S. 129: „... schlage ich vor, den Duell nicht zu verbieten, sondern vielmehr nach zuvor eingesetzten Ehren-Gericht zu erlauben".

[600] Vgl. beispielsweise Soden, S. 337; Roßhirt, Zweikampf, S. 474. Mittermaier, Bemerkungen, S. 438, meint, Ehrengerichte seien nur dann für die Duellanten akzeptabel, wenn sie „das Duell als das letzte Mittel zugeben" könnten. Selbstverständlich übersieht er dabei nicht die „nachtheilige Inconsequenz", die sich im Hinblick auf die staatlichen Strafdrohungen gegen das Duell ergibt. Diese glaubt er aber dadurch ausschließen zu können, daß er sich die Ehrengerichte als nichtstaatliche Institutionen vorstellt. Noch am Anfang des 20. Jahrhunderts sah Kohlrausch, S. 185 ff., Ehrengerichte nur dann als erfolgversprechend an, wenn ihnen auch die Möglichkeit offenstünde, darauf zu erkennen, daß „die Ausgleichung der Differenz nur durch Duell erfolgen kann, sei es auch, daß dieser Spruch in der verstecktesten Form ergeht".

[601] So Roßhirt, Zweikampf, S. 474.

Straflosigkeit zu gewährleisten"[602]. Den Verfassern der Motive war jedoch bewußt, daß sie sich damit auf juristisch abschüssigem Gelände befanden. Sie bemerkten, daß „der Staat eine solche Befugnis aus nahe liegenden Gründen niemals wird sanktioniren können". Resignierend kamen sie zu dem Schluß, daß ein Ehrengericht, das „sich in der den Parteien von vornherein bekannten Nothwendigkeit befindet, den Zweikampf in allen Fällen und unter allen Verhältnissen untersagen zu müssen, niemals seiner Bestimmung (der Abschneidung von Duellen) zu entsprechen" vermöge[603].

Dabei hatten sie vermutlich die preußischen Militärehrengerichte in der Form vor Augen, wie sie aufgrund zweier Verordnungen vom 20. Mai 1843 ausgestaltet worden waren[604]. Darin war bestimmt, daß die ehrengerichtlichen Verhandlungen sofort zu schließen seien, wenn die Streitparteien „zu erkennen gaben, daß sie bei dem Ausspruch des Ehrengerichts wegen der eigenthümlichen Verhältnisse des Offiziersstandes sich nicht beruhigen zu können glaubten". Die Parteien waren in diesem Fall eigens auf die Strafen des Zweikampfes aufmerksam zu machen. Das Ehrengericht hatte sodann dem Duell freien Lauf zu lassen. Bei dessen Austragung hatte der Ehrenrat, der eine Art Untersuchungsinstanz des Ehrengerichts war, „das Recht, auf dem Kampfplatz zu erscheinen, und ... als Kampfgericht den Gang und das Ende des Zweikampfes zu regeln"[605]. Demnach hatten in Preußen die militärischen Ehrengerichte zwar nicht die Kompetenz, direkt auf Zweikampf zu erkennen. Allerdings fehlte dazu auch nicht mehr viel, wenn es den Parteien freistand, eine ehrengerichtliche Vermittlung abzulehnen und statt dessen ein Duell unter Anwesenheit des Ehrenrats durchzuführen. Damit wird die ambivalente Haltung des Staates beim Vorgehen gegen Duellanten in augenscheinlicher Weise bloßgelegt[606].

---

[602] Motive 1853, S. 192.

[603] Motive 1853, ebenda.

[604] Es handelte sich um die „Verordnung über die Ehrengerichte" sowie um die „Verordnung über das Verfahren der Ehrengerichte bei Untersuchung der zwischen Offizieren vorfallenden Streitigkeiten, so wie über die Bestrafung des Zweikampfes unter Offizieren", beide abgedruckt und kommentiert bei Fleck, S. 1 ff. bzw. S. 89 ff.

[605] Vgl. §§ 16 und 17 der zweiten Verordnung über das Verfahren der Ehrengerichte, abgedruckt bei Fleck, S. 118 f. - Der Ehrenrat stand unter der Leitung des Kommandeurs und führte die Voruntersuchung der Angelegenheit durch, vgl. Fleck, S. 106, sowie Rumschöttel, S. 159.

[606] Kritisch Zimmermann, Ehrengerichte, S. 432 ff.

Noch weiter ging dann die unter Kaiser Wilhelm I. erlassene Ehrengerichtsverordnung vom 2. Mai 1874[607]. Nach deren „Einleitungsordre" war jeder „Offizier, welcher seine Ehre nicht zu wahren weiß", durch das Ehrengericht aus der Armee zu entlassen. Das hieß nichts anderes, als daß ein Offizier im Fall einer erhaltenen Beleidigung den Beleidiger, ob er wollte oder nicht, bedingungslos zu einem Duell zu fordern hatte. Damit wurde also gegen den Willen der Beteiligten „der Zweikampf quasi amtlich herbeigeführt"[608].

Es gab zu einer solchen Ausweitung der ehrengerichtlichen Kompetenz aber auch zahlreiche Gegenstimmen. Viele Autoren äußerten gewichtige juristische Bedenken und wollten Ehrengerichte allenfalls dazu ermächtigen, über das Vorliegen einer Ehrverletzung zu entscheiden und, falls diese Frage zu bejahen war, einen Vermittlungsversuch zwischen den Parteien zu unternehmen. Man brachte vor, Ehrengerichte entsprächen „nur dann dem System der Gesezgebung, wenn sie bloß dazu dienen, die Thatsache der Ehrenkränkung herzustellen", wohingegen die Verhängung einer Strafe Sache des ordentlichen Richters sei[609]. Weiter dürften die Ehrengerichte nur eine „aus der Eigenthümlichkeit des Rechtes auf Ehre zu dem Schutze dieser hervorgehende Einrichtung" sein, nicht dagegen als „Surrogat des Duells" dienen[610]. Wenn sie ermächtigt wären, auf Zweikampf zu erkennen, wäre das „ein Schandfleck der Gesetzgebung, die Rückkehr zum Vorurtheil"[611].

Schließlich wurden Ehrengerichte wegen der erfahrungsgemäß stets zu befürchtenden gerichtlichen Gestattung eines Duells auch generell abgelehnt. Nach den scharfzüngigen Worten eines im 19. Jahrhundert lebenden überzeugten Duellgegners hätten Ehrengerichte in der Praxis „fast nie gegen ein Duell Etwas einzuwenden". Sie seien vielmehr „nur ein schaler, frivoler Vorwand, ... die Duelle zu beförden und straflos zu machen und dadurch dem frechen Ei-

---

607 „Verordnung über die Ehrengerichte der Offiziere im Preußischen Heere" vom 2. Mai 1874, abgedruckt im Anhang der „von einem älteren aktiven Offizier" 1890 in vierter Auflage anonym herausgegebenen Schrift „Die Conventionellen Gebräuche beim Zweikampf", S. 40 ff. Die Einleitungsordre der Verordnung ist abgedruckt bei Demeter, S. 287 ff., als Dokument Nr. 13.

608 Demeter, S. 139, der damit zu Recht gegenüber der Verordnung von 1843 einen „noch viel krassere(n) Widerspruch ... zwischen der neuen Ehrengerichtsverordnung des Offizierkorps und den bürgerlichen Gesetzen des modernen Rechts- und Verfassungsstaates" gegeben sah.

609 Cucumus, S. 57 f.

610 Cucumus, S. 59.

611 Braunmühl, S. 141.

genwillen, dem angewöhnten Höhnen und Daherschreiten über die Gesetze und der brutalen Rach-, Blut- und Mordgier gewisser privilegierter Junker- und Kriegerkasten ... freie und offene Räuber- und Mörderstraßen zu bahnen"[612].

4.4 Personelle Zuständigkeit von Ehrengerichten

Ebenso wie der Kreis der Normadressaten bei der Duellgesetzgebung geschwankt hatte und teilweise auf bestimmte Stände, besonders auf das Militär, begrenzt war, wurde auch die Frage der personellen Zuständigkeit von Ehrengerichten kontrovers behandelt[613]. Die ersten Vorschläge aus dem 18. Jahrhundert hatten Ehrengerichte nur für den militärischen Bereich vorgesehen[614]. Das mag daran gelegen haben, daß das Duell damals noch stärker auf Militärangehörige beschränkt war als zu späteren Zeiten. Außerdem schien wohl innerhalb einer befehlsgewohnten Armee die Abhaltung eines Ehrengerichts und die Unterwerfung der Streitparteien unter seine Entscheidung um einiges praktikabler zu sein als unter Adeligen, die niemandem zu Gehorsam verpflichtet waren und die Gewohnheit besaßen, ihre Angelegenheiten in eigener Regie zu regeln.

In der weiteren Diskussion ließ man die Begrenzung der Zuständigkeit auf Militärangehörige zunehmend fallen. Besonders seit dem 19. Jahrhundert, als sich auch Bürgerliche den adeligen Ehrenkodex aneigneten, wurde vielfach für allgemeine Ehrengerichte plädiert[615]. Zum Teil war dabei, wie etwa in dem 1826 von Ludwig I. vorgelegten Gesetzentwurf, noch eine Beschränkung auf bestimmte Stände vorgesehen. Andere Vorschläge lehnten eine solche Einengung ab und wollten Ehrengerichte für jedermann zugänglich machen[616].

Wie nachher ausführlicher darzustellen sein wird, sollte diese Frage gerade im frühkonstitutionellen Bayern eine Rolle spielen. Denn bei den weiteren Beratungen über den Entwurf Ludwigs I. setzte sich die Ansicht durch, daß wegen des Gleichheitsgebots der bayerischen Verfassung von 1818 die Zuständigkeitsbeschränkung auf einzelne Stände unzulässig sei.

---

612 Badenfeld, S. 72 f.
613 Ausführlich zu diesen Fragen Frevert, S. 93 ff.
614 Loen, Band 3, S. 472, schlägt vor, „bey allen und jeden Regimentern gewisse Friedensrichter zu bestellen; vgl. dazu weiter Möser, S. 117.
615 Vgl. beispielsweise Soden, S. 337; Cucumus, S. 57 ff.; Braunmühl, S. 117 ff.
616 Braunmühl, S. 114.

4.5 Erste Schritte zu einer gesetzlichen Einführung von Ehrengerichten

Die Idee der Ehrengerichte fand schon frühzeitig Eingang in die Gesetzgebung. In ersten Ansätzen war sie bereits in dem unter Kaiser Matthias ergangenen Duelledikt von 1617 enthalten gewesen. Dort war vorgesehen, daß die Justizbehörden „Injuri-Klagen ... mit Zuziehung schiedlicher Leute" erledigen sollten[617]. Auch im Reichsgutachten von 1668 klang etwas davon an, wenn bestimmt wurde, daß die Justizorgane soweit wie möglich als Vermittlungsinstanz fungieren und eine „vorkommende Injuri-Sache durch gütliche Vergleichung, oder billig- und rechtmäßige schleunige Entscheidung" beilegen sollten[618].

Seit dem Ausgang des 17. Jahrhunderts hatten dann die Duellmandate verschiedener deutscher Territorialstaaten eine Art Ehrengericht zur Streitschlichtung vorgesehen[619]. Auch das bayerische Mandat von 1779 hatte in seinem Art. IX ganz beiläufig davon gesprochen, daß in bestimmten Fällen die „Hinlegung des strittigen Punkts zu Obmänner und Decisseurs hiemit verordnet, und beyde streitende Theile nach derer Aussprach sich zu richten schuldig" sein sollten[620]. Ob es aufgrund all dieser noch sehr vagen gesetzlichen Bestimmungen jemals zu einer praktischen ehrengerichtlichen Tätigkeit gekommen ist, läßt sich allerdings nicht nachweisen[621].

Die erste ausführliche Regelung von Ehrengerichten findet sich in dem ab 1784 in mehreren Einzelteilen veröffentlichten Entwurf des Allgemeinen Preußischen Landrechts[622]. Dort war für die Erledigung von „Ehren-Sachen zwischen Adlichen, Officiers, und solchen Personen des höheren Bürger-Standes, die in adlichen Bedienungen stehen", vorgesehen, daß dann, wenn die Parteien ihren Streit nicht vor einem ordentlichen Gericht beilegen wollten, ein

---

617 Vgl. Freud, S. 387 ff., sowie Below, Ausheischen, S. 727 f., Fußnote 14.

618 Vgl. Pachner von Eggenstorff, Erster Theil, S. 303.

619 Dazu näher Dieners, S. 176 ff.: So hatte beispielsweise das kurkölnische Edikt von 1704 sogenannte „Richter des Point d'honneur" als Vermittlungs- und Strafinstanz eingesetzt.

620 Vgl. Meyr, S. 143.

621 Dieners, S. 178.

622 Vgl. den „Entwurf eines allgemeinen Gesetzbuchs für die Preußischen Staaten", Erster Theil, Dritte Abtheilung, Achter Titel, Neunter Abschnitt (veröffentlicht 1786): In diesem von den „Beleidigungen der Ehre" handelnden Abschnitt findet sich in §§ 537 bis 577 eine detailreich geratene Regelung des Zweikampfes, innerhalb derer Vorschriften über Ehrengerichte enthalten sind (§§ 539 ff.). - Näher gehen auf diese geplante Ehrengerichtsregelung Demeter, S. 126 ff., und Dieners, S. 179 ff., ein.

Ehrengericht aus Standesgenossen als „Vorbeugungs-Mittel" gegen Zweikämpfe einzuberufen war[623]. Seine Aufgabe sollte darin bestehen, über das Vorliegen einer Beleidigung sowie die dafür zu leistende Genugtuung zu entscheiden. Weiter war vorgesehen, daß „in außerordentlichen Fällen, wo das Ehren-Gericht die gewöhnlichen Arten der Genugthuung für hinreichend anzunehmen Bedenken findet", der Fall dem Landesherrn anzuzeigen war[624]. Denn dieser könne, wie die Motive des Entwurfs erläutern, „allein von den Gesetzen dispensieren und sein Recht über Leben und Tod für einen gewissen bestimmten Fall auch anderen übertragen"[625]. Das hieß, daß dem Landesherrn das Recht zugesprochen wurde, ein Duell zu gestatten.

Die geplanten Vorschriften über die Bildung von Ehrengerichten wurden allerdings im weiteren Verlauf des Gesetzgebungsverfahrens wieder fallengelassen. Das lag am erklärten Widerstand des Militärs gegen die im Gesetzentwurf gleichzeitig ausgesprochenen Strafen auf Duellhandlungen. Das preußische Oberkriegskollegium erklärte in einem Schreiben an Justizminister von Carmer vom 4. Februar 1791 zunächst zwar pflichtschuldigst, daß Duelle auch aus militärischer Perspektive „ein moralisches Uebel" seien[626]. Dann aber betonte es unverblümt, Duelle seien „wegen des ... Zusammenhanges mit dem Militaircharakter für ... nothwendig zu halten". Schließlich hätten „diese Vorurtheile bis jetzt ... einen so nützlichen Einfluß auf die Armee gehabt ..., daß deren Geist und Charakter sie auf die erste Stufe des Ruhms erhoben haben". Ihre Abschaffung habe dagegen „schädliche Folgen in Absicht der Sorglosigkeit, wozu ein Officier verleitet werden dürfte, seinem Charakter in allen Auftritten seines Lebens gemäß zu handeln". Aus diesen Gründen lehnte das Oberkriegskollegium Ehrengerichte bedingungslos ab, da „das Ehrengericht mit der Ambition eines Offiziers nicht wohl zu vereinbaren wäre"[627].

Das wirkte. Der preußische König machte sich diese Auffassung bereitwillig zu eigen. In einer Kabinettsordre vom 20. März 1791 verfügte Friedrich Wilhelm II., daß Ehrengerichte im Allgemeinen Landrecht keine Regelung erfahren sollten, da von ihnen „nachtheilige Wirkungen auf den Esprit" der Ar-

---

[623] Vgl. § 539 des genannten Abschnitts des Entwurfs.
[624] Vgl. §§ 552 und 554 des genannten Abschnitts des Entwurfs.
[625] Zitiert nach Kohlrausch, S. 190.
[626] Schreiben des preußischen Oberkriegskollegiums an den Großkanzler und Justizminister von Carmer vom 4. Februar 1791, abgedruckt bei Rumpf, S. 26 ff., insbesondere S. 29.
[627] Ebenda, S. 29.

mee zu erwarten wären[628]. Die endgültigen Fassung des Preußischen Allgemeinen Landrechts von 1794 enthält daher keine Bestimmungen über Ehrengerichte[629].

Damit war in Preußen fürs erste die Schaffung von Ehrengerichten gescheitert. Trotzdem blieben dort entsprechende Bestrebungen gerade für den militärischen Bereich vorhanden. Nur einige Jahre später kam es dann unter Friedrich Wilhelm III. zur Einführung militärischer Ehrengerichte durch die „Verordnung wegen der Bestrafung der Offiziere" vom 3. August 1808[630]. Diesen Gerichten war in erster Linie die Disziplinierung der Offiziere übertragen. Dagegen stand zu diesem Zeitpunkt die Beurteilung von Beleidigungen noch nicht im Zentrum ihrer Tätigkeit[631].

Durch weitere Regelungen, insbesondere aus den Jahren 1821, 1828, 1843 und 1874, erhielten die preußischen Militärehrengerichte eine neue Ausrichtung. Ihre Funktion wurde zunehmend darin gesehen, ein vom Individuum losgelöstes, kollektives Ehrgefühl herzustellen, das sämtliche Angehörige des Offizierkorps zusammenschweißen sollte. Damit gerieten auch die Ehrenhändel zwischen Offizieren bald in den Mittelpunkt ihrer Tätigkeit[632]. Diese Bestimmungen sind hier nicht weiter zu verfolgen. Für die nun darzustellende Geschichte der Ehrengerichte in Bayern wird sich aber eine großenteils parallele Entwicklung feststellen lassen.

628 Kabinettsordre Friedrich Wilhelms II. an Großkanzler von Carmer vom 20. März 1791, abgedruckt bei Rumpf, S. 30 f. - Auch Zimmermann, Ehrengerichte, S. 419, zitiert aus der Kabinettsordre, gibt aber das Datum des 21. Mai 1791 an.
629 Demeter, S. 127; Dieners, S. 183.
630 Dieners, S. 184.
631 Demeter, S. 129 ff.; Dieners, S. 184 ff.
632 Näher Demeter, S. 130 ff.; Dieners, S. 187 ff.; Boguslawski, S. 59 ff.; Frevert, S. 133 ff.

5 Ehrengerichte in Bayern

Auch in Bayern gab es seit Anfang des 19. Jahrhunderts von staatlicher Seite intensive Bemühungen zur Einführung von Ehrengerichten. Dabei hatte man solche Gerichte zunächst nur für den militärischen Bereich und nur mit einer auf den Offiziersstand beschränkten Zuständigkeit im Visier. Diese Maßnahmen führten im Jahr 1823 zur Einführung militärischer Ehrengerichte. Erst etwas später wurde auch die Idee allgemeiner Ehrengerichte mit Zuständigkeit für jedermann verfolgt. Deren Schaffung scheiterte jedoch trotz eines beschlußfertig vorliegenden Gesetzentwurfs 1827 im letzten Moment an der ablehnenden Haltung der bayerischen Stände.

5.1 Die militärischen Ehrengerichte

Bayern, das seit 1805 Bündnispartner Napoleons war, hatte an dessen Feldzügen quer durch Europa mit eigenen Truppen teilzunehmen[633]. Damit war eine verstärkte personelle Fluktuation unter den Angehörigen des Offizierkorps verbunden. Aus diesem Grund verspürte man in der Armeeleitung ein zunehmendes Bedürfnis nach Ausbildung eines alle Offiziere verbindenden Korpsgeistes, dessen Grundlage ein gemeinsamer Ehrbegriff sein sollte. Davon versprach man sich eine höhere Disziplinierung und Homogenisierung der aus höchst unterschiedlichen Verhältnissen stammenden Offiziere[634]. Ein geeignetes Mittel zur Erzeugung und Wahrung einer exklusiven Offiziersehre sah man in speziellen Ehrengerichten. Ihre Aufgabe sollte es sein, Verstöße gegen diese kollektive Ehre festzustellen und umgehend zu ahnden.

Zunehmend setzte sich im 19. Jahrhundert die Vorstellung durch, daß es nicht bloß Sache des einzelnen Offiziers sei, seine verletzte Ehre zu verteidigen, sondern daß „die Ehre jedes einzelnen Mitgliedes des Militärinstituts ein Gemeingut des Ganzen“ sei und daß „ein Angriff auf die Ehre des Einzelnen die Ehre des Instituts selbst“ treffe[635]. Daher war nach dieser Sichtweise die Gesamtheit der Offiziere zur Reinhaltung ihrer gemeinsamen Standesehre aufgerufen und hatte darüber zu wachen, daß jeder Ehrenmakel, der irgendeinem Offi-

---

633 Näher Eberhard Weis in: Spindler, Band IV/1, S. 16 ff.

634 Bezzel, S. 125, spricht in diesem Zusammenhang von der „Einstellung auch wenig zum Offiziersberuf geeigneter Elemente“.

635 Rumpf, S. 6.

zier anhaftete, sofort getilgt wurde. Der Unterschied zwischen Individual- und Kollektivehre verwischte daher zusehens.

Die der Verhaltenssteuerung und Disziplinierung dienende Ehre des Standes sollte nicht zuletzt den enormen sozialen Druck, den „Terror der Anständigkeit“[636] in der Armee lindern helfen. Dieser ergab sich daraus, daß Offiziere als Mitglieder der Korpsgemeinschaft unvermeidlichen Gruppenzwängen unterlagen und bei schlechter Besoldung[637] jederzeit dazu bereit sein mußten, ihr Leben aufs Spiel zu setzen. Als Kompensation dafür sollte dem Offiziersstand durch die Schaffung einer besonderen Ehre ein hohes Ansehen in der Gesellschaft verliehen werden.

5.1.1 Pläne zur Schaffung militärischer Ehrengerichte in Bayern

Die Bestrebungen der bayerischen Armee zur Einführung von Ehrengerichten lassen sich bis ins Jahr 1806 zurückverfolgen. Damals hatte der bayerische Generalfeldmarschall Wrede in einem Schreiben an König Max I. Joseph angeregt, die Einführung von „Duellgerichten“ in jedem Regiment zu veranlassen[638]. Zur Begründung wies er auf das Dilemma hin, das sich für Offiziere auftat, die eine Beleidigung erhalten hatten. Wegen des in der Armee schon zu dieser Zeit faktisch bestehenden Duellzwanges seien sie vor die Wahl gestellt, sich entweder zu duellieren und damit strafbar zu machen oder von einem Duell abzusehen und deswegen aus der Armee entlassen zu werden. Wrede beklagte, daß „die Folgen für den sich schlagenden, und nicht schlagenden Theil gleich unglücklich sind - weil das Gesetz den sich schlagenden Theil nach dem Duell Edikt, den sich nicht Schlagenden die Gesetze des Ehrgefühls verdammen“. Zur Einschränkung der Duelle will er freilich nicht gegen die im Offizierkorps herrschenden Ehransichten angehen. Vielmehr spricht er sich dafür aus, daß „jeder in irgend einer Sache provocirt wordene Offizier ... vor diesem Duell Gerichte erscheinen“ müsse. Dieses solle dann befugt sein, je nach Lage des Falles eine

[636] Rumschöttel, S. 149 f., unter Verweis auf Karl Bosl, Pluralismus und pluralistische Gesellschaft, München 1967, S. 115.

[637] Dazu ausführlich Rumschöttel, S. 111 ff.: „Äußerer Glanz und gesellschaftliches Ansehen (der Offiziere) korrespondierten mit kümmerlicher materieller Versorgung... Die Subalternoffiziere, die den größten Teil des Korps ausmachten..., gehörten einerseits - kraft Bewußtsein und Prestige - zur oberen Gesellschaftsklasse, andererseits und von den Einkommensverhältnissen her gesehen zu einer der untersten Einkommensklassen.“

[638] Bayerisches Hauptstaatsarchiv München, Kriegsarchiv, A XIII 3/2: Eingabe Wredes an den König vom 22. März 1806.

gütliche Einigung herbeizuführen oder auch auf Zweikampf zu erkennen, dabei sogar die Art der Waffen festzulegen und „Sekundanten aus seiner Mitte“ zu ernennen[639].

Große Resonanz scheint dieser Vorstoß zunächst nicht gefunden zu haben. Vermutlich wurde er in den Ereignissen der napoleonischen Kriege schnell aus dem Blick verloren. Im Jahr 1817 wandte sich Wrede erneut mit dem Anliegen an den König, Ehrengerichte für Offiziere einzuführen[640]. Inzwischen hatte er selbst ein Pistolenduell ausgefochten, nachdem eine ihn kompromittierende Depesche des schwedischen Gesandten in Wien abgefangen und veröffentlicht worden war[641]. Als hoher Militärangehöriger betont er in seiner Eingabe, daß die Exklusivität der Offiziersehre einen besonderen Schutz verdiene. Wegen der gesellschaftlich herausgehobenen Stellung des Offiziers müsse „diese Ehre auch als etwas ihm eigenthümliches - heiliges - unantastbares erscheinen: sie muß einen gewissen Vorzug, einen allgemein anerkannten besonderen Werth haben.“ Ein Offizier, der sich beleidigt glaubt, müsse in der Lage sein, seine Ehre „nach seinen eigenthümlichen Begriffen zu vertheidigen“. Deswegen müsse ihm die Möglichkeit gegeben werden, zur Streitschlichtung ein Ehrengericht aus Standesgenossen anzurufen, und dieses müsse nötigenfalls auch berechtigt sein, auf Zweikampf zu erkennen[642].

Bei diesen Überlegungen hatte Wrede nicht zuletzt das klare Ziel vor Augen, die Ehrengerichte als Erziehungsmittel gegen „den so höchst verderblichen Burschenton“ zu benutzen, den „jene unverständigen jungen Leute ... in

---

639 Ebenda.

640 Bayerisches Hauptstaatsarchiv München, Kriegsarchiv, A XIII 3/2: Schreiben Wredes an den König vom 12. May 1817.

641 Näher zu diesem Duell Heilmann, S. 109 ff.: Der schwedische Gesandte Düben hatte in der an den schwedischen König adressierten Depesche vom 22. Oktober 1806 behauptet, daß es durch die Wrede unterstellten Truppen zu Plünderungen gekommen sei. Nachdem der Inhalt dieser Depesche Anfang 1807 in der Presse veröffentlicht worden war, erklärte Wrede Düben seinerseits öffentlich für einen „infamen Verleumder“, woraufhin dieser Wrede zu einem Pistolenduell forderte. Nach einiger Verzögerung, da Wrede wegen Teilnahme an einem Feldzug unabkömmlich war, fand der Waffengang am 12. Februar 1808 in der Nähe von Simbach am Inn statt. Bei zweimaligem Kugelwechsel traf Dübel jeweils nicht, und Wredes Pistolen versagten. Als der darüber verärgerte Wrede das Duell mit dem Degen fortsetzten wollte, griffen die Sekundanten ein, bestätigten, daß sich beide Parteien ehrenhaft benommen hätten und erklärten das Duell für beendet.

642 Bayerisches Hauptstaatsarchiv München, Kriegsarchiv, A XIII 3/2: Schreiben Wredes an den König vom 12. May 1817.

die Officiers Corps mitbringen und ausbreiten"[643]. Er spielte damit auf den Umstand an, daß in der bayerischen Armee bereits zu Beginn des 19. Jahrhunderts der Anteil der bürgerlichen Offiziere bei weiter steigender Tendenz über denjenigen der adeligen lag[644]. Da die Armeeleitung bei Bürgerlichen aber viel weniger davon ausging, daß ihnen die Gesetze der militärischen Standesehre geläufig waren, sah sie sich vor allem ihretwegen zur Schaffung eines gemeinsamen Korpsgeistes veranlaßt.

Noch im gleichen Jahr wurde im Kriegsministerium ein vollständiger Entwurf einer „Verordnung, Das militärische Ehrengericht betreffend" erarbeitet[645]. Danach sollten Ehrengerichte „als Organ des ganzen Standes" (Art. 13) zuständig sein für die Entscheidung über „Beleidigungen an der Ehre, welche ein Militär-Individuum dem andern zufügt, oder sonst erlitten hat" (Art. 1). Eine Beschränkung auf Offiziere war hier interessanterweise nicht vorgesehen. Die Ehrengerichte sollten darüber befinden, „ob eine Beleidigung stattgefunden, und ob, dann auf welche Art der Zweykampf einzutreten habe oder nicht" (Art. 6). Wurde auf Zweikampf erkannt, so sollten im Urteil gleich sämtliche Umstände seiner Austragung wie die Art der Waffen oder die Distanz der Duellanten auf dem Kampfplatz festgelegt werden (Art. 26). Dabei sollte „nur in den bedeutendsten Ehrenverletzungen der Gebrauch der Pistolen zulässig" sein. Um die geplante Institution der Ehrengerichte nicht leerlaufen zulassen, sollte die Durchführung eines Duells unter Umgehung des Ehrengerichts mit Entlassung bestraft werden, ebenso wie die Nichtbefolgung eines ehrengerichtlichen Spruchs (Art. 9 f.).

Die hier vorgeschlagene Kompetenz der Ehrengerichte, auf Zweikampf zu erkennen, zog begreiflicherweise die Kritik des um eine Stellungsnahme gebetenen bayerischen Justizministers von Reigersberg auf sich. In seinem Antwortschreiben an Kriegsminister von Triva[646] erkennt er zwar an, daß Ehrengerichte „allerdings das kräftigste und beynahe einzige Mittel zur Vermeidung von Duellen" seien. Doch könne Aufgabe dieser Gerichte nur sein, das Vorliegen einer Ehrenbeleidigung festzustellen und gegebenenfalls dem Beleidigten eine Genugtuung zuzusprechen. Weil unzweifelhaft „der Zweykampf an sich

643 Ebenda, Schreiben Wredes an den König vom 12. May 1817.

644 Rumschöttel, S. 63.

645 Bayerisches Hauptstaatsarchiv München, Kriegsarchiv, A XIII 3/2: „Verordnung, Das militärische Ehrengericht betreffend", von Anton v. Baumüller, May 1817.

646 Ebenda, Schreiben von Reigersbergs an von Triva vom 30. Jänner 1818.

nach den Gesetzen der bürgerlichen Ordnung und der Moralität nicht gebilligt werden darf", so könne ihn auch „kein Gericht zulassen, erlauben oder gar gebieten". Denn es sei „eine nach Rechtsbegriffen durchaus nicht zu ertragende Idee, eine Körperverletzung, Verstümmelung oder gar eine Tödtung beym Duelle durch Sentenz eines Gerichtes, es sey, welches es wolle, vorschreiben und gebieten zu lassen".

Diesen Ausführungen war unter juristischen Gesichtspunkten nichts entgegenzusetzen. Nach weiteren langwierigen Verhandlungen entschied daher das für die Beschlußfassung zuständige Generalauditoriat am 23. Dezember 1818, daß die Einführung militärischer Ehrengerichte in dieser Form unzulässig sei[647]. Es ist bemerkenswert, daß sich hier noch einmal der an rechtlichen Maßstäben orientierte Standpunkt des Justizministers gegen die Ansicht der Armee durchzusetzen vermochte, die sich auf angeblich unverzichtbare Standeszwänge berief. Doch sollte sich schon bald das Gewicht zugunsten des Militärs verschieben.

5.1.2 Ehrengerichte gemäß den Allgemeinen Dienstvorschriften von 1823

Obwohl damit zunächst der Plan einer speziellen Ehrengerichtsverordnung gescheitert war, verging nicht mehr viel Zeit, bis in Bayern tatsächlich militärische Ehrengerichte geschaffen wurden. Die Allgemeinen Dienstvorschriften für die bayerische Armee von 1823[648] enthalten einzelne, verstreut liegende Bestimmungen über Ehrengerichte für Offiziere. Diese sind freilich bei weitem nicht so detailliert wie der kriegsministerielle Entwurf von 1817.

Die allgemeinen Bestimmungen, die den ersten Teil der Dienstvorschriften einleiten, machen weitläufige Ausführungen über „ächtes Ehrgefühl" und die daraus entspringenden Pflichten und Verhaltensanforderungen. Danach ergibt sich die soldatische Ehre aus der Bereitschaft, „zum Schutze des Monarchen und für das Wohl des Staates sein Leben unbedingt hinzugeben" und „ein solches Opfer jeden Augenblick willig zu bringen". Die Ehre hat also nichts mit äußeren, materiellen Vorteilen zu tun, sondern ist etwas rein Immaterielles, „ein höherer in dem Gemüthe geschaffener Beweggrund, jenes Gefühl, welches ihm (dem Soldaten) das Bewußtsein giebt, für seinen Monarchen und sein Vaterland

---

[647] Ebenda, Beschluß des Generalauditoriats vom 23. Dezember 1818.

[648] Veröffentlicht als „Dienst-Vorschriften für die königlich baierischen Truppen aller Waffen-Gattungen", München 1823.

zu fechten, die Achtung, welche seine Mitbürger dem Vertheidiger des Thrones und des Vaterlandes zollen“ (Nr. XX).

Dieses Ehrgefühl müsse, wie es weiter heißt, „in alle Verhältnisse des Soldaten übergehen, ... in welche er in seinem dienstlichen und privaten Leben kommt“ (Nr. XXI). Nicht nur das berufliche Verhalten eines Soldaten, sondern auch sein gesamtes Privatleben hatte sich also den Pflichten seines Standes unterzuordnen. Für die Armeeführung wurde die Ehre zunehmend ein Mittel, um unter Soldaten und vor allem unter Offizieren eine standesspezifische Mentalität zu erzeugen. Dabei stand im Jahr 1823 noch die individuelle Ehre des einzelnen Offiziers im Vordergrund, weniger die Kollektivehre des Offizierkorps als Ganzem[649].

Ehrengerichte wurden nach § 514 Nr. 16 der Dienstvorschriften bei jedem Corps, Regiment oder Bataillon vom jeweiligen Kommandanten gebildet. Sie waren mit einem Stabsoffizier als Vorsitzendem und sechs Offizieren als Beisitzern besetzt. Ihre Zuständigkeit beschränkte sich gemäß § 482 Nr. 2 auf „Ehrenbeleidigungen der Offiziere durch Worte oder Thätlichkeiten“. Dagegen sollten die tätlichen Beleidigungen zwischen Soldaten oder Unteroffizieren nach § 482 Nr. 1 nicht ihrem Spruch unterfallen. Als Beleidigung der Ehre sollte nach § 531 Nr. 1 jede Äußerung oder Handlung angesehen werden, „wodurch nach der öffentlichen Meinung sowohl, als insbesondere nach den eigenthümlichen Grundsätzen des Militär-Standes die Würde desselben in seinen Individuen verletzt wird“. Über das Vorliegen einer Beleidigung sollte das Ehrengericht „als Organ des ganzen Standes“ befinden.

Wenn es eine Ehrenbeleidigung feststellte, konnte es nach § 531 Nr. 2 die „Suspension vom Dienste gegen die Betheiligten“ aussprechen. Weitergehende Strafkompetenzen standen ihm nicht zu. Rechtsmittel gegen seinen Ausspruch gab es nicht (§ 514 Nr. 16). Zur Absicherung seiner Tätigkeit diente die Bestimmung, daß ein Offizier, der „mit Umgehung der Ehrengerichts sich selbst Genugthuung zu verschaffen gesucht, oder dem Ausspruche desselben nicht Folge geleistet hat“, aus dem Militärdienst zu entlassen war (§ 482 Nr. 2). Im

---

649 Rumschöttel, S. 150. - Damit ist allerdings nur die vorherrschende Tendenz beschrieben, denn Nr. XXVII der Einleitung des ersten Teils der Dienstvorschriften von 1823 bestimmt: „In dem allgemeinen und übereinstimmenden Bestreben Aller, die Gesetze der Subordination und Disziplin zu Grundsätzen ihrer freien Handlungsweise zu erheben, und ihre Ehre rein und ohne Flecken zu erhalten, besteht der Gemeingeist (Esprit de corps).“

Umkehrschluß hieß das, daß ein Duell nach vorheriger Einschaltung des Ehrengerichts nicht als Entlassungsgrund galt.

Weitere Bestimmungen zum Duell werden in den Dienstvorschriften nicht getroffen. Die Ehrengerichte hatten daher nicht die Befugnis, auf Zweikampf zu erkennen, wie das der Entwurf des Kriegsministeriums von 1817 vorgesehen hatte. Ihnen war damit an sich kein großer Wirkungsbereich eröffnet. Eine königliche Verfügung vom 4. Hornung (Februar) 1824 konkretisierte die Bestimmungen der Dienstvorschriften dahingehend, daß Ehrengerichte zur Vorbeugung gegen Duelle als Vermittlungsinstanzen zu dienen hätten[650].

In der Praxis war jedoch bald zu beobachten, daß die Ehrengerichte häufig die ihnen gezogenen rechtlichen Grenzen mißachteten und auf Zweikampf erkannten, dessen Verhinderung eigentlich zu ihren Aufgaben gehörte[651]. Aus militärischer Perspektive betrachtete man die Anordnung eines Duells als ein „Zwangserziehungsmittel gegen die Derbheit der Ungebildeten und gegen Unerzogenheit"[652].

Ludwig I. sah sich daher genötigt, diese rechtswidrige Spruchtätigkeit in einem Edikt vom 3. Juli 1826 scharf zu verurteilen[653]. Er bemerkte, daß die Dienstvorschriften von 1823 eine entsprechende Kompetenz der Ehrengerichte nicht vorsähen, und daß eine „solche ihnen auch gegen die bestehenden Gesetze nicht ertheilt werden könnte". Anschließend verbot er „alles Ernstes eine solche, die Gesetze illudirende Ausdehnung des Auftrages" und trug dem Kriegsministerium auf, „das Geeignete zu verfügen". Diese königliche Intervention scheint aber wenig gefruchtet zu haben. Schon 1834 mußte das Verbot wiederholt werden[654].

---

[650] Braunmühl, S. 73.

[651] Die 1826 tagende Gesetzkommission beklagt das bitter in ihren „Erwaegungen zu einem Gesetze über Ehrenbeleidigungen und Zweikämpfe", in: Bayerisches Hauptstaatsarchiv München, Staatsrat Nr. 2450. Nach ihren Worten verdiene die Staatsgewalt „die gerechtesten Vorwürfe, wenn sie Behörden verordnet, und diese ermächtiget, das absolut Rechtswidrige und Unerlaubte ausdrücklich zu gestatten oder zu befehlen. - Dieses ist die schwache Seite der bey dem bayerischen Militär in neuer Zeit angeordneten Ehrengerichte, wenn sie auch das Verdienst haben, daß durch sie manche Duelle verhütet werden". - Vgl. dazu außerdem Braunmühl, S. 74; Rumschöttel, S. 164.

[652] So Bezzel, S. 125. Als ehemaliger Offizier der bayerischen Armee findet er an der Kompetenzüberschreitung der Ehrengerichte nichts auszusetzen.

[653] Bayerisches Hauptstaatsarchiv München, Kriegsarchiv A XIII 3/2: Edikt Ludwigs I. vom 3. Juli 1826.

[654] Frevert, S. 130.

Umgekehrt scheint es in der Praxis trotz zahlreicher Duellfälle niemals zu der in den Dienstvorschriften vorgesehenen Entlassung eines Offiziers wegen Nichtanrufung des Ehrengerichts gekommen zu sein. Jedenfalls war 1858 dem Kriegministerium „überhaupt ... kein Fall bekannt, in welchem die Strafe der Entlassung gegen einen Offizier wegen sich selbst verschaffter Genugthuung mit Umgehung des Ehrengerichts in Wirksamkeit getreten wäre“[655].

5.1.3 Die Ehrengerichtsverordnung von 1870

Mit der knappen Regelung der Ehrengerichte in den Dienstvorschriften von 1823 hatte es für längere Zeit sein Bewenden. Zu einer Neuregelung kam es erst nach dem Krieg um die Vormacht in Deutschland von 1866, den Bayern als Bündnispartner Österreichs gegen Preußen verlor. Als Folge dieser Niederlage fand in Bayern eine Heeresreorganisation statt, in deren Rahmen auch eine Verordnung über Ehrengerichte für Offiziere geschaffen wurde[656]. Die neue bayerische Regelung wurde nach den Vorbildern der beiden preußischen Ehrengerichtsverordnungen von 1843 bzw. der österreichischen Bestimmungen von 1867[657] erarbeitet und von Ludwig II. am 15. Februar 1870 in Kraft gesetzt[658].

Ziel dieser Verordnung war es, die divergierenden Ehr- und Wertvorstellungen der Offiziere möglichst auf einen gemeinsamen Nenner zu bringen. Nun wurde der gemeinsamen Standesehre aller Offiziere ein eindeutig höherer Wert beigelegt als das bisher der Fall war[659]. Diese Kollektivehre wurde so verstanden, daß im Fall der Beleidigung eines beliebigen Mitglieds der Gemeinschaft der Ehrenmakel nicht nur diesem anhaftete, sondern gleich dem gesamten Offizierkorps. Daraus folgte, daß jedes einzelne Mitglied der Gemeinschaft dafür zu sorgen hatte, daß die Ehre des ganzen Standes unangetastet blieb.

---

[655] So der Verfasser eines Entwurfs für eine „Denkschrift des bayerischen Kriegsministeriums an den König über Zweikampf und Ehrengerichte in Mittel- und Westeuropa, besonders in Bayern“ vom 9. 8. 1858, abgedruckt bei Demeter, S. 291 ff., S. 293.

[656] Rumschöttel, S. 151; zur bayerischen Heeresreform ders., S. 32 ff.

[657] Rumschöttel, S. 151. - Bei den preußischen Regelungen handelte es sich um die „Verordnung über die Ehrengerichte“ sowie die „Verordnung über das Verfahren der Ehrengerichte bei Untersuchung der zwischen Offizieren vorfallenden Streitigkeiten und Beleidigungen, sowie über Bestrafung des Zweikampfes unter Offizieren“, beide vom 20. Juli 1843. Näher zu diesen Regelungen Demeter, S. 134 ff.; Dieners, S. 193 ff., 202 ff.

[658] Sie ist abgedruckt im Verordnungsblatt des königlich bayerischen Kriegsministeriums, Jahrgang 1870, S. 43 ff.

[659] Rumschöttel, S. 151.

Die Funktion der neuen Ehrengerichte bestand nach § 1 Nr. 1 der Verordnung darin, zur „Wahrung der Standesehre sowohl des einzelnen Officiers als auch des Officiers-Corps gegen diejenigen Standesangehörigen, deren Benehmen dem richtigen Ehrgefühl oder den Verhältnissen des Offiziersstandes nicht entspricht, ... vorzugehen, und, wo es nöthig ist, die Entfernung unwürdiger Standesgenossen zu veranlassen". Da die Armeeleitung nicht davon ausging, daß sämtliche Angehörigen des Offizierkorps die standesgenössischen Verhaltensanforderungen und Pflichten kannten[660], enthielt § 2 Nr. I einen langen Katalog von Handlungen, die „dem richtigen Ehrgefühl oder den Verhältnissen des Officiersstandes zuwiderlaufen". Darunter fielen „Mangel an Entschlossenheit", Schuldenmachen, unsittliche Lebensweise, Trunksucht, Spielen, „Zuziehung einer Beschimpfung durch eigenes ungerechtfertigtes Benehmen" sowie falsches Ehrenwort. Um die Durchsetzung dieser Standespflichten sicherzustellen, ordnete § 16 für sämtliche Offiziere einen umfassenden Denunziationszwang an. Kam ein Offizier seinen Standespflichten nicht von selbst nach, so war jeder andere Offizier verpflichtet, diese Verfehlung „dienstlich zur Kenntniß desjenigen Commandanten zu bringen, dem der Beschuldigte untersteht". Dieser hatte dann nach § 18 darüber zu befinden, ob in der Sache ein ehrengerichtliches Verfahren stattfinden sollte.

Die zweite Aufgabe der Ehrengerichte war es nach § 1 Nr. 2, „als Schiedsrichteramt die Ehrenbeleidigungen und Privatstreitigkeiten, bei welchen Offiziere betheiligt sind, möglichst zu vermitteln". Damit war vor allem ein vorbeugendes Handeln gegen Duelle bezweckt. Nach § 43 hatte dieses Vermittlungsverfahren dazu zu dienen, „die Ehre eines jeden einzelnen Officiers und hiedurch auch diejenige des gesammten Corps mit Rücksicht auf die eigenthümlichen Verhältnisse des Officiersstandes zu wahren". Die dabei dem Ehrengericht nach § 48 eingeräumten Kompetenzen waren begrenzt. Stieß es auf einen von Amts wegen zu verfolgenden Straftatbestand, so war die Sache „auf den strafrichterlichen Weg" zu bringen.

Wenn es dagegen das Vorliegen einer Ehrenbeleidigung feststellte und der Ansicht war, daß diese „nach ihrer Beschaffenheit eine Beilegung auf dem Vermittlungswege zulassen" würde, hatte es den Versuch eines gütlichen Ausgleichs zu unternehmen. Scheiterte dieser oder schien dem Ehrengericht von vornherein „eine Ausgleichung auf dem Wege der Vermittlung nicht zuläßig"

---

660 Rumschöttel, S. 152.

zu sein, hatte es seine Tätigkeit einzustellen, dem Beleidigten den ordentlichen Rechtsweg anzuempfehlen und erforderlichenfalls die Sache zur disziplinären Verfolgung abzugeben.

Zugleich waren die Beteiligten auf die Zweikampfbestimmungen der Art. 162 - 168 des bayerischen Strafgesetzbuchs von 1861 „durch wörtliches Ablesen hinzuweisen". Diese galten mangels spezieller militärischer Strafbestimmungen auch für Offiziere[661]. Das war als warnende Belehrung gedacht, nicht als augenzwinkernder Wink mit dem Zaunpfahl. Denn dem Ehrengericht war keine Befugnis eingeräumt, die Austragung eines Duells zu gestatten. Bayern folgte damit nicht dem von Preußen eingeschlagenen Weg. Dort war seit 1843 der Ehrenrat - das Untersuchungsorgan des Ehrengerichts - befugt, beim Fehlschlagen der Vermittlungsversuche das nachfolgende Duell als Kampfgericht zu leiten[662].

Obwohl diese bayerische Verordnung nur sehr kurze Zeit in Kraft blieb, wurden auf ihrer Grundlage zahlreiche Verfahren durchgeführt. In etwa 80 Fällen wurde eine Verletzung der Standesehre festgestellt, die aber in den meisten Fällen nur eine Verwarnung der involvierten Offiziere nach sich zog[663].

5.1.4 Die Ehrengerichtsverordnung von 1874

Die Reichsgründung von 1871 hatte für Bayern auch auf militärischem Gebiet Konsequenzen, deren Reichweite aber nicht so eindeutig zu bestimmen war wie für den Bereich des Strafrechts. Art. 61 der Reichsverfassung hatte zwar vorgesehen, daß „in dem ganzen Reiche die gesammte Preußische Militairgesetzgebung ungesäumt einzuführen" sei. Dabei wurde ausdrücklich auch

[661] Zwar besaß Bayern seit 1869 ein Militärstrafgesetzbuch, doch enthielt dieses mit einer Ausnahme keine speziellen Zweikampftatbestände, so daß auch für Militärangehörige die allgemeinen Vorschriften des bayerischen Strafgesetzbuchs von 1861 galten. Art. 127 des Militärstrafgesetzbuchs regelte im Kontext der Vorschriften gegen Subordinationsverletzung lediglich den speziellen Fall, daß ein Untergebener seinen Vorgesetzten zum Duell forderte oder dieser die Forderung annahm. Vgl. dazu Militärstrafgesetzbuch für das Königreich Bayern, Amtliche Ausgabe, München 1869.

[662] Näher zur preußischen Regelung Demeter, S. 135 f., und Dieners, S. 199 ff., der überzeugend zu dem Schluß kommt, daß die Regelung der Ehrengerichtsbarkeit in Preußen letztlich „auf die *Förderung* von Duellen ausgerichtet war".

[663] Näher Rumschöttel, S. 153.

die preußische Verordnung über die Ehrengerichte vom 20. Juli 1843 erwähnt[664].

Bayern hatte sich jedoch zuvor schon in dem Bündnisvertrag mit dem Norddeutschen Bund vom 23. November 1870[665] auf militärischem Gebiet veschiedene Reservatrechte zusichern lassen. Nach Abschnitt III § 5 Ziffer III dieses Vertrags bildete das bayerische Heer „einen in sich geschlossenen Bestandteil des Bundesheeres mit selbständiger Verwaltung, unter der Militairhoheit Seiner Majestät des Königs von Bayern; im Kriege ... unter dem Befehle des Bundesfeldherrn". Die Bestimmungen dieses Vertrags wurden nach der Reichsgründung Bestandteil der Reichsverfassung und waren damit auch künftig einer einseitigen Änderung gegen den Willen Bayerns entzogen[666]. Das bayerische Kontingent des Reichsheeres stand also in Friedenszeiten unter dem Kommando des bayerischen Königs, und nur im Kriegsfall sollte der Oberbefehl beim Kaiser liegen[667].

Auf militärischem Gebiet bedeutete die Reichsgründung für Bayern somit noch keinen vollständigen Verlust eigener Regelungsbefugnisse, sondern ließ Spielraum zur Behauptung einer gewissen Eigenständigkeit. Darauf legte Bayern großen Wert, auch wenn sich seine Armeeleitung in der Praxis zunehmend am preußischen Militär ausrichtete. Über die genauen Grenzen der ausgehandelten Reservatrechte gab es während der gesamten Zeit des Bestehens des Kaiserreichs Streitigkeiten zwischen Preußen und Bayern[668]. Das zeigte sich unter anderem 1874 bei der reichsweiten Neuregelung der Offiziersehrengerichte. Hier machte Bayern von seinem Sonderstatus Gebrauch und ging damit auch in seiner Haltung zum Duell unter Offizieren eigene Wege, die sich von der Entwicklung im übrigen Reich deutlich unterschieden[669].

Da Bayern im Gegensatz zu den übrigen deutschen Ländern die preußischen Ehrengerichtsverordnungen von 1843 nicht einzuführen brauchte, blieb zunächst noch die jüngst ergangene bayerische Verordnung von 1870 in

---

664 Die Verfassung des Deutschen Reiches vom 16. April 1871 ist abgedruckt bei Huber, Dokumente, S. 384 ff. (zu Art. 61 vgl. S. 398).

665 Abgedruckt bei Huber, Dokumente, S. 329 ff.

666 Vgl. die Schlußbestimmung zum XI. Abschnitt der Reichsverfassung (bei Huber, Dokumente, S. 400): Der gesamte vorangegangene Abschnitt sollte „in Bayern nach näherer Bestimmung des Bündnißvertrages vom 23. November 1870 ... zur Anwendung" kommen.

667 Huber, Verfassungsgeschichte, Band III, S. 999.

668 Thilo, S. 16 ff.; Rumschöttel, S. 39 ff.

669 Dieners, S. 217.

Kraft[670]. Auf Reichsebene wurde schon bald mit der Erarbeitung einer neuen Regelung der Ehrengerichte begonnen, die 1874 nach langem Tauziehen zwischen Preußen und Bayern auch zustandekam[671]. Diese „Verordnung über die Ehrengerichte der Offiziere im Preußischen Heere" wurde am 2. Mai 1874 durch Kaiser Wilhelm I. erlassen[672]. In Bayern erlangte sie aber wegen seiner Sonderrechtsstellung zunächst noch keine Geltung. Erst als Ludwig II. als Oberbefehlshaber über die bayerische Armee am 31. August 1874 ihre Einführung verfügte, trat sie unter unwesentlichen textlichen Abweichungen als „Verordnung über die Ehrengerichte der Offciere im Bayerischen Heere" in Kraft[673]. Sie blieb mit geringfügigen Änderungen bis nach dem ersten Weltkrieg wirksam, als die bayerische Armee aufgelöst wurde[674].

Die Ehrengerichte hatten nach § 1 der bayerischen Verordnung den „Zweck, die gemeinsame Ehre der Genossenschaft, sowie die Ehre des Einzelnen zu wahren". Ihre wesentliche Aufgabe war es, das standesgemäße Verhalten der Offiziere sicherzustellen „und, wo es zur Erhaltung der Reinheit der Ehre des Officiersstandes nöthig, auf die Entfernung unwürdiger Mitglieder aus der Genossenschaft anzutragen". Noch eindeutiger als in der vorhergegangenen Verordnung von 1870 wird hier die Kollektivehre des Offizierkorps als vorrangiges Schutzobjekt betont. Erst an zweiter Stelle rangiert die individuelle Ehre des einzelnen Offiziers. Stellte das Ehrengericht fest, daß ein Offizier die Gesetze der Standesehre verletzt hatte, so war es verpflichtet, seine Entlassung zu beantragen, über die sodann der König zu entscheiden hatte (§ 51 Nr. 5 und 6 mit § 60).

Um die abweichende Haltung Bayerns im Umgang mit Offiziersduellen zu verdeutlichen, ist auf die nähere Ausgestaltung der preußischen Ehrenge-

---

670 Rumschöttel, S. 154.

671 Ausführlich dazu Rumschöttel, S. 153 ff., sowie Dieners, S. 217 ff.: Bayern konnte bei den Verhandlungen seine beiden Forderungen durchsetzen, daß den Ehrengerichten keine eigene Strafbefugnis zuerkannt wurde und daß eine mündliche Verteidigung vor ihnen ermöglicht wurde.

672 „Verordnung über die Ehrengerichte der Offiziere im Preußischen Heere" vom 2. Mai 1874, abgedruckt im Anhang der „Conventionellen Gebräuche beim Zweikampf", S. 40 ff. Die Einleitungsordre der Verordnung ist abgedruckt bei Demeter, S. 287 ff., als Dokument Nr. 13.

673 Abgedruckt im Verordnungsblatt des königlich bayerischen Kriegsministeriums, Jahrgang 1874, S. 253 ff.

674 Rumschöttel, S. 158.

richtsverordnung von 1874 einzugehen. Dieser Verordnung war eine Einleitungsordre vorangestellt, in der sich Kaiser Wilhelm I. in seiner Eigenschaft als oberster Kriegsherr direkt an die Offiziere wandte[675]. In weihevollem Tonfall ermahnte er sie, daß es „die heiligste Pflicht des ganzen Standes, wie des einzelnen" sei, „die Ehre als das höchste Kleinod ... rein und fleckenlos zu erhalten". Aufgabe der Ehrengerichte sei es, „die Pflege der bewährten Überlieferungen ritterlichen Sinnes im Offiziersstande zu fördern" und insbesondere auf die standesgemäße Erledigung von Ehrenhändeln zu achten[676].

Wilhelm I. ist weit davon entfernt, ein Duell unter Offizieren als etwas Verbotenes oder auch nur Negatives darzustellen. Vielmehr spricht er deutlich aus, was die Gesetze der Standesehre von einem Offizier erwarteten, der in einen Ehrenhandel verwickelt war. Dieser hatte „seinem Ehrenrat, und zwar spätestens, wenn er eine Herausforderung zum Zweikampf erläßt oder erhält, hiervon Anzeige zu machen". Der Ehrenrat hatte sodann „möglichst noch vor Vollziehung des Zweikampfes dem Kommandeur Meldung zu erstatten und da, wo die Standessitte es irgend zuläßt, einen Sühneversuch zu unternehmen". Scheiterte dieser, hatte ein Mitglied des Ehrenrats „sich als Zeuge auf den Kampfplatz zu begeben", um dort von Staats wegen zu kontrollieren, „daß bei Vollziehung des Zweikampfes die Standessitte gewahrt wird". Schließlich ließ Wilhelm I. noch einen Passus folgen, der es zu fragwürder Bekanntheit brachte: „Denn einen Offizier, welcher imstande ist, die Ehre eines Kameraden in frevelhafter Weise zu verletzen, werde ich ebensowenig in Meinem Heere dulden, wie einen Offizier, welcher seine Ehre nicht zu wahren weiß"[677].

Das hieß unmißverständlich, daß das Unterlassen oder die Verweigerung eines Duells in Fällen, in denen die Standessitte einen Waffengang erwartete, zwingend als Entlassungsgrund zu handhaben war. Unter Androhung des Verlustes ihrer Dienststellung sollten also Offiziere dazu gebracht werden, sich auch gegen ihren Willen zu duellieren, weil das „die heiligste Pflicht" des Standes so verlange. Auch wenn schon bisher die innere Bereitschaft eines Offiziers zum Duell mehr oder weniger zu seinen unausgesprochenen Standespflichten

---

675 Abgedruckt bei Demeter, S. 287 ff., sowie in den „Conventionellen Gebräuche(n) beim Zweikampf", S. 34 ff.
676 Vgl. Demeter, S. 287 ff.
677 Vgl. ebenda, S. 290.

gehört hatte: Nun wurde sie in völliger Unverblümtheit bedingungslos gefordert.

Das war der Punkt, an dem man in Bayern die preußische Entwicklung nicht mehr mitmachen wollte. Bayern ließ seine Ehrengerichtsverordnung von 1874 ohne diese Einleitungsordre ergehen. Im bayerischen Kriegsministerium hob man vielmehr die Funktion der Ehrengerichte als Streitschlichtungsorgane hervor und markierte damit eine weit größere Zurückhaltung gegenüber dem Offiziersduell[678]. In den Vollzugsbestimmungen zu der Verordnung wurde betont, daß die „den Zweykampf förmlich sanctionierenden Vorschriften" der Einleitungsordre mit der Strafgesetzgebung in „grellem Widerspruche" stünden. Außerdem seien bei Inkraftsetzung der Einleitungsordre „sofort sowohl in der Presse, als auch seitens der Kammern die heftigsten Angriffe" zu befürchten[679]. Man wollte also in Bayern die Austragung einer Ehrensache per Duell nicht zur unbedingten Standespflicht für Offiziere erheben. Noch 1876 hielt das Kriegsministerium an dieser Linie fest und betonte die Gesetzwidrigkeit des Duells[680].

Doch sollte die praktische Tätigkeit der bayerischen Militärehrengerichte schon bald ein anderes Bild ergeben. Denn zunehmend wurden auch in Bayern Offiziere aus der Armee entlassen, wenn sie in Ehrenhändeln nicht ungesäumt zum Duell schritten[681]. Das Kriegsministerium ließ mit der Zeit seine diesbezüglichen rechtlichen Bedenken fallen. Es änderte 1891 die Vollzugsbestimmungen der Ehrengerichtsverordnung unter anderem dahingehend, daß ein Sühneversuch durch den Ehrenrat überhaupt nur dann stattfinden solle, wenn die Standessitte das zulasse. Das hieß, daß man grundsätzlich die Abhaltung eines Duells als unumgänglich ansah. Das bayerische Kriegsministerium hielt bis zum Ersten Weltkrieg daran fest, daß Offiziere ihre Ehrensachen nur durch ein Duell, nicht aber durch ein Verfahren vor dem ordentlichen Richter erledigen könnten.

Gegen diese Haltung, die mit dem Strafrecht unvereinbar war, vermochte auch die regelmäßige scharfe Kritik des bayerischen Landtags nichts auszurichten. Die Armeeleitung konnte aufgrund ihrer weithin unantastbaren

678 Dieners, S. 219; Rumschöttel, S. 157.

679 Bayerisches Hauptstaatsarchiv München, Kriegsarchiv, Mkr Nr. 11223: „Vollzugsbestimmungen zur Verordnung über die Ehrengerichte der Offiziere im bayerischen Heere" vom 1. September 1874.

680 Rumschöttel, S. 167.

681 Rumschöttel, ebenda.

Stellung im Staat ihre Ansichten von Ehrenhaftigkeit und militärischen Standespflichten auch im Widerspruch zum geltenden Recht durchsetzen. In der Praxis wies damit gegen Ende des 19. Jahrhunderts die Lage bayerischer Offiziere kaum noch relevante Besonderheiten auf[682].

5.2 Versuche zur Einführung allgemeiner Ehrengerichte

In den Jahren 1826 - 28 wurde in Bayern eingehend die Einführung allgemein zugänglicher Ehrengerichte beraten. Die nun zu schildernden Verhandlungen in den Kammern der bayerischen Ständeversammlung sind ohne historische Parallele in einem anderen deutschen Land. Sie führten allerdings zu keinem Ergebnis. Der fertig vorliegende Gesetzentwurf erhielt in den entscheidenden Abstimmungen nicht die notwendige Zustimmung, und auch in der darauffolgenden Zeit kam es zu keiner Neuaufnahme der Beratungen.

5.2.1 Der Gesetzentwurf Ludwigs I. von 1826

Den Ausgangspunkt der Gesetzesberatungen bildete jener „Die Zweykämpfe betreffender Gesetzentwurf" Ludwigs I. vom 14. März 1826[683], der bereits oben insoweit vorgestellt worden war, als es um dessen Zweikampftatbestände ging. Hier ist nun auf den umfangreicheren ersten Teil des Entwurfs einzugehen, der unter der Überschrift „Anordnung dem Zweykampfe vorzubeugen" die Einsetzung von Ehrengerichten zum Zweck der Duellprävention vorsah.

Der bayerische König begründete sein Vorgehen gegen das Duell mit der lapidaren Feststellung, daß die „Erfahrung lehrt, daß die gewöhnlichen Gerichte dieses nicht bewirken, zu sehr sträubt sich das eingefleischte Vorurtheil dagegen". Die von ihm vorgeschlagenen Ehrengerichte sollten die Funktion haben, Duelle durch strenge Bestrafung des Beleidigers zu verhindern.

Die hervorstechendste Neuheit an diesem Entwurf betrifft die personelle Zuständigkeit der geplanten Ehrengerichte, die sich nicht ausschließlich auf Angehörige der Armee beschränkte. Allerdings hatte Ludwig I. aber auch nicht beabsichtigt, daß Ehrengerichte für jedermann offenstehen sollten. Denn da er der Meinung war, daß Duelle praktisch „blos bey dem Adel, den Officieren, Junker, Räthen, Rathsrang oder einen höhern Habenden und Studenten" vorkä-

---

[682] Zum vorigen ausführlich Rumschöttel, S. 167 ff.; Dieners, S. 219 ff.

[683] Bayerisches Hauptstaatsarchiv München, Staatsrat Nr. 2450: „Die Zweykämpfe betreffender Gesetzesentwurf" vom 14. März 1826.

men, sollten konsequenterweise auch „Ehrengerichte nur für solche und aus solchen bestehen" (§ 2)[684].

Um ein flächendeckendes Vorgehen gegen Duelle zu erreichen, sollte Bayern in Ehrengerichtsbezirke eingeteilt werden (§ 1). Die genannten, sozusagen ehrengerichtsfähigen Stände sollten nach einem bestimmten Proporz für jeweils drei Jahre die Mitglieder des für sie in ihrem Gerichtsbezirk zuständigen Ehrengerichts wählen (§§ 3 und 5). Somit sollten, anders als bei den nur von Fall zu Fall zu bildenden militärischen Ehrengerichten, permanent bestehende Spruchkörper geschaffen werden.

Das Ehrengericht hatte mündlich zu verhandeln (§ 7 Satz 4). Gegen seine Entscheidung war „außer an des Königs Gnade" kein Rechtsmittel vorgesehen (§ 12). Auffallend ist die Bestimmung, daß bei jedem Ehrengericht ein vom König ernannter „Staatsanwalt" vorgesehen war. Seine Aufgabe sollte darin bestehen, bei Vorliegen einer Ehrenbeleidigung Anklage zu erheben, um die Streitsache auch unabhängig von der stets ungewissen Anrufung durch die Parteien vor das Ehrengericht zu bringen (§ 7 Sätze 2 und 3).

Dessen sachliche Zuständigkeit sollte sich darauf erstrecken, „Beleidigungen zu strafen, die Zweykämpfe zu verhüten, nie aber solche zu gestatten" (§ 11 Satz 1). Dieser durch die Unterstreichung hervorgehobene Nachsatz spielt offensichtlich auf die einschlägigen Erfahrungen an, die man mit den seit 1823 bestehenden militärischen Ehrengerichten gemacht hatte. Daher sah § 11 Satz 2 vor, daß Ehrengerichtsmitglieder, die sich über die ihnen eingeräumten Kompetenzen hinwegsetzten, nach dem Strafgesetzbuch als Anstifter zum Ungehorsam gegen den König belangt werden sollten.

Soweit es um die Ahndung von Beleidigungen ging, sah der Entwurf in einer inhaltlich wenig geglückten und sprachlich kaum verständlichen Vorschrift Strafen von einer Woche Hausarrest bis zu fünf Jahren Festungshaft vor. Außerdem hatte der Beleidiger in jedem Fall „mündlich oder schriftlich Abbitte nach seiner Wahl zu leisten" (§ 9). Darüber hinaus geht aus dem Entwurf keine explizite Pflicht der Ehrengerichte hervor, zwischen den Streitparteien mit dem Ziel eines gütlichen Ausgleichs zu vermitteln. Hierin könnte eine unbeabsichtigte Regelungslücke liegen. Möglicherweise glaubte Ludwig I. aber auch, daß

[684] Unterstreichungen wie im Original: Ludwig I. hielt das Prinzip der Standesgleichheit für wichtig, um die vorgeschlagenen Ehrengerichte akzeptabel zu machen.

schon die genannten Maßnahmen ausreichen würden, den Anlaß zu Duellen zu tilgen.

Für Studenten als gewissermaßen klassische Duellanten sollten auf jeder Universität eigene Ehrengerichte gebildet werden. Bemerkenswerterweise sollten diese, mit Ausnahme des auch hier zu bestellenden Staatsanwaltes, ausschließlich aus Studenten bestehen (§ 13). Bei der Bestrafung sollten Studenten in den Genuß einer besonderen Vergünstigung kommen. Maximum und Minimum des an sich einschlägigen Strafrahmens sollten „in Betracht der Jugend der Studenten auf die Hälfte herabgesetzt" werden (§ 15).

5.2.2 Die Kritik der Gesetzkommission an dem Entwurf

Der Entwurf Ludwigs I. wurde zu seiner weiteren Ausarbeitung einer Gesetzkommission zugeleitet. Justizminister von Zentner berichtete am 21. August 1826 an den König, daß dort gewichtige und rechtlich stichhaltige Einwände gegen die vorgeschlagene Regelung der Ehrengerichte erhoben worden seien. Nach seiner Darstellung hatte die Gesetzkommission unter anderem „Bedenken, ... ob durch Beschränkung der Ehrengerichte und Ehrengerichtsfähigkeit auf gewisse genannte Stände die verfassungsmäßig ausgesprochene Rechtsgleichheit unter den Bürgern nicht gestört werde"[685].

In ihren internen Stellungnahmen äußerte sich die Gesetzkommission noch weit eindeutiger und erklärte ihre „Bedenken für sehr erheblich". Sie betonte, die Fähigkeit, ein Ehrengericht anzurufen, könne „nicht auf einige besonders bestimmte Stände beschränkt werden, ... eine solche Ungleichheit der Stände (sei) gar nicht mehr denkbar"[686]. Damit bezog sie sich auf das in der Präambel der bayerischen Verfassung von 1818 enthaltene Gleichheitsgebot, das im Rang eines Grundrechts stand und als solches für das Handeln der Legislative Verbindlichkeit besaß. An der vorgesehenen Strafbefugnis der Ehrengerichte kritisierte sie, daß diese sich nicht in die bestehende Gerichtsverfas-

---

685 Bayerisches Hauptstaatsarchiv München, Staatsrat Nr. 2450: „Allerunterthänigster Antrag die Errichtung von Ehrengerichten, dann die Bestrafung der Ehrenbeleidigungen und Zweykämpfe betreffend" Justizminister von Zentners an Ludwig I. vom 21. August 1826, mit verschiedenen Anlagen.

686 Bayerisches Hauptstaatsarchiv München, Staatsrat Nr. 2450: „Motive des Gesetz-Entwurfes über die Einführung von Ehrengerichten". - Die Gesetzkommission hatte im Lauf ihrer Beratungen eine eigene, verbesserte Fassung des ursprünglichen Gesetzentwurfs erstellt und zu dessen Begründung umfangreiche, nicht veröffentlichte Motive verfaßt.

sung füge, wonach nur staatliche Gerichte Strafen aussprechen dürften. Schließlich wandte sie sich dagegen, daß die Straftatbestände gegen Ehrenbeleidigungen und Zweikämpfe außerhalb des Strafgesetzbuchs geregelt werden sollten.

Aus diesen Gründen schlug sie vor, das neue Gesetz „nur auf die über die Einführung der Ehrengerichte anzuordnenden Bestimmungen“ zu beschränken. Vor allem war sie der Ansicht, „daß für diese Ehrengerichte sich nicht leicht ein anderer Gesichtspunkt finden lasse ... als der eines Schieds-Richters“, und zwar „eingeführt für alle Stände, und beruhend auf eigener Wahl derjenigen, welche sich diesen Gerichten unterwerfen“[687].

Ludwig I. akzeptierte diese inhaltlich sehr weitgehende Kritik an seinem Entwurf ohne weiteres. Am 3. September 1826 ordnete er an, daß der Entwurf dem Staatsrat zur ferneren Beratung übergeben und auf dem nächsten Landtag zur Debatte gestellt werden solle[688].

5.2.3 Die endgültige Fassung des Entwurfs

Der Staatsrat erarbeitete daraufhin unter Berücksichtigung der erhobenen Einwände eine deutlich abgeänderte Neufassung. Sie wurde schließlich als „Entwurf des Gesetzes, die Ehrengerichte betreffend“[689] auf dem Landtag von 1827/28 zur Abstimmung eingebracht.

Nach der Präambel des Entwurfs bestand der Zweck des geplanten Gesetzes darin, dem „unerträglichen Frevel des Zweykampfes auch durch eine Vermittlungs- und schiedsrichterliche Anstalt entgegen zu wirken“. Die am ursprünglichen Entwurf kritisierte Strafbefugnis der Ehrengerichte war dagegen fallengelassen worden. Ebenso war, mit Rücksicht auf das Gleichheitsgebot der Verfassung, die Zuständigkeitsbeschränkung auf bestimmte „Ehren“stände[690] verschwunden, „weil die Ehre an sich, abgesehen von der Verschiedenheit ihrer äußern Bekleidung, kein Gegenstand eines besonderen Vorrechtes seyn

---

687 Bayerisches Hauptstaatsarchiv München, Staatsrat Nr. 2450: In dem erwähnten Antrag vom 21. August 1826 teilt Justizminister von Zentner dem König die Bedenken der Gesetzkommission mit.

688 Bayerisches Hauptstaatsarchiv München, Staatsrat Nr. 2450: Verfügung Ludwigs I. vom 3. September 1826, die unter den Antrag von Zentners gesetzt ist.

689 Abgedruckt in: Verhandlungen der zweyten Kammer der Ständeversammlung des Königreichs Bayern im Jahre 1827/28, I. Beylagenband, Beylage VIII.

690 Den Ausdruck verwendet Kohlrausch, S. 192, bei seiner Darstellung der Verhandlungen der bayerischen Ständeversammlung über die Schaffung von Ehrengerichten.

kann“[691]. Eine wichtige Neuerung des Entwurfs bestand darin, daß in einer Art Vorverfahren „öffentliche Ehrenvermittler“ zur Vorbereitung des ehrengerichtlichen Spruchs tätig werden sollten.

Im einzelnen war vorgesehen, daß es jedermann freistehe, „in Streitigkeiten wegen Ehrverletzungen entweder bey den ordentlichen Gerichten oder bey Schiedsmännern Recht zu suchen und zu nehmen“ (§ 1 Absatz 1). An die Ehrenvermittler sollte sich „Jeder, der seine Ehre durch einen Andern angegriffen glaubt, zu jeder Zeit wenden (können), damit durch dieselben die Sache gütlich verglichen oder einem zu versammelnden Ehrengerichte vorgelegt werde“ (§ 1 Absatz 2).

Dieses sollte nur die Kompetenz haben, eine gütliche Ausgleichung herbeizuführen oder, wenn das nicht möglich war, einen schiedsrichterlichen Ausspruch zu fällen, der aber „auf den Punkt der Genugthuung beschränkt“ sein sollte. Ausdrücklich wurde bestimmt, daß Ehrengerichten ein „Strafrecht ... nicht verliehen“ sei (§ 2). Die Gesetzmotive merken dazu an, daß Strafe als „öffentliche Genugthuung ... nur von den ordentlichen Gerichten ausgesprochen werden“ könne und als „eine dem Staatsganzen verfallene Schuld“ nicht in der Dispositionsbefugnis eines von den Parteien gewählten Schiedsgerichts liege[692].

Ehrengerichte sollten aus einem öffentlichen Ehrenvermittler und je zwei von den Parteien gewählten Schiedsrichtern bestehen (§ 5). Die Parteien hatten unter mehreren von der Staatsregierung für drei Jahre ernannten Ehrenvermittlern einen auszuwählen (§ 3 f.). Dieser hatte „den Streitgegenstand zur Ausgleichung oder zum schiedsrichterlichen Spruche vorzubereiten“ (§ 9). Insbesondere war er dazu angehalten, „fernere Beleidigungen zwischen den Partheyen, so wie jede Selbsthülfe abzuwenden; die gütliche Beylegung der Sache selbst ... auf jedem geeigneten Wege herbeizuführen ... und den Vergleich, wenn er zu Stande kommt, festzustellen“ (§ 10). Er konnte somit zwar nicht von Amts wegen ein Ehrengerichtsverfahren in Gang bringen, wie es der ursprüngliche Entwurf für den Staatsanwalt vorgesehen hatte. Doch sollte er zur Wahrung der staatlichen Interessen tätig werden, „theils um möglichen Übergriffen in die Sphäre der Justizgewalt zu begegnen, theils um zu wachen, daß sich nicht in eben der Einrichtung, welche den Zweykampf ableiten soll, ein verderblicher

[691] Motive zum Ehrengerichtsentwurf, S. 2.
[692] Motive zum Ehrengerichtsentwurf, S. 5.

Geist festsetze, der statt das Uebel zu mindern, dasselbe wohl gar noch befördert"[693].

Im Hauptverfahren sollte der öffentliche Ehrenvermittler den Vorsitz führen, allerdings bei dem abschließenden schiedsrichterlichen Spruch keine Stimme haben. Er hatte „auf die Gesetze aufmerksam zu machen, gegen Nichtigkeiten, besonders gegen Überschreitung der Gränzen der Zuständigkeit, zu wachen" (§ 12). In der mündlichen Verhandlung sollte zunächst unter seiner Leitung ein Sühneversuch unternommen werden und nur nach dessen Scheitern ein Ausspruch durch die Schiedsrichter herbeigeführt werden (§ 13). Über diesen Spruch war eine schiedsrichterliche Urkunde aufzunehmen, die, soweit möglich, sofort zu vollziehen war. Verweigerte eine Partei den Vollzug, konnte die andere auf Vollstreckung durch ein ordentliches Gericht antragen (§ 16). Echte Rechtsmittel gegen den schiedsrichterlichen Ausspruch sollte es nicht geben. Lediglich die Wiedereinsetzung in den vorigen Stand und die Nichtigkeitsbeschwerde waren vorgesehen (§ 17 f.).

5.2.4 Das Scheitern des Entwurfs

Damit lag ein vielversprechender Entwurf vor, der den Vorgaben der bayerischen Verfassung entsprach und eine in sich kohärente Regelung der Ehrengerichte darstellte. Wäre er in Kraft getreten, hätte Bayern über ein in den deutschen Staaten und darüber hinaus einzigartiges Gesetz verfügt. Denn allgemeine, für jedermann offenstehende Ehrengerichte gab es sonst nirgendwo.

Soweit kam es allerdings nicht. Denn die beiden Kammern der bayerischen Ständeversammlung versagten ihm in zwei getrennten Beschlüssen vom 21. Juli bzw. 1. August 1828 mit jeweils großer Mehrheit ihre Zustimmung[694]. Dem König, mit dessen Mißfallen sie wegen ihrer Entscheidung rechneten, teilten die „alleruntерthänigst treu gehorsamsten Stände" am 7. August 1828 in

---

693 Motive zum Ehrengerichtsentwurf, S. 4.

694 Zu den Einzelheiten der Verhandlungen in den Kammern Vorberg, S. 7 ff. Zum Abstimmungsergebnis derselbe, S. 12: Zunächst stimmte am 21. Juli 1828 die Kammer der Abgeordneten mit 63 gegen 11 Stimmen, sodann am 1. August 1828 die Kammer der Reichsräte (die sich bereits im Februar 1828 ablehnend geäußert hatte) mit 22 gegen 1 Stimme gegen die Annahme des Entwurfs. Immerhin war eine knappe Mehrheit der Kammer der Abgeordneten nicht prinzipiell gegen den Entwurf, sondern plädierte dafür, daß er zu einem späteren Zeitpunkt, wenn auch der Entwurf des Strafgesetzbuchs beraten würde, gemeinsam mit diesem neu verhandelt werden solle. Zu einer gemeinsamen Vorlage beider Entwürfe kam es aber nicht.

einer knappen Note mit, sie hätten „sich über die gemeinschaftliche Zustimmung zu dem an sie gebrachten Antrage, den Gesetz-Entwurf, die Ehrengerichte betreffend, nicht vereinigen können“[695].

Den Ausschlag für die Ablehnung des Entwurfs gab ausgerechnet die zuvor aus verfassungsrechtlichen Gründen durchgesetzte Allgemeinheit der Ehrengerichte[696]. Man erblickte in der Einführung allgemeiner Ehrengerichte die Gefahr, daß sich das Duell auf Bevölkerungsgruppen ausdehnen würde, unter denen es bisher nicht verbreitet war[697]. Ein Abgeordneter faßte die Haltung der Kammern in den Worten zusammen, Ehrengerichte solle es „nicht für alle Stände (geben), nicht für solche, die dieses Instituts nicht bedürfen, sondern nur für jene Klassen, unter denen noch Duelle vorkommen; und bei diesen können sie auch auf dem Administrativwege eingeführt werden“[698].

Als neben dem Ehrengerichtsentwurf auch noch die oben dargestellten Versuche zur Reformierung des Strafgesetzbuchs scheiterten, sah Ludwig I. all seine Bemühungen im Vorgehen gegen Duelle auf Eis liegen. Wegen der durch die bayerische Verfassung gegebenen Kompetenzverteilung bei der Gesetzgebung mußte er sich freilich mit dieser Sachlage abfinden. Es blieb ihm nichts anderes übrig, als im Landtagsabschied vom 15. August 1828 das Votum der bayerischen Stände bedauernd entgegenzunehmen. Gleichzeitig versicherte er feierlich, er werde weiterhin seine „beharrlichen Bestrebungen dahin richten, dem mit der Religion, dem Sittengesetze und der bürgerlichen Ordnung gleich unverträglichen Frevel des Zweykampfes mit aller Kraft und durch ernste Anwendung aller gesetzlich Uns zu Gebot stehenden Mittel Einhalt zu thun“[699].

Ob im Fall einer Inkraftsetzung mit der neuen Regelung tatsächlich viel ausgerichtet worden wäre, ist eine Frage, über die sich nur spekulieren läßt. Die Verfasser der Gesetzesmotive scheinen selbst nicht gerade von einem Erfolg der Regelung überzeugt gewesen zu sein. Am Ende ihrer Erläuterung des Gesetz-

---

695 Bayerisches Hauptstaatsarchiv München, Staatsrat Nr. 2451: Mitteilung der Stände an den König vom 7. August 1828.

696 Vorberg, S. 13; Kohlrausch, S. 195 f.

697 Samhaber, Kritische Beleuchtung, S. 26 ff.

698 So der Abgeordnete Klar, Berichterstatter des Ausschusses der zweiten Kammer, zitiert nach Kohlrausch, S. 196.

699 Zitiert nach Kohlrausch, S. 196, sowie Samhaber, Kritische Beleuchtung, S. 30, der diesem Zitat den Wunsch folgen läßt: „Der Himmel gebe seinen Segen zu diesem königlichen Vorhaben!“

entwurfs stellen sie die rhetorische Frage: „...sollte das alles keinen, gar keinen, das Uebel wenigstens mindernden Erfolg versprechen?“[700]

Die nicht sehr zahlreichen Stellungnahmen der Sekundärliteratur hören sich in ihren Prognosen über die Wirksamkeit der geplanten Ehrengerichte recht unterschiedlich an. Der Verfasser einer zeitgenössischen Darstellung verfiel in einen reichlich optimistischen Tonfall, wenn er bemerkte, daß die Inkraftsetzung des Entwurfs „gewiß ... mit dem herrlichsten, des weisen Gebers würdigem Erfolge gekrönt worden“ wäre, da die Ehrengerichte „ein Band der Annäherung ... zwischen der Meinung d. i. den tief gewurzelten Begriffen, Gefühlen und Gewohnheiten der Nation, und dem Gesetze darbieten, dessen Ansehen immer heilig und unverletzlich seyn muß“[701].

Demgegenüber herrschte bei anderen Autoren eine nüchternere und bei weitem weniger zuversichtliche Sichtweise vor. In einer etwa zur gleichen Zeit verfaßten Kurzkritik des Entwurfs heißt es voller Skepsis, daß die „Erfahrung ... bekanntlich den bisher in einigen Ländern versuchten Ehrengerichten kein besonders günstiges Zeugniß gegeben“ habe. Es sei zu befürchten, daß „die Partheyen eben so wenig die Ehrengerichte aufrufen (würden), als sie bisher wegen Injurien an die ordentlichen Gerichte sich wendeten“[702]. Ein Autor des beginnenden 20. Jahrhunderts befand schließlich aus rückschauender Perspektive, daß der Entwurf zwar durchaus ein „bemerkenswerter Versuch, von Staatswegen allgemeine Ehrengerichte einzusetzen“ gewesen sei, daß seine Realisierung aber „nicht gerade grundstürzende Neuerungen“ gebracht hätte[703].

In der Tat muß es als sehr zweifelhaft erscheinen, ob angesichts des herrschenden Ehrenkodex mit der Einführung der Ehrengerichte wirklich viel ausgerichtet worden wäre. Die Ehrvorstellungen der Oberschichten hätten es kaum zugelassen, ein Ehrengericht anzurufen, das über die von der Regierung bestellten Ehrenvermittler staatlicher Kontrolle unterworfen gewesen wäre. In der Prozedur des Duells nahmen die Parteien nach ihrem Selbstverständnis ihr Schicksal gerade ohne Inanspruchnahme der Gerichte in die eigene Hand, da sie jede staatliche Intervention in Ehrensachen als unzureichend und unstandesge-

[700] Motive zum Ehrengerichtsentwurf, S. 20.
[701] Samhaber, Kritische Beleuchtung, S. 21.
[702] Mittermaier, Revidierter Entwurf, S. 287.
[703] Kohlrausch, S. 191 und 195.

mäß ablehnten. Ein auch nur entfernt mit dem Staat in Beziehung stehendes Ehrengericht konnte daher von vornherein kaum auf regen Zuspruch rechnen.

Mit der Ablehnung des Entwurfs durch die bayerischen Stände kamen, soweit ersichtlich, die Aktivitäten zur Einführung allgemeiner Ehrengerichte in Bayern zum Erliegen[704]. Von Ludwig I. gingen keine weiteren Impulse mehr in dieser Richtung aus. Auch im Zusammenhang mit den Beratungen zu den verschiedenen Strafgesetzentwürfen der folgenden Zeit wurde dieser Gegenstand nicht mehr ernsthaft aufgegriffen. In den Motiven des Entwurfs von 1853 wird zwar nebenbei noch einmal die Frage der Ehrengerichte gestreift, jedoch unter dem Bemerken, daß „zu deren genauer Erörterung hier nicht der geeignete Platz zu sein scheint“[705]. Nicht zuletzt hing es wohl mit der geschilderten unbefriedigenden Praxis der militärischen Ehrengerichte zusammen, daß der Gesetzgeber das anfangs so intensiv verfolgte Projekt allgemeiner Ehrengerichte endgültig fallenließ.

[704] Kohlrausch, S. 196.
[705] Motive 1853, S. 192.

6 Zusammenfassung

In dieser Arbeit war es um die Maßnahmen gegangen, mit denen Bayern auf das Phänomen des Ehrenduells reagierte. Dabei hatte sich gezeigt, daß weder auf strafrechtlichem Weg noch durch den Einsatz von Ehrengerichten nennenswerte Erfolge erzielt werden konnten.

1. Seit dem 17. Jahrhundert waren wiederholt Strafvorschriften gegen Duellanten und sonstige an einem Duell beteiligte Personen erlassen worden. Zwar war die 1668 versuchte Schaffung eines reichsweiten Duellgesetzes an seiner fehlenden Publikation gescheitert. Doch hatte Bayern in seinen zahlreichen, zwischen 1613 und 1779 ergangenen Duellmandaten sowie im Codex Juris Bavarici Criminalis von 1751 spezielle Duelltatbestände in Kraft getreten, die ein Vorgehen gegen das Duell prinzipiell ermöglicht hätten. Sie wurden aber kaum je vollzogen.

Vordergründig war das auf ihre enorm hohen Strafdrohungen zurückzuführen. Besonders die Duellmandate des späten 18. Jahrhunderts setzten sich mit ihren drakonischen Strafen in grellen Widerspruch zu den Forderungen der Zeit nach einer Humanisierung des Strafrechts. Wesentlich lag der mangelnde Vollzug aber auch daran, daß Duellanten in aller Regel gesellschaftlich höherstehende Personen waren, denen generell ehrenwerte Motive für ihr blutiges Handeln zugeschrieben wurden. Das Duell wurde im wahrsten Sinn als Kavaliersdelikt begriffen. Man war daher vielfach nicht bereit, seine oft gravierenden Folgen nach den üblichen strafrechtlichen Maßstäben zu beurteilen. Der ursprünglich adelige Ehrenkodex ergriff zunehmend von der Richterschaft Besitz und stimmte sie gegenüber Duellanten äußerst nachsichtig.

Kleinschrod schlug in seinem Gesetzentwurf von 1802 erstmals in der bayerischen Gesetzgebung moderatere Strafdrohungen für Zweikampfdelikte vor. Gleichzeitig wollte er aber eine Privilegierung des Duells vermeiden, indem er bestimmte, daß die Folgen des ausgeführten Duells nach den allgemeinen Tötungs- und Körperverletzungsvorschriften zu bestrafen seien.

Das von Feuerbach erarbeitete Strafgesetzbuch von 1813 bereitete bezüglich des Duells erhebliche Schwierigkeiten, da es keine Zweikampfbestimmungen enthielt. Während langer Zeit war nun umstritten, ob Duelle nach den gewöhnlichen Totschlags- und Körperverletzungstatbeständen oder nach dem letzten Duellmandat von 1779 zu behandeln waren. Die schwankende Rechtsprechung in Duellverfahren gegen Offiziere bewies die große Unsicherheit der Entscheidungsorgane. Erst 1854 entschied der Oberste Gerichtshof Bayerns die Frage im ersteren Sinn. In der seit 1816 zu Bayern gehörigen linksrheinischen Pfalz war unter der Geltung des Code pénal eine vergleichbare Rechtslage gegeben.

Ab 1822 enstanden mehrere Entwürfe für ein neues bayerisches Strafgesetzbuch. Die darin enthaltenen Zweikampftatbestände liefen auf eine privilegierende Behandlung der Duellanten hinaus, da die Strafdrohungen für blutig endende Duelle viel niedriger angesetzt wurden als diejenigen für gewöhnliche Körperverletzungen und Totschläge. Teilweise war noch eine zusätzliche Besserstellung der Täter durch den Strafvollzug auf einer Festung vorgesehen.

Das letzte bayerische Strafgesetzbuch von 1861 schloß diese Entwicklung ab. Seine detaillierten Zweikampftatbestände brachten nun de lege lata eine deutliche Privilegierung für die an einem Duell beteiligten Personen. Das drückte sich etwa in den betont milden Strafen für Duellanten oder in der Straflosigkeit für Ärzte, Sekundanten und Zeugen aus. Lang blieben diese Vorschriften aber nicht mehr in Kraft. Die Einführung des Reichsstrafgesetzbuchs in Bayern brachte bereits am 1. Januar 1872 das Ende des eigenständigen bayerischen Strafrechts.

2. Ergänzend zum Strafrecht versuchte man, präventiv gegen Duelle vorzugehen. Schon seit dem 18. Jahrhundert wurden Vorschläge zur Schaffung von Ehrengerichten gemacht, die durch Streitschlichtung den Anlaß zu Duellen beseitigen sollten. Teilweise wurde dabei für diese Gerichte die Befugnis gefordert, einen Zweikampf zu gestatten.

In Bayern führten diese Ideen dazu, daß 1823 in der Armee militärische Ehrengerichte eingeführt wurden. Sie hatten Ehrenbeleidigungen der Offiziere zu untersuchen und gegebenenfalls die Entlassung aus der Armee auszusprechen. In der Praxis überschritten sie jedoch häufig ihre Kompetenzen und erkannten auf Abhaltung eines Duells. Dabei beriefen sie sich auf militärische Standesnotwendigkeiten. Das hing damit zusammen, daß seit dem 18. Jahrhundert unter Offizieren das Duell weithin als der einzige standesgemäße Weg betrachtet wurde, einen erlittenen Ehrenmakel aus der Welt zu schaffen. Interventionen des bayerischen Königs Ludwigs I. gegen diese rechtswidrige Praxis der Ehrengerichte blieben offensichtlich ohne Wirkung.

1870 wurden die Ehrengerichte der bayerischen Armee durch eine spezielle Verordnung neu geregelt. Ihre Tätigkeit hatte sich darauf zu beschränken, bei Streitigkeiten zwischen Offizieren durch Vermittlung einen Ausgleich herzustellen. Die Gestattung oder Anordnung eines Duells war ihnen dagegen nicht erlaubt.

Die Reichsgründung brachte für Bayern auf militärischem Gebiet noch nicht den Verlust sämtlicher Rechtsetzungsbefugnisse. 1874 erging eine weitere bayerische Ehrengerichtsverordnung. Auch darin wurden die Offiziersehrengerichte unbedingt zu einer gütlichen Streitschlichtung verpflichtet. Bayern übernahm damit nicht die Bestimmungen der preußischen Ehrengerichtsverordnung von 1874, worin es zur zwingenden Standespflicht von Offizieren erklärt wurde, Ehrenhändel durch die Abhaltung eines Duells zu bereinigen.

In der Praxis kam es bald aber auch in Bayern dazu, daß die Ehrengerichte die Entlassung von Offizieren aus der Armee aussprachen, die sich entgegen der Standessitte nicht duelliert hatten. Das bayerische Kriegsministerium übernahm diese Haltung und behielt sie trotz des eindeutigen Widerspruchs zum Strafrecht und trotz regelmäßiger parlamentarischer Proteste bis zum Ende des Ersten Weltkriegs bei.

Ohne historische Parallele waren die in Bayern unternommenen, intensiven Bestrebungen zur Schaffung allgemein zugänglicher Ehrengerichte. Sie wurden durch einen 1826 verfaßten Gesetzentwurf Ludwigs I. in Gang gebracht. Ehrengerichte waren darin nur für bestimmte Stände vorgesehen. Da eine solche Regelung aber wegen des Gleichheitsgebots der bayerischen Verfassung Probleme bereitete, wurde der Entwurf in den anschließenden Gesetzesberatungen dahin geändert, daß die Ehrengerichte jedermann offenstehen sollten. Gerade aufgrund dieser Änderung lehnten die beiden Kammern der bayerischen Ständeversammlung 1828 den Entwurf schließlich ab.

Zusammenfassend läßt sich sagen, daß die Erfolglosigkeit der Duellbekämpfung überwiegend auf den fehlenden staatlichen Willen zurückzuführen war, wirklich durchzugreifen. Wenn staatlicherseits Zeichen des Verständnisses, ja der Sympathie für Duellanten ausgesandt wurden, so untergrub das die Autorität der ausgesprochenen Strafdrohungen. Besonders fatal mußte es sich auswirken, wenn die Armee ihren Offizieren die permanente Bereitschaft aufzwang, sich zur Beilegung von Ehrenhändeln zu duellieren und damit de jure strafbar zu machen.

Daß das Duell dann in der Zeit nach dem Ersten Weltkrieg außer Übung kam, lag nicht an staatlichen Maßnahmen, sondern an gesellschaftlichen Umwälzungen. Mit dem Machtverlust der alten Eliten verlor auch der von ihnen praktizierte Ehrenkultus seine Verbindlichkeit. Der Götze, von dem Fontane gesprochen hatte, galt nun nicht mehr.

7 Anhang

Nachfolgend werden einige bayerische Gesetzestexte zum Duell im vollständigen Wortlaut wiedergegeben. Orthographie und Zeichensetzung wurden nach Möglichkeit unverändert beibehalten.

7.1 Das Bayerische Duellmandat von 1674

Quelle: Bayerisches Hauptstaatsarchiv München, Kriegsarchiv, A XIII 3/2

Von Gottes Genaden / Wir Ferdinandt Maria / in Ober: und Nidern Bayrn / auch der Obern Pfaltz Hertzog / Pfaltzgraff bey Rhein / deß H. Röm: Reichs Ertztruchseß und Churfürst / Landgraff zu Leuchtenberg / etc.

Entbieten allen und jeden / denen dises Patent vorkombt / Unser Gnad und Grueß zuvor / und geben jhnen zuvernemmen / daß / ob zwar in Unsern hievor disen außgefertigten: und auffs newe widerholten Articuls-Brieffen / und Quartier-Ordnungen / außtrucklichen und mit Umbständen begriffen / daß die Heraußforderungen / Duellirn / und Balgen / sowol denen Hohen: als Nidern Kriegs-Officirn / und Soldaten / zu Pferdt / und Fueß / bey Leib / und Lebensstraff verbotten seyn: und keiner darwider handlen solle. So müssen Wir doch / ungeacht dessen allem / eine zeithero mit sonderbarem ungenädigistem Mißfallen vernemmen / daß dises scharpffe Verbott / von Unsern auff den Bainen habenden Völckern zu Roß und Fueß / schier gantz ausser Acht gelassen werden wolle / in deme thails Officier sich hochstraffbahrer Weiß understanden / gar schlechter Ursach willen / miteinander in Mißhelligkeiten zugerathen / einer dem andern unzimblicher: und ungebührlicher Weiß / nit allein mit höchstverbottnen spottlichen Injuri-Worten / und Wercken / wider allen Kriegsgebrauch / schimpflich zutractirn / sondern auch hernach durch zueschickung sehr affrontirlicher: und einem ehrlichen Officir gar nit anstendiger Schreiben / und Zettlen / auf ein Duell / und zwar wider Ihrer vorgesetzten Officir Vorwissen / und Verbott / heraußzufordern / bißweilen aber auch durch etlicher Hohen Officir selbst connivenz, oder so noch unverantwortlicher / selbst anhetzen / und zulassen / dergleichen Heraußforderung und Duella zuverursachen / warauß bey denen jhnen undergebnen Officirn / und Soldaten / nit allein ein schlechter Respect erscheinen / sondern auch hierdurch allerhand schädliche Factiones, und Mißtrawen / verursachet: die hierauß entstandne Uneinigkeiten vil mehrers erfrischet: als verhindert: ja angeregte ungebührliche und straffbare Heraußforderungen von andern Officirn / und Soldaten / in eine consequenz gezogen werden. Und was noch mehr / und straffbahrer ist / sich so gar manicher Officir selbst understehen: und anerbieten dörffen / disem / oder jenem / gegen dem andern / einen Secunden abzugeben / und hierdurch bey andern Officirn / und Soldaten / noch ein schädlichers Nachdencken zuverursachen. Gleich wie Wir aber dergleichen under Unsern Völckern bißhero vorbeygangne straffbare: wider angeregten Articuls-Brieff / und Quartir-Ordnung / lauffende Verbrechen / Unordnungen / sonderlich das Heraußfordern / Duellirn / und Balgen / welches auch hiebevor bey Unsers geliebsten Herrn Vattern glorwürdigisten Angedenckens / auff den Bainen gehabten Armaden niemahlen zugelassen: sondern bey Leib und Lebensstraff / verbotten worden / weiters nit gestatten zulassen gedencken / in deme hierdurch nit allein Gott der Allmächtige selber belaidiget / sondern auch offt manicher ehrlicher tapfferer Mann / und Soldat / welcher sonst vor dem Feind noch gute Dienst hätte laisten könden / unnützer: und unverantwortlicher Weiß / frühe zeitig umb das Leben gebracht würdet. Solchemnach ist Unser genädigister / jedoch ernstlicher und zuverlässiger Will / und Befelch hiemit / das Krafft dises Unsers offnen Patents / angeregtes bißhero sowol bey unsern Hochen: als Nidern Kriegs-Officirn / und gemainen Soldaten / zu Pferdt / und Fueß / vorgangnes sehr schädliches beschehnes Heraußfordern / Rauffen / und Balgen / durch offentlichen Trompetenschall / und Trommelschlag / alsobalden / und ohne verliehrung ainiger Zeit / nit allein in allen Quartirn / wo anjetzt angeregte Unsere auff den Bainen habende Volcker zu Pferdt / und Fueß logirn, sondern auch ins künfftig / da selbige im Feld zusammen kommen: und gebraucht werden solten / mit geschärpfftem Ernst und diser außtrucklichen commination, verbotten werde: daß wann sich ein oder anderer Hoher: oder Niderer Officir / oder gemaine Soldaten / über dises Verbott / ferner understehen solten / durch dergleichen schimpffliche: und affrontirliche Brieff / oder in ander weeg / einen oder andern auff ein Duell heraußzufordern / oder wol auch die Hohe Officir Ihren undergebnen Officirn / und Soldaten /

dergleichen selbsten / es geschehe gleich hernach bey seinem / oder einem andern Regiment / oder Compagnie / weiters zulassen: durch die Finger sehen: und zur Heraußforderung Vorschub / und Anlaß geben: oder sich / wie bereits vorkommen / gar für Secunden anerbieten: und gebrauchen lassen wurden / Wir alsdann gegen denen Ubertrettern / Er seye nun wer er wolle / angeregten Articuls-Brieff / gemeß / die Leib: und Lebensstraff / ohn ainige Gnad / würcklichen vornemmen lassen wurden. Und damit disem eingeschlichnen schädlichem Mißbrauch / desto förderlicher hinfuhro gestewrt / und abgeholffen werde / sollen die Gefreyten / Corporalen / und Under Officir der Compagnien / zu Fueß / und zu Pferdt / so bald sie ainige Mißhelligkeit / Injurien / und Außforderungen / bey jhren Undergebnen vermercken / jhren vorgesetzten / und im Quartir / oder nechst dabey commandirenten Officir / bey unaußbleiblicher Leib: und Lebensstraff / hiervon Nachricht zugeben schuldig seyn / Welche sie alsobald in Arrest nemmen / oder zu verhafft ziehen zulassen / so der Sachen Umbständ und Beschaffenheit nach / dafern es vonnothen / jhren Obristen zuberichten / welche dann die jenige Fähl / so sich bey jhren undergebnen Regimentern eraignen / incontinenti zu remedirn / die beede Partheyen anzuhören / sie in jhrer Gegenwart miteinander zuvertragen / damit dem injurirten thail die schleunige Satisfaction widerfahren möge / beynebens auch zuverschaffen / das dem verletzten Thail von dem andern durch Abbitt / offentlich ein Abtrag geschehe / und der sachen befindung nach / der jenige / so unrecht hat / jhrer Verbrechen nach / wol empfindlich abgestrafft: Gleicher gestalt solle es mit denen Officirn / so nit under einem / sondern underschidlichen Regimentern / es seye zu Fueß / zu Pferdt / oder Tragonern sich befinden / gehalten / und jhre differenzien durch jhre Brigadir, General Wachtmaistern / oder / da es vonnöthen / durch die Generalitet selbstb. Beygelegt werden. Gestalten dann Unsere Generals Persohnen / und Obristen zu Fueß / und Pferdt / sonderbar darauff obacht geben sollen. Damit dise Unser genädigiste Resolution gebührent / und stricte beobacht / im gegenfall aber / die Officir / so in dieser Sach connivirn, und nit remedirn wurden / mit würcklicher Entsetzung jhrer Chargen / ohne Abschid / oder anderer exemplarischer demonstration, unfehlbar gegen jhnen verfahren werde. Dessen Wir Uns in einem so anderm Gnädigist versehen. Geben in Unserer Haupt: und Residentz Statt München / den vierdten September / Im ain tausent sechs hundert vier und sibentzigisten Jahr.

7.2 Das Bayerische Duellmandat von 1779

Quelle: Meyr, S. 137 ff., unter Nr. CXVI; auch Bayerisches Hauptstaatsarchiv München, Kriegsarchiv, A XIII 3/2

Von prozessir- und Bestraffung der Duellanten

Entbieten männiglich Unsern Gruß und Gnade bevor, und geben ihnen hiemit gnädigst zu vernehmen, was massen Wir die von Unsern Durchlauchtigsten Vorfahrern sowohl, als auch von Uns Höchst selbst zu Verhinderung des in allen Rechten höchst verbotenen Duelliren, Raufen, Schlagen, Balgen, und andern eigenmächtigen und gewaltthätigen Angriffen, dann Beschimpfungen durch Worte und Werken, vor und nach ergangene und wiederholte schärfesten Befehle, und Edikten zu erneuern, mithin auf daß dergleich- unverantwortlichem Muthwillen, dann höchst schädlichem Unheil, wodurch die Ehre des Allerhöchsten verletzet, gerechter Zorn Gottes erwecket, der allgemeine Ruhestand zerrüttet, und die christliche Liebe vertilget wird, vorgebogen, und dagegen das gemeine Wesen in guter Policey und gewünschtem Friedensstand erhalten, die Liebe gegen den Nächsten, wie auch die Einigkeit zwischen gesammten Unsern Unterthanen, sie mögen hohen oder niedern Standes seyn, ein- und fortgepflanzet, der göttliche Seegen erworben, sofort der schuldige Respekt gegen Uns, als von Gott ihnen vorgesetzten höchsten Obrigkeit vestgesetzt, und erhalten werde, folgendes zu verordnen und zu befehlen bewogen worden.

Artic. I. Wollen Wir insgemein durch dieses Unser Churfürstliches Edikt, und absonderlich gnädigste Verordung, alle eigenthätige Ein- und Ueberfälle, Rumor und Raufhändel, Balgereyen und Schlägereyen, alle Ausforderungen, Duellen, verdächtige und unzuläßige Renkontres, zuschickung der Kartellen, und insgemein allen Frevel und Gewalt, daraus nicht allein gefährliche Leibesverwundungen und Beschädigungen, sondern auch oftmals vorsätzliche Todschläge, auch an denenjenigen Personen, welche Uns, der Christenheit, und dem gemeinen Wesen, um ihrer Tapferkeit und guten Eigenschaften Willen sowohl in Civil- als Militair, und andern Staatsbedienungen noch viele, lange, nützliche und ersprießliche Dienste hätten leisten können, und Verlurst der ewigen Seligkeit erfolgen, ernstlich und bey Leib- und Lebensstrafe verboten haben. Damit aber auch

Artic. II. Jedem bekannt seye, wie und welchergestalten dergleichen Frevel und vorfallende verbotene Händel ihrer Art und Bewandsamen nach, in Unsern Chur- und übrig gesammten Landen ohne einigen Betracht der Personen, vor das Künftige auf das härteste unaussetzlich abgestraft werden sollen, haben Wir darüber folgende ewige Verfassung und Reglement zu machen und publiciren zu lassen nöthig erachtet: Wir verbiethen solchemnach aus Höchst Churfürstlicher Macht ganz ernstlich, und wollen, daß niemand von Unsern Unterthanen, und Landes eingesessenen, oder andern, so sich in Unserm Gebieth aufhalten, und paßiren werden, wes Standes oder Würden die auch seyn möchten, den andern mit Worten oder Werken, oder auch schimpflichen Gebärden und Minen beleidigen und angreifen, noch denselben in Gesellschaft oder sonsten mit groben Scherz und anzapflichen Reden oder auf andere Weise schimpflich antasten und verunehren, sondern daß ein jeder mit seinem Nächsten überall freundlich und friedlich umgehen, einer dem andern den schuldigen Respekt, so ihm wegen seines Standes oder Amtes gebühret, ohne Abbruch leisten, derjenige aber, so einiger Gestalt injuriiret, beleidiget, oder beschimpfet werden möchte, sich alsbald zu seiner behörigen Civil- oder Militärobrigkeit verfügen, und seine Klage kürzlich vorbringen, keinesfalls aber sich selbsten rechtsprechen, noch zu dem Uns von Gott anvertrauten Rechtsschwert greifen, sondern von seiner vorgestellten Landesobrigkeit zu Rettung seiner Ehre, guten Namen und Leumuths alle zureichende Satisfaktion zu gewarten haben solle, welches Anbringen dann Wir vor kein Ansehen einiger Kleinmüthigkeit oder Mangel der Kourage, sondern vielmehr vor einen Effekt des Uns schuldigen Gehorsams, uns als eine Devoir eines rechtglaubigen Christens, und als ein Zeugen der wahren Ehre und Großmüthigkeit ästimiren und loben werden, mit dem fernern Anhang, daß keine Injurien mit Worten oder Werken, wie und welchergestalt selbige auch infligiret, oder vorgenommen seyn möchten, die Ehre und Reputation des Beleidigten und Injuriirten einiger Gestalt lädiren, und verringern, sondern allein den Offendenten oder Injurianten strafbar und kriminal machen, auch derjenige, so den Beleidigten, oder Injuriirten in seinem An- und Abwesen dieserthalb einigen Verweis oder Reproche geben, und von demselben darüber verächtlich reden würde, auf solche Art und Weise, als wenn er die Injurien selbsten gethan, und verübt, nach Inhalt dieses Unsers Edikts gestraft, und angesehen werden solle, wobey Wir jedoch keineswegs gemeynt seynd, jemanden die von Gott und der Natur erlaubte, abgenöthigte und unvermeidentliche Defension und Rettung seines Lebens, Gesundheit und Glieder, wir auch die Abwendung der etwa angedroht- und nächst erfolgter Schläge, oder dergleichen Injurien, wenn nur dabey die geziemende Maaß nach den Regeln der Nothwehr nicht überschritten wird, auch die Gefahr anderer gestalten nach menschlichem Vermuthen nicht vermieden werden kann, abzuschneiden, oder zu verbieten.

Artic. III. Wofern jedoch diedem unangesehen jemand, wer der auch wäre, oder seyn möchte, zu eigenthätiger Ehrenrettung, und privat unzuläßiger Ahndung schreiten, und sich zum Duelliren und Balgen, es seye auf Art, wie es immer wolle, einlassen, oder auch durch ein Kartell oder Sekundanten zum Duell ausfordern würde, obgleich hernach kein wirkliches Duellum erfolgen sollte, so soll doch ein solcher Frevler und Missethäter der Unserm hohen Respekt, und tragenden Landesfürstlichen Amt einzugreifen, und zu violiren sich nicht gescheuet, aller seiner Chargen und Bedienungen, wann er deren hätte, immerhin verlurstiget seyn, auch gestalten Sachen nach entweder mit einer ansehnlichen Geldbuße, oder sonsten mit harter Gefängniß bestraft, diejenige Provokanten aber, so mit keinem Dienst versehen, zu dreyjähriger Gefängniß condemnirt, und der Genuß ihrer Haab und Gütern, doch daß den unschuldigen Weib und Kindern der nöthige Unterhalt nicht entgehe, zu Unserer Disposition lebenslänglich privirt, diejenigen Provokanten aber, so mit keinen Mitteln versehen, zu sechsjähriger Vestungsarbeit verdammet, und dabey demselben wegen des empfangenen Schimpfs, oder ihme angethaner Beleidigung keine Satisfaktion verstattet, sondern solchen Schimpf und Schmach auf sich ewiglich zu tragen hinverwiesen werden.

Artic. IV. Es soll auch der Provocirte oder Ausgeforderte sich keineswegs gelüsten lassen, das Duell anzunehmen, vielweniger auf dem darzu bestimmten Platz zu erscheinen, sondern er solle vielmehr schuldig seyn gleich nach empfangenem Kartell oder mündlicher Ausforderung solches Uns oder Unserer Regierung, so er Civil, oder auch denen ihm vorgesetzten hohen Kriegsstellen, sofern er Militair seyn wird, sonsten aber Unseren Beamten und

Magistraten in den Städten anzukündigen, um sich bey denselben Bescheids zu erholen, welche dann auf erlangte Nachricht dem Duellanten oder ihren Sekundanten solches bey Verlurst Leib und Lebens nicht allein zu verbieten, sondern auch solches strafbare Verfahren und Vorhaben durch wirkliche Arretirung und Verhaftung ihrer Personen, ohnerachtet sie ihrer Jurisdiktion nicht unterworfen, oder sonst durch andere Mittel und Wege zu verhindern, und dabey auch nach Beschaffenheit und Untersuchung der Sachen derley Verbrecher ihrer ordentlichen Instanz und Obrigkeit unverweigerlich auf vorgängige Benehmung auszufolgen, und zu übergeben haben. Sollte aber jemand mit Hintansetzung dieses Unseres Verbotes Uns, oder der ihme vorgestellten Obrigkeit von dem ihm zugesandten Kartell keine Nachricht geben, sondern solches verschweigen, oder gar den Ausforderern deferiren, und den Kartell annehmen, oder auch sich münd- oder schriftlich dem Provokanten zu folgen versprechen, und verbinden auf designirtes Ort und Zeit zu erscheinen, es komparirte solcher Provocatus hernach alsdann, oder nicht, so solle derselbe nichts destoweniger ohne einige Gnade mit solchen Strafen, wie vorhin von dem Provokanten vermeldet, belegt und angesehen werden.

Da aber Provocatus dem Provokanten mit Verbal- oder Realinjurien zu einiger Offens, oder Unwillen Ursache und Anlaß gegeben, so hat zwar der Provocans sich alsdann der ihm etwan gebührender Satisfaktion, wie vorgemeldet, verlurstig gemacht, er soll aber in solchem Fall, da er die Provokation angenommen, noch härter gestrafet, und die Zeit der Gefängniß sammt der Geldbuße noch weiter extendirt werden, mit dem fernern Anhang, daß, im Fall der Provokans nicht Unser, sondern anderwerter Jurisdiktion unterworfen, alsdann Wir auf vorgehende des Provokati geziemende Notifikation Uns seiner nachdrücklich annehmen, und durch behörige Mittel befördern wollen, damit demselben die verlangte Satisfaktion verstattet werde.

Artic. V. Zu mehrerer Steurung all solchen großen Unheils setzen, ordnen, und wollen Wir weiter, daß alle Injurien, so mit Schimpf- und Scheltworten, oder mit verächtlichen Minen und Gebärden begangen werden, nach Ertrag und Umstände der Sachen, entweder durch mündliche oder schriftliche Abbitte, auch sogar pro qualitate delicti durch einen offentlichen gerichtlichen Wiederruf, oder Entsetzung der habenden Bedienung, Geldbuße, Gefängniß, auch wohl gar mit Landesverweisung, und Verbietung des Degens, wenn er Ritterbürtig oder Offizier seyn sollte, bestraft werden solle.

So aber jemand dem andern mit der Hand oder Stock zu schlagen bedrohet, oder einer des andern Knecht und Diener mit Stockschlägen und Prügeln traktiret, so soll derselbe ein Jahr lang im Gefängniß sitzen, und hernach dimitirt werden, bis er dem Beleidigten eine öffentliche Abbitte gethan, und darneben eine Geldbuße nach Ertrag der Umständen und seines Vermögens abgestattet haben wird, dafern es aber zur wirklichen Handanlegung, und groben Realinjurien, als in specie Handschlagen, und Maulschellen, nach dem Kopfwerfen und dergleichen gerathen sollte, da wird der Unterschied gemacht, ob der Beleidigte vorhin einigen Anlaß mit Scheltworten, Lügenheißen oder dergleichen, darzu gegeben, und darauf die Ohrfeigen und Handschläge in calore rixae erfolgt, welchen Falls derjenige, so zur Thätigkeit geschritten, zwey Jahr lang gefangen sitzen solle, wo aber keine Ursache vorhergegangen, soll derjenige, so den Handschlag oder Kopfwurf gethan, drey Jahr lang gefänglich eingezogen, und solche Strafe keineswegs verringert, noch verändert werden, es wäre denn, daß der Deliquent vor das letzte Jahr eine Geldstrafe, deren Satzung Wir Uns reserviren, zu bezahlen sich erklären wollte, dabey dann auch Unser ausdrücklicher Wille und Meynung ist, daß solcher Delinquent vor der Inkarceration schuldig seyn solle sich in Gegenwart einiger seines Standes zu Annehmung dergleichen Schläg- und Injurien von dem Lädirten anzuerbieten, und darneben sich schrift- oder mündlich zu erklären, daß er ganz unbesonnener und unverantwortlicher Weise das Schlagen gethan, und bitten thäte, daß der Beleidigte ihm solches gütlich nachgeben, und was vorgegangen, in Vergeß stellen möchte.

Da es aber zu wirklichen Stockschlägen oder Prügeln, nach vorherigen Hand- oder Faustschlägen, in calore rixae gerathen sollte, so solle derjenige, welcher die Stockstreiche darauf in continenti angebracht, zwey Jahre lang gefangen sitzen, da aber jemand den andern auf solche Weise, ohne vorhin von andern geschlagen zu seyn, traktiren würde, alsdann solle der Delinquent oder Stockschläger zu dreyjähriger Gefängniß kondemnirt, und nicht eher, bis er den Beleidigten um Verzeihung gebeten, losgelassen werden.

Da aber jemand einen andern boshafter und vorsetzlicher Weise ganz unversehens, und mit seinem Vortheil mit Prügeln zu überfallen und zu schlagen unterstehen, solches Schlagen aber nicht hinterrücklich, sondern von vorne geschehen würde, solle der Angreifer, oder Injuriant zu zehenjähriger Gefängniß kondemnirt, sonsten aber da der Anfall hinterrücklich mit dem Stock, es seye von einem allein, oder mit anderer Beyhilf unternommen seyn sollte, alsdann solle der Injuriant oder Beleidiger auf fünfzehn Jahre lang gefänglich gesetzt, ehe er aber dahin gebracht, dem Beleidigten kniend eine Abbitte zu thun, mit dem Anhang angehalten werden, daß er eben so viele Schläge, als er demselben gegeben, wieder zu empfangen gewärtig seyn, oder sonsten ihm zu danken haben solle, wenn er ihm selbige, da es in seiner Macht stünde, in der Güte nachgeben wollte, dabey dann auch solcher Delinquent oder Injuriant sowohl die schrift- als mündliche Erklärung thun solle, daß er solche Beleidigung unbesonnener und brutaler Weise vorgenommen, mit Bitte, daß der Beleidigte solches vergessen, und er ein gleiches zu beliebiger Vergnügung annehmen wolle. Indem nun dasjenige, was allhier wegen Real- dann Verbalinjurien, und diesertthalben bestimmter Satisfaktion nach Maaß dabey unterlaufender Bewandtsame verordnet worden, vornehmlich auf die von der Ritterschaft, Standspersonen, unsern Bedienten auch Kriegsoffiziers und Soldaten, zu verstehen ist; als lassen Wir es ratione injuriarum, so zwischen bürgerlichen, Handwerks- Bauern- und gemeinen Standesleuten, fort allen denen, so vom Duelliren keine Profession machen, bey den gemeinen beschriebenen Rechten bewenden, und wollen, wann zwischen denselben Injurisachen vorfallen, daß solche Actiones bey den ordentlichen Gerichten vorgenommen, und allda vermög der, in den Rechten angesetzten Strafen sollen erörtert, und abgethan werden.

VI. Ob nun wohl Wir gnädigst dafür halten, daß durch diese unsere wohlmeynende Verordnungen und gethane Vorsorge der lädirten und injuriirten Ehren und Reputation genugsam präkavirt seyn werde, weilen sich doch zutragen könnte, daß jemand wider dieses Unser ernsthaftes Edikt zu Verachtung Unsers tragenden hohen Landesfürst-obrigkeitlichen Amtes, auch mit Hintansetzung seiner eigenen zeitlicher und ewiger Wohlfahrt sich in ein Duell einzulassen, und die habende Streitigkeiten, und vermeintlich lädirte Ehren mit dem Degen oder Pistolen, es seye zu Pferd oder zu Fuß, anmaßlich auszuführen, und zu revengiren unterstehen möchte; so ist Unser ausdrücklicher Wille und Meynung, daß, wenn schon auch in den vorgenommenen Duellen keiner todt bleiben, noch verwundet werden sollte, dannoch alle wirkliche Duellanten, wes Standes, Herkommen oder Würde sie immer seyn möchten, ohne einiges Absehen der Personen durch einen summarischen Proceß ohne einige Weitläufigkeit zum Tode verurtheilet, und solche Urtheile, wann es einer von der Ritterschaft, oder hoher Officier mit dem Schwert, sonsten aber bey allen andern Unadelichen mit dem Strang vom Leben zum Tod exequirt werden solle. Sollte aber jemand von solchen boshaften Duellanten auf dem Platz bleiben, oder durch den empfangenen tödtlichen Schuß, Hieb oder Stich sein Leben verlieren, so solle der Körper des Entleibten, wenn er einer von der Ritterschaft, oder ein vornehmer Civil- oder Militärbedienter, entweder in loco delicti, oder sonsten an einem andern unehrlichen Ort durch die Waasenmeister eingescharrt, wenn es aber keiner vom Adel, andern zum Scheu und Exempel aufgehangen werden, der beyden Duellanten Güter aber, sie seyen beweg- oder unbeweglich, feudal- oder allodial ohne Unterschied oder einiges Absehen der Personen Uns heimfallen, und konfiscirt werden, es seye dann, daß der Delinquent Frau oder Kinder habe, in welchem Fall, wenn dieselbe zu Antretung des Duells durch Anreizung, Aufhetzung, oder sonst keine Ursache noch Anlaß gegeben, Wir der Billigkeit, und Uns angestammter Milde gemäß wegen dem Unterhalt aus des Manns Vermögen und Freybelassung des sonstig eingebrachten Eigenthums eben sowohl, als auch in Absicht auf die Lehen, wenn etwa bloß unschuldige Agnaten vorhanden wären, den gnädigsten Bescheid geben werden.

Diejenige Frau aber, welche ihren Mann, und die Aeltern, welche ihre Kinder, so lang sie in ihrer Gewalt stehen, zu dergleichen Duellen animiren, oder wenn sie die Wissenschaft davon haben, solches nicht allsobald denuciiren, oder möglichst verhüten, sollen nach Ertrag und Befindung der Sachen Zustandes mit einer nahmhaften und empfindlichen Strafe, es seye Konfiscation eines Theils ihrer Güter, oder auch Gefängniß, Geldbuße, oder sonsten nach richterlicher Erkenntniß angesehen und belegt werden. Derjenige aber, so seinen Opponenten in dem koncertirten Duell entleibet, und seine Hände mit dessen Blut gegen Gottes Gebot und alle rechtliche Verordnungen ganz unverantwortlich besudelt, solle, wofern es einer von der Ritterschaft, Oberofficier oder sonsten Honestioris Conditionis vorerst aller seiner Chargen und Ehrenämtern, so er bey Uns bedienen möchte, ipso facto verlurstiget seyn, und ihm darauf, so bald er ergriffen, der Proceß summarie gemacht, der Degen zerbrochen, und er selbsten durch das Schwert vom Leben zum Tod gebracht, und sein Körper auf dem Gerichtsplatz begraben werden.

Im Fall aber der Delinquent von geringerer Kondition seyn würde, so solle er zum Galgen kondemnirt, und das Urtheil ungesäumt exequirt, der Körper aber nicht abgenommen, sondern bis er abfallen wird, daran gelassen werden. Würde aber das Duelliren so unglücklich ausschlagen, daß die Duellanten beyderseits auf der Wahlstatt erlegt, und das Leben verlieren sollten, so sollen derselben Leiber, wenn sie von der Ritterschaft oder sonsten Oberofficiers und hohe Bediente, an einem unehrlichen Ort von dem Scharfrichter oder Waasenmeister begraben; wofern sie aber nicht von Adel, oder geringer Kondition, selbige durch den Scharfrichter aufgenommen, und an den Galgen gehenket, in alleweg aber mit Konfiscation derselben gesammter Güter, sie mögen von einer Gattung seyn, wie sie wollen, wie obgemeldet, verfahren werden.

Artic. VII. Sollte aber jemand von Unsern Unterthanen, oder Landeseingesessenen, wes Standes oder Wesens er immer seyn möchte, sich außer Unser hoher Landesfürstlicher Botmäßigkeit in ein fremdes Gebiet zu Ausführung der Duellen begeben, oder solches anderwärts in der That werkstellig machen, er seye in anderweitigen Diensten oder nicht, der oder diejinige sollen nichts destoweniger wegen freventlicher Uebertretung dieses Unsers Verbots und Verachtung Unserer hohen Authorität mit gleicher Strafe, als wenn der Duell in Unserem Teritorio vorgegangen, und die Thäter in Unseren wirklichen Diensten begriffen, mit gleicher Strafe, wie oben gemeldet, unnachläßig, auch mit Konfiscation aller Güter wie oben angezogen, in omnibus ac singulis gestraft werden.

Sollten aber dergleichen Duellanten nach verrichteter That flüchtigen Fuß setzen, und außer Unserm Landesfürstlichen Gebiet verbleiben, und nach widerholter dreymaliger Einladung nicht erscheinen, noch sich sistiren, so solle nichts destoweniger die Execution der verwirkten Strafe durch den Scharfrichter vollzogen, und nach Ertrag der Missethat auf solche Weise, als wenn sie selbsten gegenwärtig, auch mit der Konfiscation, wie oben gemeldet, stracks und ohne Nachsicht verfahren werden.

Dabey dann Wir auch ferner verordnen, daß aller derjenigen, so nach in Unseren Landen vollbrachten Duellen sich mit der Flucht salviren, ihre Güter, sie seyen beweg- oder unbeweglich, feudal oder Allodial, schon mehr ob vorgeschriebener massen, Uns heimfallen, ihre Namen und Bildnissen aber an den Galgen geschlagen, mithin die wegen den Duellen verordnete Strafen an ihren

Bildnissen durch den Scharfrichter am Pranger exequiret, jene sodann, so dieselbe wissenlich aufnehmen, beherbergen, oder sonst zu ihrer Entweichung und Flucht behülflich seynd, mit Leib- und Lebensstrafe ohne einige Gnade angesehen werden sollen.

Artic. VIII. Zu welchem Ende dann ferner gnädigst verordnen, und wollen, daß alle Sekundanten, Beyhelfer, und Kartellträger, auch diejenige, so mit Rath und That die Duellen befördern, und koncertiren helfen, oder sich als Unterhändler und Mittelspersonen gebrauchen lassen, gleich den Duellanten und Provokanten selbst, es erfolge ein Duell oder nicht, unnachläßig gestraft werden sollen, dafern aber des Provokantens Diener und Domestiquen aus dessen Befehl sich wissentlich zum Kartell tragen gebrauchen ließen, oder die mündliche Ausforderung thäten, oder auch das Gewehr nach dem Platz trügen, selbige sollen nach Ertrag ihres Verbrechens zu zwey- oder dreyjährigem Vestungsbau verdammet werden.

Artic. IX. Hingegen aber ist Unser ausdrücklicher Will und Meynung, daß alle Unsere Landes-Eingesessene, und Unterthanen, so bald sie von dergleichen Duellen und Händeln etwas erfahren, und vernehmen werden, solches Uns, oder Unserer Regierung fort der Thätern Obrigkeit, auf dem Land aber Unsern Beamten und Oberofficiers bey Vermeidung Unserer höchsten Ungnade, und einer Strafe von tausend Goldgulden, in welche sie ipso facto verfallen, und ungesäumt exequirt werden sollen, alsobald anzeigen, welche alsdann die Strittigkeit unversäumt untersuchen, und nach Billigkeit und mit Vorbehalt, Unsers fiscalischen Interesse vergleichen, oder nach den Rechten darinnen verfahren, inzwischen aber die streitige Partheyen bis zu Austrag der Sachen in Arrest nehmen lassen sollen: gleich dann auch, wenn bey den Karten und Brettspielen, oder sonst bey ehrlichen Kompagnien bey dem Trunk oder sonsten ungeziemende Bezeugungen vorgehen, fort durch Stichworten, Minen und dergleichen einige Strreitigkeiten oder Wortwechslungen vorfallen möchten, diejenige so gegenwärtig, und solches vermerkt, gesehen, oder von der Sachen Verlauf einige Wissenschaft hätten, die Streitende alsobald zu Gütlichkeit ermahnen, und von Unsertwegen zu Hinlegung des strittigen Punkts zu Obmänner und Decisseurs hiemit verordnet, und beyde streitende Theile nach derer Aussprach sich zu richten schuldig, sonsten aber dieselbe von Unsertwegen den Streitenden den

Arrest anzukünden bemächtiget seyn, gestalten, da solches nicht erfolgete, und die Sache zu einiger Weiterung gerathen würde, diese dafür ohnnachläßig gleich den Thätern selbsten in omnibus & singulis sine ulla reservatione angesehen, und gestraft werden sollen.

Da auch jemand von dem vorhabenden Duell einige Wissenschaft hätte, und solches Uns oder Unsern Beamten, und Oberofficiers bey Zeiten denunciren würde, selbigem solle eine gewisse und unfehlbare Rekompens von Uns aus der Schuldigen Verbrechern und Uebertretern Gütern oder Mitteln wirklich verschaft und mitgetheilt werden, diejenige aber, so sich bey den Duellen oder Rencontres, um selbige zuzusehen expresse einfinden, und nicht geflissen seyn, solches Balgen und Duelliren auf alle mögliche Weise und Wege zu verhüten, selbige sollen ein vor allemal aller ihrer Chargen entsetzt, und deren inskünftig mehr nicht fähig, auch der Halbscheid ihrer Güter verlustigt seyn.

Artic. X. Demnach Wir auch in Erfahrung gekommen, welcher gestalten sich einige unterstanden, nicht nur demjenigen, so von jemand mit Verbal- oder Realinjurien muthwillig angegriffen, und beleidiget worden, solches auf eine sehr unanständige Art mündlich oder schriftlich vorzuhalten und vorzuwerfen, anderen zu hinterbringen, und zu propaliren, sondern auch den oder dieselbe mit schimpflichen Unternehmen und Zeichen von einer Gesellschaft oder Korps auszuschließen, sohin per indirectum zu Nehmung eigenmächtiger Revange und Satisfaktion zu enkouragiren und anzuhetzen.

Als wollen Wir gleichfalls statuirt und verordnet haben, daß alle diejenige Personen, es seyen Officiers, Hof- oder Civilbediente, oder wer immer es seyn mag, so hinkünftig dem die zugefügte Beschimpfung vorwerfen, oder dem dieselbe auf obig- und andere höchst strafbare Weise zur privat Revange und eigenmächtiger Satisfaktion zu verhetzen und zu verleiten, andern derley zu hinterbringen, und zu propaliren unterfangen dürften, nach Verhaltung ihres Verbrechens gleich denjenigen, so als Sekundanten, Beyhelfer, Kartellträger, Rathgeber, Unterhändler, und Mittelspersonen derley Duellen befördern, und koncertiren helfen, in Gemäßheit des 8ten Artikuls wie die Duellanten und Provokanten selbst ohne mindeste Rücksicht bestraft werden sollen.

Artic. XI. Wenn sich auch jemand nach geschehener Quittirung und erhaltenem Abschied gegen seinen ehemaligen Regiments-Kommandanten oder gewesenen Obern, oder wer es immer, und aus was Vorwand es seyn mag, einige Injurien auszustoßen, sohin gelüsten lassen sollte, zu einem höchst strafbaren Duell auszufordern, oder auch außer Landes citiren, folglichen sich durch die halbe Welt aufsuchen zu machen, in solchem Fall der Herausgefoderte keineswegs injuriirt und zu erscheinen schuldig seyn, sondern der Injuriant in diesem Punkt bis zu Ausgang der Sache der kompetirenden Obrigkeit in gesammten Unsern Landen unterworfen verbleiben, massen die auf solche Weise gleichsam in fraudem legis erschlichen, und zu Ausführung der Unsern gnädigsten Verordnungen so freventlich entgegen laufenden Unternehmungen an sich gebrachter Abschied ipso facto in solchem Fall für null und nichtig gehalten, und seyn, so fort also zu Ausmachung deren behörend vorgeladen, und auf nicht erscheinen, ihm nach Recht und Kriegsgebrauch als einem Flüchtling und muthwilligen Kalumnianten der Proceß formirt, sodann nach gestaltsamen der Umständen exequirt werden solle.

Artic. XII. Nachdem es auch sich mehrmalen zugetragen, daß unter dem Prätext einiger simulirter Renkontres ordentliche Duellen wollen bemäntelt, und angestellt werden, so seynd Wir zwar (wie vorhin gemeldet) nicht gemeynt jemand die unvermeidentliche Defension seines Lebens oder seiner Gliedern, oder die natürliche in den Völkerrechten zugelassene Gegenwehr nach Beschaffenheit der Umständen & secundum regulas moderaminis inculpatae tutelae abzuschneiden, noch zu verbieten; es ist aber Unser ausdrücklicher Befehl und Meynung, daß alle diejenige, so dergleichen vorgegebene Renkontres gehabt, auf das schärfeste, und da nöthig, eidlich sollen examinirt, und die Sache also untersuchet werden, ob nicht vorhin dieselbe zu Ausführung ihrer gehabten Strittigkeiten, sich mündlich oder durch Schreiben, heimliche Kartellträger, Diener oder sonsten zu solcher Renkontre veranlasset, und dazu Mittel und Wege an die Hand geben, dabey dann vornehmlich zu beobachten, und zu examiniren, ob solche Renkontre auf den ersten und überfallenden Eifer, welchem kein Widerstand zu thun, nicht aber wissentlich, und zur Elusion dieses Unseres heilsamen Edikts vorgenommen wäre. Sollte sich nun hierunter einiger Betrug und Vorsetzlichkeit erfinden, alsdann sollen die Verbrecher als ex duplici capite rei gleich den Duellanten mit Leib- und Lebensstrafe, auch Konfiscation und Einziehung aller ihrer Güter angesehen werden. Da es aber nach reifer Erwägung der Sachen Umständen dargethan, und vermuthet werden könnte, daß es kein Duell, sondern ein unvermutheter Ueberfall, und rechte Renkontre gewesen, so hat zwar die in diesem Edikt verordnete Strafe der Duellanten in so weit keinen Platz, es sollen aber nichts destoweniger die Urheber und Anfänger des Streites andern zum Exempel abgestraft, diejinige aber, welche die rechte Nothwehr dabey überschritten, vornehmlich aber, wenn jemand sein Leben einbüßen würde, nach Art der Excesssen und Umständen der Sachen gebührends bestraft, und den Rechten gemäß in der Sache verfahren, und das vergossene Menschenblut vindicirt werden.

Artic. XIII. Und ob zwar dergleichen traurige Zufälle zum öftern mit dem Laster der Trunkenheit wollen entschuldigt werden, die Rechten aber und Reichs-Konstitutionen sammt der peinlichen Halsgerichts-Ordnung in diesem Fall heilsamlich verordnen, daß die Missethaten und Excessen, so durch Trunkenheit begangen werden, ob duplicitatem delicti schärfer dann andere zu bestrafen seyen; so lassen Wir es zwar bey solchen Verordnungen gnädigst bewenden, und wollen dießfalls Unsere Civil- und Kriegsbediente, und insgemein alle Unsere Unterthanen, insonderheit aber diejenige, so den Trunk nicht vertragen können, und wenn sie damit überladen, zu Querellen und Zänkereyen geneigt sind, hiemit ernstlich erinnert und ermahnet haben, daß sie sich dieses übelanstehenden Lasters, dadurch die Vernunft und Sinnen beraubet, und die Gesundheit, ja auch Leib und Seele verscherzet wird, sich sorgfältig enthalten, und um desto mehr hüten sollen, als diejenige, so in Trunkenheit verbotene Händel, Duellen und Balgereyen begehen, daraus einige Todschläge, oder Verwundungen erfolgen sollten, keine Linderung noch Mitigation der verordneten Strafen zu gewarten haben sollen.

Sollte doch jemand unversehener und zufälliger Weise auch wohl gar wider seinen Vorsatz und Willen in Trunkenheit gerathen, sonsten aber dazu nicht geneigt, sondern vielmehr eines stillen und ehrbaren Handels und Wandels seyn, auch vorhin mit dem Beleidigten keine Freundschaft gehabt haben, so kann zwar auch in diesem Fall der Delinquent nicht von aller Strafe befreyte werden, weilen jedoch bey solcher Gelegenheit einige Mitigation und Gnade verstattet werden mag; als behalten Wir Uns solche nach Beschaffenheit der Umständen zu ertheilen, und nach Befinden darüber gnädigst zu verordnen bevor.

Artic. XIV. Dafern auch die Injuriati oder Provocati ex quocunque demum respectu selbsten zu klagen unterlassen, oder sich quoad satisfactionem privatam vergleichen sollten; so haben Unsere nachgesetzte Dikasterien und Obrigkeiten den Bedacht dahin zu nehmen, damit dem beleidigten und injuriirten Theil juxta gravitatem delicti und den dabey mit unterlaufenden Umständen eben so, wie respektive dem Publiko wirklich behörige und hinlängliche Satisfaktion verschaft werde.

Artic. XV. Und damit auch dieses Unser Edikt zu seiner gebührenden Execution gerathen, und vors künftige seines Inhalts vollzogen werden möge;

So ist Unser gnädigster Befehl und Wille, daß die Erkenntniß und Kognition in dergleichen vorfallenden Ehren- und Duellsachen, wenn die streitende Theile allerseits Civil-Personen sind, zu niemand anders als zu Unserer Regierung, welche darinn mit Abschneidung aller Weitläufigkeit nicht in Manier eines förmlichen Processes, sondern summarie zu verfahren, gehörig, und die weitere Entscheidung von Uns zu erholen seye. Jedoch solle der Angrif und die Arrestirung deren, so wider dieses Edikt handeln, allen Unseren Beamten und Bedienten Unser Chur-Fürstenthümer und Landen nicht nur erlaubt, sondern auch hiemit befohlen seyn, und dafern jemand unter denselben durch Nachläßigkeit oder Konnivenz den Thätern nicht nachtrachten, oder dieselbe entkommen ließe, soll derselbe nach Ertrag der Umständen mit Entsetzung seines Dienstes oder Chargen, Gefängniß oder Geldstrafe, oder sonsten davor angesehen werden; die ergriffene und arrestirte Personen aber sollen darauf zu fernerer Unserer Verordnung seiner Behörde zugeschickt, und überantwortet werden.

Wenn aber streitende Theile der militarischen Kognition unterworfen, so sollen selbige auch vorthin dimittirt, und durch das Kriegsrecht jedoch mit ausdrücklicher Observirung gegenwärtiger Unserer gnädigsten Verordnung darüber erkannt, und was erkannt ante publicationem cum rationibus decidendi zu den vorgesetzten Kriegsstellen und respektive en Chef kommandirenden Generalen gebracht, und darüber die von Uns alsdann dorthin auf unterthänigsten Vortrag eröffnet werdende höchste Entscheidung, und solcher gemäß zu fassende Resolution erwartet werden.

Sollten aber die Partheyen und Delinquenten theils Civil- und zum Theil Militarpersonen seyn, und also ad diversa judicia gehören, so solle über das Verbrechen durch eine aus Civil- und Militarpersonen zu besetzende Kommission nach Inhalt des Edikts ohne Weitläufigkeit summarischer Weise verfahren, und nach vollständig instruirter Sache von beederseitig Vorgesetzten von Uns ferner gnädigster Befehl erholet werden.

Wegen des Angriffs aber hat es in allen Fällen bey demjenigen sein Verbleiben, was vorhin verordnet worden. Mit der wiederholten gnädigsten Erinnerung, daß wegen desjenigen, was in diesem Unserm Edikt der Strafen halber verordnet, sich keiner einigen Pardons oder Gnade sub quocunque etiam praetextu solle zu verlassen haben, sondern Wir verbieten ausdrücklich, daß keiner, wes Standes er auch seye, sich einiger Intercession oder Vorbitte bey Vermeidung Unserer höchsten Ungnade anmassen und unternehmen solle.

Gleich Wir dann weiters und überhaupt den paenis Canonicis, in wiefern solche eintreten, im mindesten nicht derogirt haben wollen.

Damit auch endlich sich niemand mit der Unwissenheit dessen, was Wir so wohlbedächtiglich und heilsamlich verordnet, zu entschuldigen haben möge; so wollen Wir, daß dieses Unser erneuertes Edikt im Druck verfasset, und nicht nur aller Orten behörig publicirt, und affigirt, sondern auch bey Unsern sämmtlichen Truppen des Jahres einmal, und zwar um die Exercierzeit, wann der Eid zu den Fahnen erneuert wird, nebst den Kriegsartikeln deutlich vor- und abgelesen werden, auch sich ein jeder darnach in schuldigstem Gehorsam richten solle. Zu Urkund dessen haben Wir selbiges eigenhändig unterschrieben, und mit Unserm Churfürstl. geheimen Kanzley Insiegel bedrucken lassen. Geschehen und gegeben in Unserer Residenzstadt München den 28. Hornung 1779.

7.3 Die Zweikampfvorschriften des Strafgesetzbuchs für das Königreich Bayern von 1861

Quelle: Strafgesetzbuch für das Königreich Bayern, Amtliche Ausgabe, München 1861

Zweikampf (Duell)

Art. 162.

Wer zum Zweikampfe herausfordert oder eine solche Herausforderung annimmt, wird mit Arrest bestraft.

War die Herausforderung oder Verabredung ausdrücklich dahin gerichtet, daß einer von beiden Theilen das Leben verlieren sollte, oder wurde eine Art des Zweikampfes gewählt, aus welcher hervorgeht, daß diese Folge beabsichtigt war, so tritt Gefängnißstrafe von drei Monaten bis zu einem Jahr ein.

Art. 163.

Ist der Zweikampf vollzogen worden, so sind die Duellanten mit Gefängniß bis zu einem Jahre, in leichteren Fällen mit Arrest, wenn aber dem Zweikampfe die im Art. 162 Abs. 2 bezeichnete Herausforderung oder Verabredung vorausgegangen war, mit Gefängniß von sechs Monaten bis zu zwei Jahren zu bestrafen.

Gefängniß bis zu zwei Jahren tritt auch dann ein, wenn zu dem Zweikampfe keine Sekundanten beigezogen wurden.

Art. 164.

Wer seinen Gegner im Zweikampfe tödtet, oder demselben einen bleibenden Nachtheil an Körper oder Gesundheit zufügt, ist mit Gefängniß von einem bis zu drei Jahren zu bestrafen.

Ist eine oder die andere dieser Folgen in einem Zweikampfe der im Art. 162 Abs. 2 bezeichneten Art eingetreten, so soll auf Gefängniß von drei bis zu zehn Jahren erkannt werden.

Art. 165.

Zu dem Zweikampfe zugezogene Aerzte, Sekundanten und Zeugen sind straflos.

Kartelträger werden nur dann bestraft, wenn der Zweikampf in der in Art. 162 Abs. 2 bezeichneten Art verabredet war und in dieser Art stattgefunden hat. In diesem Falle trifft sie Gefängniß bis zu zwei Jahren.

Art. 166.

Ist der verabredete Zweikampf vor seinem Beginne freiwillig aufgegeben worden, so sind die Parteien straflos.

Art. 167.

Wer die Duellanten oder einen derselben zur Eingehung des Zweikampfes oder zur Wahl einer gefährlicheren Art des Kampfes bestimmt hat (Art. 54 Ziff. 1) soll, wenn der Zweikampf vollzogen wurde, mit Gefängniß bis zu drei Monaten bestraft werden.

Wenn aber einer der Duellanten getödtet worden ist und der Anstifter entweder einen tödtlichen Ausgang des Duells beabsichtigt oder das Zustandekommen der im Art. 162. Abs. 2 bezeichneten Verabredung bewirkt hat, so ist auf Gefängniß von drei bis zu zehn Jahren zu erkennen.

Art. 168.

Hat ein Duellant oder Sekundant durch absichtliche Uebertretung der üblichen Kampfregeln eine Tödtung oder Körperverletzung bewirkt oder hat ein Duellant in einem Zweikampfe ohne Sekundanten seinen Gegner getödtet oder demselben eine Körperverletzung zugefügt, so ist er nach den Bestimmungen über Tödtung oder Körperverletzung zu bestrafen, falls nicht wegen des Zweikampfes eine höhere Strafe verwirkt ist.

7.4 Der Gesetzentwurf Ludwigs I. vom 14. März 1826

Quelle: Bayerisches Hauptstaatsarchiv München, Staatsrat Nr. 2450

Die Zweykämpfe betreffender Gesetzesentwurf

Verbrechen gegen Religion und Vernunft, frevelhafter Eingriff in des Königs und der Stände Rechte, ein Hohnsprechen der Gesetze ist der Zweykampf, ein Ueberbleibsel der Barbarey, der nichts beweißt, nicht einmal Muth.
Aus zwey Theilen hat das Gesetz zu bestehen, in:
I. Anordnung dem Zweykampfe vorzubeugen.
II. Bestrafung desselben.
Erstere soll Ehrengerichten übertragen seyn. Erfahrung lehrt daß die gewöhnlichen Gerichte dieses nicht bewirken, zu sehr sträubt sich das eingefleischte Vorurtheil dagegen. Das zweyte aber liege den gewöhnlichen Gerichten ob. Demnach werde verfügt wie folgt.

I. Anordnung dem Zweykampfe vorzubeugen

§ 1.

Das Königreich wird in Ehrengerichts-Bezirke getheilt. Ihre Zahl hat der König zu bestimmen und abzuändern. Desgleichen hat derselbe alles, was erfordert wird, um dieses Gesetz ins Leben treten zu machen festzusetzen und die Instruktion zu geben so wie das Reglement.

§ 2.

Weil das Vorurtheil, als könnte nur durch sich selbst nehmende Genugthuung, das ist durch Gesetzwidrigkeit, die Ehre erhalten werden, fast ausschließend blos bey dem Adel, den Officieren, Junkern, Räthen, Rathsrang oder einen höhern Habenden und Studenten herrscht (nehmlich den auf Universitäten Studierenden welche allein so benannt werden sollen von denen auch hier nur die Rede ist) so bestehen Ehrengerichte nur für solche und aus solchen. Diejenige welche nicht zu den Ebengenannten gehören, stehen auch in Ehrensachen fortwährend unter den gewöhnlichen Gerichten.

§ 3.

[Betrifft die Wahl zum Ehrengericht und die Besetzung desselben; der Entwurf ist an dieser Stelle unverständlich]

§ 4.

Achtzehn volle Jahre sind zur activen Wählbarkeit, zur passiven fünfundzwanzig volle erforderlich.

§ 5.

Alle diese Wahlen geschehen auf die Weise wie die der Adlichen Gutsbesitzer zum Landtage, für drey Jahre aber nur.

§ 6.

Das Ehrengericht erwählt durch Stimmenmehrheit seinen Vorstand und dessen Stellvertreter, in dieser Art, daß jede Hälfte einen Vorstands-Kandidaten für sich wählt, das durch des gesamten Gerichtes Alterältesten gezogene Loos entscheidet welcher von den beyden Vorstandskandidaten Vorstand zu seyn hat, der andere wird dessen Stellvertreter, wenn ersterer nicht zugegen, in dessen Gegenwart aber nur wie jedes andere Mitglied, jedoch gebührt ihm die erste Stimme. Beyde müssen in der Zeit ihrer Wahl in dem als zu dieser Einrichtung zum Hauptort des Bezirkes bestimmten Orte wohnen oder doch nicht weiter als eine Fußstunde davon entfernt seyn. Die Wahl geschieht für drey Jahre nach deren Verlauf sie auf die Nehmlichen fallen kann und dieses darf immer geschehen. Bey Stimmengleichheit entscheidet der Vorstand dem alle Befugnisse eines Präsidenten zukommen; wenn er nicht zugegen, seinem Stellvertreter.

§ 7.

Aus zehn Mitgliedern mit Inbegriff des Vorstandes und seines Stellvertreters besteht jedes Ehrengericht. Aus den Wahlfähigen ernennt der König einen Staatsanwalt auf drey Jahre, der alsdann wieder dieses werden kann, und das so oft der König will. Die Anklage kann sowohl von einem Betheiligten, als vom Staatsanwalte erhoben werden, von diesem gleichviel um dazu unaufgefordert oder aufgefordert. Unentgeltlich hat derselbe, hat jedes der 10 Mitglieder seine Stelle zu versehen. Das Verfahren ist mündlich.

§ 8.

Nur bey einem vor dasselbe sich eignenden Fall soll das Gericht Sitzung halten bey welcher wenigstens der Mitglieder Hälfte zugegen zu seyn haben, und soviele müssen es seyn damit eine Sitzung statt finden darf.

§ 9.

Beleidigende Rede und Schrift so wie jede andere Beleidigung die nicht durch Berührung geschieht wird mit einer Woche bis drey Monate (jeden zu 30 Tagen gerechnet), Haft in der Wohnung des Verurtheilten oder in einer Festung bestraft, beleidigende Berührung gleichfalls, wenn der Thäter dazu gereizt wurde, wer aber ohne dazu gereizt zu seyn solche ausstieß den trifft verdoppelte Strafe. Bestünde aber die beleidigende Berührung in Schlag oder Ohrfeige wenn auch nur in einem oder einer, so ist der Geber gleichviel ob er gereizt oder nicht nebst der obigen Strafe auf fünf Jahre seiner Staatsdiener- oder Officiers-Stelle verlustig oder wenn er keine hat, so kann er während fünf Jahre keine bekommen und hat zwey Jahre lang Festungshaft zu leiden, nebstdem hat jeder angestellt oder nicht mündlich oder schriftlich Abbitte nach seiner Wahl zu leisten. Eine statt gefundene Körperverletzung gehört vor das gewöhnliche Gericht das nach dem Strafgesetzbuche zu verfahren hat, weiters, über diese Strafe.

§ 11.

Das Ehrengericht hat Beleidigungen zu strafen, die Zweykämpfe zu verhüten nie aber solche zu gestatten. Die dagegen handelnden Mitglieder sind von dem gewöhnlichen Gerichte nach dem Strafgesetzbuche als Anstifter zum Ungehorsam gegen den König zu behandeln.

§ 12.

Von dem Ehrengerichte giebt es keine Appellation ausser an des Königs Gnade.

§ 10.

Beleidigungen im Zustande der Betrunkenheit begangen geben Anspruch auf Strafminderung nicht auf Straflosigkeit.

§ 13.

Auf jeder Universität giebt es aus Studenten gebildete Ehrengerichte. Der Staatsanwalt jedoch wird aus ihrer Mitte genommen, er darf kein Student seyn. Jeder als Student Imatriculierte steht unter diesem Ehrengerichte wäre er gleich von Adel oder Officier, und kann weder zu einem andern wählen noch gewählt werden, solange er imatriculiert ist.

§ 14.

Auch bey diesen sind achtzehn vollendete Jahre zur activen Wahlfähigkeit nothwendig aber 20 oder 19? vollendete schon hinlänglich zur passiven.

§ 15.

Bey den Universitäts-Ehrengerichten wird der Strafen Minimum und Maximum in Betracht der Jugend der Studenten auf die Hälfte herabgesetzt der bey den andern Ehrengerichten festgesetzten.

§ 16.

Wenn zwischen einem Studenten und Einem unter einem Bezirks-Ehrengericht stehenden auf einer Universität oder zwey Stunden im Umkreise derselben Beleidigung vorfällt so findet ein zusammengesetztes statt in welchem die darin sitzenden Studenten (sie sind durchs Loos zu bezeichnen) nicht über 1/3 Theil der Ehrenrichter betragen dürfen. (Die des Bezirks-Ehrengerichts haben das Recht, insgesamt zu erscheinen mit Sitz und Stimme.) (Da die Studenten mit wenigen Ausnahmen weder im Staats- noch Kriegsdienst angestellt sind können sie nach Billigkeit nicht den unter den Bezirks-Ehrengerichten gleichgestellt werden.

§ 17.

Beleidigungen gegen einen Nichtstudenten unter einem Bezirks-Ehrengericht stehenden von einem Studenten begangen der wäre er kein solcher auch dann unter keinem Bezirks-Ehrengericht stünde und von einem solchen gegen einen Studenten außerhalb einer Universität und ihrem Umkreis von 5 Stunden, Fußstunden, hat vor kein Ehrengericht zu kommen sondern nur von den gewöhnlichen Gerichten kann sie behandelt werden. Gehört hingegen Beleidiger oder

Beleidigter oder beyde wenn sie keine Studenten wären unter ein Bezirks-Ehrengericht so hat dennoch solches zu entscheiden fiel die Beleidigung außerhalb dem angegebenen Raum vor.

§ 18.

Alles was für die Bezirks-Ehrengerichte festgesetzt ist gilt auch für die der Universitäten wenn es nicht ausdrücklich anders bestimmt ist.

§ 19.

Die im Königreich befindlichen Ausländer und wären sie nur durchreisend unterliegen den für ihre Classe geltenden Gerichten und Strafen.

§ 20.

Jeder unter einem Ehrengericht zu stehen habende soll sein Ehrenwort schriftlich (das Formular wird festgesetzt) abzugeben daß er sich dem Ehrengerichte unterwerfen wird (das ist einem auf verfassungsmäßigen Wege gegebenen Gesetze zu folgen, nicht ungehorsam zu seyn was sich von selbst verstehen sollte, leider aber nicht geschieht). Wer die Ertheilung dieses Ehrenworts verweigert giebt hiemit seine Entlassung und wer Student spricht hiemit seine Verweisung von der Universität aus wäre er bereits angestellt seine Entlassung gleichfalls.

II. Bestrafung vorgefallener Zweykämpfe

§ 21.

Die Untersuchung und Bestrafung derselben liegt den gewöhnlichen Gerichten ob.

§ 22.

Ob der Zweykampf verabredet geschieht oder durch Zusammentreffen entsteht (rencontre) bewirkt in der Bestrafung keinen Unterschied.

§ 23.

Jeder Adliche, jeder Officier, Rath, Rathsrang oder höhern Habenden, jeder Junker und Student der sich geschlagen: auf den Hieb kömmt in zweymonatliche Haft in eine Festung, auf den Stoß in viere, wenn mit Stoß und Hieb zugleich wird wie Stoß bestraft wenn mit beydem oder nur mit einem dabey auf den Schuß, wird wie dieser allein mit sechs Monaten dieser Haft bestraft; jeder Secundant aber mit der Hälfte der ebengenannten Strafen die Jenen von ihm secundierten trifft. Der sich schlägt sein es nicht zu thun gegebenes Ehrenwort bricht dieser entehrt sich, der es verweigert hat und sich schlägt, solcher wird darum nicht weniger gestraft.

§ 24.

Der Verwunder erleidet außer der bereits im letzten § bestimmten Strafe noch sechs Monate Haft in einer Festung wenn die Wunde leicht, zwey Jahre hingegen wenn Verstümmelung erfolgte, Lähmung, Unbrauchbarkeit eines Gliedes, wer aber im Zweykampf tödet sey es daß gleich der Tod erfolgt oder binnen 30 Tagen, solcher kömmt in eine Festung acht Jahre lang in Haft.

§ 25.

Alle die Ehrenwortbrüchige [die] sich geschlagen haben verlieren ihre Stelle im Staatsdienste, in Kriegsdienste, wer Student wird relegiert, war er bereits im Staats- oder Kriegsdienst verliert er diesen zugleich.

§ 26.

Diese im § 25 ausgesprochene Strafe trifft nebst der bereits festgesetzten jeden Secundanten der zu einem Zweykampfe reizt oder zu dessen Fortsetzung welcher Verstümmelung oder Tod wie er im § 24 steht zur Folge hat, gleichviel ob dieses sich mit dem von ihn Secundierten begiebt oder dessen Gegner.

München 14. März 1826

Ludwig

7.5 Die endgültige Fassung des Gesetzentwurfs zur Einführung allgemeiner Ehrengerichte

Quelle: Verhandlungen der zweyten Kammer der Ständeversammlung des Königreichs Bayern im Jahre 1827/28, I. Beylagenband, Beylage VIII

Entwurf des Gesetzes, die Ehrengerichte betreffend.

Ludwig,
von Gottes Gnaden König von Bayern etc.

Nachdem über die Angriffe auf die Ehre sowohl, als über unerlaubte Selbsthülfe, die erforderlichen Verfügungen in dem neuen Strafgesetzbuche getroffen sind, so haben Wir, von der Absicht geleitet, dem mit Religion, Moral und bürgerlicher Ordnung unverträglichen Frevel des Zweykampfes auch durch eine Vermittlungs- und schiedsrichterliche Anstalt entgegen zu wirken, nach Vernehmung Unseres Staatsrathes und mit Beyrath und Zustimmung Unserer Lieben und Getreuen, der Stände des Reichs, beschlossen und verordnen:

I.
Rechtshülfe durch Ehrenvermittler und Ehrengerichte.

§. 1.

Wer das achtzehnte Lebensjahr zurückgelegt hat oder schon vor diesem Alter in ein öffentliches Dienstverhältniß eingetreten ist, dem steht es frey, in Streitigkeiten wegen Ehrenverletzungen entweder bey den ordentlichen Gerichten oder bey den Schiedsmännern Recht zu suchen und zu nehmen.

Zu diesem Ende werden öffentliche Ehrenvermittler aufgestellt, an welche sich Jeder, der seine Ehre durch einen Andern angegriffen glaubt, zu jeder Zeit wenden kann, damit durch dieselben die Sache gütlich verglichen werden oder einem zu versammelnden Ehrengerichte vorgelegt werde.

§. 2.

Dem versammelten Ehrengerichte steht ebenfalls die gütliche Ausgleichung, und wo diese nicht bewirkt werden kann, der schiedsrichterliche Ausspruch zu, welcher aber auf den Punkt der Genugthuung beschränkt ist, und niemals eine andere Genugthuung bestimmen darf, als jene durch Ehrenerklärung.

Ein Strafrecht ist den Ehrenrichtern nicht verliehen.

II.
Ernennung der Ehrenvermittler; Verhältniß unter denselben.

§. 3.

Die Ehrenvermittler werden von der Staatsregierung auf drei Jahre ernannt, und können nach Ablauf dieser Zeit immer wieder von neuem ernannt werden. Ihre Ernennungen werden durch das Regierungs-Blatt bekannt gemacht.

§.4.

Bey welchem unter den Ehrenvermittlern eine Sache anzubringen sey, hängt von dem Uebereinkommen der Betheiligten ab.

So lange es an einem Uebereinkommen mangelt, kann jeder beliebige Ehrenvermittler angerufen werden. Sind mehrere angerufen worden, so entscheidet die Prävention, jedoch soll derjenige, der in Folge der Prävention vorfährt, sich bestreben, unter den Partheyen eine Vereinigung hinsichtlich der Person des Ehrenvermittlers, an welchen die Sache übergehen soll, sobald als möglich zu bewirken.

III.
Bildung der Ehrengerichte.

§. 5.

Jedes Ehrengericht soll, nebst einem öffentlichen Ehrenvermittler, aus vier Schiedsrichtern gebildet werden.

Jede Parthey schlägt hiezu vier selbstständige Staatsbürger vor, aus welchen von der Gegenparthey zwey ohne Angabe der Gründe gewählt werden.

Besteht eine Parthey aus mehreren Betheiligten, so hat jeder Einzelne zwey Personen vorzuschlagen und eine Person zu wählen; ergibt sich hieraus eine größere, als die im Ganzen vorgeschriebene Anzahl, so entscheidet die Stimmenmehrheit, außerdem das Loos.

§. 6.

Mit der Wahl der Schiedsrichter kann auch die Wahl eines gemeinschaftlichen Obmanns verbunden werden; geschieht dieses nicht, so wird angenommen, daß die Befugnisse des Obmanns dem Aeltesten unter den Schiedsrichtern mitübertragen seyen.

IV.
Verhältniß der Ehrenvermittler und Ehrengerichte zu den ordentlichen Gerichten.

§. 7.

Das Verhältniß der Ehrenvermittler und Ehrengerichte zu den ordentlichen bürgerlichen Gerichten ist nach folgenden Bestimmungen zu bemessen:

1) Die Zuständigkeit der ordentlichen bürgerlichen Gerichte ist überall begründet, wo eine Parthey auf den Antrag der Verhandlung durch Ehrenvermittler und Ehrengerichte nicht eingeht, oder von einer solchen bereits im Laufe begriffenen Verhandlung zurücktritt.

2) Dieser Zurücktritt kann von dem Augenblick an, da das Ehrengericht versammelt und eröffnet ist, nicht mehr einseitig, sondern nur im Einverständnisse der Betheiligten und nur unter der Voraussetzung geschehen, daß der schiedsrichterliche Ausspruch nicht bereits verkündet sey.

3) Vor den ordentlichen bürgerlichen Gerichten anhängige Ehrenstreitigkeiten können in jedem Zeitpunkte des Prozesses, so lange noch kein die Hauptsache entscheidendes Endurtheil verkündet ist, nach Einstimmung der Partheyen, an Ehrenvermittler und Ehrengerichte gebracht werden.

§. 8.

In Beziehung auf solche Ehrenverletzungen, welche im Strafgesetzbuche als Verbrechen oder Vergehen bezeichnet sind, oder über welche, es sey von Amtswegen oder auf Klage, eine Untersuchung durch das ordentliche Strafgericht obwaltet, darf eine Verhandlung durch Ehrenvermittler oder Ehrengerichte, sobald sie von jener Untersuchung Kenntniß erhalten, nicht begonnen oder fortgesetzt, sondern erst dann eingeleitet oder wieder aufgenommen werden, wenn ein Betheiligter auf den Grund des vom Strafgerichte gefällten und rechtskräftig gewordenen Urtheils verlangt, daß der hierin nicht mitentschiedene Punkt der Genugthuung, statt von dem ordentlichen bürgerlichen Gerichte, von einem Ehrenvermittler oder Ehrengerichte erledigt werde, wo sodann die Verhältnisse der Zuständigkeit nach Inhalt des §. 7. zu beurtheilen sind.

V.
Vorverfahren der Ehrenvermittler.

§. 9.

Die Ehrenvermittler handeln nicht von Amtswegen, sondern nur auf Ansuchen, und haben alsdann durch ein Vorverfahren, wobey jede Art des Zwangs ausgeschlossen ist, den Streitgegenstand zur Ausgleichung oder zum schiedsrichterlichen Spruch vorzubereiten.

Das Vorverfahren beginnt mit der Anmeldung eines Betheiligten unter Angabe der Thatsachen, wodurch die Beschwerde veranlaßt ist. Der Gegentheil wird hierüber mit seiner Erinnerung vernommen und diese dem Beschwerdeführer zur Kenntniß gebracht.

Alles dieß geschieht in der Regel mündlich, insofern nicht der Ehrenvermittler in einzelnen Fällen die schriftliche Aufnahme nothwendig findet.

§. 10.

Mit allem Ernste sollen die Ehrenvermittler bedacht seyn:

1) durch zweckmäßige Vorstellungen und Abmahnungen, durch Bewirkung gegenseitiger beruhigender Erklärungen, und nöthigen Falls durch Veranlassung obrigkeitlicher Vorkehrungen, fernere Beleidigungen zwischen den Partheyen, so wie jede Selbsthülfe abzuwenden;

2) die gütliche Beylegung der Sache selbst in jedem hiezu günstig erscheinenden Zeitpunkte und auf jedem geeigneten Wege herbeyzuführen, in dieser Absicht den Betheiligten mit versöhnenden Vorschlägen an die Hand zu gehen, und den Vergleich, wenn er zu Stande kommt, festzustellen.

§. 11.

Im Uebrigen liegt, so lange ein Vergleich nicht eintritt, den Ehrenvermittlern ob:

1) für die Vornahme der zur Zusammensetzung eines Ehrengerichts nach §§. 5. 6. erforderlichen Wahlen zu sorgen;

2) die Partheyen zur Bereithaltung der urkundlichen Beweise und der etwa vorzuführenden Zeugen unter Hinweisung auf die Bestimmung des §. 14. Nummer 3. aufzufordern;

3) nach Umständen zu veranlassen, daß die Partheyen die Stellung der Zeugen, oder die Erhebung anderer benöthigter Beweismittel durch den ordentlichen Richter bewirken, welcher auf die Bescheinigung, daß die Sache an den Ehrenvermittler gebracht sey, die ordnungsmäßige Einschreitung nicht verweigern darf;

4) überhaupt alle Anstalten so zu treffen, daß an einem bestimmten Tage das Ehrengericht nebst den Betheiligten vollständig versammelt und das ehrengerichtliche Hauptverfahren eröffnet werde.

VI.
Hauptverfahren der Ehrengerichte.

§. 12.

Kein Ehrengericht kann sich versammeln und gültige Verhandlung pflegen ohne Zuthun eines öffentlichen Ehrenvermittlers.

In dem versammelten Ehrengerichte führt dieser den Vorsitz, hat die Verhandlungen und Berathungen zu leiten, unnütze Weitläufigkeiten und Abschweifungen zu verhüten, die Ordnung zu handhaben, auf die Gesetze aufmerksam zu machen, gegen Nichtigkeiten, besonders gegen Ueberschreitungen der Gränzen der Zuständigkeit, zu wachen, die Beschlüsse auszusprechen, zu verkünden und zu vollziehen, die nöthigen Ausfertigungen und Mitteilungen zu besorgen und die Acten aufzubewahren.

Bey Fällung des schiedsrichterlichen Ausspruchs steht dem Ehrenvermittler keine Stimme zu.

§. 13.

Der Ehrenvermittler wirderholt zuvörderst den Versuch der Sühne nach Anleitung §. 10. Nummer 2., und die Schiedsrichter sind zur thätigsten Unterstützung dieses Versuches berufen.

Mißlingt derselbe, so werden die streitenden Theile mit ihren mündlichen Aeußerungen über die Thatverhältnisse gehört, die zum Beweise dienenden Urkunden vorgelesen oder vorgezeigt, die Zeugen auf das Versprechen, die Wahrheit zu sagen, vernommen, endlich wird den Partheyen noch einmal das Wort gegeben, um ihre Rechtsgründe darzustellen.

§. 14.

In Ansehung der vorbezeichneten Handlungen wird noch besonders verfügt:

1) Alles soll in Gegenwart der streitenden Theile geschehen, ohne Zulassung eines Bevollmächtigten oder Anwalts derselben und ohne Zulassung schriftlicher Ausführungen.

2) An die Partheyen und Zeugen können von dem Ehrenvermittler sowohl, als auch durch denselben von den Schiedsrichtern und von den Betheiligten selbst Fragen zur näheren Aufklärung des Gegenstandes gestellt werden.

3) Die Beziehung auf andere, als die mitgebrachten urkundlichen Beweise, so wie auf andere, als die vorgeführten Zeugen hat keine Wirkung; vielmehr ist jedes erst nach beendigter Verhandlung einzuleitende oder zu ergänzende Beweisverfahren ausgeschlossen, mit Ausnahme des Falles, wenn ohne Verschulden des Betheiligten ein Zeuge nicht erscheint, oder ein anderes benöthigtes Beweismittel nicht sogleich erbracht werden kann, wo sodann, mit Vertagung des ehrengerichtlichen Verfahrens, die weitere Einschreitung des ordentlichen Richters nach §. 11. Nummer 3. zu veranlassen ist.

4) Jede Art des Eides ist unstatthaft.

§. 15.

Berathung, Abstimmung und Schlußfassung gehen ohne Beyseyn der streitenden Theile auf nachstehende Weise vor sich:

1) Der Ehrenvermittler gibt über den Stand der Sache eine den Verhandlungen entsprechende Uebersicht mit Andeutung der Punkte, auf welche es zunächst ankommt, wonach sodann von den Schiedsrichtern die Fragen zur Absitmmung nach einer gewissen Ordnung festgesetzt werden.

2) Die Schiedsrichter stimmen in der Reihenfolge vom jüngsten zum ältesten aufwärts.

3) Ueberall entscheidet die Stimmenmehrheit, bey Stimmengleichheit aber der Obmann, indem er der einen oder andern Meinung beytritt. Ist ein Obmann nicht gewählt worden, oder ist der gewählte nicht zur Stelle, so kömmt der Vorbehalt des §. 6. zur Anwendung.

4) Ueber das Ganze wird eine schiedsrichterliche Urkunde verfaßt. Diese soll das Thatverhältniß, das Ergebniß der Beweisführung, dann den Ausspruch selbst enthalten, in welchem, wenn auf Genugthuung erkannt wird, die Art und Form der Vollziehung auszudrücken ist. Die Urkunde muß von sämmtlichen Schiedsrichtern unterzeichnet und mit dem Vidit des Ehrenvermittlers versehen werden.

VII.

Verkündung und Vollstreckung des ehrengerichtlichen Ausspruchs; Rechtsmittel dagegen.

§. 16.

Die schiedsrichterliche Urkunde wird den Partheyen vor dem versammelten Ehrengerichte verkündet, zugestellt und, so weit es geschehen kann, sogleich vollzogen.

Verweigert ein Theil die Einlassung in den Vollzug und kann diese Verweigerung nicht gütlich beseitigt werden, so ist bey dem ersten Anmelden des Gegentheils, nach Ansicht und auf den Grund der schiedsrichterlichen Urkunde, die Vollstreckung von dem ordentlichen Gerichte zu verfügen, inzwischen aber hat der Ehrenvermittler, zur Verhütung möglicher Folgen, die im §. 10. Nummer 1. bezeichnete Fürsorge eintreten zu lassen.

§. 17.

Gegen den ehrengerichtlichen Ausspruch findet nur das Gesuch um Wiedereinsetzung in den vorigen Stand und die Nichtigkeits-Beschwerde, die letztere nicht nur von Seite der Partheyen, sondern auch von Seite des Ehrenvermittlers, statt.

Jenes Gesuch, so wie diese Beschwerde, ist bey der Oberinstanz desjenigen Untergerichts anzubringen, zu welchem die Sache ohne ehrengerichtliche Dazwischenkunft gehörig gewesen wäre.

Durch die Erklärung, eines der vorbenannten Rechtsmittel ergreifen zu wollen, wird die Vollziehung des schiedsrichterlichen Spruches gehemmt, jedoch vorläufig nur auf drei Tage, nach deren Ablauf zur Begründung eines weiteren Vollziehungs-Instandes nachgewiesen werden muß, daß das Gesuch oder die Beschwerde am geeigneten Orte wirklich angebracht sey.

§. 18.

Verwirft die Oberinstanz das Gesuch um Wiedereinsetzung, oder die Nichtigkeitsbeschwerde, so wird die ehrengerichtliche Entscheidung, wenn es noch nicht geschehen ist, nach §. 16. vollstreckt.

Wird hingegen von der Oberinstanz die Wiedereinsetzung oder Nichtigkeit erkannt, so soll es von dem Einverständnisse der Partheyen abhängen, die Sache entweder bey einem neu zu bildenden Ehrengerichte, oder bey dem ordentlichen Richter zu verfolgen.

Gegen das Erkenntniß der Oberinstanz findet eine weitere Berufung niemals statt.

VIII.
Allgemeine Vorschrift.

§. 19.

In allen Beziehungen, worüber die vorstehenden Bestimmungen nichts Besonderes verfügen, sind die allgemeinen gesetzlichen Vorschriften hinsichtlich der Vermittelung sowohl, als auch hinsichtlich der Schiedsrichter, auf die Handlungen der Ehrenvermittler und der Ehrengerichte in gleichförmige Anwendung zu bringen.

IX.
Verkündung und Vollziehung des gegenwärtigen Gesetzes.

§. 20.

Das gegenwärtige Gesetz soll durch das Gesetzblatt bekannt gemacht werden, und vom Tage dieser Bekanntmachung an in Wirksamkeit treten.

Unser Staatsminister der Justiz ist mit der Vollziehung besonders beauftragt.

Gegeben München ...

RECHTSHISTORISCHE REIHE

Band 1 Studien zu den germanischen Volksrechten. Gedächtnisschrift für Wilhelm Ebel. Vorträge gehalten auf dem Fest-Symposion anläßlich des 70. Geburtstages von Wilhelm Ebel am 16. Juni 1978 in Göttingen. Götz Landwehr (Hrsg.) 1982.

Band 2 Hans Poeschel: Die Statuten der Banken, Sparkassen und Kreditgenossenschaften in Hamburg und Altona von 1710 bis 1889. 1978.

Band 3 Thomas Kolbeck: Juristenschwemmen, Untersuchungen über den juristischen Arbeitsmarkt im 19. und 20. Jahrhundert. 1978.

Band 4 Norbert Hempel: Richterleitbilder in der Weimarer Republik. 1978.

Band 5 Rolf Stratmann: Die Scheinbußen im mittelalterlichen Recht. 1978.

Band 6 Martin C. Lockert: Die niedersächsischen Stadtrechte zwischen Aller und Weser. Vorkommen und Verflechtungen. Eine Bestandsaufnahme. 1979.

Band 7 Joachim Rückert/Wolfgang Friedrich: Betriebliche Arbeiterausschüsse in Deutschland, Großbritannien und Frankreich im späten 19. und frühen 20. Jahrhundert. Eine vergleichende Studie zur Entwicklung des kollektiven Arbeitsrechts. 1979.

Band 8 Peter Bender: Die Rezeption des römischen Rechts im Urteil der deutschen Rechtswissenschaft. 1979.

Band 9 Friedrich Karl Alsdorf: Untersuchungen zur Rechtsgestalt und Teilung deutscher Ganerbenburgen. 1980.

Band 10 Dietmar Willoweit/Winfried Schich (Hrsg.): Studien zur Geschichte des sächsisch-magdeburgischen Rechts in Deutschland und Polen (Sammelband). 1980.

Band 11 Brigitte Hempel: Der Entwurf einer Polizeiordnung für das Herzogtum Sachsen-Lauenburg aus dem Jahre 1591. 1980.

Band 12 Klaus-Detlev Godau-Schüttke: Rechtsverwalter des Reiches. Staatssekretär Dr. Curt Joël. 1981.

Band 13 Rainer Polley: Anton Friedrich Justus Thibaut (AD 1772-1840) in seinen Selbstzeugnissen und Briefen. Teil 1: Abhandlung. Teil 2: Briefwechsel. Teil 3: Register zum Briefwechsel. 1982.

Band 14 Michael Wettengel: Der Streit um die Vogtei Kelkheim 1275-1276. Ein kanonischer Prozeß.1981.

Band 15 Otto Wilhelm Krause: Naturrechtler des sechzehnten Jahrhunderts. Ihre Bedeutung für die Entwicklung eines natürlichen Privatrechts. 1982.

Band 16 Helga Spindler: Von der Genossenschaft zur Betriebsgemeinschaft. Kritische Darstellung der Sozialrechtslehre Otto von Gierkes. 1982.

Band 17 Holger Otte: Gustav Radbruchs Kieler Jahre 1919 - 1926. 1982.

Band 18 Rüdiger Teuner: Die fuldische Ritterschaft 1510 - 1656. 1982.

Band 19 Gerhard Dilcher/Rudolf Hoke/Gian Savino Pene Vidari/Hans Winterberg (Hrsg.): Grundrechte im 19. Jahrhundert. 1982.

Band 20 Karl-Hans Schloßstein: Die westfälischen Fabrikengerichtsdeputationen - Vorbilder, Werdegang und Scheitern. 1982.

Band 21 Birger Schulz: Der Republikanische Richterbund (1921-1933). 1982.

Band 22 Engelbert Krause: Die gegenseitigen Unterhaltsansprüche zwischen Eltern und Kindern in der deutschen Privatrechtsgeschichte. 1982.

Band 23 Meent W. Francksen: Staatsrat und Gesetzgebung im Großherzogtum Berg (1806-1813). 1982.

Band 24 Gerd von Sonnleithner: Bearbeitung des Handelsrechts durch Ignaz von Sonnleithner in seinem "Leitfaden über das österreichische Handels- und Wechselrecht". 1982.

Band 25 Rudolf Palme: Rechts-, Wirtschafts- und Sozialgeschichte der inneralpinen Salzwerke bis zu deren Monopolisierung. 1983.

Band 26 Helen Bosshard: Pestalozzis Staats- und Rechtsverständnis und seine Stellung in der Aufklärung. 1983.

Band 27 Jens Jessen: Die Selbstzeugnisse der deutschen Juristen. Erinnerungen, Tagebücher und Briefe. Eine Bibliographie. 1983.

Band 28 Günter Martin Jensen: Das Domanium Waldeck. Die rechtliche Zuordnung eines Fürstenvermögens. 1984.

Band 29 Johann Heinrich Kumpf: Petitionsrecht und öffentliche Meinung im Entstehungsprozeß der Paulskirchenverfassung 1848/49. 1983.

Band 30 Sabine Frey: Rechtsschutz der Juden gegen Ausweisungen im 16. Jahrhundert. 1983.

Band 31 Dietrich Joswig: Die germanische Grundstücksübertragung. 1984.

Band 32 Andreas Baryli: Konzessionssystem contra Gewerbefreiheit. Zur Diskussion der österreichischen Gewerberechtsreform 1835 bis 1860. 1984.

Band 33 Gerhard Oberkofler: Studien zur Geschichte der österreichischen Rechtswissenschaft. 1984.

Band 34 Rudolf Lauda: Kaufmännische Gewohnheit und Burgrecht bei Notker dem Deutschen. Zum Verhältnis von literarischer Tradition und zeitgenössischer Realität in der frühmittelalterlichen Rhetorik. 1984.

Band 35 Jens Jensen: Die Ehescheidung des Bischofs Hans von Lübeck von Prinzessin Julia Felicitas von Württemberg-Weiltingen AD 1648-1653. Ein Beitrag zum protestantischen Ehescheidungsrecht im Zeitalter des beginnenden Absolutismus. 1984.

Band 36 Horst Schröder: Friedrich Karl von Savigny. Geschichte und Rechtsdenken beim Übergang vom Feudalismus zum Kapitalismus in Deutschland. 1984.

Band 37 Andreas Hatzung: Dogmengeschichtliche Grundlagen und Entstehung des zivilrechtlichen Notstands. 1984.

Band 38 Matthias Klasen: Das Billwerder Landrecht. Landrecht und Landgericht in den Hamburger Elbmarschen. 1985.

Band 39 Rainer Jamin: Aufbau, Tätigkeit und Verfahren der Auseinandersetzungsbehörden bei der Durchführung der preußischen Agrarreformen. 1985.

Band 40 Henry Winter: Teilschuld, Gesamtschuld und unechte Gesamtschuld. Zur Konzeption der §§ 420 ff. BGB - Ein Beitrag zur Entstehungsgeschichte des BGB. 1985.

Band 41 Hermann Eichler: Verfassungsbewegung in Amerika und Europa. 1985.

Band 42 Dagmar Bandemer: Heinrich Albert Zachariae. Rechtsdenken zwischen Restauration und Reformation. 1985.

Band 43 Eva-Christine Frentz: Das Hamburgische Admiralitätsgericht (1623-1811). Prozeß und Rechtsprechung. 1985.

Band 44 Karl Lillig: Rechtsetzung im Herzogtum Pfalz-Zweibrücken während des 18. Jahrhunderts. Ein Beitrag zur Geschichte der territorialen Rechtsbildung. 1985.

Band 45 Walter Weber: Die Entwicklung der Sparkassen zu selbständigen Anstalten des öffentlichen Rechts. Ein Beitrag zur Entwicklung des Anstaltsbegriffs im 19. Jahrhundert. 1985.

Band 68 Otmar Jung: Senatspräsident Freymuth. Richter, Sozialdemokrat und Pazifist in der Weimarer Republik. Eine politische Biographie. 1989.

Band 69 Joachim Lohner: Das landeshauptmannschaftliche Gericht in Oberösterreich zu Beginn der Neuzeit. Eine Darstellung des oberösterreichischen Prozeßrechts am obersten Territorialgericht des Landes anhand der oberösterreichischen Landtafel.1989.

Band 70 Bernd Klemann: Rudolf von Jhering und die Historische Rechtsschule. 1989.

Band 71 Adalbert Langer: Männer um die österreichische Zivilprozeßordnung 1895. Zusammenspiel / Soziales Ziel. 1990.

Band 72 Robert-Dieter Klee: Die Landessuperintendentur Lauenburg. Ursprung und Entwicklung sowie Ende der Sonderstellung des Kirchenkreises Herzogtum Lauenburg durch die nordelbische Kirchenvereinigung. 1989.

Band 73 Heinrich Herrmann: Die Gehöferschaften im Bezirk Trier. 1989.

Band 74 Wilhelm Brauneder, Franz Baltzarek (Hrsg.): Modell einer neuen Wirtschaftsordnung. Wirtschaftsverwaltung in Österreich 1914 - 1918. 1991.

Band 75 Thomas Dreyer: Die "Assecuranz- und Haverey-Ordnung" der Freien und Hansestadt Hamburg von 1731. 1990.

Band 76 Bernhard Sendler: Die Rechtssprache in den süddeutschen Stadtrechtsreformationen. 1990.

Band 77 Brigitte Lehmann: Ehevereinbarungen im 19. und 20. Jahrhundert. 1990.

Band 78 Michael Sunnus: Der NS-Rechtswahrerbund (1928-1945). Zur Geschichte der nationalsozialistischen Juristenorganisation. 1990.

Band 79 Stefan Schulz: Die historische Entwicklung des Rechts an Bienen. (§§ 961 - 964 BGB). 1990.

Band 80 Gerhard Lingelbach, Heiner Lück (Hrsg.): Deutsches Recht zwischen Sachsenspiegel und Aufklärung. Rolf Lieberwirth zum 70. Geburtstag dargebracht von Schülern, Freunden und Kollegen, herausgegeben von Gerhard Lingelbach und Heiner Lück. 1991.

Band 81 Manfred Krohn: Die deutsche Justiz im Urteil der Nationalsozialisten 1920 - 1933. 1991.

Band 82 Angelika Kühn: Privilegierung nationaler Minderheiten im Wahlrecht der Bundesrepublik Deutschland und Schleswig-Holsteins. 1991.

Band 83 Georg Brun: Leben und Werk des Rechtshistorikers Heinrich Mitteis unter besonderer Berücksichtigung seines Verhältnisses zum Nationalsozialismus. 1991.

Band 84 Wolfgang Simon: Claudius Freiherr von Schwerin. Rechtshistoriker während dreier Epochen deutscher Geschichte. 1991.

Band 85 Friedrich-Carl Wachs: Das Verordnungswerk des Reichsdemobilmachungsamtes. Stabilisierender Faktor zu Beginn der Weimarer Republik. 1991.

Band 86 Jens-Uwe Petersen: Die Vorgeschichte und die Entstehung des Mieterschutzgesetzes von 1923 nebst der Anordnung für das Verfahren vor dem Mieteinigungsamt und der Beschwerdestelle. 1991.

Band 87 Ulrike Haibach: Familienrecht in der Rechtssprache. Die historische Entwicklung zentraler Ausdrücke des geltenden Familienrechts. 1991.

Band 88 Joern Christian Nissen: Die Beratungen des Seeversicherungsausschusses der Akademie für Deutsches Recht zu einem neuen Seeversicherungsgesetz (1934-1939). Ein Beitrag zur Entwicklung der allgemeinen Lehren des Seeversicherungsrechts unter besonderer Berücksichtigung des Handelsgesetzbuchs und der Allgemeinen Deutschen Seeversicherungs-Bedingungen 1919. 1991.

Band 89 Diethard Bühler: Die Entstehung der allgemeinen Vertragsschluß-Vorschriften im Allgemeinen Deutschen Handelsgesetzbuch (ADHGB) von 1861. Ein Beitrag zur Kodifikationsgeschichte des Privatrechts im 19. Jahrhundert. 1991.

Band 90 Gerhard Oberkofler: Die Vertreter des Römischen Rechts mit deutscher Unterrichtssprache an der Karls-Universität in Prag. Vom Vormärz bis 1945. 1991.

Band 91 Ulrich Andermann: Ritterliche Gewalt und bürgerliche Selbstbehauptung. Untersuchungen zur Kriminalisierung und Bekämpfung des spätmittelalterlichen Raubrittertums am Beispiel norddeutscher Hansestädte. 1991.

Band 92 Heinz Marcus Hanke: Luftkrieg und Zivilbevölkerung. Der kriegsvölkerrechtliche Schutz der Zivilbevölkerung gegen Luftbombardements von den Anfängen bis zum Ausbruch des Zweiten Weltkrieges. 1991.

Band 93 Kirsten Kraglund: Familien- und Erbrecht. Materielles Recht und Methoden der Rechtsanwendung in der Rechtsprechung des Oberappellationsgerichts der vier Freien Städte Deutschlands zu Lübeck. 1991.

Band 94 Reinhard Lorenz: Die politische und rechtliche Stellung des Proletariats in Preußen in der Zeit zwischen den Reformen und der Revolution 1848/49. 1991.

Band 95 Eric Hilgendorf: Die Entwicklungsgeschichte der parlamentarischen Redefreiheit in Deutschland. 1991.

Band 96 Hans J. Reiter: Die Handelsgesellschaft Villeroy & Boch von der Gründung 1836 bis zum Jahr 1878. 1992.

Band 97 Martin Johannes Heller: Reform der deutschen Rechtssprache im 18. Jahrhundert. 1992.

Band 98 Michael Kotulla: Die Tragweite der Grundrechte der revidierten preußischen Verfassung vom 31.01.1850. 1992.

Band 99 Michael Siefener: Hexerei im Spiegel der Rechtstheorie. Das crimen magiae in der Literatur von 1574 bis 1608. 1992.

Band 100 Andreas Ebert-Weidenfeller: Hamburgisches Kaufmannsrecht im 17. und 18. Jahrhundert. Die Rechtsprechung des Rates und des Reichskammergerichtes. 1992.

Band 101 Enno Bommel: Die Entstehung der Verwirkungslehre in der Krise des Positivismus. 1992.

Band 102 Ralph Steppacher: Die Berücksichtigung der bäuerlichen Postulate bei der Entstehung des ZGB und der Revision des OR. Ein Beitrag zur schweizerischen Kodifikationsgeschichte (1893 - 1912). 1992.

Band 103 Martin Fleckenstein: Die Todesstrafe im Werk Carl Joseph Anton Mittermaiers (1787 - 1867). Zur Entwicklungsgeschichte eines Werkbereichs und seiner Bedeutung für Theorie- und Methodenbildung. 1992.

Band 104 Jörn Eckert: Der Kampf um die Familienfideikommisse in Deutschland. Studien zum Absterben eines Rechtsinstitutes. 1992.

Band 105 Jörg Grotkopp: Beamtentum und Staatsformwechsel. Die Auswirkungen der Staatsformwechsel von 1918, 1933 und 1945 auf das Beamtenrecht und die personelle Zusammensetzung der deutschen Beamtenschaft. 1992.

Band 106 Andreas Rohde: Die Garantiehaftung des Vermieters und ihr Verhältnis zum Unmöglichkeitsrecht in dogmengeschichtlicher und modernrechtlicher Sicht. 1992.

Band 107 Tjark Siefke Kunstreich: Gesamtvertretung. Eine historisch-systematische Darstellung. 1992.

Band 108 Jürgen Krüger: Blindheit und Königtum. Die Blindheit des Königs Georg V. von Hannover als verfassungsrechtliches Problem. 1992.

Band 109 Wolfgang Putschek: Ständische Verfassung und autoritäre Verfassungspraxis in Österreich 1933-1938 mit Dokumentenanhang. Verfassung und Verfassungswirklichkeit. Mit einem Anhang: Denkschriften von Rechtsanwalt Dr. Erich Führer 1936/37. 1993.

Band 110 Klaus Hofmann: Die Verdrängung der Juden aus öffentlichem Dienst und selbständigen Berufen in Regensburg 1933-1939. 1993.

Band 111 Franz Kilger: Die Entwicklung des Telegraphenrechts im 19. Jahrhundert mit besonderer Berücksichtigung der technischen Entwicklung. Telegraphenrecht im 19. Jahrhundert. 1993.

Band 112 Wilhelm Brauneder (Hrsg.): Heiliges Römisches Reich und moderne Staatlichkeit. 1993.

Band 113 Thomas Heinrich: Das preußische Nichtehelichenrecht: Von der Aufklärung zur Reaktion. 1993.

Band 114 Gerald Kohl: Jagd und Revolution. Das Jagdrecht in den Jahren 1848 und 1849. 1993.

Band 115 Christian Schudnagies: Der Kriegs- oder Belagerungszustand im Deutschen Reich während des Ersten Weltkrieges. Eine Studie zur Entwicklung und Handhabung des deutschen Ausnahmezustandsrechts bis 1918. 1994.

Band 116 Elisabeth Bellmann: Die Internationale Kriminalistische Vereinigung (1889-1933). 1994.

Band 117 Julia Pfannkuch: Volksrichterausbildung in Sachsen 1945-1950. 1993.

Band 118 Jörg Offen: Von der Verwaltungsgemeinschaft des BGB von 1896 zur Zugewinngemeinschaft des Gleichberechtigungsgesetzes von 1957. 1994.

Band 119 Dorothee Kohlhas-Müller: Untersuchungen zur Rechtsstellung Theoderichs des Großen. 1995.

Band 120 Monika Rose: Das Gerichtswesen des Herzogtums Pfalz-Zweibrücken im 18. Jahrhundert. Ein Beitrag zur territorialen Gerichtsbarkeit im Alten Reich. 1994.

Band 121 Jörn Eckert / Hans Hattenhauer (Hrsg.): Bibel und Recht. Rechtshistorisches Kolloquium 9. - 13. Juni 1992 an der Christian-Albrechts-Universität zu Kiel. 1994.

Band 122 Robert Martin Mizia: Der Rechtsbegriff der Autonomie und die Begründung des Privatfürstenrechts in der deutschen Rechtswissenschaft des 19. Jahrhunderts. 1995.

Band 123 Walther Graf von Plettenberg: Das Fortleben des Liber Iudiciorum in Asturien/León (8. - 13. Jh.). 1994.

Band 124 Wolfgang Schulz: Das deutsche Börsengesetz. Die Entstehungsgeschichte und wirtschaftlichen Auswirkungen des Börsengesetzes von 1896. 1994.

Band 125 Frank Hagemann: Der Untersuchungsausschuß Freiheitlicher Juristen. 1949 – 1969. 1994.

Band 126 Andreas Rethmeier: "Nürnberger Rassegesetze" und Entrechtung der Juden im Zivilrecht. 1995.

Band 127 Edith Grether: Die Poesie der Throne. Die Juristen in der Fruchtbringenden Gesellschaft. 1995.

Band 128 Anna Bartels-Ishikawa: Der Lippische Thronfolgestreit. Eine Studie zu verfassungsrechtlichen Problemen des Deutschen Kaiserreiches im Spiegel der zeitgenössischen Staats. 1995.

Band 129 Jörg Schmidt: Otto Koellreutter 1883-1972. Sein Leben, sein Werk, seine Zeit. 1995.

Band 130 Christian Hattenhauer: Wahl und Krönung Franz II. AD 1792. Das Heilige Reich krönt seinen letzten Kaiser - Das Tagebuch des Reichsquartiermeisters Hieronymus Gottfried von Müller und Anlagen. 1995.

Band 131 Jutta v. der Decken: Das Seearbeitsrecht im Hamburger Stadtrecht von 1301 bis 1603. 1995.

Band 132 Detlev Schmidt: Die Reform des Rechts der Handelsvertreter von 1953. 1995.

Band 133 Gabi Roßdeutscher: Privatautonomie im Scheidungsrecht. Scheidungsbezogene Vereinbarungen in den letzten 200 Jahren. 1995.

Band 134 Harald Kahlenberg: Leben und Werk des Rechtshistorikers Walther Merk. Ein Beispiel für das Verhältnis von Rechtsgeschichte und Nationalsozialismus. 1995.

Band 135 Michael Steitz: Adelbert Düringer am Reichsgericht (1902-1915). Seine aktienrechtlichen Entscheidungen und sein Einfluß auf das Aktienrecht in Deutschland. 1995.

Band 136 Christian Becker: Beata Justorum Translatio. Juristen in schleswig-holsteinischen Leichenpredigten. 1996.

Band 137 Christoph Seiler: Vom Allgemeinen Landrecht zum Bürgerlichen Gesetzbuch. Dargestellt am Beispiel der höchstrichterlichen Judikatur zum kaufrechtlichen Sachmängelgewährleistungsrecht. 1996.

Band 138 Bernd Mayer: Die Vertrauensmännerausschüsse auf den preußischen Steinkohlegruben an der Saar. Entstehung und Wirken. Eine rechtshistorische Untersuchung. 1996.

Band 139 Rochus Scholl: Juden und Judenrecht im Herzogtum Pfalz-Zweibrücken. Ein Beitrag zur Rechtsgeschichte eines deutschen Kleinstaates am Ende des alten Reiches. 1996.

Band 140 Meike Bursch: Judentaufe und frühneuzeitliches Strafrecht. Die Verfahren gegen Christian Treu aus Weener/Ostfriesland 1720-1728. 1996.

Band 141 Markus Hillenbrand: Fürstliche Eheverträge. Gottorfer Hausrecht 1544 - 1773. 1996.

Band 142 Ulf Häder: Das gemeinschaftliche Oberappellationsgericht thüringischer Staaten in Jena. Ein Beitrag zur Geschichte des Gerichtswesens im 19. Jahrhundert. 1996.

Band 143 Andreas Bauer: Das Gnadenbitten in der Strafrechtspflege des 15. und 16. Jahrhunderts. Dargestellt unter besonderer Berücksichtigung von Quellen der Vorarlberger Gerichtsbezirke Feldkirch und des Hinteren Bregenzerwaldes. 1996.

Band 144 Christian Wirth: Der Jurist Johann Andreas Georg Friedrich Rebmann zwischen Revolution und Restauration. 1996.

Band 145 Stefanie Müller: Die Rechtsprechung des Hanseatischen Oberlandesgerichts zum persönlichen Eherecht in Hamburgischen Gerichtsfällen von 1879 -1900. 1996.

Band 146 Jean-Nicolas Morisset: Der Frachtvertrag in der *Ordonnance de la marine* von 1681. 1996.

Band 147 Dirk Lentfer: Die Glogauer Landesprivilegien des Andreas Gryphius von 1653. 1996.

Band 148 Wencke Mull: Die Haftung für Einsturzschäden nach den §§ 836-838 BGB in der Rechtsprechung des Reichsgerichts. 1996.

Band 149 Renate Zelger: Teufelsverträge. Märchen, Sage, Schwank, Legende im Spiegel der Rechtsgeschichte. 1996.

Band 150 Guido Kraß: Das Arrestverfahren in Frankfurt am Main im Spätmittelalter. 1996.

Band 151 F. Benedict Heyn: Die Entwicklung des Eisenbahnfrachtrechts von den Anfängen bis zur Einführung des Allgemeinen Deutschen Handelsgesetzbuches (ADHGB). 1996.

Band 152 Thomas Lang: Die Staats- und Verfassungslehre Carl Salomo Zachariaes. 1996.

Band 153 Michael Hebeis: Karl Anton von Martini (1726-1800). Leben und Werk. 1996.

Band 154 Gerald Hubert: Die Diskussion um die rechtliche Natur der Bizone in den Jahren 1947-1949. 1996.

Band 155 Christof Horn: Die Rechtsprechung des Reichsgerichts in Ehescheidungssachen der Jahre 1900 bis 1905. 1996.

Band 156 Hermann Nehlsen / Georg Brun (Hrsg.): Münchener rechtshistorische Studien zum Nationalsozialismus. 1996.

Band 157 Jan Otto Clemens Kehrberg: Die Entwicklung des Elektrizitätsrechts in Deutschland. Der Weg zum Energiewirtschaftsgesetz von 1935. 1997.

Band 158 Johannes Tradt: Der Religionsprozeß gegen den Zopfschulzen (1791-1799). Ein Beitrag zur protestantischen Lehrpflicht und Lehrzucht in Brandenburg-Preußen gegen Ende des 18. Jahrhunderts. 1997.

Band 159 Dietmar Olsen: Das kaufrechtliche Sachmängelgewährleistungsrecht des Code civil in der Rechtsprechung deutscher Gerichte im 19. Jahrhundert. Ein Beitrag zur Ablösung der Partikularrechte durch das BGB. 1997.

Band 160 Ulrich Bernhardt: Die Deutsche Akademie für Staats- und Rechtswissenschaft „Walter Ulbricht" 1948-1971. 1997.

Band 161 Claudia Susan Hoppe: Die Bürgschaft im Rechtsleben Hamburgs von 1600 bis 1900. 1997.

Band 162 Franz-Rudolf Ecker: Die Entwicklung des Bergrechts im Saarbrücker Steinkohlenrevier bis zum Ende des 18. Jahrhunderts. Ein Vergleich mit dem älteren deutschen Bergrecht. 1997.

Band 163 Anne Katrin Rückert: Politik und Privatrecht in der „konservativen Revolution". 1997.

Band 164 Gisbert Laube: Der Reichskunstwart. Geschichte einer Kulturbehörde 1919-1933. 1997.

Band 165 Nicolas Lührig: Die Diskussion über die Reform der Juristenausbildung von 1945 bis 1995. 1997.

Band 166 Regula Gerber Jenni: Die Emanzipation der mehrjährigen Frauenzimmer. Frauen im bernischen Privatrecht des 19. Jahrhunderts. 1997.

Band 167 Mischa A. Färber: Das gemeinschaftliche Testament in der höchstrichterlichen Rechtsprechung zum Allgemeinen Preußischen Landrecht und zum BGB. Ein Beitrag zur Ablösung der Partikularrechte durch das BGB. 1997.

Band 168 Catherine Antoinette Gasser: Philipp Lotmar 1850-1922. Professor der Universität Bern. Sein Engagement für das Schweizerische Arbeitsrecht. 1997.

Band 169 Lars Immisch: Der sozialistische Richter in der DDR und seine Unabhängigkeit. Der Versuch eines Rechtsvergleiches zum Unabhängigkeitsbegriff in der bundesdeutschen Rechtsordnung. 1997.

Band 170 Jessica Jacobi: Besitzschutz vor dem Reichskammergericht. Die friedenssichernde Funktion der Besitzschutzklagen am Reichskammergericht im 16. Jahrhundert, dargestellt anhand von Kameralisten. 1998.

Band 171 Ewald Hügemann: Die Geschichte des öffentlichen und privaten Mietpreisrechts vom Ersten Weltkrieg bis zum Gesetz zur Regelung der Miethöhe von 1974. 1998.

Band 172 Lutz Rentzow: Die Entstehungs- und Wirkungsgeschichte der Vernewerten Landesordnung für das Königreich Böhmen von 1627. 1998.

Band 173 Sabine Stürmer: Mühlenrecht im Herzogtum Pfalz-Zweibrücken während des 18. Jahrhunderts. Ein Beitrag zum Wirtschaftsrecht eines deutschen Kleinstaates im Alten Reich. 1998.

Band 174 Mario Bogisch: *Nemo testis in re sua*. Das Problem der Zeugnisfähigkeit bei der Anwendung der deutschen Zivilprozeßordnung von 1877. 1998.

Band 175 Rainer Oßwald: Pactane sunt servanda? Freiwilligkeit, Zwang und Unverbindlichkeitserklärungen im islamischen Vertragsrecht malikitischer Schule. 1998.

Band 176 Bettina Kern: Der preußische BGB-Entwurf von 1842. 1998.

Band 177 Inken Fuhrmann: Die Diskussion über die Einführung der fakultativen Zivilehe in Deutschland und Österreich seit Mitte des 19. Jahrhunderts. 1998.

Band 178 Annette Rieck: Der Heilige Ivo von Hélory (1247-1303). Advocatus pauperum und Patron der Juristen. 1998.

Band 179 Frank Bottenberg: Die Hamburgische Strafprozeßordnung von 1869. 1998.

Band 180 Matthias Krauß: Das kursächsische Postrecht von seinen Anfängen bis zum Ende des Alten Reichs. 1998.

Band 181 Torsten Schmidt: Die Entmündigung von den Anfängen des BGB bis zu ihrer Ablösung durch das Institut der Betreuung. 1998.

Band 182 Christian Nunn: Rudolf Müller-Erzbach. 1874-1959. Von der realen Methode über die Interessenjurisprudenz zum kausalen Rechtsdenken (Leben und Werk). 1998.

Band 183 Christian Ortloff: Das staatskirchenrechtliche System Wilhelm Traugott Krugs. Glaubens- und Gewissensfreiheit – eine Forderung der Vernunft. 1998.

Band 184 Christian Hattenhauer: Schuldenregulierung nach dem Westfälischen Frieden. Der sog. § *de indaganda* und seine Umsetzung im Jüngsten Reichsabschied (AD 1648 und 1654). 1998.

Band 185 Werner Schubert: Preußen im Vormärz. Die Verhandlungen der Provinziallandtage von Brandenburg, Pommern, Posen, Sachsen und Schlesien sowie – im Anhang – von Ostpreußen, Westfalen und der Rheinprovinz (1841-1845). 1998.

Band 186 Silvia Schumacher: Das Rechtsverhältnis zwischen Eltern und Kindern in der Privatrechtsgeschichte. 1999.

Band 187 Kai Sommer: Die Strafbarkeit der Homosexualität von der Kaiserzeit bis zum Nationalsozialismus. Eine Analyse der Straftatbestände im Strafgesetzbuch und in den Reformentwürfen (1871-1945). 1998.

Band 188 Jan Erik Backhaus: Volksrichterkarrieren in der DDR. 1999.

Band 189 Ralf Ruhnau: Die Fürstlich Thurn und Taxissche Privatgerichtsbarkeit in Regensburg. Ein Kuriosum der deutschen Rechtsgeschichte. 1999.

Band 190 Antonio Grilli: Die französische Justizorganisation am linken Rheinufer 1797-1803. 1999.

Band 191 Stephanie Kammerloher-Lis: Die Entstehung des Gesetzes über die religiöse Kindererziehung vom 15. Juli 1921. 1999.

Band 192 Jan Telp: Ausmerzung und Verrat. Zur Diskussion um Strafzwecke und Verbrechensbegriffe im Dritten Reich. 1999.

Band 193 Kurt von Pannwitz: Die Entstehung der Allgemeinen Deutschen Wechselordnung. Ein Beitrag zur Geschichte der Vereinheitlichung des deutschen Zivilrechts im 19. Jahrhundert. 1999.

Band 194 Sylvia Busch: Die Entstehung der Allgemeinen Gerichtsordnung für die Preussischen Staaten von 1793/95. Ein Beitrag zur Geschichte der Kodifikationsbewegung und der Reform des Zivilprozesses in Preußen im 18. Jahrhundert. 1999.

Band 195 Dirk Bieresborn: Klage und Klageerwiderung im deutschen und englischen Zivilprozeß. Eine rechtshistorische und rechtsvergleichende Untersuchung unter besonderer Berücksichtigung der Beeinflussung durch das römisch-kanonische Verfahren. 1999.

Band 196 Andreas Thier / Guido Pfeifer / Philipp Grzimek (Hrsg.): Kontinuitäten und Zäsuren in der Europäischen Rechtsgeschichte. Europäisches Forum Junger Rechtshistorikerinnen und Rechtshistoriker München 22.-24. Juli 1998. 1999.

Band 197 Franz Smola: Die Fürstlich Liechtenstein'sche Kunstsammlung. Rechtsfragen zur Verbringung der Sammlung von Wien nach Vaduz in den Jahren 1944/45. 1999.

Band 198 Frank Martin Krauss: Das geteilte Eigentum im 19. und 20. Jahrhundert. Eine Untersuchung zum Fortbestand des Teilungsgedankens. 1999.

Band 199 Matthias Frey: Die spanische Aktiengesellschaft im 18. Jahrhundert und unter dem Código de Comercio von 1829. 1999.

Band 200 Alexandra Gilde: Die Stellung der Frau im Reichsstrafgesetzbuch von 1870/71 und in den Reformentwürfen bis 1919 im Urteil der bürgerlichen Frauenbewegung. Eine Analyse ausgewählter Straftatbestände. 1999.

Band 201 Malte Dießelhorst / Arne Duncker: Hans Kohlhase. Die Geschichte einer Fehde in Sachsen und Brandenburg zur Zeit der Reformation. 1999.

Band 202 Jörg Hillmann: Territorialrechtliche Auseinandersetzungen der Herzöge von Sachsen-Lauenburg vor dem Reichskammergericht im 16. Jahrhundert. 1999.

Band 203 Carsten Engler: Die Kommanditgesellschaft (KG) und die stille Gesellschaft im Allgemeinen Deutschen Handelsgesetzbuch (ADHGB) von 1861. 1999.

Band 204 Vesta Hoffmann-Steudner: Die Rechtsprechung des Reichsgerichts zu dem Scheidungsgrund des § 49 EheG (EheG 1938) in den Jahren 1938-1945. 1999.

Band 205 Michaela Thiele: Die Auflösung von Arbeitsverhältnissen aufgrund Anfechtung und außerordentlicher Kündigung nach der Rechtsprechung des Reichsarbeitsgerichts (1927-1945). 2000.

Band 206 Peter Landau / Hermann Nehlsen / Mathias Schmoeckel (Hrsg.): Karl von Amira zum Gedächtnis. 1999.

Band 207 Marcus Flinder: Die Entstehungsgeschichte des Zivilgesetzbuches der DDR. 1999.

Band 208 Boris Franz Leo Bromm: Die Entstehungsgeschichte des Berufs des Handelsvertreters. Unter besonderer Berücksichtigung der Sozialgesetzgebung in den Jahren von 1871-1933. 2000.

Band 209 Winfried C. J. Eberstein: Das Tierschutzrecht in Deutschland bis zum Erlaß des Reichs-Tierschutzgesetzes vom 24. November 1933. Unter Berücksichtigung der Entwicklung in England. 1999.

Band 210 Patrick Deller: Der „nach dem Vertrage" vorausgesetzte Gebrauch (§ 459 Absatz 1 Satz 1 BGB). Eine kaufrechtliche Untersuchung unter Berücksichtigung rechtshistorischer wie rechtsvergleichender Grundlagen. 2000.

Band 211 Eckard Freiherr von Bodenhausen: Haftung des Geschäftsherrn für Verrichtungsgehilfen im Straßen- und Schienenverkehr. Eine Analyse der Entscheidungen des Reichsgerichts zu § 831 BGB (1900-1945). 2000.

Band 212 Birte Gast: Der Allgemeine Teil und das Schuldrecht des Bürgerlichen Gesetzbuchs im Urteil von Raymond Saleilles (1855-1912). 2000.

Band 213 Hansjörg Michael Huber: Koloniale Selbstverwaltung in Deutsch-Südwestafrika. Entstehung, Kodifizierung und Umsetzung. 2000.

Band 214 Ulf Björner: Die Verfassungsgerichtsbarkeit im Norddeutschen Bund und Deutschen Reich (1867-1918). Eine rechtshistorische Untersuchung über Gerichtsbarkeit im Spannungsfeld von Politik und Recht innerhalb der von Bismarck geschaffenen deutschen Bundesstaaten. 2000.

Band 215 Mathias Freiherr von Rosenberg: Friedrich Carl von Savigny (1779-1861) im Urteil seiner Zeit. 2000.

Band 216 Reinhard Binder-KriegIstein: Österreichisches Adelsrecht 1868-1918/19. Von der Ausgestaltung des Adelsrechts der cisleithanischen Reichshälfte bis zum Adelsaufhebungsgesetz der Republik unter besonderer Berücksichtigung des adeligen Namensrechts. 2000.

Band 217 Claudia-Regine Nerius: Johannes Lehmann-Hohenberg (1851-1925). Eine Studie zur völkischen Rechts- und Justizkritik im Deutschen Kaiserreich. 2000.

Band 218 Ludger Meuten: Die Erbfolgeordnung des Sachsenspiegels und des Magdeburger Rechts. Ein Beitrag zur Geschichte des sächsisch-magdeburgischen Rechts. 2000.

Band 219 Christoph Alexander von Wilcken: Die Reformbestrebungen zum Genossenschaftsgesetz in der Frühzeit der Bundesrepublik. Die Beratungen der Sachverständigenkommission zur Überprüfung des Genossenschaftsrechts 1954 bis 1958 und der Referentenentwurf von 1962. 2000.

Band 220 Verein Junger RechtshistorikerInnen Zürich (Hrsg.): ¿Rechtsgeschichte(n)? ¿Histoire(s) du droit? ¿Storia/storie del diritto? ¿Legal Histori(es)? Europäisches Forum Junger Rechtshistorikerinnen und Rechtshistoriker Zürich 28.-30. Mai 1999. 2000.

Band 221 Hans Christian Schüler: Die Entstehungsgeschichte der Bundesnotarordnung vom 24. Februar 1961. 2000.

Band 222 Nils-Eberhard Schramm: Die Vereinigung demokratischer Juristen (1949-1999). 2000.

Band 223 Silke Anke Torp: Das Rechtsverhältnis zwischen den Eltern und ihren Kindern. Dienstleistungspflicht, Aussteuer und Ausstattung. Eine Analyse der Rechtsprechung des Reichsgerichts und des Reichsarbeitsgerichts zu den Vorschriften der §§ 1616 bis 1625 des Bürgerlichen Gesetzbuches in der Zeit von 1900 bis 1945. 2000.

Band 224 Martin Jürgen Maaß: Die Geschichte des Eigentumsvorbehalts, insbesondere im 18. und 19. Jahrhundert. 2000.

Band 225 Stefanie Langer: Rechtswissenschaftliche Itinerarien. Lebenswege namhafter europäischer Juristen vom 11. bis zum 18. Jahrhundert. 2000.

Band 226 Ulrich Schmitz: Der Unterhaltsanspruch des nichtehelichen Kindes gegen seinen Erzeuger. Die rechtsgeschichtliche und dogmatische Entwicklung im deutschen Recht. 2000.

Band 227 Sebastian Günther: Friedrich Carl von Savigny als Grundherr. 2000.

Band 228 Henning Ibs: Hermann J. Held (1890-1963). Ein Kieler Gelehrtenleben in den Fängen der Zeitläufe. 2000.

Band 229 Matthias Rücker: Wirtschaftswerbung unter dem Nationalsozialismus. Rechtliche Ausgestaltung der Werbung und Tätigkeit des Werberats der deutschen Wirtschaft. 2000.

Band 230 Hendrik Sandmann: Die Entwicklung von Begriff und Inhalt des Wirtschaftsrechts durch die Rechtswissenschaft in der Weimarer Republik. 2000.

Band 231 Sibylle Müller: Gibt es Menschenrechte bei Samuel Pufendorf? 2000.

Band 232 Karin Olechowski-Hrdlicka: Die gemeinsamen Angelegenheiten der Österreichisch-Ungarischen Monarchie. Vorgeschichte – Ausgleich 1867 – Staatsrechtliche Kontroversen. 2001.

Band 233 Johannes Mierau: Die juristischen Abschluß- und Diplomprüfungen in der SBZ/DDR. Ein Einblick in die Juristenausbildung im Sozialismus. 2001.

Band 234 Jörg Wolff (Hrsg.): Stillstand, Erneuerung und Kontinuität. Einsprüche zur Preußenforschung. 2001.

Band 235 Friedo Schröder: Die anwaltliche Tätigkeit während der nationalsozialistischen Herrschaft. Eine Analyse der anwaltlichen Argumentation in Zivilprozessen anhand der vorhandenen Prozeßakten der Landgerichte Frankenthal, Wiesbaden, Limburg und Frankfurt und der Handakten der *jüdischen Konsulenten* des OLG-Bezirks Frankfurt. 2001.

Band 236 Der Code pénal des Königreichs Westphalen von 1813 mit dem Code pénal von 1810 im Original und in deutscher Übersetzung. Herausgegeben und mit einer Einleitung versehen von Werner Schubert. 2001.

Band 237 Klaus Richter: Deutsches Kolonialrecht in Ostafrika 1885-1891. 2001.

Band 238 Kai von Lewinski: Deutschrechtliche Systembildung im 19. Jahrhundert. 2001.

Band 239 Alexander Herzog: Sittenwidrige Rechtsgeschäfte in der höchstrichterlichen Rechtsprechung aus den Jahren 1948-1965. 2001.

Band 240 Claudia Rönnau: Die Beratungen des Wasserrechtsausschusses der Akademie für Deutsches Recht zu einem Reichswassergesetz (1934-1941). Ein Beitrag zur Dogmatik der Begriffe *Gemeingebrauch* und *Sondergebrauch* in der Zeit des Nationalsozialismus. 2001.

Band 241 Momme Rohlack: Kriegsgesellschaften (1914-1918). Arten, Rechtsformen und Funktionen in der Kriegswirtschaft des Ersten Weltkrieges. 2001.

Band 242 Rolf Geyer: Der Gedanke des Verbraucherschutzes im Reichsrecht des Kaiserreichs und der Weimarer Republik (1871-1933). Eine Studie zur Geschichte des Verbraucherrechts in Deutschland. 2001.

Band 243 Felix Lorenz Benjamin Lehmann: Der Rote Adlerorden. Entstehung und rechtliche Grundlagen (1705-1918). 2001.

Band 244 Marc Ludwig: Der Pfändungsschutz für Lohneinkommen. Die Entstehungs- und Entwicklungsgeschichte der Vorschriften zum Schutz vor Lohnpfändung in Deutschland. 2001.

Band 245 Alexander Wachter: Dorfschule zwischen Pastor und Schulmeister. Zur Säkularisierung des niederhessischen Schulwesens im 19. Jahrhundert. 2001.

Band 246 Richard Scholz: Analyse der Entstehungsbedingungen der reichsgerichtlichen Aufwertungsrechtsprechung. Untersuchung unter besonderer Berücksichtigung der konservativen Geldpolitik der Reichsbank und der Inflationspolitik der Reichsregierung. 2001.

Band 247 Judith Laeverenz: Märchen und Recht. Eine Darstellung verschiedener Ansätze zur Erfassung des rechtlichen Gehalts der Märchen. 2001.

Band 248 Christina Schenk: Bestrebungen zur einheitlichen Regelung des Strafvollzugs in Deutschland von 1870 bis 1923. 2001.

Band 249 Nils Werner: Die Prozesse gegen die Landvolkbewegung in Schleswig-Holstein 1929/32. Ein Beitrag zur Justizkritik in der späten Weimarer Republik. 2001.

Band 250 Wolfgang Walter: Das Duell in Bayern. Ein Beitrag zur bayerischen Strafrechtsgeschichte. 2002.

Band 251 Jörn Eckert / Kjell Å. Modéer (Hrsg.): Geschichte und Perspektiven des Rechts im Ostseeraum. Erster Rechtshistorikertag im Ostseeraum 8.–12. März 2000. 2001.

Band 253 Andreas Görgen: Rechtssprache in der Frühen Neuzeit. Eine vergleichende Untersuchung der Fremdwortverwendung in Gesetzen des 16. und 17. Jahrhunderts. 2002.

FSC
www.fsc.org
MIX
Papier | Fördert
gute Waldnutzung
FSC® C083411

Kolibri 360 GmbH
Ferdinand-Jühlke-Straße 7
99095 Erfurt, Deutschland
produktsicherheit@kolibri360.de

Druck:
CPI Druckdienstleistungen GmbH
im Auftrag der
Kolibri 360 GmbH
Ferdinand-Jühlke-Str. 7
99095 Erfurt